权威·前沿·原创

皮书系列为
"十二五""十三五"国家重点图书出版规划项目

BLUE BOOK

智 库 成 果 出 版 与 传 播 平 台

创意城市蓝皮书

BLUE BOOK OF CREATIVE CITIES

总　编／张京成

创意书系
·中国创意产业研究中心·

武汉文化创意产业发展报告（2019~2020）

WUHAN REPORT ON CULTURAL AND CREATIVE INDUSTRIES (2019-2020)

主　编／黄永林　吴天勇
副主编／詹一虹　谈国新　纪东东

社会科学文献出版社
SOCIAL SCIENCES ACADEMIC PRESS (CHINA)

图书在版编目(CIP)数据

武汉文化创意产业发展报告. 2019－2020／黄永林，吴天勇主编. ——北京：社会科学文献出版社，2021.6
（创意城市蓝皮书）
ISBN 978－7－5201－7234－9

Ⅰ.①武… Ⅱ.①黄… ②吴… Ⅲ.①文化产业－产业发展－研究报告－武汉－2019－2020 Ⅳ.①G127.631

中国版本图书馆CIP数据核字（2020）第170539号

创意城市蓝皮书
武汉文化创意产业发展报告（2019~2020）

主　　编／黄永林　吴天勇
副 主 编／詹一虹　谈国新　纪东东

出 版 人／王利民
组稿编辑／恽　薇
责任编辑／冯咏梅

出　　版／社会科学文献出版社·经济与管理分社（010）59367226
　　　　　地址：北京市北三环中路甲29号院华龙大厦　邮编：100029
　　　　　网址：www.ssap.com.cn
发　　行／市场营销中心（010）59367081　59367083
印　　装／三河市东方印刷有限公司

规　　格／开本：787mm×1092mm　1/16
　　　　　印 张：25.75　字 数：385千字
版　　次／2021年6月第1版　2021年6月第1次印刷
书　　号／ISBN 978－7－5201－7234－9
定　　价／188.00元

本书如有印装质量问题，请与读者服务中心（010－59367028）联系

▲ 版权所有 翻印必究

"创意城市蓝皮书"总序

张京成

城市是生产力发展到一定阶段的产物,并随着生产力的发展而不断升级。时至今日,伴随着工业文明的推进和文化的提升,以及服务业的大力发展,经济增长方式的转变和产业结构的调整正在推动一部分城市向着一个前所未有的高度迈进,这就是创意城市。

创意城市已经为众多有识之士所关注、所认同、所思考。在全球性竞争日趋激烈、资源环境束缚日渐紧迫的形势下,城市对可持续发展的追求,必然要大力发展附加值高、环境友好、成效显著的创意经济。创意经济的发展实质上就是要大力发展创意产业,而城市是创意产业发展的根据地和目的地,创意产业也正是从城市发端、在城市中集聚发展的。创意产业的发展又激发了城市活力,集聚了创意人才,提升了城市的文化品位和整体形象。

综观伦敦、纽约、东京、巴黎、米兰等众所周知的创意城市,其共同特征大都离不开创意经济。首先,这些城市都在历史上积累了一定的经济、文化和科技基础,足以支持创意经济的兴起和长久发展;其次,这些城市都已形成了发达的创意产业,而且能以创意产业支持和推进更为广泛的经济领域创新;最后,这些城市都具备了和谐包容的创意生态,既能涵养相当数量和水平的创意产业消费者,又能集聚和培养众多不同背景和个性的创意产业生产者,使创意经济行为得以顺利开展。

对照上述特征不难发现,我国的一些城市已经或者正在迈向创意城市,从北京、上海等一线城市,到青岛、西安等二线城市,再到义乌、丽江等中小城市,我们自2006年起每年编撰的《中国创意产业发展报告》一直忠实记录着它们的创意轨迹。今天,随着创意产业的蔚然成风,其中的部分城市已经积累了相当丰富的实践经验以及大量可供分析的数据与文字资料,对其进行专门研究的时机已经成熟。

因此,我们决定在《中国创意产业发展报告》的基础上,逐步对中国各主要创意城市的发展状况展开更加深化、细化和个性化的研究与发布,由此即产生了"创意城市蓝皮书",这也是中国创意产业研究中心"创意书系"的重要组成部分。希望这部蓝皮书能够成为中国每一座创意城市的忠实记录者、宣传推介者和研究探索者。

是为序。

Preface to the
Blue Book of Creative Cities

Zhang Jingcheng

City came into being while social productivity has developed into a certain stage and upgrades with the progress of the productivity. Along with the marching of industrial civilization, cultural development, the growth of the service industry, the transformation of economic growth and the adjustment of industrial structure, cities worldwide have by now entered an unprecedented stage as of the era of creative cities.

Creative cities have caught the attention from various fields these years. While the global competition for limited resources gets heated, sustainable development has become the only solution for cities, which brings creative economy of high added value and high efficiency into this historic stage. Creative industries is the parallel phrase to creative economy, which regards cities as the bases and the core of the development, and cities is also the place where creative industries started and clustered. On the other hand, creative industries helped to keep the city vigorous, attract more talents and strengthen the public image of the city.

From the experiences of world cities such as London, New York, Tokyo, Paris, and Milan, creative economy has been their common characteristic. First, histories of these cities have provided them with certain amount of economic, cultural and technological resources, which is the engine to start and maintain creative economy; second, all these cities have had sound creative industries which can function as a driving force for the innovation and economic growth of the city; finally, these cities have fostered harmonious and tolerant creative ecology through time, which conserves consumers of creative industries, while attracting more creative industries practitioners.

It can be seen that some Chinese cities have been showing their tendency on the way to become creative cities, such as large cities of Beijing and Shanghai, medium-size cities of Qingdao, Xi'an and even small cities of Yiwu and Lijiang, whose development paths have been closely followed up in our *Chinese Creative Industries Report* started in 2006. By now, some cities have had rich experiences, comprehensive data and materials worthy to be studied, thus the time to carry out a special research has arrived.

Therefore, based on *Chinese Creative Industries Report*, we decided to conduct a deeper, more detailed and more characteristic research on some active creative cities of China, leading to the birth of *Blue Book of Creative Cities*, which is also an important part of *Creative Series* published by China Creative Industries Research Center. We hope this blue book can function as a faithful recorder, promoter and explorer for every creative city of China.

《武汉文化创意产业发展报告（2019～2020）》编委会

编委会主任　赵凌云　张世华

编委会副主任　黄永林　吴天勇

编委会委员（按姓氏拼音排序）

　　范建华　范　周　胡　娟　胡　增　刘传鸽
　　刘玉堂　刘忠庆　梅　华　瞿凌云　阮祥红
　　史玉菡　孙传明　谭东升　王国华　王兴文
　　夏　天　向卉珍　熊定萍　徐金龙　姚伟钧
　　叶　林　殷昌友　张国超　张　洁　赵乐军
　　赵　陟　周　敏

主　　编　黄永林　吴天勇

副 主 编　詹一虹　谈国新　纪东东

参编成员（按姓氏拼音排序）

　　程　希　邓清源　杜　艺　郭园园　何春晖
　　何　欢　黄红梅　姜博雅　姜雨薇　蒋晓星
　　李寒露　李　任　李少多　林铭豪　刘明祥
　　马　力　马志亮　邵倩倩　司志坤　孙　巍

田雪枫 童 丹 王 晶 王秋爽 魏全庄
文立杰 徐 娜 许 颖 尹晴云 游乐天
余 欢 余召臣 岳 君 张凌晨 张 炜
章 可 郑连洪 周 磊 周 丽

主要编撰者简介

黄永林 1958年8月生,湖北仙桃人。中共党员,博士、教授、博士生导师,享受国务院政府特殊津贴专家。曾任华中师范大学副校长,现任华中师范大学国家文化产业研究中心主任,国家社会科学基金评审专家、国家社会科学基金艺术基金评审专家、教育部人文社会科学研究项目评审专家,中国新文学学会会长、中国民俗学会副会长、中国民俗教育专业委员会主任、中国教育会计学会副会长,武汉文化与科技融合专家委员会主任,《新文学评论》《教育财会研究》《武汉文化创意产业发展报告》主编。入选"黄鹤英才计划"和"我心目中的好导师"。长期从事文化产业、民间文学、民俗文化、网络文化以及教育财会管理与政策研究,是华中师范大学国家文化产业研究中心"文化资源与文化产业"新兴交叉学科学术带头人及博士点负责人。

近年来主持国家高等教育"211工程"重点学科建设项目"中华民族文化保护、创意与数字化工程",教育部人文社会科学重点研究基地重大项目"非遗数字化保护与传播研究",国家文化科技提升计划项目"国家非物质文化遗产保护与传承技术体系的构建",教育部哲学社会科学研究重大课题攻关项目"网络舆论的监测与安全研究",财政部、原文化部委托的大型调研项目"中国当代农村文化调查",财政部、教育部项目"新中国成立60年教育财务改革与发展研究""中国中西部地区农村中小学合理布局结构研究"等国家级和省部级重点、重大项目20多项。出版著作30多部,发表论文近300篇,其中20多篇论文被《新华文摘》《人大报刊复印资料》等全文转载。

曾获教育部高等学校科学研究优秀成果奖(人文社会科学)学术著作

奖、文化部创新奖、中国民间文学学术著作奖、中国民间文艺"山花奖"学术著作奖、国家教委（教育部）高校优秀教材奖（集体项目）、国家图书奖提名奖（集体项目）、海峡两岸文化创意产业高校研究联盟"特别贡献奖"等 20 多个奖项。

摘 要

文化创意产业在实现新旧动能转换、创造新价值、为城市发展赋能等方面发挥着重要作用。文化创意产业推动城市变革，不断催生出文化创意领域与城市发展息息相关的新产业、新业态、新商业模式。2018年是实施"十三五"规划承上启下的关键一年，根据国家统计局统计测算，2018年全国6.0万家规模以上文化及相关产业企业实现营业收入89257亿元，比上年增长8.2%，持续保持较快增长势头。全国文化及相关产业增加值为41171亿元，占GDP的比重为4.48%，比上年提高0.22个百分点。

2016年，武汉被正式批准建设国家中心城市，肩负着引领长江中游城市群发展、带动相关板块融合发展的重任。依托技术、文化、资本优势以及高校智力优势，武汉加快创新型城市发展规划和政策布局，完善城市空间功能布局，推动文化创意与相关产业跨界融合。2018年是武汉市文化创意产业快速发展的一年。国际斗鱼直播节、琴台音乐节等文化节庆活动日益繁盛，武汉数文科技有限公司、武汉恩倍思科技有限公司、武汉非遗文化传播有限公司等文化创意企业异军突起，在直播、电竞、数字出版、工业设计、建筑设计、会展等领域加速形成创意产业业态，上下游企业快速集聚，形成武汉城市新名片，带动武汉经济创新发展。东湖高新技术开发区、江岸区、江汉区、硚口区等抢抓武汉打造"工程设计之都"的机遇，大力推进文化与相关产业深度融合，充分发挥产业园区的平台和载体作用，推动文化产业取得新突破。汉阳区、洪山区、汉南区等聚焦文化创意产业项目，在广播影视、数字出版、工艺与设计、广告装潢、视觉艺术、服装设计等领域，为武汉城市高质量发展持续积聚新动能。

《武汉文化创意产业发展报告（2019~2020）》以"文化创意与武汉城

市发展"为主题，概述了2018～2019年武汉文化创意产业发展的整体情况，分析城市文化创意产业推动城市变革的动力因素及发展的新趋势；重点围绕文化创意领域与城市发展息息相关的新产业、新业态、新商业模式，聚焦武汉城市发展新动能不足、同质化和老城文化流失等问题，探索以数字、智造、绿色、共享等为主要方向，加快创新型城市发展的规划和政策布局，完善城市空间功能布局，推动文化创意与相关产业跨界融合，让城市更加宜居、生活更加美好，服务"现代化、国际化、生态化"大武汉建设。全书共分为六部分。第一部分为总报告，全面分析2018～2019年武汉文化产业发展的基本情况，抓住"一带一路""长江经济带""中部地区崛起""长江中游城市群"等重大战略机遇，重点聚焦武汉文化产业竞争力不强、文化资本力较弱、发展不平衡、文化消费潜力挖掘不够、高端文化创意人才不足等文化产业发展中的痛点、难点问题，提出助推特色文化产业发展、推进文化企业制度改革、完善补助政策、打通信息渠道、实现产学研结合等对策。第二部分为行业报告，主要介绍武汉的数字内容、电竞、VR/AR、增材制造、艺术表演、工业设计、工程勘察设计、会展、广告、文博单位文创等产业的发展状况，剖析其存在的问题，并提出发展对策。第三部分为区域报告，以江岸区、江汉区、硚口区、汉阳区、武昌区、洪山区、东湖高新区、武汉开发区（汉南区）8个行政区为案例，探索各区文化创意产业发展的路径。第四部分为理论探讨，立足国内外文化创意产业发展及城市转型，探讨城市文化创意产业发展的特点、规律及模式。第五部分为案例分析，以国际斗鱼直播节、琴台音乐节、武汉数文科技有限公司、武汉恩倍思科技有限公司、武汉非遗文化传播有限公司等为研究对象，总结成功经验，探讨可持续发展路径。第六部分为大事记，以时间为脉络，梳理2018～2019年武汉文化产业发展的大事件。

关键词： 文化创意产业　文化产业园区　城市发展　武汉

Abstract

The cultural creative industry plays an important role in realizing the conversion of old and new kinetic energy, creating new value, and empowering urban development. The cultural and creative industry promotes urban transformation, and constantly creates new industries, new formats and new business models that are closely related to urban development in the cultural and creative field. 2018 is a crucial year for the implementation of the "Thirteenth Five-Year Plan". According to statistics from the National Bureau of Statistics, in 2018, 60000 culture and related enterprises above designated size achieved operating income of 8925.7 billion yuan, an increase of 8.2% over the previous year. And continuing to maintain rapidly growth. The added value of the country's cultural and related industries was 4117.1 billion yuan, accounting for 4.48% of GDP, an increase of 0.22 percentage points over the previous year.

In 2016, Wuhan was officially approved to build a national central city, shouldering the important task of leading the development of urban agglomerations in the middle reaches of the Yangtze River and driving the integrated development of related sectors. Relying on technological, cultural, capital advantages, and intellectual advantages of universities, Wuhan accelerated the development of planning and policy layout of innovative cities, improved the layout of urban space functions, promoted cross-border integration of cultural creativity and related industries. 2018 is a year of rapid development of cultural and creative industries in Wuhan. Cultural festivals such as Wuhan International Douyu Live Broadcasting Festival and Qintai Music Festival are becoming more and more prosperous. Cultural and creative enterprises such as Wuhan Shuwen Technology Co., Ltd., Wuhan Enbis Technology Co., Ltd., and Wuhan Feiyai Cultural Communication Co., Ltd. have emerged. Competitive industries, digital publishing, industrial design industry, architectural design industry, exhibition industry and other fields are accelerating the formation of creative industry formats. Upstream and downstream companies are rapidly gathering to form a new business card for Wuhan City, driving the innovation and development of Wuhan's economy. Donghu High-tech Development Zone, Jiang'an District, Jianghan District, Qiaokou District, etc. seizing the opportunity of Wuhan to build an "engineering capital", vigorously promoting the deep integration of culture and related industries, giving full play to the platform and carrier role of the industrial park, and promoting New breakthroughs were made in the cultural industry. Hanyang District, Hongshan District, Hannan District and other cultural and creative industry-focused projects continue to accumulate new momentum for the high-quality development of Wuhan cities in the fields of radio and film, digital publishing, technology and design, advertising and decoration, visual arts, and fashion design.

Wuhan Report on Cultural and Creative Industries (2019 - 2020) takes "cultural creativity and Wuhan urban development" as the theme, summarizing the overall situation of Wuhan cultural and creative industry development in 2018 - 2019, analyzing the driving forces and development of urban cultural and creative industries to promote urban transformation. New trends; focusing on new industries, new formats, and new business models that are closely related to urban development in the field of cultural creativity, focusing on issues such as insufficient new kinetic energy, homogenization, and cultural loss in the old city in Wuhan's urban development, and exploring digital, smart manufacturing, and green And sharing are the main directions, accelerating the planning and policy layout of the development of innovative cities, improving the layout of urban space functions, promoting the cross-border integration of cultural creativity and related industries, making cities more livable and a better life, and serving "modernization and internationalization" "Ecological" Greater Wuhan Construction. The book is divided into six parts. The first part is the general report, which comprehensively analyzes the basic situation of the development of Wuhan's cultural industry in 2018 - 2019, seizing important national strategic opportunities such as the "Belt and Road", the Yangtze River Economic Belt, "the rise of the central region", and "the middle reaches of the Yangtze River", focusing on Wuhan. The cultural industry has weak competitiveness, weak cultural capital, unbalanced development, insufficient exploitation of cultural consumption potential, and lack of high-end cultural creative talents. It also points out the pain points and difficulties in the development of cultural industries, and proposes to promote the development of characteristic cultural industries and promote culture. Measures to reform the enterprise system, improve subsidy policies, open up information channels, and achieve a combination of production, education, and research. The second part is an industry report, which introduces the development of Wuhan's digital content, competition, VR/AR, additive manufacturing, art performance, industrial design, engineering survey and design, convention and exhibition, advertising, cultural expo unit cultural and creative, and other industries, analyzes their existing problems, and proposes development countermeasures. The third part is a regional report, taking Jiang'an District, Jianghan District, Qiaokou District, Hanyang District, Wuchang District, Hongshan District, Donghu High-tech Zone and Hannan Zone eight administrative regions as examples to explore the development path of cultural and creative industries in each district. The fourth part is the theoretical discussion. Based on the development of cultural and creative industries at home and abroad and urban transformation, the characteristics, laws and models of urban cultural and creative industries development are discussed. The fifth part is a case study, taking the international betta live broadcast festival, Qintai Music Festival, Wuhan Shuwen Technology Co. , Ltd. , Wuhan Enbis Technology Co. , Ltd. , Wuhan Feiyi Culture Communication Co. , Ltd. and other research objects to summarize successful experiences and discuss Sustainable development path. The sixth part is the memorabilia, taking time as the context, combing the major events of the development of Wuhan's cultural industry in 2018 – 2019.

Keywords: Cultural and Creative Industries; Cultural Industry Park; Urban Development; Wuhan

目 录

Ⅰ 总报告

B.1 2018~2019年武汉文化产业发展报告 …………………… 001
  一 2018~2019年武汉文化产业发展的基本情况 ………… 002
  二 当前武汉文化产业发展的主要问题 …………………… 018
  三 武汉文化创意产业发展的对策建议 …………………… 025

Ⅱ 行业报告

B.2 武汉数字内容产业发展报告
  ——数字内容产业发展现状、问题及对策研究 ………… 029
B.3 武汉电竞产业发展报告 ……………………………………… 045
B.4 武汉光谷VR/AR产业发展报告 …………………………… 055
B.5 武汉增材制造产业发展报告 ………………………………… 065
B.6 武汉艺术表演行业发展报告 ………………………………… 075
B.7 武汉工业设计产业发展报告 ………………………………… 087
B.8 武汉工程勘察设计产业发展报告 …………………………… 098

B.9 武汉会展业发展报告 ………………………………………… 111
B.10 武汉广告业发展报告 ………………………………………… 123
B.11 武汉文博单位文创产业发展报告 …………………………… 137

Ⅲ 区域报告

B.12 文汇江岸，众创未来
　　——江岸区文化创意产业发展报告 ………………………… 148
B.13 江汉区文化创意产业发展报告 ……………………………… 161
B.14 硚口区文化创意产业园区发展报告 ………………………… 173
B.15 汉阳区文化产业发展报告 …………………………………… 183
B.16 武昌区文化产业发展报告 …………………………………… 195
B.17 抢抓文创产业新机遇，积聚洪山发展新动能
　　——洪山区文创产业发展报告 ……………………………… 206
B.18 东湖高新区数字文化产业发展报告 ………………………… 215
B.19 武汉开发区（汉南区）文化产业发展报告 ………………… 226

Ⅳ 理论探讨

B.20 文旅融合背景下提升城市文化软实力的战略研究 ………… 235
B.21 城市历史街区保护与更新 …………………………………… 246
B.22 工业旅游：助推城市更新与产业转型升级 ………………… 263
B.23 智媒时代武汉城市形象建构的路径探讨 …………………… 274
B.24 新时代城市公共文化空间研究 ……………………………… 286
B.25 新时代文化遗产保护与文旅融合
　　——以武汉为中心的研究 …………………………………… 302

Ⅴ 案例分析

B.26 国际斗鱼直播节与武汉城市发展 …………………………… 311

B.27 传承知音文化，打造音乐盛宴
　　——琴台音乐节发展研究 …………………………………… 322

B.28 创意设计阐释文明之美　数字技术助力文化传承
　　——武汉数文科技有限公司创业经验启示 ………………… 333

B.29 显示赋能未来　芯光点亮世界
　　——武汉恩倍思科技有限公司发展研究 …………………… 342

B.30 保护、传承与发展非物质文化遗产的创新模式研究
　　——以武汉非遗文化传播有限公司为例 …………………… 354

Ⅵ 大事记

B.31 2018年武汉文化改革发展大事记 …………………………… 366

B.32 2019年武汉文化改革发展大事记 …………………………… 376

CONTENTS

I General Report

B.1 Wuhan Cultural Industry Development Report in 2018-2019 / 001
    1. The Basic Situation of the Development of Wuhan Cultural Industry in 2018-2019 / 002
    2. The Main Problems of Current Development of Wuhan Cultural Industry / 018
    3. Suggestions on the Development of Wuhan Cultural and Creative Industry / 025

II Industrial Reports

B.2 Wuhan Digital Content Industry Development Report
    —Research on the Development Status, Problems and Countermeasures of Digital Content Industry / 029
B.3 Wuhan Competition Industry Development Report / 045
B.4 Wuhan Optics Valley VR / AR Industry Development Report / 055
B.5 Wuhan Additive Manufacturing Industry Development Report / 065
B.6 Wuhan Art Performance Industry Development Report / 075
B.7 Wuhan Industrial Design Industry Development Report / 087

CONTENTS

B.8　Wuhan Engineering Survey and Design Industry
　　　Development Report　　　　　　　　　　　　　　　　/ 098
B.9　Wuhan Convention and Exhibition Industry Development Report　/ 111
B.10　Wuhan Advertising Industry Development Report　　　/ 123
B.11　Wuhan Cultural Expo Unit Cultural and Creative Industry
　　　　Development Report　　　　　　　　　　　　　　　/ 137

Ⅲ Regional Reports

B.12　Cultural Riverbank, Creating the Future
　　　　—*Jiang'an District Cultural and Creative Industry Development Report*　/ 148
B.13　Jianghan District Cultural and Creative Industry Development Report
　　　　　　　　　　　　　　　　　　　　　　　　　　　/ 161
B.14　Qiaokou District Cultural and Creative Industry
　　　　Development Report　　　　　　　　　　　　　　　/ 173
B.15　Hanyang District Cultural Industry Development Report　　/ 183
B.16　Wuchang District Cultural Industry Development Report　　/ 195
B.17　Seize New Opportunities in the Cultural and Creative Industry and
　　　　Accumulate New Momentum for Hongshan Development
　　　　　—*Hongshan District Cultural and Creative Industry
　　　　　Development Report*　　　　　　　　　　　　　　/ 206
B.18　Digital Cultural Industry Development Report of Donghu
　　　　High-tech Zone　　　　　　　　　　　　　　　　　/ 215
B.19　Cultural Industry Development Report of Hannan Zone　　/ 226

Ⅳ Theoretical Discussion

B.20　Strategic Research on Improving the Cultural Soft Power of the
　　　　City in the Context of Cultural Integration　　　　　　/ 235

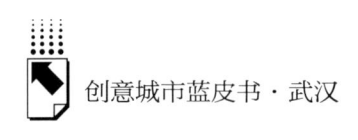

B.21	Protection and Renewal of Urban Historic Blocks	/ 246
B.22	Industrial Tourism: Promoting Urban Renewal and Industrial Transformation and Upgrading	/ 263
B.23	On the Construction of Wuhan City Image in the Age of Intellectual Media	/ 274
B.24	Research on Urban Public Cultural Space in the New Era	/ 286
B.25	Cultural Heritage Protection and Cultural Tourism Integration in the New Era	
	—Research Centered on Wuhan	/ 302

V Case Study

B.26	International Betta Fish Live Festival and Wuhan Urban Development	/ 311
B.27	Inheriting the Culture of Conscience and Creating a Feast of Music —Research on the Development of Qintai Music Festival	/ 322
B.28	Creative Design Explains the Beauty of Civilization Digital Technology Helps Cultural Heritage —Enlightenment from Wuhan Shuwen Technology Co., Ltd.'s Entrepreneurial Experience	/ 333
B.29	Display Empowers Future Core Light to Light the World —Development Research of Wuhan Enbis Technology Co., Ltd.	/ 342
B.30	Research on Innovative Models for the Protection, Inheritance and Development of Intangible Cultural Heritage —Take Wuhan Feiyi Cultural Communication Co., Ltd. as an Example	/ 354

VI Chronicle of Events

B.31	Memorabilia of Cultural Reform and Development in Wuhan in 2018	/ 366
B.32	Memorabilia of Cultural Reform and Development in Wuhan in 2019	/ 376

总报告

General Report

B.1
2018~2019年武汉文化产业发展报告

黄永林 吴天勇 张国超 马力 何春晖*

摘　要： 2018年是贯彻党的十九大精神的开局之年，武汉抓住国家重大战略机遇期，促进文化产业高质量发展。本报告总结了武汉文化产业取得的新成绩，归纳了通过文化体制改革和国有资产监管等助推武汉文化产业进一步发展的新举措，同时分析了武汉文化产业发展面临的竞争力不强、资本生产力较弱、区域发展不平衡、文化消费潜力挖掘不够、高端文化创意人才短缺等问题。因此，亟待从助推特色文化产业发展、推进

---

* 黄永林，华中师范大学国家文化产业研究中心主任，教授、博士生导师，研究方向为文化资源与文化产业；吴天勇，中共武汉市委宣传部副部长，研究方向为文化体制改革、文化产业发展、国有文化资产监管等；张国超，武汉轻工大学艺术与传媒学院副教授、博士、硕士生导师，研究方向为文化遗产与文化产业；马力，武汉轻工大学艺术与传媒学院硕士研究生，研究方向为文化产业管理；何春晖，武汉轻工大学艺术与传媒学院硕士研究生，研究方向为文化遗产。

文化企业制度改革、完善补助政策、打通信息渠道、实现产学研相结合等方面发力，促进武汉文化产业总体实力进一步提升，打造中部地区文化产业高地。

关键词： 文化产业　高质量发展　文化产业资本　武汉

一　2018~2019年武汉文化产业发展的基本情况

2018年是贯彻党的十九大精神的开局之年，也是改革开放40周年。武汉市文化工作以习近平新时代中国特色社会主义思想为指导，全面贯彻党的十九大精神和湖北省第十一次党代会精神。突出抓好五大体系中的现代文化产业体系建设，力图推动荆楚文化繁荣兴盛，贯彻落实《武汉市文化产业发展"十三五"规划》提出的"抓住武汉文化产业加快发展、实现弯道超越的黄金机遇期"。

（一）武汉文化产业发展取得的新成绩

1. 产业规模持续扩大，产业结构更趋合理

2018年，武汉文化产业实现增加值733.19亿元（全口径，下同），比上年增长18.4%，占全市GDP的比重为4.91%。2019年，武汉文化产业实现增加值811.98亿元，比上年增长10.7%，占全市GDP的比重为5.01%，比上年提高0.1个百分点，与全省文化产业增加值占GDP的比重4.25%相比，高出0.76个百分点（见图1）。从图1可以看出，武汉文化产业发展势头良好，产业规模持续扩大。

从文化产业三大行业来看，在经营性文化产业法人单位中，2018年文化服务业增加值为552.10亿元，占经营性文化产业法人单位增加值的83.2%；文化制造业增加值为75.80亿元，文化批发和零售业增加值为35.37亿元，占比分别为11.4%和5.3%（见图2）。

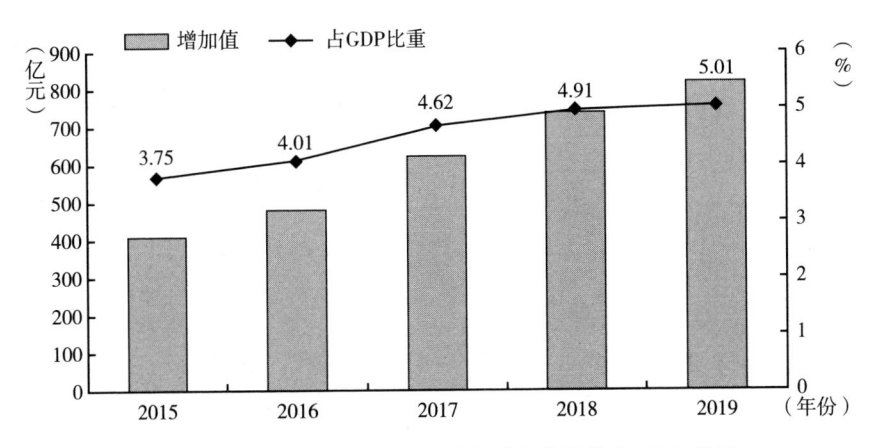

图 1　2015~2019 年武汉文化产业增加值及其占 GDP 比重

资料来源：武汉市统计局。

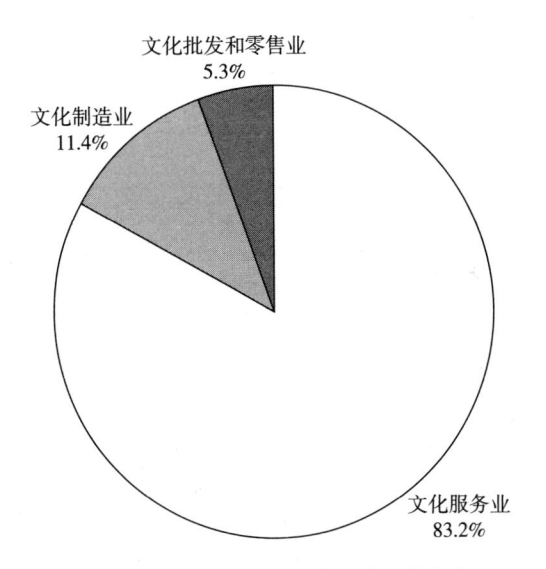

图 2　2018 年武汉文化产业增加值构成

2. "规上"企业规模持续扩大，量质齐升态势明显

从规模看，2018 年"三上"单位文化产业增加值为 531.40 亿元，占全部法人单位增加值的 72.5%。其中，文化服务业增加值为 437.89 亿元，文化制造业增加值为 68.72 亿元，文化批发和零售业增加值为 24.79 亿元，占"三上"单位文化产业增加值的比重分别为 82.4%、12.9% 和 4.7%（见表1）。

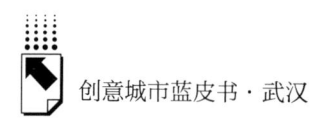

表1 2018年武汉"三上"单位文化产业增加值及其占比

单位：亿元，%

文化产业类型	增加值	占比
文化服务业	437.89	82.4
文化制造业	68.72	12.9
文化批发和零售业	24.79	4.7
总计	531.40	100

从区域看，2018年中心城区文化产业增加值为330.14亿元，新城区文化产业增加值为100.73亿元，功能区文化产业增加值为302.32亿元，三大区域文化产业增加值占全部法人单位增加值的比重分别为45.0%、13.7%和41.2%。文化产业增加值排名前三位的区分别为东湖开发区（173.37亿元）、武昌区（114.94亿元）和江岸区（89.00亿元）（见表2）。

表2 2018年武汉市分区文化产业增加值

单位：亿元

区域	全部法人单位	"三上"单位
中心城区	330.14	210.73
江岸区	89.00	64.18
江汉区	32.60	18.05
硚口区	37.00	23.56
汉阳区	24.06	13.14
武昌区	114.94	77.89
青山区（化工区）	8.15	2.34
洪山区	24.39	11.57
新城区	100.73	52.26
蔡甸区	11.60	9.42
江夏区	40.28	26.47
黄陂区	29.18	12.84
新洲区	19.67	3.53
功能区	302.32	268.41
武汉经济技术开发区（汉南区）	62.06	56.88
东湖开发区	173.37	156.13
临空港区（东西湖区）	34.25	25.64
东湖风景区	32.64	29.76
武汉市	733.19	531.40

资料来源：武汉市统计局。

2019年中心城区文化产业增加值为360.33亿元，占全市文化产业增加值的比重为44.4%，比上年下降0.6个百分点；新城区文化产业增加值为97.53亿元，占比为12.0%，比上年下降1.7个百分点；功能区文化产业增加值为354.12亿元，占比为43.6%，比上年提高2.4个百分点（见表3）。

表3　2019年武汉市分区文化产业增加值及其占比

单位：亿元，%

区域	增加值	占比
中心城区	360.33	44.4
新城区	97.53	12.0
功能区	354.12	43.6
武汉市	811.98	—

3. 文化产业园区蓬勃发展，产业集聚程度不断提升

根据自身资源禀赋、文化底蕴、发展历史和发展模式，各区因地制宜，积极开展特色文化产业园区规划和建设，取得了明显成效（见表4）。在江汉区，红T时尚创意街区已经成为展示武汉时尚元素和设计风格的国际名片，红T时尚创意街区还举办了多种多样的主题活动，如中国工业设计展览会"红T设计师之夜"以及武汉国际时装周汇聚了50%以上的汉派服装品牌与设计师，为武汉建设"设计之都"添砖加瓦。硚口区正在打造文化产业"四园区五街区"，在更大范围内和更高水平上促进产业集聚化发展，形成点、线、面相结合的产业空间布局，构建文化产业创新发展新格局。近代历史文化资源较为丰富的江岸区和江汉区，更加注重空间产业集聚，形成规模效应，引导文化产业蓬勃发展。而承担武汉中央文化区发展重任的汉阳区，围绕"长江文明之心"建设，加大改革成果应用力度，主动对接"长江文明之心"规划建设，整合片区内丰富的文化旅游资源，着力打造"知音"文旅品牌和"汉阳造"文创品牌，提升特色文化品牌效应，以汉阳博物馆之城建设为突破口，依托汉阳文化旅游资源，打造知音生活节、知音文化艺术节、汉阳造国际桥梁论坛等系列节庆活动，并充分利用

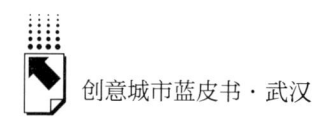

新媒体，开展城区营销，推动"文化+"生态、运动、创意、科技、产业等融合发展。

表4 2018年武汉主要文化产业园区情况

区域	文化产业园区
江岸区	黄浦科技园、武汉岱家山科技创业城、武汉文创谷·飞马旅创业基地、多牛世界、台北院子、铭十九生活方式集合体、5号车间、界立方、金凰珠宝国际产业园(在建)、大智无界·空中小镇文化创意产业园(在建)
江汉区	红T时尚创意街区、武汉圈外数字创意产业园(在建)、鸣笛"Lingo候"文创艺术街区(在建)
硚口区	江城壹号文化创意产业园、新华印务智慧产业园、武汉D+M工业设计小镇、新华·1937文化创客园、创智园、博济·武汉智慧园(在建)、海尔大健康文创园区(在建)、南国装饰设计园(在建)、汉正街沿江文化创意产业园(在建)
汉阳区	汉阳造创意园、高龙博古城·国家非物质文化遗产传承园
武昌区	楚天181文化创意产业园、武汉东创研发设计创意园、5.5创意产业园、大成汇互联网+文化产业众创孵化平台
洪山区	南湖科技创意产业园、武汉创意天地、融创智谷、星角色和平文创产业基地、武大珞珈创意产业园、烽火创新谷、武汉创意天地二期(在建)、融创智谷一期续建(在建)、穿越伍仟城(在建)、中秀文创园(在建)
青山区	乐娱·创青谷数字文化产业基地
东西湖区	武汉客厅
蔡甸区	武汉花博汇、红连·薪火工坊(在建)
江夏区	武汉金林文化创意科技企业孵化器(在建)
新洲区	靠山小镇创客村、华中影视文化产业园、京东华中(武汉)电商产业园、航天新城、问津产业新城
东湖新技术开发区	中国光谷创意产业基地、武汉大学科技园、华中科技大学科技园、华中师范大学科技园、光谷软件园、花山软件新城、光谷金融港、创魔方科技企业孵化器、光谷移动互联创谷、北辰·光谷里(在建)、长江数字文化中心(在建)、中国东湖广播影视媒体内容基地文创产业园(在建)、中南民族大学科技园(在建)、中华科技产业园(在建)、中建科技产业园(在建)
武汉经济技术开发区(汉南区)	华中智谷·华中国家数字出版基地、湖北太子湖文化数字创意产业园

目前，武汉文化产业园区发展迅速，已形成以武汉东湖国家文化和科技融合示范基地为龙头，包括7个国家文化产业示范基地、14个省级文化产

业示范园区,以及19个市级文化和科技融合示范园区在内的文化产业园区体系。

4. 政策资金引领力不断提升,金融赋能文化产业发展

2018年,财政部对湖北省下达文化产业发展专项资金504万元,武汉文化产业发展专项资金划分为媒体融合补助、会展补助、新进"四上库"文化企业奖励、入库文化企业营收增长奖励、入库净增达标区奖励、文化和科技融合示范园区奖励六个种类,覆盖到的武汉企业和组织达到141家。[①]

目前,武汉第一只文化产业引导基金子基金——武汉文信股权投资合伙企业(有限合伙)正式组建并完成政府出资。该基金总规模为1.4亿元,其中文化产业引导基金出资3500万元。基金共分为两期投资,主要投向在汉的文化产业项目,包括文化特色小镇、文化旅游景区开发和运营、网络信息安全、移动智能生态、动漫和电竞游戏开发、影视与沿线建设等方面。截至2019年2月20日,累计完成投资1.37亿元,其中投资文化产业金额为1.1亿元,占基金总规模的78.57%;完成在汉投资金额为8120.8万元,占基金总规模的58%。[②]

(二)武汉文化产业发展采取的新举措

1. 持续深入推进文化体制改革

围绕市委、市政府决策部署和市委宣传部年度重点工作要求,持续创新国有文化单位生产经营机制,推进文化市场主体规模扩大、质量提升,持续完善国有文化资产监管机制,全市文化改革发展监管工作取得新成绩。[③]

(1)稳步实施市属新闻单位改革

第一,探索市属新闻单位改革顶层设计。2018年,按照市领导要求在

[①] 《关于2018年武汉市文化产业专项资金项目审核认定结果公示》,大武汉宣传网站,2018年9月5日,http://www.whxc.org.cn/2018/0905/53749.shtml。
[②] 《武汉市完成首只文化产业引导基金子基金政府出资》,大武汉宣传网站,2019年2月22日,http://www.whxc.org.cn/2019/0222/54893.shtml。
[③] 中共武汉市委宣传部:《武汉市高水平建设国家级文化和科技融合示范基地》,2019年3月12日。

前期工作的基础上进一步修改完善市属新闻单位深化改革方案。武汉市委领导组织相关部门深入研究，并召集宣传文化体制改革专项小组会议，研究审议长报集团、广电集团改革方案，听取有关部门意见和建议，进一步统一思想，凝聚共识。就《市属新闻单位深化体制机制改革方案》先后三次征求市相关部门意见并修改完善。多次深入长报集团、广电集团研究具体问题，形成《关于市属新闻单位深化体制机制改革的调研报告》，并做出重要批示，安排召开市委深改组会议进行研究。2019年10月上旬，市委宣传部派员专程赴京，向中宣部文改办汇报武汉新闻单位改革思路，得到了中宣部文改办主要领导的明确支持。

第二，推动市属媒体内部管理运行机制改革。指导长报集团按照"行业细分、垂直深耕、资源集中、同质聚合"的原则，把改革重点与宏观规划、整体设计、系统优化紧密结合起来，统筹推进集团事业产业结构全面改革转型，用大改革、大改造实现大突破。部务会研究通过并以市委宣传部名义批复《长江日报、武汉晚报公司、长江网采编和经营资源整合方案》，打破长报集团采编和经营资源上的传统划分方式，以及集团传统报媒不同单位之间人、财、物等资源的区隔，弱化内设部门行政色彩，强化媒体平台传播属性，促进长报集团业务局部调整与全局调整、重点领域与其他领域、关键环节与相关环节的有机衔接和协调共进。

第三，支持市属媒体融合发展。开展全市媒体融合工作调查研究，制定《市属媒体融合发展重点项目工作计划》。批复支持长报集团实施"长江数字媒体城"项目，长报集团与东西湖区签订项目合作协议。面向市属媒体单位和文化科技融合示范企业广泛征集媒体融合重点项目，经过专家评审并报部领导审定，以市文产办名义印发《关于组建武汉市2018年文化产业重点项目库（媒体融合类）的通知》，长报集团民情综合分析及互动信息系统等10个项目入库。指导推动长报集团进行资源重组，完善采编流程，坚持以官微优先、视频直播为常规报道手段，以城市留言板为核心功能，以长江日报客户端为主阵地，官微用户从78万人上升至110万人，头条阅读数稳定在3万人次左右；长江日报客户端于2018年7月再次升级，完善了智能机器人"小智"的功能和会员功能。指导推动武汉广电"中央厨房"建设，以虚拟机构、实体化运行形式成立全媒体新闻中心，《民生e线》等栏目实现全媒体采制播出；全媒体发稿助手"见微"从工具向平台迈进，2018年已组织直播1096场，"汉新闻"（Han News）通过百度、搜狐网、凤凰网等门户网站传播武汉声音。

（2）国有文化企业改革

第一，做好企业改革基础工作。根据《关于同意上收武汉市电影发行放映公司二级单位股权的批复》的工作路径，上收武汉市14家电影发行放映公司二级单位股权。其中，5家法人独资企业拟变更为国有独资企业，指导武汉市电影发行放映公司对5家公司章程做出多轮修改。对修改后的公司章程、股东签署的股东会决议（决定）进行研究审核，协调工商部门依法依规办理相关工商事宜。现已全面完成相关单位上收工作，为武汉市电影发行放映公司下一步的改革重组工作奠定了基础。

第二，完善企业内部规章制度。指导推动出资企业按要求将党建内容纳入公司章程，明确企业党委会、董事会、经营班子各自的工作职责，深化履职尽责管理，不断完善企业绩效考核办法，探索建立以绩效为核心的现代企业薪酬体系。武汉出版集团制定实施《武汉出版集团中层管理人员管理办法》《武汉出版集团公司财务管理规定》《武汉出版集团内部责任审计管理办法》《武汉出版集团招投标管理办法（试行）》《武汉出版社有限公司纸张采购管理办法（试行）》等相关规章制度，企业规范化治理水平进一步提高，风险防控能力进一步增强。

第三，推动"互联网+传统业务"。积极探索实施内容产业创新融合发展，布局数字内容创新蓝海。武汉出版集团与中文在线共同出资组建武汉慧读教育科技发展有限公司，深度聚焦基础教育、大众阅读两大数字出版领域，推动武汉出版集团融合发展；武汉出版社有限公司与中南财经政法大学新闻与文化传播学院、湖北省儿童文学作家董宏猷共同成立武汉地区首个以儿童文学作家名字命名的研究中心——董宏猷儿童文学创作研究中心，启动"长江的孩子"儿童文学名家名作书系出版工程；同时与在全市实体书店开办的"武汉书架"平台积极互动,开展各类阅读推广活动10余次,积累了一定的"线上+线下+现场"且行之有效的阅读推广经验,培育了集团未来高质量发展的增长引擎。

第四,开辟影视产业新蓝海。支持国有文化企业参与拍摄电视剧《你和我的倾城时光》。该剧80%取景于武汉及周边地区,由武汉市委宣传部协调在汉拍摄、武汉文发集团和天河电影集团参与投拍,于2018年11月12日在上海卫视、浙江卫视黄金时段热播,首播当晚就拿下了双卫视收视率前三的好成绩,并入选国家广播电视总局改革开放40周年重要推广剧目,入镜的武汉美景让人倍感亲切。

2. 促进文化产业高质量发展

把握文化产业发展关键环节,集中力量促进文化市场主体发展壮大,全面激活各类要素,带动全市文化产业生态持续优化、发展质量逐步提高。2018年武汉市文化产业增加值占GDP比重有望突破50%,成为支柱产业,文化产业已经成为城市经济社会高质量发展的重要引擎。[1]

（1）发展壮大文化市场主体

将发掘、培育、扶持、壮大文化市场主体作为促进文化产业高质量发展的重要抓手,坚持问题导向,找准工作路径,创新工作方法,全面推动相关工作不断迈上新台阶。

第一,以"四经普"为契机全面摸清武汉文化市场主体状况。聚焦规模以下文化市场主体的普查登记工作,根据全国、省"四经普"工作部署意见及《市人民政府关于认真做好第四次全国经济普查工作的通知》精神,与市经普办联合制定并发布了《关于做好第四次全国经济普查中有关文化及相关产业单位核查、统计入库工作的意见》,明确要求各区经普办负责牵头组织协调,各区宣传文化部门积极对接经普办,工商、税务、质监、商务、行政审批等部门通力配合开展文化单位普查工作,确保文化企业普查信

---

[1] 《2018武汉文化产业增加值占GDP的比重有望突破50%》,长江商报网,2019年4月1日,http://www.changjiangtimes.com/2019/04/593844.html。

息数据全面真实。

把握"四经普"工作的关键时间节点，充分运用现有的"四经普"工作机制和工作力量，借力推动文化市场主体调查工作，协调工商部门筛选提供《文化及相关产业市场主体重点筛查名录》，制定并发布《关于开展全市文化产业市场主体专项调查工作方案》，明确按照"统一领导、分级负责、以区为主、属地统计"的原则，重点筛查中小微文化企业、文化个体经营户、未登记但实际从事文化及相关产业生产经营活动的主体或个人，全面反映文化产业市场主体状况。

第二，跟踪服务大型文化企业发展。在做好全市文化市场主体调查的同时，促进"规上"文化企业做大规模、做优质量。其一是将企业服务工作"关口前移"。把招商引资与统计入库、工商登记等服务工作有效结合起来，指导并帮助新引入和新实施的文化产业项目进行工商登记，准确反映文化企业特征。其二是依法规范在库企业主营业务关键词。认真筛查在库企业，指导从事文化经营业务的在库非文化企业规范、准确地填写文化产业相关信息。其三是鼓励小微文化企业做大做强。积极运用"小进规""新进规"等多种手段，帮助小微企业发展壮大。

第三，进一步减免文化企业增值税。2018年3月，武汉市文产办发布《关于支持武汉市文化产业发展若干税收政策的通知》，推出了一系列优惠税收政策。同时，对广播电视行政管理部门、电影集团公司、电影制片厂、个人转让著作权、纪念馆、博物馆、文化馆、文物保护单位、美术馆、展览馆、寺院等文化组织和单位均有不同程度的增值税减免政策。

第四，以督查狠抓工作落实。把服务文化市场主体发展纳入党委督查范畴。协调市委督查室下发专项督查通知，科学合理设定各区年度文化产业发展指标，以区委宣传部为考核责任主体，明确督查方式、工作路径和目标要求。由区委宣传部主要领导带队，全年共开展10余次现场调研督办，详细了解文化企业发展中存在的问题，有针对性地开展调度和协调。编发《文化产业统计专报》6期，总结成绩、积累经验，推动各区完善工作机制、配备工作力量、加强政策宣传，为企业提供必要帮扶和长效服务。

（2）支持新兴文化产业发展壮大

全力支持网络直播、动漫游戏等武汉本地特色优势文化产业发展壮大，积极为新兴文化产业搭建交流展示平台。

第一，运用文化产业专项资金支持新兴文化企业发展。印发《关于组织申报2018年武汉市文化产业发展专项资金项目的通知》，按照规范程序组织申报，委托中介机构审核认定，经部务会审定并公示，以市财政局、市文产办名义下达2018年武汉市文化产业发展专项资金计划，共投入3043.16万元支持174个项目，包括"泛娱乐直播平台（斗鱼）粉丝体系建设及应用示范"等超过70个新型文化业态扶持项目。

第二，加快文化产业引导基金运作。市委宣传部先后两次召集文化产业引导基金理事会专题审议子基金组建事宜。对全市科技型、成长型文化企业和基金投资项目进行专题调研，加强对基金运作的指导和监管。截至目前，武汉市文化产业发展引导基金共组建4只子基金，基金总规模达6.25亿元，引导基金已完成出资5000万元。

第三，全面营造新型文化业态发展的良好环境。组织"红T时尚创意街区"等4个项目申报湖北省扶持优势文化产业发展专项资金，获得资助320万元。国家文物局批复武汉建设国家智慧文博新融合产业基地暨"互联网+中华文明"示范基地。2018年中央文化产业发展专项资金（重大项目）支持武汉艾立卡电子有限公司和武汉江通动画传媒股份有限公司文化服务出口奖励资金合计504万元。商务部充分肯定武汉市文化服务贸易工作，通过简报形式，以"融合创新彰显特色 武汉市文化贸易发展取得新突破"为题对武汉市文化服务贸易发展成绩做了专题介绍。

（3）持续推进文化和科技融合工作

第一，推进文化科技融合示范认定。对40家文化和科技融合示范园区、示范企业申报单位进行复核认定，经组织申报、中介机构审核、实地考察、部务会审议和公示等规范程序，以武汉市文化和科技融合工作领导小组办公室名义公布复核认定结果。斗鱼、科大讯飞入选"中国文化科技融合TOP30企业品牌"。

第二,开展文化科技创新研究。组织编撰"创意城市蓝皮书"《武汉文化创意产业发展报告(2018)》。蓝皮书由中共武汉市委宣传部和华中师范大学国家文化产业研究中心共同研究和编撰。编撰工作于2018年3月上旬启动,组稿工作于9月完成,由社会科学文献出版社正式出版。

第三,提升文化科技创新在国内的影响力。2018年10月24~25日,由中共武汉市委宣传部、华中师范大学主办,华中师范大学国家文化产业研究中心、武汉文化科技创新研究院承办的"2018文化科技创新与文化产业发展高峰论坛暨文化产业研究基地工作会"在华中师范大学科学会堂举行。来自文化领域的各位专家学者围绕"文化科技创新"主题展开探讨,为文化产业发展贡献智慧。

第四,统筹发挥文化创新协会组织的积极作用。按照中办、国办《关于加强文化领域行业组织建设的指导意见》精神,积极推进武汉文化创意产业协会发挥联系纽带作用,武汉工业设计行业协会、武汉时尚文化产业联合会、武汉数字创意与游戏产业协会、中国武汉工程设计产业联盟等25个社会组织成为团体会员,当代明诚、湖北广电等25个文化领域主板、创业板、新三板上市企业成为企业会员。

(4)深入推进文化产业招商

持续抓好文化产业招商一号工程,促成小米第二总部、新西兰维塔工作室、火花思维、荔枝App、依图科技等一批企业及项目落地、投产并见效。

第一,搭建平台,积极发挥本地文化节会的招商引资作用。2018年4月,市委宣传部举办"2018首届国际武汉斗鱼直播节文化产业招商洽谈会",有关市领导和市直部门负责人参加洽谈会,与会各界嘉宾逾230人。北辰·光谷里等5个本地文化招商项目在会上推介;索尼公司添田武人等4位来自国内外知名文化企业的嘉宾到会演讲;斗鱼超级联赛(DSL)等19个项目现场签约,总金额达80.91亿元。

第二,积极组织武汉文化企业和园区赴深圳文博会参展、推介、签约。2018年5月10日,省委宣传部在深圳文博会上举办湖北文化产业招商推介会暨项目签约仪式,武汉出版集团就"武汉中心书城"做项目推介;武昌区委宣传部与杭州二更网络科技有限公司签署"二更公司华中区域总部"等项目，签约总金额达6.2亿元；武汉中心书城、华中出版文化小镇、汉古艺术馆、武汉软件新城智慧文创园、圈外·创意社区文化创意产业园等项目被列入湖北省招商项目手册。武汉多家文化企业在文博会现场进行展示和互动体验，武汉华星光电技术有限公司生产的具有世界领先水平的柔性屏、穆特科技（武汉）股份有限公司的VR座椅、武汉需要智能技术有限公司的智能服务行业解决方案等体现了武汉市文化和科技融合发展的最新成果，受到各界人士的热切关注。

第三，组团参展"2018温州国际时尚文化创意产业博览会"。红T时尚创意街区、至上集（全球设计师品牌集合店）、金鸣高定（旗袍）、罗凡溪（高定婚纱）、汉绣、精密铸造、秀宝软件、落地创意等文化企业以武汉馆的名义组团参展。武汉馆展区共分为影像展区、互动体验区、时尚设计陈列区、创意产品展卖区四个区域。秀宝软件展示了最新游戏类产品技术，VR、AR及MR技术，以及各种硬件设备、激光技术，落地创意展示的是用3D技术打印的武汉城市部分建筑模型，汉绣以卷轴、手拿包、双面绣、卡包、虎头鞋、武汉地标建筑、农耕年华等摆件、挂件的形式展示。武汉馆展区获得"2018温州国际时尚文化创意产业博览会"优秀展示奖。

第四，组织文化园区和企业参加"2018第三届中国（宁波）特色文化产业博览会"。会同洪山区委宣传部研究制订参展方案，指导武汉创联凯尔文化控股有限公司等单位在展会现场设立武汉城市文创馆，展示武汉文化产业发展成果和武汉城市形象，推进与共建"一带一路"国家及国内兄弟城市的交流与合作。重点展示烽火科技智能家居、新生涯教育3D打印、童学馆国学互动体验、心跳互娱App、漆艺作品、武汉非物质文化遗产——沈松柏剪纸、高洪太铜响器等武汉文创产品，受到业界专业观众和广大市民游客的热切关注，开辟了武汉文化产业"走出去"的新窗口，搭建了汉甬两地文化产业深化合作的新平台。

（5）研究出台文化产业政策

第一，集成发布文化税收优惠政策。根据中央和湖北省的有关要求，为充分发挥税收优惠政策对文化企业的扶持作用，评估相关税收政策的执行情况及效果，开展了2018年度武汉市文化企业税收优惠政策落实情况调研。联合市税务部门收集现有税收优惠政策，经充分研究甄别、筛选梳理，联合制发了《关于支持武汉市文化产业发展若干税收政策的通知》，包括减轻文化企业税收负担、支持文化企业改制转制、鼓励文化企业吸收就业、提升文化企业创新能力、拓展文化企业融资渠道等方面的50条政策。

第二，研究制定《武汉市文化产业招商引资扶持政策若干规定（试行）》[以下简称《扶持政策若干规定（试行）》]。市政府召集市委宣传部、市网信办、市发改委、市财政局、市国土规划局、市商务局（招商局）、市房管局、市统计局、市政府法制办等部门负责人进行专题研讨，对《扶持政策若干规定（试行）》给予积极评价，完成了《扶持政策若干规定（试行）》的公平竞争审查程序，《扶持政策若干规定（试行）》以新引进（新设立）的文化企业为主要扶持对象，强化政策对招商引资的指引作用，目前已经提请市政府常务会议审议。

第三，形成市区联动的政策支撑体系。武汉市推动区级文化经济政策的研究制定，如武昌区制定了《武昌区文化产业创新政策》，武汉经济技术开发区（汉南区）制定了《促进文化体育产业发展扶植奖励办法》，洪山区制定了《促进文化产业高质量发展政策》，江汉区发布了《江汉区文化产业发展规划（2018~2025）》，《光明日报》等媒体进行了宣传报道。

（6）举办系列重大文化活动

第一，举办"2018首届国际武汉斗鱼直播节"。对斗鱼嘉年华进行全方位提档升级，支持斗鱼公司举办"2018首届国际武汉斗鱼直播节"，聚力打造节庆娱乐、双招双引、城市营销综合平台。2018年4月29日至5月1日，斗鱼直播节共吸引游客52.18万人次，较上年斗鱼嘉年华的35万人次大幅增长49.1%；全网线上观看累计2.3亿人次，较上年的1.7亿人次增长35.3%。为确保活动顺利举行，武汉市会同有关部门提前谋划、精心筹备、高效协作、周密实施，提供强有力支持和高水平服务。

一是系统谋划，抓好筹备工作。研究起草《2018首届国际武汉斗鱼直

播节实施方案》，提出举办思路、活动内容、组织架构、职责分工，报市领导审定后印发实施。市委宣传部领导两次召集斗鱼直播节筹备工作领导小组会议，统一思想认识，明确责任分工，协调重大问题，督促工作落实。

二是精心组织，丰富活动内容。市委相关领导和斗鱼创始人陈少杰、张文明共同推杆启动"2018首届国际武汉斗鱼直播节"开幕仪式。邀请著名歌手韩磊携"专为武汉而作、专为武汉而唱"的歌曲《在此》亮相直播节现场。斗鱼人气主播冯提莫、阿冷等相继登场献艺并与粉丝亲切互动，主舞台现场人气居高不下，观众热情持续高涨。

三是科学调度，提供综合保障。斗鱼直播节期间，市委宣传部主要领导亲赴现场巡视安保、交通等情况，慰问一线值守的公安干警、保安人员和组委会成员。组织江岸区及公安、交管、网信、卫生、食药监、供电、通信等部门和单位制订斗鱼直播节系列应急保障方案。

第二，举办"2018首届中国游戏节"。2018年5月25~27日，北辰集团在武汉国际会展中心举办"中国游戏节暨武汉·中国光谷数字创意科技展"，省委常委、宣传部相关领导出席开幕式并致辞，共有140余家游戏厂商参展，200多位行业嘉宾、超2万人次专业观众参会。活动包括开幕式、国际游戏产品展、电竞大赛、"'智·游'2018中国游戏行业发展论坛"、COSER嘉年华等环节。144家国内外知名游戏企业和硬件厂商参展，200余名行业专家和从业人员参与论坛，200余家新闻媒体和互联网新媒体现场报道，3.7万人次观众现场参与。

第三，举办"2018简单生活节·武汉站"活动。2018年10月20~21日，武汉文发集团参与举办"2018简单生活节·武汉站"活动。"简单生活节"由李宗盛、张培仁于2006年始创于台北，是大陆规模最大的音乐文化创意生活节。本次活动现场集结华语乐坛顶尖力量，为观众带来高品质的原创音乐盛宴。抢抓武汉入选世界"设计之都"一周年时机，专辟武汉特色策展区域"渡口集市"，汇集野生唱片、汉口二厂汽水等本土品牌，展示武汉文化创意成果。

第四，举办"2018首届武汉数字创意产业创新发展论坛"。江汉区委、区政府于2018年10月17日在圈外数字创意产业园举办"2018首届武汉数字创意产业创新发展论坛",此次论坛以"武汉数字创意产业发展新格局:创新与融合"为主题,邀请20多位数字创意产业精英、高等院校专家学者以及投资领域专业人士,聚焦产、学、资三方平台高端对话,共同探讨数字创意产业发展建设意义,探索创意产业协同发展大局。

3. 国有文化资产监管

(1) 加强文化企业负责人薪酬管理

第一,开展2016年度市属文化企业负责人薪酬发放工作检查。根据《关于开展2016年度市属文化企业负责人薪酬发放工作检查的通知》,组织专班,通过听取汇报、查阅资料、个别谈话等方式对长江日报报业集团、武汉广播电视台(集团)等单位2016年度负责人薪酬发放工作进行检查。对检查发现的问题通过下发《整改通知书》的方式要求相关单位进行整改。

第二,开展2017年度市属文化企业负责人经营业绩考核。下发《关于做好2017年度市属文化企业负责人经营业绩考核自评工作的通知》,组成考评工作小组对市属文化企业2017年度经营业绩中的社会效益指标完成情况进行复核检查。部务会研究通过各市属文化企业经营业绩考核结果及薪酬发放标准。

第三,制定2018年经营业绩考核目标建议值。按照《关于做好2018年度经营业绩考核目标建议值填报工作的通知》,结合各单位的生产经营状况及企业特点,本着实事求是,以及最大限度地发挥考核目标激励与约束作用的原则,研究制定市属文化企业2018年经营业绩考核目标建议值。

(2) 加强文化企业党建工作

第一,加强市属文化企业党建督导考核。制定《2018年市属文化企业党建工作要点》《2018年市属文化企业党建工作责任清单》。按照《市委办公厅〈关于建立健全市属国有企业党建工作责任体系的实施意见〉的通知》及全市国有企业党的建设工作会议精神有关要求,加强市属文化企业党的建设,建立市属国有企业党建问题整改情况台账,对市属文化企业基层党建重点工作进行督导考核。

第二，把党的建设内容纳入市属文化企业公司章程。为进一步完善市属文化企业法人治理结构，确立国有企业党组织在公司法人治理结构中的法定地位，把加强党的领导和完善公司治理统一起来，下发《关于修订市属文化企业公司章程的通知》，推进各市属文化企业围绕加强党的建设，开展企业章程修订工作，将章程修订工作向二级子企业延伸。

第三，督促各单位做好巡视（巡察）反馈问题整改工作。针对省委巡视反馈资产负债率过高的问题，组织各市属文化企业分管领导及具体负责人召开专题会议进行研究，强化市属文化企业资产负债约束，指导各单位制订整改方案，推动高负债市属文化企业资产负债率逐步回归合理水平。督促部分文化企业就省委巡视反馈的问题进行积极整改，完善子企业党组织建设。

（3）规范开展国有文化资产日常监管工作

第一，加强文资监管制度建设。印发《市国有文化资产监督管理领导小组办公室2018年工作要点》《关于进一步落实〈武汉市文资办出资人监管权力和责任事项清单（试行）〉的通知》，提升文资监管规范化、精细化水平。

第二，编制执行市属文化企业国有资本经营预算。印发《市文资办关于2018年国有资本经营预算的通知》《关于执行2018年度市属文化企业国有资本经营预算的通知》，召开专家评审会对2019年国有资本经营预算支出项目进行评审，编报市文资办2019年国有资本经营预算建议草案。

第三，推进市属文化企业全面预算管理工作。印发《关于做好2018年市属文化企业全面预算管理及报表编制工作的通知》（武文资办文〔2018〕2号），部署关于开展市属文化企业贯彻落实《国有企业领导人员廉洁从业若干规定》专项检查工作，做好出资企业有关事项的核准备案工作。

二 当前武汉文化产业发展的主要问题

2018年，武汉文化及相关产业呈现良好发展势头，但与国内先进城市相比，武汉文化产业依旧存在以下问题亟待解决。

（一）文化产业竞争力不强

中国城市创意指数是文化产业竞争力的评价项目。项目组以钻石模型、系统论等为理论基础，结合已有的指数模型，构建了中国城市创意指数（CCCI）。从2018年中国城市创意指数排行榜看，各城市文化产业领域整体发展迅速，在评估的中国50个大中城市中，有45个城市的CCCI都在提升，其中深圳的CCCI提升幅度在全国排在第1位，为3.1，但也呈现明显的地区发展不平衡态势。在中国城市创意指数排行榜前10中，西南地区仅重庆进入榜单，排在第8位，其余城市均属于华东、华南和华北地区。西北、东北地区无城市入榜，武汉作为华中地区领头城市同2017年一样，排在第12位，在国内城市文化产业竞争力方面仍需要增强。同时，我国各城市文化产业发展程度仍呈现较大的差距，处于第一梯队的城市仅有北京和上海，其CCCI均超过96，而排在第3位的香港不足88。此外，70%的城市（有35个城市）的CCCI仍低于70，差距甚大。①

2018年11月21日，由社会科学文献出版社出版的"城市创新蓝皮书"《中国城市创新竞争力发展报告（2018）》发布。蓝皮书数据显示，北京、上海、深圳列中国城市创新竞争力排行榜前3名。蓝皮书从创新基础竞争力、创新环境竞争力、创新投入竞争力、创新产出竞争力、创新可持续发展竞争力五个方面构建了中国城市创新竞争力指标评价体系，追踪研究城市创新竞争力的演化轨迹和提升路径，具有重要的参考价值。武汉虽榜上有名（居第10位），但城市创新竞争力指数仅为36.7，与排在第1位的北京差距甚大，甚至落后于GDP远低于武汉的西安、宁波（见表5）。

---

① 《2018中国城市创意指数发布 北上港深杭广稳居前六》，新华网，2018年12月2日，http://www.gd.xinhuanet.com/newscenter/2018-12/02/c_1123794864.htm。

表5 2018年中国城市创新竞争力指数及排名

城市	创新竞争力		创新基础竞争力		创新环境竞争力		创新投入竞争力		创新产出竞争力		创新可持续发展竞争力	
	排名	指数	排名	指数	排名	指数	排名	指数	排名	指数	排名	指数
北京	1	70.0	2	82.4	1	68.0	1	82.6	2	61.9	1	54.9
上海	2	60.5	1	88.5	4	52.4	3	56.1	4	55.2	2	50.5
深圳	3	57.6	3	66.1	8	44.6	2	61.5	1	73.8	3	42.1
天津	4	46.4	4	62.2	11	41.8	6	49.5	16	42.6	6	36.0
广州	5	44.4	5	47.1	2	58.8	18	36.6	7	46.4	11	32.8
苏州	6	44.4	6	46.6	6	45.4	11	38.7	3	57.4	9	33.8
杭州	7	42.2	7	43.1	3	52.4	7	48.2	88	33.7	10	33.5
西安	8	38.0	27	22.6	7	45.1	4	54.3	13	43.9	29	24.2
宁波	9	37.2	11	35.9	12	40.6	9	40.9	110	32.3	5	36.3
武汉	10	36.7	9	37.9	5	48.6	20	33.9	23	41.1	43	33.8

资料来源：《〈中国城市创新竞争力发展报告（2018）〉蓝皮书发布》，人民网，2018年11月22日，http://finance.people.com.cn/n1/2018/1122/c1004-30414566.html。

（二）文化产业资本生产力较弱

中国人民大学文化产业研究院发布的"2018中国省市文化产业发展指数"指出，中国省市文化产业发展指数由生产力、影响力和驱动力三个分指数构成，其中生产力指数从投入的角度评价文化产业的人才、资本等要素和文化资源禀赋；影响力指数从产出的角度评价文化产业的经济效益和社会效益；驱动力指数从外部环境的角度评价文化产业发展的市场环境、政策环境和创新环境。综合指数越高的省市，拥有的文化产业实力越强。生产力指数越高的省市，拥有的文化产业生产实力越强。下面以综合指数和生产力指数数据为例来比较各省市文化产业资本生产力。

从综合指数来看，北京凭借文化产业影响力和驱动力的优势依旧排在第1位；浙江在文化产业生产力和驱动力方面上升较快，首次进入第2位；湖南在文化产业影响力和生产力方面表现良好，连续两年列第7位；重庆在文化产业驱动力和影响力方面有了一定改善，5年来首次进入前10位（见图3）。

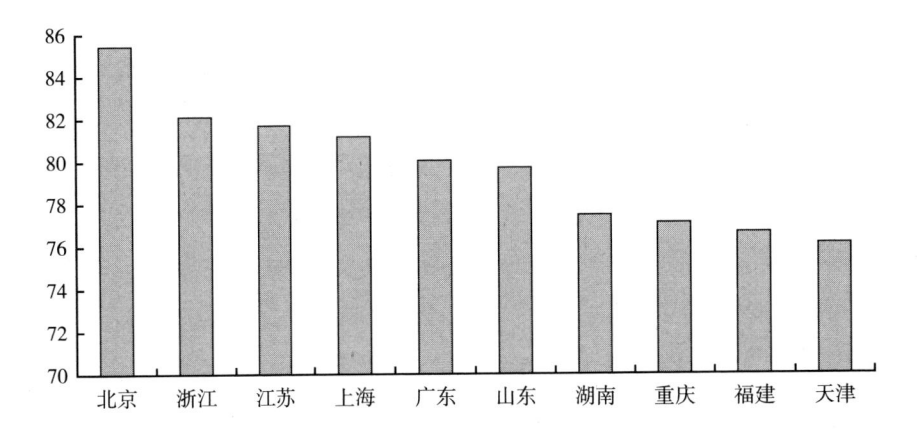

图3 2018年中国省市文化产业发展综合指数

从生产力指数来看，排在前10位的省市中，除了四川、陕西、河南外，其他均属于东部地区（见图4）。从增速看，江苏、河南、河北、广东、浙江分列生产力指数增速前5位。值得一提的是，江苏的生产力指数排在第1位，这说明江苏省拥有强劲的文化生产力。

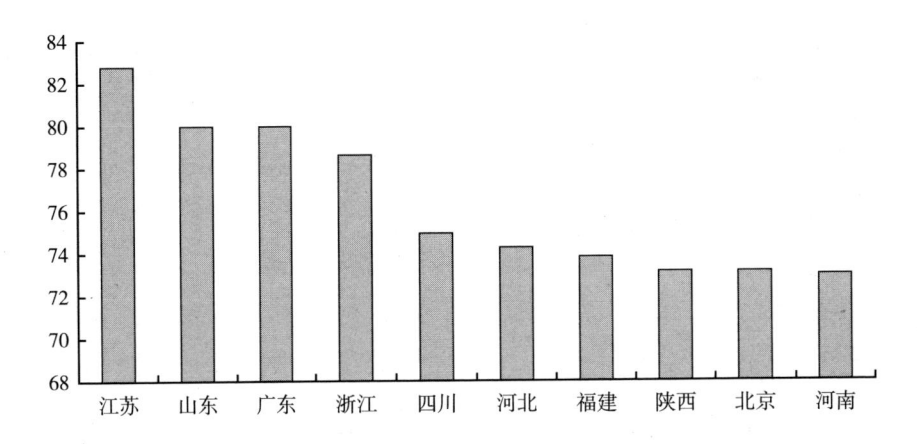

图4 2018年中国省市文化产业发展生产力指数

而在排名较靠后的省市中，湖北作为2018年GDP排在第7位的省份，在文化产业发展指数类别中处于"弱势"地位，同广西、海南、青海等地区属于同一档，这说明湖北的文化产业竞争力还较低（见表6）。

表6　2018年中国省市文化产业发展指数聚类分析

类别	省市	特征值	生产力指数	影响力指数	驱动力指数	综合指数
强势	北京、上海、江苏、浙江、山东、广东	均值	77.9	84.2	81.2	81.7
		均衡度	0.052	0.046	0.050	0.025
普通	河北、山西、辽宁、安徽、福建、湖南、重庆、天津、四川、云南、山西	均值	71.9	75.4	76.9	75.3
		均衡度	0.030	0.033	0.036	0.022
弱势	内蒙古、吉林、黑龙江、江西、河南、湖北、广西、海南、贵州、西藏、甘肃、青海、宁夏、新疆	均值	68.8	71.7	78.3	73.8
		均衡度	0.032	0.027	0.028	0.022

国家统计局公布的数据显示,根据对全国"规上"文化及相关产业6.0万家企业的调查,2018年上述企业实现营业收入89257亿元,比上年增长8.2%（见表7）。

表7　2018年全国"规上"文化及相关产业企业营业收入及其同比增长情况

单位：亿元，%

类别	营业收入	同比增长
文化制造业	38074	4.0
文化批发和零售业	16728	4.5
文化服务业	34454	15.4
新闻信息服务	8099	24.0
内容创作生产	18239	8.1
创意设计服务	11069	16.5
文化传播渠道	10193	12.0
文化投资运营	412	-0.2
文化娱乐休闲服务	1489	-1.9
文化辅助生产和中介服务	15094	6.6
文化装备生产	8378	0.2
文化消费终端生产	16284	1.9
东部地区	68688	7.7
中部地区	12008	9.7

续表

类别	营业收入	同比增长
西部地区	7618	12.2
东北地区	943	-1.3
总计	89257	8.2

资料来源：《2018年全国规模以上文化及相关产业企业营业收入增长8.2%》，中央人民政府网站，2019年1月31日，http://www.gov.cn/xinwen/2019-01/31/content_5362727.htm。

（三）文化产业区域发展不平衡

由于各区资源禀赋、发展条件、主观努力等方面存在差距，区与区之间发展仍不平衡。文化产业园区分布不均，不仅影响各区文化企业经营成果和文化产业增加值，而且影响各区文化产业招商引资工作。从全市来看，东湖新技术开发区拥有的文化产业园最多。丰富的人才资源和扎实的经济基础吸引了小米第二总部（西山居游戏、金山办公软件均为文化企业）在光谷落户办公；推动恒信东方视觉工业基地项目建设，将新西兰维塔工作室引入光谷；高新区在斗鱼直播节招商洽谈会上签约项目6个，总金额达6.2亿元；"楚才回家"成功吸引了火花思维、荔枝App、依图科技等10余家互联网公司在光谷设立第二总部。目前，小米、今日头条、科大讯飞、小红书、旷视科技（Face++）、跟谁学、木仓科技、来画视频等60余家知名互联网企业在光谷设立第二总部或研发中心，光谷已形成第二总部集聚效应。①

江汉区充分发挥已有的文化资源和金融优势，以红T时尚创意街区改造项目为龙头，吸引入驻企业100余家，其中海归人才与大学毕业生创办企业30余家、文化创意设计类企业50家、高新技术企业3家、上市公司1家。② 圈外数字创意产业园经改造重建后于2018年10月17日正式开园，现

---

① 2018年东湖新技术开发区文化产业工作座谈会代表发言材料。
② 2018年江汉区文化产业工作座谈会代表发言材料。

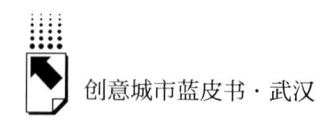

已与上海亦复数字、联创股份、华谊嘉信等 10 家国内知名企业签订入驻项目合作协议。在红 T 时尚创意街区项目的带动下，一批老牌汉派服装企业，如 Lingo 候（原鸣笛服饰）、中英服饰、红人服饰等均启动了老旧厂房改造升级文化创意园区项目。

江岸区则整合汉口历史文化风貌区文化资源，引进多牛资本、飞马旅天使街区、大智无界创意空间等打造汉口文创谷，吸引了一批文化产业项目入驻。而文化产业园区较少的汉阳、青山、蔡甸、江夏、黄陂、新洲等区的文化产业发展基础相对薄弱，产业布局分散，集聚度不够，没有形成连片发展的规模效应，引入的文化产业投资规模有限，整体实力不强。

（四）文化消费潜力挖掘不够

2018 年，全国城乡居民人均可支配收入为 28228 元，比上年增长 8.7%，扣除价格因素，实际增长 6.5%。全国城乡居民人均可支配收入中位数为 24336 元，比上年增长 8.6%。按常住地分，全国城镇居民人均可支配收入为 39251 元，比上年增长 7.8%，扣除价格因素，实际增长 5.6%。全国城镇居民人均可支配收入中位数为 36413 元，比上年增长 7.6%。全国农村居民人均可支配收入为 14617 元，比上年增长 8.8%，扣除价格因素，实际增长 6.6%。全国农村居民人均可支配收入中位数为 13066 元，比上年增长 9.2%。2018 年，全国城乡居民人均消费支出为 19853 元，比上年增长 8.4%，扣除价格因素，实际增长 6.2%。按常住地分，全国城镇居民人均消费支出为 26112 元，比上年增长 6.8%，扣除价格因素，实际增长 4.6%。全国农村居民人均消费支出为 12124 元，比上年增长 10.7%，扣除价格因素，实际增长 8.4%（见表 8）。根据数据对比可知，武汉城乡居民人均可支配收入、城镇居民人均可支配收入、农村居民人均可支配收入 3 项指标均高于全国平均水平，但是武汉城乡居民人均可支配收入绝对额增速较为缓慢。武汉人口数量与人口流动量较大，因此消费市场巨大，文化消费潜力亟待挖掘。

表8　2018年全国与武汉城乡居民收入和消费对比

单位：元，%

指标	全国	比上年增长	武汉	比上年增长
城乡居民人均可支配收入	28228	8.7	42133	9.0
城镇居民人均可支配收入	39251	7.8	47359	9.1
农村居民人均可支配收入	14617	8.8	22652	8.5
城乡居民人均消费支出	19853	8.4	28307	9.5
城镇居民人均消费支出	26112	6.8	31201	9.3
农村居民人均消费支出	12124	10.7	17520	10.8

资料来源：《2018年国民经济和社会发展统计公报》，国家统计局网站，2019年2月28日，http://www.stats.gov.cn/tjsj/zxfb/201902/t20190228_1651265.html；《2018年武汉市国民经济和社会发展统计公报》，湖北省统计局网站，2019年4月28日，http://tjj.hubei.gov.cn/tjsj/ndtjgb/fzndtjgb/120429.htm。

（五）高端文化创意人才短缺

我国文化产业发展的一个重要制约因素就是人才的缺乏。根据2018年上半年信息统计，我国"规上"文化及相关企业主要分布在东部地区，其营业收入为32443亿元，占全国的76.8%，而武汉所在的中部地区为5828亿元，占比仅为13.8%。

就武汉来看，尽管高校云集，且众多高校在全国较早开设了文化产业相关专业，专业门类齐全，师资力量雄厚，每年为社会培养了大量文化创意类人才，但是相对于行业迅猛发展的需求来看，在汉高校培养的文化创意高端人才以及留汉的人才数量相对较少。

三　武汉文化创意产业发展的对策建议

（一）助推特色文化产业发展，形成独特文化竞争力

根据前文的分析，武汉文化竞争力同其他城市的差距在于创新投入竞争力和创新产出竞争力。这就需要武汉市政府在文化产业创新上加大资金、政

策、技术投入，完善文化产业项目及文化企业孵化与发展的培育链条，从而为提升文化产业创新产出竞争力打下坚实的基础。值得注意的是，在文化产业的投入上，也需要充分挖掘武汉本土特色文化，如荆楚文化、首义文化、商埠文化等资源。

例如，汉剧作为京剧形成与发展的主要源头，在有着"戏剧大码头"之称的武汉，并没有形成应有的特色。再如，武汉中央文化区的打造必须将以琴台为标志的知音文化、以"汉阳造"为标志的创业文化作为挖掘点，提升现有文化设施的服务功能，推动文化业态升级创新；集中布局建设武汉市图书馆新馆、杂技厅、武汉美术中心等重大文化设施，将具有特色的汉阳文化及武汉文化充分展现出来，将特色文化资源发展成为独特的文化产业，从而形成个性化、差异化的文化竞争力。①

（二）推进文化企业制度改革，增强企业竞争力

推动党报党刊发行、印刷业务及相应的经营性资产剥离组建文化企业，全民所有制文化企业改制为国有独资企业或者国有全资子公司，对经营性文化事业单位转制中资产评估增值、资产转让或划转涉及的企业所得税、土地增值税、城市维护建设税、印花税、契税等给予相应的税收优惠政策。培育一批以科技创新和文化创意为引擎的创业型企业群，形成以出版传媒、动漫游戏、建筑设计三大产业为主导，龙头企业为核心的产业集群，特别是在数字出版、游戏电竞等领域进一步实现中部地区领先，培育一批在国内外具有一定影响力的优秀企业，创作一批文化和科技融合发展的优秀产品。大力发展新兴移动游戏和竞技型网络游戏，引入、举办国内外知名的电子竞技品牌赛事。打造国内一流、具有国际影响力的游戏直播平台，构建以游戏为核心的泛娱乐产业生态圈。

在打造企业资本竞争力方面，近年来文化企业及互联网企业的"第二

---

① 武汉市人民政府：《关于印发〈武汉市文化产业发展"十三五"规划〉的通知》，2016年12月31日。

总部"工作效果显著，可以采用此方式打造武汉文化企业的资本竞争力。这就需要构建文化企业良性发展的生态系统，实施文化总部经济引领战略，吸引国内外龙头文化企业把总部或者地区总部以及具有高附加值的制造、研发、采购和服务外包部门设在武汉。完善服务机制，支持原创品牌、核心技术和具有较强市场竞争力的龙头文化企业做大做强。鼓励金融资本、社会资本以及产业投资基金等投资武汉文化企业，支持小微文化企业快速成长。

（三）完善补助政策，协调区域发展

为全面落实区域协调发展战略各项任务，促进区域协调发展向更高水平和更高质量迈进，建立更加有效的区域协调发展新机制，2018年11月，中共中央、国务院出台《关于建立更加有效的区域协调发展新机制的意见》。随着文化产业规模的扩大和发展质量的提升，在推动建立区域协调发展新机制的过程中，文化建设成为不可或缺的选项，各种区域协调发展规划中都有文化产业的相关内容。大数据时代，文化产业空间布局突破传统区域环状分布，代之以线性带状分布，将文化产业的诸多要素进行有机的市场化配置与整合，从而突破行政区划的阻隔和产业门类的分割，最终实现文化产业国际化生产、交换与消费的整体共赢发展大格局。因此，武汉市政府要完善对各区的补助政策，鼓励各区之间通力合作，探索搭建统一的公共服务平台，提升相近区域的产业关联度，建立和完善区域文化产业发展协调联动机制，形成既差异化发展又优势互补的格局，提升文化产业空间配置效率，实现互惠共赢，从而引导较落后地区文化产业快速发展。

（四）打通信息渠道，促进市民文化消费

2018年，武汉投入6100万元财政资金，建立了一套文化事业、文化产业互相促进贯通的体制机制，搭建了一套完善的运营监测管理平台，使全市文化产品和服务更加完善，人均文化消费支出不断提高，居民满意度日益提升，参与公共文化服务的人才明显增加。自2019年起，每年安排4600万元专项资金为文化消费试点工作提供持续的财政支持，从资金上保证引导居民

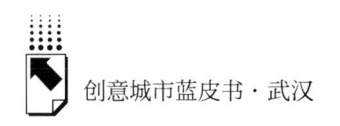

扩大文化消费，并使之常态化、长效化。本次在全市展开试点，是在武昌区试点成功的基础上，采用从公共文化"服务评价"到居民文化"消费积分"，再到及时获取"消费补贴"的模式进行的。

实施文化消费品质提升工程。积极推进国家文化消费试点城市建设，培育文化消费理念，引导市民形成健康向上、可持续的文化消费习惯。创新文化消费模式，开发并推广基于网络终端和移动互联技术的文化消费平台，完善文化消费惠民、商户联合营销、综合信息服务、行业检测分析等功能。增加对公共文化消费的财政支出，提高武汉文化产品和服务的政府采购比例，探索消费券补贴、积分奖励等模式。制定文化消费创新产品及服务认定办法，支持文化企业自主研发或者引进新技术开发文化创新产品及服务。继续增强新媒体客户端的连接功能，将旅游优惠信息及时向市民传达。通过在"武汉文惠通"微信公众平台搭建公共文化场馆和文化企业的桥梁，引导文化消费。

（五）实现产学研相结合，完善人才培养与发展体系

武汉拥有118万名在校大学生，是全球拥有在校大学生最多的城市，而"百万大学生留汉"政策也让很多大学生毕业后选择留在武汉工作和生活。高素质人才是武汉艺术、动漫、游戏等文化创意类行业发展的基石，但是在文化产业并不算发达的武汉，文化产业人才难以找到满意的工作，因此也容易造成文化人才的流失。

除了保持既有人才优势，还应实施"城市合伙人计划""黄鹤英才计划""3551光谷人才计划"，重点培养和引进一批文化产业领军人才、高层次文化经营管理人才、文化金融资本人才、文化科技创新人才及外向型人才。实施"青桐计划""创谷计划""摇篮工程"，建设各类文化企业孵化器、大学生创业园、青年创业街区以及创业公寓，最大限度地降低文化创新创业成本。探索建立文化创新人才认定标准和机制，完善安居、薪酬、医疗、支撑、养老、子女入学等方面的配套政策。鼓励高等院校、科研院所和文化企业共建人才实训基地，实现人才双流动。

行业报告
Industrial Reports

B.2 武汉数字内容产业发展报告
——数字内容产业发展现状、问题及对策研究

余 欢*

摘 要： 数字内容产业是文化创意与信息技术融合的产物，是一个新兴的产业形态，得益于技术的更迭发展、政策的大力扶持、资本的大量投入和人民群众日益增长的精神需求，当前数字内容产业处于爆发式增长的阶段。整体来看，移动互联网用户的快速增长为发展数字内容产业提供了核心驱动力。在数字内容市场规模和产值双提升、内容构成多元化、文化娱乐消费升级的大趋势下，数字内容产业呈现个性化、智能化、场景化、社交化的特点。当前，武汉数字娱乐以直播、动漫、

---

* 余欢，华中师范大学国家文化产业研究中心博士研究生，研究方向为文化传播、非物质文化遗产。

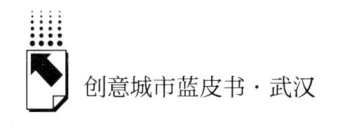

电子竞技为代表的新业态崛起，逐渐成长为湖北省文化产业的动力引擎，加速推动本地的文化消费体验升级。然而，在发展过程中武汉数字内容产业遇到了一些问题，如政策实施和扶持力度不够大、文化与科技融合后劲不足、数字内容企业投融资渠道狭窄、数字化复合型人才资源匮乏等，有待进一步解决。未来，数字内容产业应促进内容生产和传播手段智能化、重点培育相关领域专业技能人才、创新文化产业投融资模式以及以跨界融合为渠道，打造多元化、差异化、个性化的内容生态体系。

关键词： 数字内容　技术驱动　内容升级　跨界融合

2019年8月，科技部等六部门共同发布了《关于促进文化和科技深度融合的指导意见》，对数字内容产业进行了总体部署。近年来，随着大数据、云计算、人工智能、VR/AR等前沿技术的广泛运用，一方面，网络游戏、在线教育、动漫市场规模已超过千亿元；另一方面，短视频、直播等新的媒介在内容生产、内容服务等方面打造新业态，刺激文化消费，数字内容产业逐渐成为文化创意产业发展的新动能和新增长点。

一　数字内容产业发展总体情况

（一）数字内容产业兴起的背景

截至2019年6月，我国网民规模达8.54亿人，较2018年底增加2598万人；互联网普及率达61.2%，较2018年底提升了1.6个百分点。其中，手机网民规模达8.47亿人，较2018年底增加2984万人，网民使用手机的比例达99.1%。①皮尤研究中心（Pew Research Center）在全球39个国家范围内进行了社交媒体使用情况调查，其中包含智能手机拥有情况，中国排在第15位，智能手机普及率为68%，在全球处于中游水平。5G牌照的发放，将新一代科技与文化融合的大幕缓缓升起，为数字内容产业发展奠定了庞大的用户基础。②腾讯研究院数据显示，截至2019年上半年，我国共拥有6.85亿网络新闻用户、7.58亿网络视频（含短视频）用户、6.07亿网络音乐用户、4.93亿网络游戏用户、4.54亿网络文学用户以及2.32亿在线教育用户。③数字文化已经成为大众文化消费和信息消费的主流形态，深刻影响着他们的生活方式、社交方式和表达方式。

（二）数字内容产业细分领域发展情况

1. 数字出版领域

中国新闻出版研究院发布的《2018~2019中国数字出版产业年度报告》显示，从用户规模来看，2018年我国数字阅读用户已达4.3亿人，以每年1%的速度逐年递增，专业阅读活跃用户规模达1417.9万人，较2017年增长6.7%。从阅读规模来看，2018年我国数字阅读用户人均数字阅读量达12.4本，较2017年增加2.3本，单次阅读时长达71.3分钟。④从产业规模来看，2018年数字出版产业整体收入为8330.78亿元，比上年增长17.8%。其中，互联网期刊收入为21.38亿元，电子书收入为56.00亿元，数字报纸（不含手机报）收入为8.30亿元（见图1）。⑤

整体上来看，数字出版仍然处在一个稳步增长期，呈现数字内容精品

---

① 《第44次〈中国互联网络发展状况统计报告〉》，中国互联网络信息中心网站，2019年8月30日，http://www.cnnic.net.cn/hlwfzyj/hlwxzbg/hlwtjbg/201908/P020190830356787490958.pdf。
② "Smartphone Ownership on the Rise in Emerging Economies"，https://www.pewresearch.org/global/2018/06/19/2-smartphone-ownership-on-the-rise-in-emerging-economies/.
③ 腾讯研究院：《数字中国指数报告（2019）》，2019。
④ 中国音像与数字出版协会：《2018年度中国数字阅读白皮书》，2019。
⑤ 《2018年国内数字出版产业收入规模达8330.78亿元》，人民网，2019年8月26日，http://ip.people.com.cn/n1/2019/0826/c179663-31316584.html。

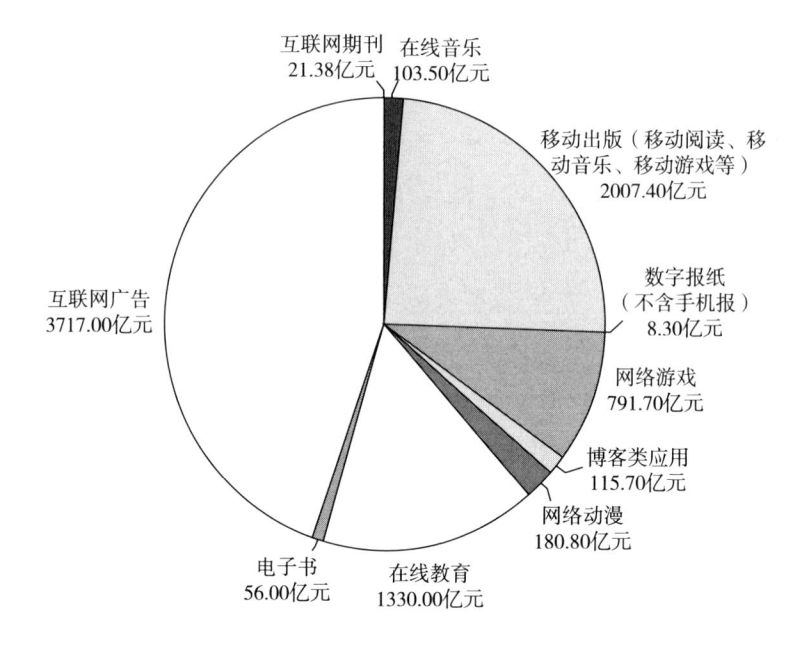

图1　2018年数字出版产业收入情况

饼图数据：
- 互联网期刊 21.38亿元
- 在线音乐 103.50亿元
- 移动出版（移动阅读、移动音乐、移动游戏等）2007.40亿元
- 数字报纸（不含手机报）8.30亿元
- 网络游戏 791.70亿元
- 博客类应用 115.70亿元
- 网络动漫 180.80亿元
- 在线教育 1330.00亿元
- 电子书 56.00亿元
- 互联网广告 3717.00亿元

化、教育出版数字化、内容生产规范化、出版融合创新化、业态发展复合化的新型趋势。

2. 数字娱乐领域

数字娱乐领域主要包括网络游戏、数字动漫、电子竞技等，而数字动漫按播放平台可分为电视动画、剧场动画、原始光盘动画、网络动画四大类。根据中国音像与数字出版协会游戏工委（GPC）、伽马数据（CNG）、国际数据公司（IDC）共同发布的《2019第一季度中国游戏产业报告》，受版号持续审批发放的利好消息刺激，资本市场对游戏行业的热度持续提升，用户规模达6.4亿人，实际销售收入达584.4亿元（见图2），其中中国自主研发游戏海外总收入达30亿美元，占企业收入的1/3，成为中国游戏企业收入的重要来源。①

---

① 中国音像与数字出版协会游戏工委、伽马数据、国际数据公司：《2019年第一季度中国游戏产业报告》，2019。

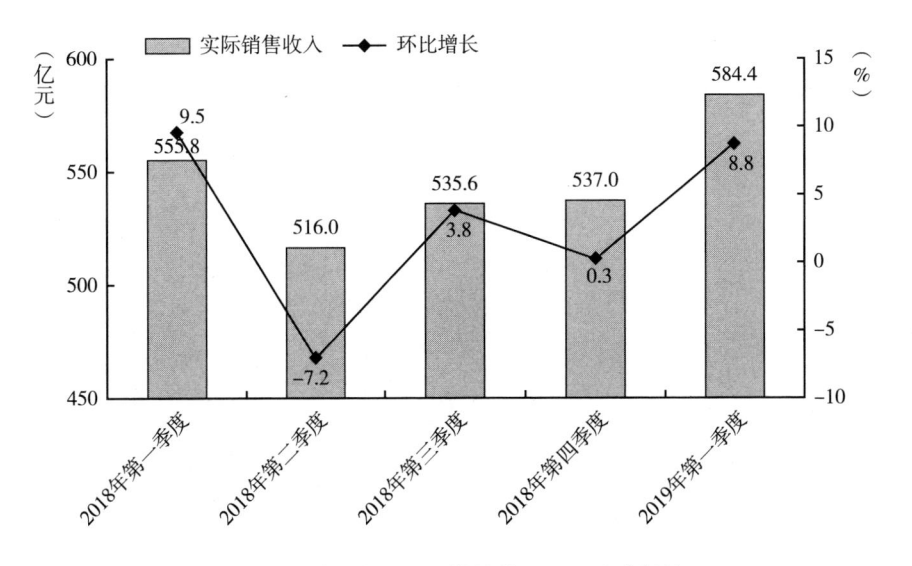

图 2　我国游戏市场实际销售收入及环比增长情况

资料来源：中国音像与数字出版协会游戏工委、伽马数据、国际数据公司：《2019 年第一季度中国游戏产业报告》，2019。

根据艾瑞咨询对我国动漫行业总产值的预估，2018 年行业总产值达到 1747 亿元，其中在线动漫内容市场规模为 141.6 亿元，预计 2019 年行业总产值将达到 1981 亿元。① 自 2015 年《西游记之大圣归来》受到一致好评，成为国产动漫里程碑式的作品，后续 2016 年的《大鱼海棠》、2017 年的《大护法》以及 2019 年的《白蛇：缘起》和《哪吒之魔童降世》等一部部 IP 大制作引发了大众和资本市场的广泛关注。

3. 数字学习领域

截至 2019 年上半年，我国在线教育用户规模已达到 2.32 亿人，较 2018 年末增加 3122 万人；手机在线教育用户规模达 1.99 亿人，占手机网民的比例为 23.5%。② 如沪江教育、51Talk、尚德机构、流利说等机构分别于 2018 年在

---

① 《2018 年中国动漫行业研究报告》，艾瑞咨询网站，2018 年 12 月，https：//www.iresearch.com.cn/Detail/report？id=3309&isfree=0。
② 《第 44 次〈中国互联网络发展状况统计报告〉》，中国互联网络信息中心网站，2019 年 8 月 30 日，http：//www.cnnic.net.cn/hlwfzyj/hlwxzbg/hlwtjbg/201908/P020190830356787490958.pdf。

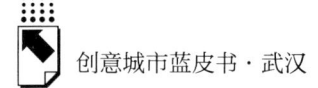

纽交所、港交所上市，成为在线教育领域的领头羊。以一起教育科技、VIPKID、作业帮为代表的K12教育行业在市场刚需性强、商业模式不断创新等因素的带动下，单笔融资不断创新高，受到了资本市场的热烈追捧（见图3）。①

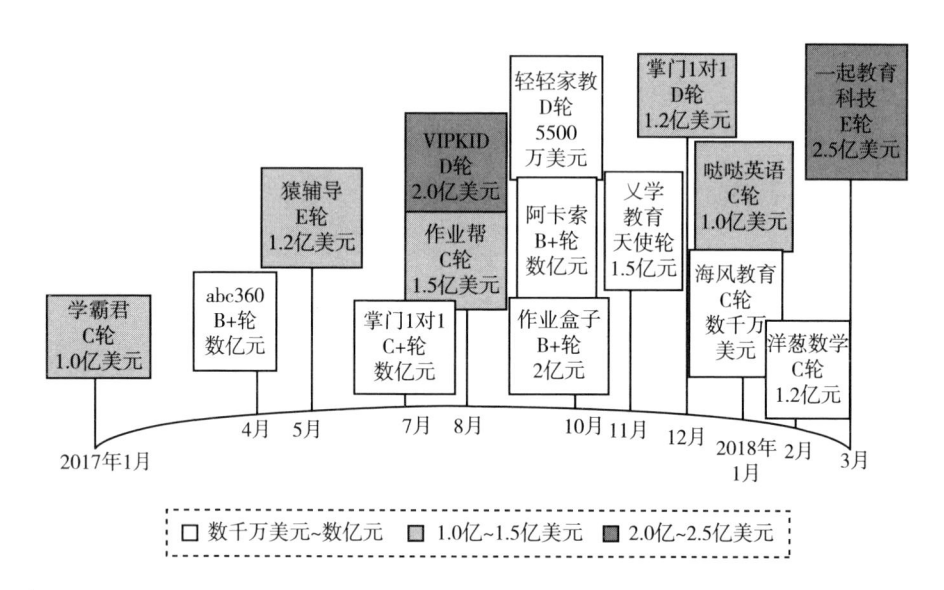

图3　2017年1月至2018年3月我国K12在线教育融资亿元级企业

4. 数字视听领域

流媒体成为数字音乐产业的主力军。根据IFPI（国际唱片业协会）2019年度报告，在全球音乐产业收入中，数字音乐占据58.9%的份额，按照营收计算全球排名，中国居第7位。②《2019年中国数字音乐产业研究报告》指出，2018年中国数字音乐市场规模已达76.3亿元，同比增长近60%。③ 总体来看，数字视听领域在2018年进入内容专业化、优质化、精品化的转型升级时期。

---

① 《2018年中国K12在线教育行业研究报告》，艾瑞网，2018年5月18日，http：//report.iresearch.cn/report/201805/3213.shtml。
② "Global Music Report"，https：//www.ifpi.org/recording-industry-in-numbers.php.
③ 《商业化的复兴：2019年中国数字音乐产业研究报告》，艾瑞网，2019年4月2日，http：//report.iresearch.cn/report/201904/3353.shtml。

二 武汉数字内容产业发展的主要特点

《数字中国指数报告（2019）》指出，2018年数字文化指数省份排名中湖北排在第10位，而在数字文化指数城市排名中武汉排在第8位。① 这背后离不开武汉东湖高新技术开发区光谷创意产业基地的强大支撑，截至2018年底，这里聚集了350家文创企业，全年产值为46亿元，涉及动漫、游戏、数字出版、创意设计等。② 2018年数字文化细分市场10强城市排行榜（见表1）。

表1 2018年数字文化细分市场10强城市排行榜

排名	新闻	视频	文学	动漫	短视频	电影	音乐	游戏
1	北京	北京	重庆	北京	北京	上海	上海	深圳
2	深圳	深圳	深圳	广州	石家庄	北京	重庆	广州
3	上海	广州	广州	上海	深圳	深圳	北京	北京
4	广州	上海	上海	重庆	郑州	广州	深圳	上海
5	成都	成都	成都	深圳	重庆	成都	成都	重庆
6	重庆	杭州	东莞	成都	天津	武汉	广州	成都
7	武汉	重庆	北京	苏州	西安	杭州	苏州	东莞
8	杭州	武汉	苏州	东莞	沈阳	重庆	东莞	苏州
9	南京	西安	武汉	杭州	保定	苏州	武汉	武汉
10	天津	长沙	郑州	武汉	哈尔滨	南京	杭州	杭州

（一）动漫产业发展迅猛，成为湖北文化产业"新引擎"

截至2019年7月，武汉从事动漫游戏及相关业务的企业约210家，超六成集聚在光谷。武汉动漫从业人员超1.5万人，拥有国家动画产业基地1

---

① 腾讯研究院：《数字中国指数报告（2019）》，2019。
② 姜可雨、童丹：《湖北数字文化创意产业发展报告（2017）》，载黄晓华主编《湖北文化产业发展报告（2018）》，社会科学文献出版社，2018。

个、国家文化产业示范基地 3 个、国家级动漫企业 2 家、国家认定动漫企业 27 家、新三板上市企业 6 家，资本市场融资超 7 亿元，一批以知音动漫、掌游科技为代表的企业年产值超亿元，在原创动漫出版、发行总量等指标方面居全国前列。①

目前武汉动漫企业大多聚集在东湖高新技术开发区，形成了产业集群效应，在"智能+"的浪潮下互相学习，有些已经达到国际领先水平。例如，原创动漫企业两点十分参与制作了热门 IP《哪吒之魔童降世》；太腔动漫制作的《冲破天际》获得奥斯卡最佳动画短片提名；江通动画采取"内容+文旅"的模式，利用当地特色文化旅游资源进行内容生产，如黄陂木兰动画、红色动画等；拥有《斗破苍穹》《阴阳师》《都市喵奇谭》等知名 IP 品牌的知音动漫，整合书、刊、手机等多种媒体，实现了从传统行业到新兴行业的转型升级，除主营业务外，企业还涉及动漫创作培训、Cosplay 服装制作、动漫会展承办、IP 巡游等。

综上所述，武汉动漫产业理念和观念的创新、内容形式的创新、应用技术的创新以及服务体系的创新推动整个产业形成良性发展，产业规模稳步扩大，在内容精品化、优质化、差异化方面的探索成效显著。

（二）直播、电竞新业态正成为数字内容新的增长点

伽马数据显示，2018 年电子竞技市场规模将超 880 亿元。② 武汉拥有像盛天网络、斗鱼这样的龙头企业，致力于打造武汉对外推介的城市名片。这主要得益于武汉拥有众多的电竞场馆和中心以及丰富的高校资源。在武汉东湖高新技术开发区光谷创新天地，以盛天网络为代表的龙头企业率先尝试"游戏产业+网络文学""游戏产业+影视""游戏产业+VR 体验"创收新的效益，正是这样一批曾经被边缘化的产业逐渐走向台前，成为武汉数字内

---

① 《新文创正在成为驱动城市文化发展的核心动力》，中国光谷创意产业基地、光谷创业产业孵化器，2019 年 11 月 8 日，http://www.ovcreative.com/newsinfo/1861151.html。
② 《2018 年电子竞技产业报告出炉 市场规模将超 880 亿元》，人民网，2018 年 7 月 10 日，http://game.people.com.cn/n1/2018/0710/c218877-30138388.html。

容产业不可或缺的中坚力量。

ECGC 湖北省文化和旅游市场行业转型升级电子竞技大赛是由湖北省文化厅贯彻落实国家发改委、文化和旅游厅等 24 个部门把电子竞技比赛作为拉动文化消费的具体举措，是探索"互联网+文化+娱乐+电子竞技"模式的重要抓手。① 2018 年 ECGC 大赛期间，来自武汉高校片区的 20 支竞技战队以及鄂东南、鄂西南、鄂西北地区共计 500 余人参加了比赛，本次比赛斗鱼进行了在线直播，累计观看人数达到 30 万余人次。作为湖北省内影响最广的电子竞技比赛之一，ECGC 大赛以搭建共享合作平台的模式，集合选手、直播、游戏配件生产商以及赞助商，正在进入一个快速进阶的新阶段，未来电竞将成为带动武汉数字内容产业发展的主要力量。武汉电竞馆品牌见表 2。

表 2 武汉电竞馆品牌一览

电竞馆品牌	地址
PANDA 电竞中心	武汉天街
NOVA 手游电竞文化中心	F6 漫时区
罗格电竞	苗栗路
梦竞超级电竞中心	世界城光谷步行街
虎猫电竞	人信汇
异休阁电竞馆	古田四路联发九都府店
维森电竞馆	汉口城市广场
BUFF 电竞手游轰趴馆	洪山区荣院路
梦幻电竞馆	中南财大店
职业玩家 VR 竞技俱乐部	梦河汉街
TheKing 电竞网咖	华城广场
Acer 宏碁电竞体验中心	广埠屯资讯广场
E7 互娱	武汉天地

资料来源：根据工信部资料整理。

---

① 《2019 ECGC 湖北省文化和旅游市场行业转型升级电子竞技大赛全省复赛圆满落幕》，湖北网络广播电视台网站，2019 年 10 月 11 日，http://news.hbtv.com.cn/p/1740190.html。

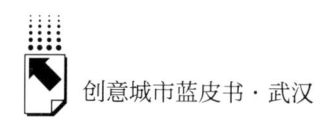

（三）数字化技术持续发力，推动用户文化消费体验升级

在平台建设上，随着VR/AR运用的普及，湖北省政府也在顶层设计上加强引导和规划。2016年成立了华中VR/AR产业基地，华山资本与北辰·光谷里项目也设立VR/AR专项基金。除此之外，光谷发起高校、投资机构、上下游企业成立产业联盟，其中包括武汉大学、华中科技大学等5所高校，而武汉市围绕VR/AR产业链上下游就有70多家企业加入，充分发挥了产学研的优势。

在文化资源上，湖北省文物局借助武汉市的教育人才资源优势和光谷创意产业基地的科技优势，向国家申请成立国家智慧文博新融合产业基地暨"互联网+中华文明"示范基地。借助平台的搭建，湖北武汉的神农文化、楚文化、道教文化、红色文化以及汉绣、汉剧等非物质文化遗产的数字化资料库得以展开，既利用数字技术进行了传统文化的保护与展示，也为大众获取数字化内容资源提供了便捷，实现了数字内容产业经济价值与文化价值的双向赋能。

在市场运用上，在2019年第七届世界军人运动会开闭幕式上综合运用了超高亮度激光投影、人工智能机器人、全息影像技术、AR/VR技术，让观众享受了360度全景式视觉体验，而武汉作为首批5G试点城市，军运会现场实现了"5G+VR""5G+8K"直播，开辟了直播新形式。

（四）汇聚教育资源，推动数字教育和数字出版产业革命

在数字出版方面，武汉数字出版产业走出了属于自己的一条特色发展之路，其中以数传集团和长江数字两家企业为代表，为行业提供了创新发展的成功范本。数传集团将传统的新闻出版业与数字化技术融合发展升级，创造性地打造了"现代纸书"模式，通过对深度阅读和其他增值服务进行知识付费，满足读者喜好，建立人群画像。尤其是通过在线教育、在线知识，改变了传统阅读教辅教材获取知识的途径，形成了新

的消费模式,目前在全国已覆盖2亿名读者。① 长江数字建设的数字内容资料库、数字化全民阅读平台、ERP出版系统,从内容的生产、消费到传播形成了联动效益,使传统出版和数字出版互为补充、协同发展。

在数字教育方面,利用高校丰富的师资力量搭建数字教育平台。例如,2012年"教育云"依托华中师范大学、长江传媒、长江盘古等单位,在东湖国家自主创新示范区搭建以基础教育数字内容为核心的教育云服务平台,拥有涵盖幼儿、中小学、大学教育等的50多家企业。平台汇聚了各地优秀的教育资源,实现了资源共享。② 另外,作为湖北省首家且唯一的文化科技融合大学科技园,华中师范大学科技园打造了"数字内容产业中小企业公共服务平台""文化资源数字化应用工程平台""教育数字内容服务营运平台""湖北省书画艺术数字资源保护应用服务平台"四大技术服务平台。园区现有入孵企业79家,其中文化和科技企业65家,占入驻企业总数的82.28%。③

三 武汉数字内容产业发展面临的问题

(一)政策实施和扶持力度不够大,延续性和时效性不足

党和国家虽然连续颁布了一系列政策引导、指导意见,对行业给予鼓励和支持,但是落实到地方政府层面,不仅政策落实情况各有不同,而且针对性和稳定性不强,在时间延续性上不足,企业跟不上变化,长期处于落后状态。

第一,政策覆盖面和时效性不足,信息时代对新金融和创新人才的需求

---

① 《数传集团获国家新型信息消费重点示范项目 出版业迈入互联网信息消费服务领域》,数传集团网站,2019年7月31日,http://www.dcrays.cn/cn/jituanjieshao/meitibaodao/info/1209.html。
② 姜可雨、童丹:《湖北数字文化创意产业发展报告(2017)》,载黄晓华主编《湖北文化产业发展报告(2018)》,社会科学文献出版社,2018。
③ 《华师科技园简介》,华中师范大学网站,http://www.ccnu.cn/shfw/hskjy.htm。

巨大，市场环境瞬息万变，政策主要关注产业的总产值和增长速度，而忽视了产业创新中资源紧缺等问题，以及政策对产业结构的即时引导和优化作用；第二，政策支持力度不够大，对文化科技创新的扶持资金规模较小，对新兴文化产业的税收优惠幅度不大，贴息贷款不足，难以满足企业需求；第三，政策偏重于对动漫游戏、短视频直播、数字出版等热门行业进行扶持，而忽视了其他数字内容产业门类，造成政策和资金扶持力度不均衡，导致项目申请难度增大。

（二）文化与科技融合后劲不足，数字化转型有待提速

大数据、人工智能、云计算、5G 是时下热门的技术，目前在全国范围内并没有得到广泛应用，究其原因主要有以下三个方面：一是研发投入资金过大；二是核心关键技术掌握不足；三是相关人才资源匮乏。

武汉拥有极高的科研水平和领先的技术优势。一是在科研水平上，武汉在全国率先确立"科教立市"基本市策，拥有全国第一个光电子产业基地（光谷），是全国第一个孵化器建设试点城市，科技竞争力居全国同类城市前列。二是在科研经费投入上，2018 年武汉用于科技事业的地方财政拨款为 134.41 亿元，在全国 15 个副省级城市中位列第二，仅次于深圳。此外，武汉市政府出台"企业创新十条"，设立专项引导基金，为武汉科技创新策划营造了良好的投资氛围，研发经费稳步增长。三是高新技术企业自主能力增强，2018 年武汉共有高新技术企业 3536 家，占全省的 53.6%，在全国 15 个副省级城市中排名第四，仅次于深圳、广州、杭州。2018 年武汉高新技术产业产值突破万亿元，同比增长 16.1%；高新技术产业增加值达到 3052.00 亿元，同比增长 13.5%，占全市 GDP 的比重达到 20.56%，占全省高新技术产业增加值的比重达到 45.9%。[1] 2018 年武汉市规模以上文化企业九大类别营业收入情况见表 3。

---

[1] 《科技发展大跨越 创新引领新篇章——新中国成立 70 周年武汉经济社会发展成就系列报告之十二》，武汉市统计局网站，2019 年 9 月 29 日，http://tjj.wuhan.gov.cn/tjfw/tjfx/202001/t20200115_840963.shtml。

表3　2018年武汉市规模以上文化企业九大类别营业收入情况

类别	企业数（家）	营业收入（亿元）	营业收入排名	同比增速（％）	同比增速排名
新闻信息服务	33	94.40	5	21.1	7
内容创作生产	161	259.46	2	33.5	5
创意设计服务	187	437.15	1	8.3	8
文化传播渠道	90	178.18	4	4.9	9
文化投资运营	3	1.22	9	38.2	4
文化娱乐休闲服务	61	62.99	6	39.0	3
文化辅助生产和中介服务	114	235.33	3	28.7	6
文化装备生产	23	19.48	8	47.7	1
文化消费终端生产	54	44.76	7	41.0	2
总计	726	1332.96	—	29.8	—

尽管武汉在科技发展、创新引领上取得了巨大进步，但在数字内容产业方面的优势还不够凸显，未来武汉数字内容产业需要进一步将文化与科技深度融合，利用好科教资源和技术研发优势，走自主创新道路。

（三）数字内容企业投融资渠道狭窄，融资渠道有待疏通

以数字化技术为支撑的数字内容企业，大多属于轻资产企业，诸如VR/AR、大数据、人工智能等技术在公共文化服务场馆的运用，研发技术难度大、投资回报周期长等特点，不仅给中小企业发展增大了难度，而且给武汉本土的国企、央企也带来了一定挑战。除《长江日报》、《湖北日报》、长江传媒等大型国企以文化地产的方式支撑企业日常运营和研发外，大多企业采取"试错"的机制小范围、小额度地试水高新科技，投融资渠道不畅通束缚了研发人员开发新的文化产品，阻碍了产业的良性循环。

武汉早在几年前就已经设立新兴产业引导基金，并明确了专门的管理办法，按照市场化方式运作，通过财政性资金投入，引导社会资本重点支持战略性新兴产业。其中，"黄金20条"的颁布为拥有自主知识产权的民营企业提供了科技贷款的帮助，降低了融资成本。虽然有政策的支持，但是数字

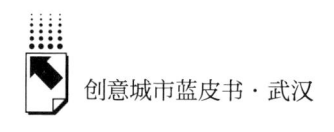

内容产业布局仍需优化和调整，部分细分领域和平台定位不清晰，造成了资金和资源的浪费。

（四）数字化复合型人才资源匮乏，亟须建立全方位的人才培养机制

首先，武汉缺乏高端复合型人才。尽管很多高校开设了文化产业相关专业和课程，但是大多为常规人才培养，而高精尖复合型人才仍然处于资源匮乏状态。复合型人才的缺乏，直接影响了企业的发展。培养高端人才不仅需要依靠高校的师资力量，而且需要集合企业的力量，以市场为导向，传授实操经验和市场理念。

其次，高端创意人才流失严重，创新意识薄弱问题凸显。除了高等教育人才的培养，政府和教育机构应该培养年轻人树立创新意识，从幼儿早期、中学直到高等教育阶段持续培育创新精神，设立创新基金鼓励创新人才。

四 推进武汉数字内容产业发展的对策

（一）促进内容生产和传播手段智能化，带动体验优化和消费升级

对于数字内容产业来说，内容生产是基础，技术是关键。无论是用户生成内容（UGC）、专业生产内容（PGC）还是用户生产专业化（PUGC），数字内容走向精品化日趋明显，高质量的内容仍旧是企业的核心竞争力。要挖掘武汉本土的文化资源，顺应用户多元化的需求，借助VR/AR/MR、人工智能、大数据、5G等技术对内容的生产、传播、展示进行智能化全链条、全产业的升级改造，使这些技术的应用场景日益深化。以90后和00后为代表的年青一代更加注重内容消费的体验，因此定制化、个性化的内容将是数字内容产业的发展趋势。

数字内容产业是内容产业与数字化信息产业融合的新业态，要打破壁垒真正走向融合，其中软件和硬件的提升是基础。《关于促进文化和科技深度融合的指导意见》指出，应以国家重点研发计划为抓手，疏通应用基础

研究和产业化连接的快车道，彻底打通关卡，促进创新链和产业链精准对接，破解实现技术突破、产品制造、市场模式、产业发展"一条龙"转化的瓶颈。

（二）重点培育相关领域专业技能人才，实现产学研有效对接

其一，以计算机、软件工程学科为突破点，设置相关专业，培养交叉型、复合型人才，增加人才储备。高校应该探索跨界学科融合与合作，结合新闻传播、文学、管理学、经济学等，搭建交叉学科建设平台，培养兼具技术背景和人文社科背景的跨学科高端数字文化创意人才。武汉理工数字传播工程有限公司的"教学+实践"一体化模式是当下新兴科技人才培养模式的范本，针对软件工程和计算机学院的学生增设新闻传播、新闻出版等专业课程，培养跨学科人才。

其二，构建以市场为导向，"高校+企业"一体化模式培养创新型人才。2019年科技部等六部门出台的《关于扩大高校和科研院所科研相关自主权的若干意见》提出要简化科研项目管理，对相关人士的管理进行放权，对推动高校自主培养人才起到了极大的鼓舞作用。武汉作为教育资源丰富的城市，可联合光谷高新企业和高校的力量，定期开展文化与科技融合以及与数字内容产业相关的专题培训，为学生和企业提供双向交流的机会，为产学研创造实践机会，实现产业的健康、良性、协调发展。

（三）创新文化产业投融资模式，加大产业扶持力度，培育新业态

近年来，针对文化企业融资难、渠道窄、力度小等问题，湖北省政府出台了"科技创新20条"，针对上述问题进行了具有针对性的政策扶持。"文化+金融"模式在发达地区实施效果较好，相比较而言武汉仍没有找到适合自身的切入点和着力点。应创新文化产业投融资模式，建立新兴的投融资体系。第一，引导互联网金融开拓新的企业融资渠道；第二，研究制定标准对武汉数字内容产业的无形资产、项目进行合理有效评估，将知识产权、技术成果等引入信贷流程，识别出文化产业发展中投资效益和回收率高的项

目；第三，设立数字内容产业发展引导基金，同时引入社会资本的力量并投入数字内容产业中，为武汉有效引入文化投资项目、帮助具有孵化潜力的新兴项目、培育新兴业态增添力量；第四，建立符合武汉文化企业体制的文化金融创新机制，形成金融业线上线下良好的竞争态势，促进金融业不断完善并适应文化金融的内部考核制度。

（四）以跨界融合为渠道，打造多元化、差异化、个性化的内容生态体系

高新技术的发展推动传统传播方式走向数字融合传播时代，从过去单向的传播方式向多元、多极、多样化的传播方式转变。推动武汉数字内容产业发展，应牢牢抓住当前数字化趋势的特点，凸显内容生产的针对性、唯一性和专业性。当前大数据、云计算、区块链、人工智能等技术在内容精准推送和人群画像上得到了充分的运用，而在用户细分的数字化时代，内容也应当走向垂直化、多样化。

以武汉动漫行业为例，尽管该行业发展势头强劲，但是普遍反映出企业和从业人员的自主创新能力弱，难以出现"现象级"IP爆款。动漫企业两点十分虽然参与了《哪吒之魔童降世》的制作，但仍属于外包性质的服务，缺乏自主IP，这与行业本身高投入、低收益的特点是分不开的。内容生态的中心是IP，一方面，通过整合平台内外部资源，如数字出版、数字教育、数字游戏等对IP进行多维度的深度挖掘，辐射到数字内容产业全生态，并与网络文学、网络电影、网络剧、网络音乐以及线下的文娱、文创产业形成联动效益。另一方面，以网络视频（含短视频）行业为例，跨界融合与旅游、电商合作，能够开辟新的商业模式，提升产品附加值，这样不仅可以带给用户真实的文化消费体验，而且能够吸引用户完成购买进而增加收益，带动武汉数字内容产业实现增长。

B.3
武汉电竞产业发展报告

文立杰　游乐天*

摘　要： 近年来，电竞产业的巨大经济潜力，引起了社会各界的普遍关注。武汉市顺潮流而上，快步走向"中国电竞之都"。本报告从电竞产业发展的时代背景与武汉市的优势条件出发，总结分析了武汉市近年来电竞产业发展的新趋势与取得的显著成绩。基于上述分析，本报告提出了建立健全电竞产业管理体制、探索产教融合的电竞教育新模式、大力发展电竞主场经济、规范电竞直播行业秩序四个方面的建议。

关键词： 电竞产业　电竞教育　武汉

一　武汉电竞产业发展的时代背景

（一）电竞文化热方兴未艾

电竞作为一种全新的体育形态，既蕴含了现代体育的文化特性，又是对传统体育文化的重大变革。电竞具备理论上的健身性、明显的娱乐性和快速提升的全民性，这是电竞对传统体育文化的一种继承。但同时应该注意到电竞也改变了人们对传统体育文化的认知，由电竞产业兴起的全新的体育竞赛

---

* 文立杰，武昌理工学院科研博士，山东理工大学讲师，研究方向为文化产业管理；游乐天，武汉体育学院体育科技学院本科生，研究方向为数字娱乐、数字传媒。

方法、手段、技术、器械、设施以及记录和传播手段等都与传统体育项目大相径庭。可以说，电竞是"互联网+体育"的典范，脱胎于互联网的现代主流娱乐观念与新兴技术都在电竞中得到了完美的体现。电竞作为集科技、竞技、娱乐、时尚于一体的"潮流运动"和"炫耀式运动"，恰到好处地迎合了新时期人们低消费、易参与、强互动的娱乐需求，逐渐演变为青少年群体的主要娱乐方式，并迎来了井喷式的发展①，由此引发了独特的文化现象——电竞热。根据艾瑞咨询发布的《2019年中国电子竞技行业研究报告》，中国电竞行业仍然处于爆发期。该报告同时也指出，随着移动竞技游戏增速的放缓以及PC竞技游戏的触顶，中国电竞市场的增长主要源于电竞生态市场，而赛事商业化的强力推动将进一步促进电竞生态的扩张，为整个电竞行业的增长提供持续推动力。根据艾瑞咨询的预测，中国电竞产业在2018~2019年、2019~2020年两个年度仍将保持20%的增速，2020年电竞产业市场规模有望超过1300亿元，电竞生态市场规模占比将由2016年的9.9%提升到2020年的27.8%。与此同时，电竞用户②规模也将进一步增长，达到4亿人的量级。

（二）电竞去污名化成果显著

伴随着电竞热的兴起，电竞也逐步被国家和社会所认可。电竞起源于20世纪80年代末期的红白机游戏竞赛，至今已历时30余年。但2004年国家广播电影电视总局发布网游类电视节目封杀令，使正处于探索时期的中国电竞产业遭受重大打击。封杀令发布之后，不仅断绝了电竞的主要传播渠道，而且以国家的名义宣布电竞不适宜登入主流媒体，加深了公众对电竞的误解。近年来，电竞文化热的兴起以及电竞产业蕴含的巨大经济利润推动国家层面对电竞认识的转变，给电竞正名的舆论导向十分明显。国家发改委、国家体育总局、文化部、教育部均于2016年出台了鼓励电竞产业发展的政

---

① 谭青山、陈旺：《我国电竞热背后的冷思考》，《体育文化导刊》2018年第1期。
② 电竞用户是指包含以下一项或多项行为的用户：半年内至少参与过或观看过一次狭义电竞游戏赛事（职业或非职业）；每周频繁玩狭义电竞游戏或观看电竞直播。

策。国家发改委发布的《关于印发促进消费带动转型升级行动方案的通知》明确指出，"在做好知识产权保护和对青少年引导的前提下，以企业为主体，举办全国性或国际性电子竞技游戏游艺赛事活动"。国家体育总局发布的《体育产业发展"十三五"规划》指出，"以冰雪、山地户外、水上、汽摩、航空、电竞等运动项目为重点，引导具有消费引领性的健身休闲项目发展"。文化部2016年26号文件提出，"支持打造区域性、全国性乃至国际性游戏游艺竞技赛事，带动行业发展；全面放开游戏游艺设备的生产和销售，全面取消游艺娱乐场所总量和布局要求"。教育部在发布的《普通高等学校高等职业教育（专科）专业目录》中增补包括"电子竞技运动与管理"在内的13个专业。2019年国家统计局发布的《体育产业统计分类（2019）》中，电子竞技被正式归为体育竞赛项目，编码为020210210。

（三）电竞之都争夺战正式打响

电竞拥有上千亿元的市场规模、接近4亿人的用户规模，更为重要的是电竞是一个年轻人聚集的产业，代表着活力与潜力，其背后是一个巨大的消费市场，这些都使得众多城市对打造"电竞之都"跃跃欲试。上海市政府第一个明确表示支持电竞产业发展，北京紧随其后出台了《关于推进文化创意产业创新发展的意见》，重点之一便是电竞产业。西安发布了《曲江新区电子竞技产业发展规划（2019~2030）》，众多电竞相关项目即将上马。杭州市政府为打造电竞小镇出台了16项扶持政策；海南则提出充分利用自身优势，加快建设"海南国际电竞港"。就连小城重庆忠县也推出了总投资为50亿元的"电竞小镇"建设计划。目前，在所有的竞争者中，上海已处于领先位置，伽马数据（CNG）的统计结果显示，2017年在上海举办的电竞赛事占全国的比例最高，达到41.3%。

二 武汉电竞产业发展的优势与成绩

作为中部中心城市的武汉，拥有发展电竞产业的独特优势。首先，武汉市电竞用户潜在群体规模庞大。电竞是年轻人钟爱的新型体育文化活动，艾瑞咨询进行的调研显示，青年电竞用户与大学生群体高度重合，而武汉市作为全国重要的高教中心，高校在校生人数位居全国前列，这为武汉电竞产业发展提供了庞大的潜在客户群体。其次，武汉市电竞设备供应链完善。现代电子设备是电竞运动的主要运动器械，而武汉是中国重要的电竞设备生产销售基地。近年来，武汉冠捷发力电竞设备制造，已经成为集显示器、键盘、鼠标、耳机等周边设备生产、销售于一体的专业电竞品牌；宁美国度是国内最大的DIY电脑销售商，年销售组装电脑超过100万台，销售额超过25亿元。再次，武汉市拥有大量电竞网吧与电竞馆。近年来，随着《绝地求生》等对设备配置要求较高的电竞游戏的兴起，网吧行业业务复苏，截至2017年，武汉市共有网吧1500家，拥有电脑120000台。除此之外，武汉市高端的专业电竞中心数量不断增加，包括PANDA、Acer宏碁等在内的10余家品牌电竞中心已在武汉设立网点。最后，武汉市拥有网络直播巨头斗鱼。斗鱼在国内同类直播平台的竞争中处于领先位置，无论是渗透率、参与度还是日活跃用户数（DAU）数据，斗鱼在同类型直播平台中都遥遥领先。在有利的宏观环境下，武汉充分发挥自身优势，电竞产业发展取得了可喜成绩，主要体现在以下几个方面。

（一）品牌赛事建设卓有成效

虽然电竞赛事收入占整个电竞产业收入的比重比较小，与电竞游戏收入占比还存在较大差距，但考虑到一些赛事在社交媒体表现、视频播放情况、观众规模等方面已经开始接近体育赛事，未来还会有很高的商业价值可供挖掘。[①] 电竞赛事拥有庞大的粉丝群体，且用户活跃度高，部分头部电竞游戏中的单个赛事影响力已经能够赶超传统体育赛事。以2017～2018年英雄联盟季中冠军赛为例，该赛事决赛时恰逢NBA季后赛西部决赛，伽马数据显

---

① 《伽马数据：2018电子竞技产业报告（赛事篇）》，199IT中文互联网数据资讯网，2018年8月27日，http://www.199it.com/archives/765208.html。

示,英雄联盟季中冠军赛决赛的观众数量、相关话题微博阅读量以及视频播放量均处于领先地位。影响力是赛事商业价值的基础,电竞赛事的影响力可媲美传统体育赛事,有利于其未来的商业化及扩大电竞赛事市场规模。近年来武汉在电竞赛事品牌建设方面成绩显著,包括 SEL 高校星联赛、湖北高校电竞联赛、中国青年电子竞技大赛等在内的一系列发源于武汉的电竞赛事不断成长壮大,其中又以中国青年电子竞技大赛最为引人注目。2017 年第一届中国青年电子竞技大赛决赛在光谷举办;2018 年中国青年电子竞技大赛永久落户武汉;2019 年 6 月 22 日,第三届中国青年电子竞技大赛在湖北剧院正式启动。三年来,中国青年电子竞技大赛不断发展壮大,影响力不断增强,赛事体系日益多元,大赛覆盖地域日益广泛,参与青年群体日益扩展,人才培养效益日益凸显,在各方的共同努力下,中国青年电子竞技大赛已经成为具有广泛社会影响的品牌活动。

(二)本土电竞运营企业发展壮大

近年来,电竞用户数量快速增长,用户参与意识不断增强,商业运营的大型电竞赛事的服务水平与服务质量直接影响着广大电竞用户的赛事参与程度。在大型电竞赛事的商业运营中,提供优质的服务,是满足大众参与需求、促进大型电竞赛事经济运营与良性发展的关键。武汉梦竞科技有限公司(以下简称梦竞科技)创立于 2014 年,以"正规有序地推广绿色电竞产业,促使其科学健康地发展"为初心,力争打造成中国最专业的电竞产业运营服务商。梦竞科技是"中国·光谷电子竞技产业联盟"秘书长单位、"腾讯游戏"官方赛事顶级合作单位、共青团中央"青年之声"体育服务联盟常务理事单位、电子竞技专业工作委员会秘书长单位、湖北省楚商联合会电子竞技产业分行会长企业、中国青年电子竞技大赛永久承办单位。梦竞科技以电竞赛事及活动为引擎,打造电竞(产业)嘉年华体系,树立"电竞 +"理念,推动产业发展再升级,业务范围涵盖电竞赛事管理、电竞文创、电竞教育、电竞数据等多个领域,其电竞运营服务内容包括知名电竞赛事 IP 输出、泛商业化电竞融合方案、线下实体电竞综合体运营、城市电竞文创衍生内容，先后获批2018年武汉市文化产业发展专项资金、湖北省文化厅2018年度文化产业重点项目等，目前梦竞科技构建的全新赛事体系及文创体系已经初具规模（见图1、图2）。

图1　梦竞科技业务范围

图2　梦竞科技所获荣誉

（三）"电竞+产业链"进一步扩展

传统观点一般将电竞产业链分为上游的游戏内容、中游的电竞赛事以及下游的落地平台和衍生行业等。上游的游戏内容包括游戏开发商、发行商与运营商；中游的电竞赛事包括赛事的赞助商、运营商、参与方及内容制造商；下游的落地平台包括电视播出平台、视频网站播出平台及在线游戏直播平台；下游的衍生行业包括周边产品及电商平台等。[①] 但随着电竞生态的扩展，电竞产业链条得以延伸，出现了一批"电竞+"新产业，其中较具代表性的是电竞酒店和电竞地产。2018年8月28日，全国首家绿地电竞主题魔奇酒店"魔幻狂欢·奇妙空间"开业盛典在武汉绿地中央广场举行。"房+X"，即在住宿单一功能以外向更多功能发展，是在新生代消费群体崛起的背景下酒店行业的必然发展趋势。电竞主题酒店就是绿地在"房+X"方向上的重要探索，之所以首选武汉，是因为看中了武汉良好的电竞氛围和广阔的市场。武汉绿地魔奇酒店总经理王钢表示，魔奇品牌是绿地集团面向都市潮流青年娱乐、居住需求升级推出的新型品牌，致力于为年青一代打造以"网红"和"电竞"为主题的全新住所。武汉汉阳魔奇酒店不仅为都市青年的居住、娱乐、消费、社交提供"一站式"的居停空间，而且为年青一代打造一个集室外运动、共享精神以及服务硬件化于一体的"魔幻"空间。[②]

（四）电竞直播巨头斗鱼上市

电竞产业的快速发展，离不开及时高效的传播渠道。目前，相较于线下传播而言，线上传播是电竞传播的主要方式。线上传播方式受众面广，目标受众接触便捷，仅以网络自媒体为媒介即可实现。网络媒介传播主要是指通

[①] 游继之、布特：《我国电子竞技产业链发展现状及前景研究》，《吉林体育学院学报》2018年第3期。
[②] 《绿地首家电竞主题酒店武汉开业！ 给你不一样的开黑体验……》，搜狐网，2018年8月29日，https://www.sohu.com/a/250621346_99894294。

过互联网直播平台，采取"主播—互联网—受众"这一传播模式，将电竞赛事的实时播放内容通过PC平台直播或手机移动端App直播等方式直接传播给每个受众。根据艾瑞咨询数据，2018年游戏类直播收入达132亿元，较2015年增长约15倍，预计到2023年将达到398亿元，年均增长24.7%，该增速预计将是非游戏直播类预期收入增速的2倍。虽然收入不断增长，但国内几大游戏直播平台竞争也十分激烈，一些直播平台在竞争中逐渐掉队，最具代表性的莫过于熊猫直播被关停，而斗鱼一直是其中的佼佼者。2019年7月，斗鱼直播在美国纳斯达克上市，股票代码为"DOYU"，发行价为11.5美元，以发行价计算，市值超过250亿元，在湖北省上市企业中市值排在前10位。作为湖北新经济的代表，斗鱼直播上市是湖北省乃至整个华中地区互联网产业发展的里程碑。作为中国最大的以游戏为核心的直播平台和中国电竞领域的先锋，斗鱼直播的上市也意味着武汉已经成为中国电竞游戏直播领域的领头羊。

三　武汉电竞产业的发展路径

（一）建立健全电竞产业管理体制

多头管理体制下电竞产业的发展面临行业管理"越位"与"缺位"的双重尴尬局面。目前涉及电竞的管理部门包括体育部门、新闻出版广电部门、教育部门、文化部门、信息产业部门等众多职能部门，但缺乏专门的电竞管理中心对电竞发展各项工作做全面的规划指导，也少有具有较大影响力的电竞协会协调各方利益。为规范电竞产业的发展和电竞联赛的管理秩序，以成为电竞之都为目标的武汉，应着手建立专门性管理中心，确定电竞管理部门的主导权，对电竞的赛事组织、市场运营、产业开发等做全面性的规划指导。除此之外，还应当充分发挥电竞协会的协调、沟通、规范、监督作用，为武汉电竞产业的发展提供一个绿色健康的生态环境。

（二）探索产教融合的电竞教育新模式

电竞作为一个新兴产业，其市场规模不断扩大，相应地对电竞人才的需求也越来越大。腾讯电竞的统计数据显示，截至2018年底，我国电竞产业从业人员仅为5万人，尚存在26万个岗位缺额，而到2020年岗位缺额将超过50万个。巨大的电竞人才缺额正倒逼电竞教育的发展。要在电竞产业发展中抢占先机，需要人才的培养与储备，武汉雄厚的教育基础与良好的电竞产业基础为武汉电竞教育的发展创造了条件。武汉电竞教育的发展要同时抓好职业教育与学历教育两个大类。首先，电竞职业教育要兼具针对性与实效性，以解决电竞产业发展过程中技能型、浅层次的人才缺口为目标，在较短的培训周期内让学员掌握应用岗位所需的基本技能。其次，依托电竞学历教育培养支撑整个产业发展的中流砥柱，这需要尽快完善电竞产业的知识体系，包括明确电竞专业的二级学科方向、编制教材、构建课程体系等一系列工作。但无论是电竞职业教育还是电竞学历教育，都不能忽视电竞企业的作用，要真正实现产教融合，确保人才培养与市场需求相一致。

（三）大力发展电竞主场经济

电竞产业产值的爆发式增长并不能掩盖我国电竞产业职业化程度与商业化程度不高的事实。要使电竞实现高度的职业化，必须参考传统体育产业商业化运营的成功经验，其中非常重要的一点就是主客场制。主客场制是商业体育联盟重要的组成部分，有了主客场之分，便能最大限度地调动粉丝的热情，提升粉丝的归属感[1]，通过俱乐部与主场城市进行链接可以超越赛事乃至体育本身，成为融合经济、文化等多种要素的复杂力场。中国电竞产业已经开始探索主客场制，以电竞头部赛事《英雄联盟》为例，几大电竞俱乐部先后确定了自己的主场，LGD落户杭州，OMG落户成都，Snake落户重

---

[1] 《电竞迎来主场制，我们去成都、重庆和杭州都体验了一遍》，虎嗅网，2018年3月11日，https://www.huxiu.com/article/235334.html。

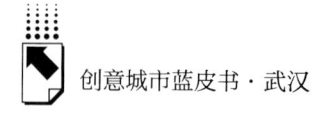

庆，WE 落户西安，RNG 则选择了北京。在湖北籍电竞选手资源丰富的前提下，武汉更应该充分发挥中部地区中心城市的地理位置优势，结合稳固的电竞产业基础，吸引具有竞争力的电竞俱乐部落户武汉，发展电竞主场经济。

（四）规范电竞直播行业秩序

游戏的开发与运营是电竞产业链的源头，根据 SuperData 发布的 2019 年游戏市场年终报告，2019 年全球游戏行业总收入达到 1201 亿美元。由于我国电竞产业起步晚、人才储备不足、独立开发能力滞后，当前国内流行的主要电竞游戏绝大部分仍为国外引进。通过海外游戏厂商的并购以及游戏引进与运营推广，国内打造完整电竞产业链的尝试取得了成功。但是目前国内电竞游戏收入基本被腾讯游戏、网易游戏等巨头瓜分，在 2019 年最赚钱的 10 款游戏中腾讯占据半壁江山，仅《王者荣耀》一款游戏的营收就超过百亿元。无论是从健全电竞产业链角度还是从赚取经济利益角度，武汉都应当在游戏研发与运营上发力，充分借助移动电竞兴起的东风，实现弯道超车。与此同时，游戏开发与运营商要增强社会责任感，关注未成年用户的身心健康，合理科学规划游戏内容，健全实名注册与防沉迷等配套措施，从电竞游戏的源头开始贯彻绿色电竞理念。

B.4
武汉光谷VR/AR产业发展报告

杜艺 李寒露*

摘　要： 虚拟现实（VR）与增强现实（AR）是新一代信息技术的重要发展方向，武汉光谷VR/AR产业拥有良好的发展环境和基础。本报告在分析VR/AR产业总体发展背景及趋势的基础上，从人才和技术基础、产业竞争力、企业融资、产业集聚四个方面解析光谷VR/AR产业的发展现状，指出光谷VR/AR产业在发展中仍面临缺乏对VR/AR技术特性的针对性研发、缺乏针对VR/AR技术的优质内容，以及企业参与度不高、应用示范辐射能力不强等不足。因此，迫切需要从加强对技术发展趋势的预测、丰富产品的有效供给、搭建产业公共服务平台、拓展产业营销市场、优化扶持政策等方面协同推进，促进以光谷VR/AR产业为代表的新一轮信息产业加速发展。

关键词： 虚拟现实　增强现实　武汉光谷

虚拟现实（Virtual Reality，VR）技术是通过计算机技术对现实环境进行模拟从而创造出的一种交互系统；增强现实（Augmented Reality，AR）技术是通过计算机模拟出现实不存在的图像并融入真实场景来进行交互的技

---

* 杜艺，光谷VR/AR产业联盟副秘书长，研究方向为VR/AR产业；李寒露，华中师范大学国家文化产业研究中心硕士研究生，研究方向为文化资源与文化产业。

术。VR/AR技术可用于工业制造与维修、医疗、电视转播、教育、娱乐游戏、旅游展览和城市建设等多个领域，市场前景广阔，产业未来可期。2016年8月，光谷VR/AR产业联盟成立；2017年10月，光谷VR/AR产业基地落成，行业集聚效应显现。在光谷，VR/AR产业快速发展、裂变、升级，目前已聚集涵盖"VR+"行业应用、智能制造、智慧医疗、教育教学、"AR+"游戏、工业制造，以及"全景+VR/AR应用"等领域的优秀产品和企业。

一 发展背景

随着VR/AR技术的发展，业内人士对其定义也在不断更新，研讨的范围逐渐从终端形态转变为重视体验感、强调VR/AR重点技术的更新、产业生态链的延伸以及与其他垂直行业的融合创新。VR/AR技术及其产业发展呈现以下几个特点。

（一）终端平台从手机转向头显设备

随着智能手机的不断发展和广泛应用，现阶段VR/AR技术的主要终端平台依然是手机。但随着Google、LG、高通等各大公司开始研发VR的专属芯片，对图像和视频的处理方法将更为先进，对听觉、力觉的感知能力将大幅度提升。随着VR硬件机能的不断演进，VR头显设备的体积也将不断缩小，更加便于使用和携带，将成为主要的终端产品类型。

据美国高德纳公司统计，到2020年前，全球将卖出近4000万套VR设备。[①] 国际数据公司（IDC）发布的《中国VR/AR市场季度跟踪报告》显示，国内VR独立头显市场在2018年继续高速增长，增幅达到123.6%。微

[①] 王楠、廖祥忠：《现实环境驱动下VR产业的发展趋势》，《河北师范大学学报》（哲学社会科学版）2017年第1期。

软公司发布的 Windows10 系统中安装了支持 VR 头显设备的程序，大大降低了 VR 头显设备的使用门槛，使得头显设备得以在更大范围内普及。

（二）VR 产业资本聚焦与政策支持

随着 VR/AR 技术的不断发展，许多巨头企业提高了对此技术的重视程度。国内外大量资本涌向 VR/AR 产业，全球 VR/AR 产业在资本的集聚中不断发展壮大。据前瞻产业研究院预测，到 2023 年，全球 VR/AR 行业市场规模将达到 1498 亿美元（见图 1）。同时，移动 AR 将成为其增长的主要动力。

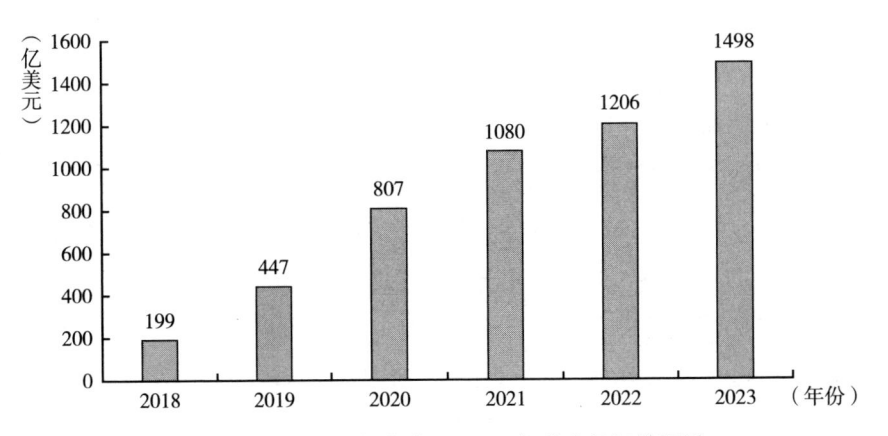

图 1　2018～2023 年全球 VR/AR 行业市场规模预测

资料来源：前瞻产业研究院。

近年来，各国政府都将 VR 产业发展上升到国家高度。例如，2014 年，欧盟公布的"地平线 2020 计划"中关于人机互交的项目有 4 个，更是有大量的资金投入了 VR 产业。2016 年，韩国政府计划在未来 5 年内投资 4050 亿韩元于 VR 产业。2017 年，美国政府组建了指导 VR 产业的专项小组。

针对 VR/AR 产业，我国各级政府也采取了积极的措施来推动其发展。《"十三五"国家信息化规划》《国务院关于深化"互联网+先进制造业"发展工业互联网的指导意见》等多个国家重大文件都将 VR 产业列入其中，各相关部门也出台了一系列政策，如科技部印发的《"十三五"技术标准科技创新规划》强调要推动VR/AR技术的标准优化升级；原文化部出台的《关于推动数字文化产业创新发展的指导意见》强调要将VR技术应用于文化产业数字化。各地方政府也为促进产业结构升级，不断推动VR产业基地建立。

（三）VR成为互联网向人工智能时代演进的重点

在互联网领域中，VR技术的应用主要体现在应用软件和终端形态两个方面。在应用软件方面，手机App已经开始呈现VR/AR化，如支付宝的"集福"游戏、抖音推出的Landmark AR技术、淘宝的"Buy + VR购物"。在终端形态方面，终端设备不局限于某一特定产品形态，手机式、主机式等多种产品形态将长期并存。现阶段，手机成为主要方式，全球科技巨头均将手机作为VR的首要平台载体。

VR与人工智能的融合主要体现在感知交互应用方面。VR技术可以提供一些特定的环境，人工智能则承担"大脑"的责任。两者的融合提升了感知交互应用的沉浸式体验，丰富了感知交互应用的内容。如今VR与人工智能的融合已经进入很多行业。例如，AI机器人与VR技术的融合，可以针对学生的需求提供个性化的仿真课堂。

（四）"VR +"时代已开启

VR应用正在加速向生产与生活领域渗透，在各行各业和大众生活中都可以看到VR技术带来的进步。依据VR技术的特性已经实现了不少大众应用和行业应用，达到了优化体验和节约成本的目的。毫无疑问，"VR +"时代已经来临。

在大众应用中，"VR +影视/直播"方面，VR技术成为影视的一种全新表现形式。"VR +影视"赋予观众身临其境的沉浸式体验，通过VR设备，观众可以自由选择视角，听觉、触觉，甚至味觉、嗅觉等都能增强观众的代入感，极大地提升观影体验。另外，"VR +直播"快速发展，目前国内已经有20余家VR直播平台。例如，在2019年第七届世界军人运动会上，光谷VR企业威睿科技也曾开播VR直播频道。

在行业应用中，"VR+工业"方面，VR技术也成为制造业发展的重点。汽车厂商可以利用VR技术，构建与现实比例相同的虚拟汽车，以此来优化细节、提升品质。目前，奥迪、福特、宝马、沃尔沃等主流汽车企业积极引入VR技术用于汽车研发。例如，奥迪推出了基于VR的虚拟装配线校验，使工人在虚拟空间内完成对实际产品装配工作的预估和校准，显著提升了汽车生产与组装效率。

二 光谷VR/AR产业发展现状

（一）具备良好的人才和技术基础

国内外VR/AR产业风起云涌，武汉特别是东湖高新区本土公司的创业热情高涨。东湖高新区发展VR/AR产业在人才、环境等方面都具有一定的优势，产业发展具有一定基础，创新创业的整体氛围浓厚。在科教人才方面，东湖高新区是我国三大智力密集区之一，聚集了42所高等院校、56个国家级及省部级科研院所，为VR/AR产业发展提供了良好的人才智力支撑。在技术方面，东湖高新区从事VR/AR的科研团队实力雄厚，包括华中科技大学、武汉大学等在内的多所高校教授担任中国计算机学会虚拟现实与可视化技术专业委员会常务委员等职务，具有良好的人才储备基础。

（二）产业竞争力日益提升

湖北省现有从事VR/AR产业的企业100多家，在武汉注册的就有70余家，其中东湖高新区有50余家，包括湾流股份、穆特科技、威睿科技等一批优秀企业。目前，虽然受到经济环境影响，但是按照统计数据累计，行业年销售收入近2亿元。

东湖高新区VR/AR产业在"VR+""AR+""全景+VR/AR"三大板

块亮点突出，在教育、游戏、医疗等领域都有不俗的表现，许多VR/AR产业处于全国领先地位。湾流股份重点布局职业教育、医学医疗、汽车驾考等领域，是国内"VR+"行业应用领军企业；风河信息重点布局轨道交通领域，致力于铁路虚拟仿真技术研发与应用服务。武汉在"VR+"教育、智慧医疗、智能制造、游戏、航空、军事等领域都有不俗的表现。例如，在智慧医疗领域，有凡马（武汉）信息、知人科技等企业。AR技术在亲子互动、幼儿教育等领域成效显著，而且"旅游+全景平台""全景扫描+航拍"行业也涌现了一批重点企业。例如，在"AR+亲子互动"领域，有马里欧网络、几古几古科技等企业；在"旅游+全景平台"领域，有禾木林科技等企业；威睿科技"千世界"则是全国首家在广电频道推出独家VR频道的栏目。

（三）企业融资取得新进展

随着VR/AR产业的快速发展，东湖高新区企业迅速发展壮大，一批具有潜力的企业获得了资本市场的青睐。在企业融资方面，2018年共有2家企业获得融资，金额达3500万元，其中穆特科技融资3000万元，灏存科技完成Pre A融资500万元。

（四）产业集聚不断加快

2016年8月5日，"武汉·中国光谷虚拟现实与增强现实产业技术创新战略联盟"正式发起成立，该联盟由5所高校、37家VR/AR企业、4家投资机构构成，致力于整合各方资源，对接全球VR/AR行业，扶持和推动光谷VR/AR产业创新与发展。联盟成立以来，大力推进以硬件平台穆特科技，内容提供平台禾木林、幻亦互动，军民融合平台天宇至强为代表的企业进行横向技术与项目合作，打造"平台+内容+硬件"整体合作模式，抱团出海，赴外地进行项目承接。联盟成员，如武汉软件工程职业学院、武汉职业技术学院等高校，纷纷开设相关专业，建立协同创新中心，为行业培养和输送人才。

2017年10月18日,光谷VR/AR产业基地在东湖高新区国家大学科技园揭牌,基地建筑面积达2万平方米。未来,将通过建设Link Space众创空间、举办VR/AR产业论坛、开展产业发展研究等一系列工作,推动VR/AR企业进一步做大做强,打造VR/AR中小微企业产业集群,实现东湖高新区VR/AR产业健康快速可持续发展。

三 光谷VR/AR产业面临的问题

(一)缺乏对VR/AR技术特性的针对性研发

部分光谷VR/AR企业缺乏对VR/AR技术特性的针对性研发,对关键技术产业化进程的敏感度不够。由于VR/AR产业与手机产业链的主体类似,大部分从业者通常将手机产业的发展道路作为参考。部分光谷VR/AR企业简单地借鉴手机解决方案,在对VR/AR技术的研究方面缺乏原创性,且研发模式大多跟随Facebook、微软等国外标杆企业。另外,还有部分光谷VR/AR企业将技术方案等同于技术趋势,这些企业往往过分追求单一性能的参数,导致企业处于极易受短期市场波动的环境中,从而造成较大的负面影响。

(二)缺乏针对VR/AR技术的优质内容

光谷VR/AR企业缺乏对该产业具有影响力的优质内容,VR/AR产业与其他产业的融合创新程度还不够。VR/AR产业在发展初期几乎都会存在内容匮乏的问题,如何尽快缩短这一发展阶段是当务之急。据统计,目前国内VR创业公司有上百家,但大多是中小企业,产业发展还处于启动期,这些企业大多生产头戴眼镜盒子、外接式头戴显示器等VR设备,并逐渐向消费级市场拓展,同质化竞争、低水平重复现象严重,需要龙头企业带头示范,早日形成"产业雁阵"。[①] 然而部分光谷VR/AR企业各自为战,尚未形成协

---

① 赵丹、吴思勇:《全球首个城市级VR产业基地落户南昌》,《南昌日报》2016年2月23日。

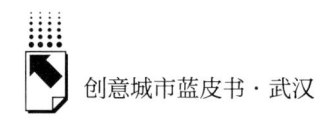

同化的"产业雁阵",不具备集约化平台能力。此外,武汉光谷本土VR/AR企业与新媒体以及5G、AI、云计算、大数据等技术的融合程度不够,创新程度也有待提升。

(三)企业参与度不高、应用示范辐射能力不强

目前,光谷VR/AR企业的VR应用示范还停留在"仅可远观"的状态。一方面,由于缺乏规模化、产业级应用,受众范围较小;另一方面,大部分内容相似,用户体验感较差,互动性不够,严重影响了用户的埋单意愿。另外,在各类"VR+""AR+"应用开发过程中,经常会出现"对牛弹琴"的状况。一方面,由于行业用户对VR/AR技术的理解不够,难以明确其具体使用范围;另一方面,VR/AR技术开发者对垂直行业的了解程度不够,难以实现针对性、创新性开发。

四 光谷VR/AR产业发展建议

光谷VR/AR企业应牢牢把握当前技术革新的关键时期,充分发挥其技术的带动效应。光谷VR/AR企业应坚持以技术革新为基础,以产业融合为主线,以平台聚合为中心,打破发展定式,着力构建光谷VR/AR产业融合发展生态圈。同时,政府要加大扶持力度,优化扶持政策,推动光谷VR/AR产业进一步发展。

(一)加强对技术发展趋势的预测

光谷VR/AR企业可通过对VR/AR技术发展趋势的预测,提高企业创新资源利用效率。光谷VR/AR企业应加强与周边高等院校、科研院所合作,共同组建VR/AR创新中心与实验室,开设关于VR/AR的创新创业课程;坚持以市场业务为导向,提高创新资源利用效率;加大对VR/AR重点技术的研发投入力度,丰富VR/AR技术的知识产权储备,紧跟VR/AR技术产业化的发展步伐。

（二）加强产业融合，扩大产品的有效供给

光谷 VR/AR 企业应将不同领域的骨干企业串联起来，将 VR/AR 技术引入信息产业生态圈。根据当前人们的信息消费需求以及行业应用需求，进一步扩大产品的有效供给，吸引更多的 VR/AR 细分领域企业进入光谷 VR/AR 产业基地。市场是需求的催化剂，其他垂直行业的需求是 VR/AR 产业发展的重要动力。VR 技术具有营造场景和实现高度沉浸感体验等独特优势，可以将其应用于营销领域，进一步探索"VR+"行业融合应用，加快 VR/AR 技术的普及应用。

（三）搭建光谷 VR/AR 产业公共服务平台

通过搭建公共服务平台，优化光谷 VR/AR 产业发展的支撑环境。坚持以市场需求为导向，以合作为主线，搭建针对 VR/AR 产业的数据监测平台，为产业的运行分析、政策制定、人才培养等奠定基础；搭建为 VR/AR 软硬件提供测试与咨询的平台，完善相关器件供应路线，提升光谷 VR/AR 产业的公共服务能力；充分发挥资本和地方投资对相关技术的激励作用，鼓励加大资本投入力度，通过设立武汉光谷 VR/AR 产业专项资金等方式，推进光谷 VR/AR 产业进一步发展。

（四）加强应用示范项目建设，拓展 VR/AR 产业营销市场

打造武汉 VR/AR 应用示范高地，努力形成一批成效显著、可复制、可推广的典型应用范例。突破孤岛式、小众化应用示范发展瓶颈，积极开展应用示范项目推广对接会，使应用示范项目与武汉市有关单位、部门实现面对面对接。打破过去彼此封闭的发展状态，降低优质内容获取的难度，突破 VR/AR 核心技术，带动武汉光谷 VR/AR 企业迈向全国 VR/AR 应用示范先行区。

需求是打开市场的法宝，光谷 VR/AR 企业应看准市场需求点，加强与各垂直行业的合作。例如，光谷 VR/AR 企业可以与武汉地产企业、汽车企

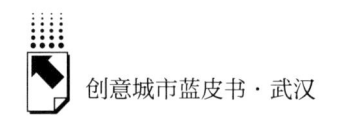

业等进行合作,将VR/AR技术应用于看房、看车等方面。在看房中心、房屋中介、新车发布会等平台对消费者进行相关概念的普及,促进用户对VR/AR技术的理解,明确其具体功能。

(五)加大扶持力度,优化扶持政策

VR/AR产业是技术密集型的产业,在技术创新和应用开发方面都需要大量的资金投入。对于光谷VR/AR初创企业来说,资金不足是企业在应用开发与技术创新时面临的最大风险。对此,武汉市政府应针对新注册的VR/AR企业,根据其实际缴纳的注册资本金额,给予其一定数额的启动资金支持;对于申请银行贷款的VR/AR企业,在国家政策允许的情况下给予其适当的贴息支持。同时,武汉市政府应鼓励产业协作,提高财税政策利用效率。

B.5
武汉增材制造产业发展报告

周钢 史玉升[*]

摘　要： 增材制造技术自诞生至今仅有30多年的历史，我国自20世纪90年代初开始，也经历了20多年的研究历程。但与发达国家相比，我国增材制造技术仍处于起步阶段。本报告通过分析武汉增材制造产业发展现状，在全产业链优势的基础上提出相关发展建议。

关键词： 增材制造产业　武汉光谷　全产业链

一　我国增材制造产业发展现状与存在的问题

增材制造技术自诞生至今仅有30多年的历史，我国自20世纪90年代初开始，也经历了20多年的研究历程。与大多数其他制造产业相比，我国增材制造产业整体水平与国外发达国家差距相对较小。

（一）发展现状

1. 产业化进程加快，产业发展初具规模

在科技部等多部门的持续支持下，一批科研院所开展了增材制造技术研

---

[*] 周钢，武汉中国光谷3D打印产业技术创新战略联盟秘书长，华中科技大学材料成形与模具技术国家重点实验室副教授，研究方向为3D打印技术及产业发展；史玉升，武汉中国光谷3D打印产业技术创新战略联盟理事长，华中科技大学材料科学与工程学院教授、博士生导师，中国3D打印领域领军人物之一，研究方向为3D打印及材料成形技术。

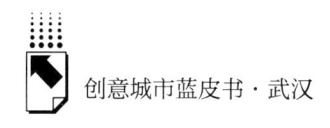

究，并建立了研发基地，进行增材制造设备的研发。

我国增材制造技术主要依托各大高校和科研院所，在国家资助下开展自主研制，形成了系列技术、装备及成形材料。目前主流增材制造技术在国内均有研究，以西安交通大学研制的光固化、华中科技大学研制的激光选区烧结/熔化以及清华大学研制的熔融沉积制造最具代表性，相关成果先后获得多项国家科技奖励，装备总体技术水平不低于国外。

2. 工艺技术取得突破，行业应用持续拓展深化

2015年以来，我国增材制造产业的工艺技术水平加速提升，工艺装备、关键零部件等重要环节关键核心技术取得进展。增材制造技术在航空航天、汽车、机械装备等领域的零部件模具开发应用上成效显著，在医学应用领域的探索方兴未艾，增材制造技术的行业应用持续拓展深化。

在沿海及其他经济发达地区，如上海、深圳、天津、青岛、东莞、佛山、苏州等地均有增材制造技术服务中心，利用多种增材制造技术辅助该地区多行业企业的新产品快速开发，为个性化突出的家电、数码等产品的快速更新换代提供了重要的技术支撑。

3. 政策扶持力度不断加大

为推动增材制造产业发展，工业和信息化部、国家发改委、科学技术部等部门出台了一系列发展规划及专项，将增材制造作为重点发展领域，给予政策和资金扶持。

2015年2月，为加快推进我国增材制造产业健康有序发展，工业和信息化部、国家发改委、财政部联合发布了《国家增材制造产业发展推进计划（2015～2016年）》。

2017年12月，工业和信息化部、国家发改委、教育部、公安部等十二部门联合印发了《增材制造产业发展行动计划（2017～2020年）》，提出到2020年，增材制造产业年销售收入超过200亿元，年均增速在30%以上。

2015年12月，北京市政府印发《〈中国制造2025〉北京行动纲要》，将发展增材制造装备列为"智能制造系统和服务"专项的重要内容。陕西省政府也印发了《关于加快推进增材制造产业发展的指导意见》，并于2016

年制定了《陕西省增材制造产业发展规划（2016年~2020年）》。2013年，浙江省科技厅、浙江省经信委印发了《关于加强三维打印技术攻关加快产业化的实施意见》，用于规范产业发展；2016年制定的《中国制造2025浙江行动纲要》将3D打印列入浙江省重点发展及扶持的领域。各地纷纷出台相关政策，助力本地产业发展。

（二）存在的问题

尽管我国增材制造技术取得了显著的进展，但与先进发达国家相比，仍处于产业化起步阶段，在很多方面还存在差距。

1. 协同创新能力不够

产学研机制不完善。目前，国内很多增材制造的创新性技术仍滞留在高校院所，难以实现产业化，产学研用密切结合的研发机制及产业化协同推进机制尚未有效形成。

产业整合能力不强。增材制造产业上下游缺少合作研发和资源整合，大部分企业"单打独斗"。我国增材制造装备企业与材料企业缺乏合作，上游专用材料与中游装备的产业链整合也乏善可陈，导致装备与材料性能匹配错位，难以达到最佳的成型效果。

大部分增材制造工艺装备在国内都有研制，但在核心性能指标、运行可靠性及成型质量上与国外先进水平相比还有差距，装备可靠性不高，不能满足高端零部件制造的要求。

2. 产业国际竞争力不强

产业规模较小。从产业规模看，近年来我国增材制造产业虽然取得了长足进步，但仍处于发展初期，技术成熟度不足，应用成本较高，应用范围较窄，产业规模整体偏小，呈现"小、散、弱"的状态。

企业创新能力不强。我国企业缺少增材制造技术的原创性专利，面临专利纠纷时处于劣势。国内企业缺少在专利领域的提前布局，导致在知识产权纠纷中处于劣势。

关键核心技术有待突破。增材制造的基础理论与成型机理等科学问题是

实现工艺控制、装备研发、产品性能调控与大规模应用的关键，是国内外公认的难点，目前还有大量问题有待突破。

3.产业链条有待完善

我国增材制造产业中游的装备制造能力突出，下游应用持续拓展，但上游产业发展存在明显短板。

核心零部件受制于人，大部分增材制造装备的核心元器件仍然主要依靠进口。此外，材料的基础研究、制备工艺以及产业化方面与国外相比存在较大的差距，专用新材料开发滞后。我国在增材制造专用新材料领域的发展仍显滞后，面临材料选择局限性大、品种少、供应商少、高性能材料严重依赖进口的现状。

二 光谷增材制造产业发展现状

武汉东湖高新区是我国及国际3D打印技术研发、生产和应用的发达地区，具有很强的研发和产业实力。坐落于光谷的华中科技大学早在1991年就开始进行增材制造技术的研发，取得了大量领先的成果，在国内外享有很高的声誉，处于国际先进地位。湖北省是国内外公认的中国增材制造技术的发源地之一和增材制造产业重镇之一，而湖北省绝大部分增材制造研发生产机构位于光谷。

光谷增材制造产业经过20多年的发展，围绕材料、装备和应用，结合武汉在汽车、智能装备制造、教育等领域的优势，逐步构建起增材制造技术产业链，初步形成了自己的优势和特色：一是拥有自主知识产权的多种类型的工业级增材制造装备已经达到国际先进水平；二是自主研发的增材制造材料覆盖面广；三是自主研发的桌面型3D打印机、三维扫描测量系统等已达到一定的产业规模，在国内占有一席之地；四是在增材制造应用领域，特别是在医疗、教育教学、文化创意等民用方面的广泛应用，在国内外占有明显的优势。

光谷增材制造技术产业链比较完整：上游为增材制造装备核心零部件及

增材制造原材料研发、生产；中游为增材制造装备研发、生产制造；下游为增材制造应用及服务（见表1）。目前已初步形成了工业级增材制造装备和桌面级增材制造机研发制造、增材制造材料研发生产和增材制造应用服务的产业集群，发展了华科三维、天昱制造、武汉三维陶瓷等一大批龙头骨干企业。

表1 光谷增材制造技术产业链细分情况

产业链		优势产品或技术	单位名称
上游	增材制造装备核心零部件及增材制造原材料研发、生产	激光器	华工激光、团结激光、楚天激光、锐科激光
		数控系统	华中数控
		增材制造材料	华科三维、思瑞迪、武钢金属资源、华烁科技、武汉理工大学、武汉工程大学
		技术研发	华中科技大学、武汉大学
中游	增材制造装备研发、生产制造	工业级增材制造装备	华科三维、航天三江光谷研究院、滨湖机电、团结激光、易制科技、武钢华工激光、武汉三维陶瓷
		桌面级增材制造机	金运激光、嘉一三维、智垒科技、贝恩三维、奥尔克特、巧意科技、易饰三维
		三维扫描仪	惟景三维
下游	增材制造应用及服务	增材制造云工厂	意造网(金运激光)、DD打印网(嘉一三维)
		汽车行业增材制造服务	萨普汽车、华科三维
		医疗行业增材制造服务	嘉一三维
		模具行业增材制造服务	华科三维
		航空航天行业增材制造服务	华科三维、航天三江光谷研究院
		增材制造教育教学及创客解决方案	嘉一三维、芯态度、金运激光
		消费品增材制造服务	所有公司均提供

光谷增材制造技术产业链的重点企业及优势产品主要集中于工业级增材制造装备研发生产和增材制造应用服务领域，在各种工业级增材制造装备制造、增材制造应用服务（主要包括工业、医疗、教育、创意等应用领域）方面形成了一定的优势。据统计，2016年光谷与增材制造技术相关产业产值约为5亿元。

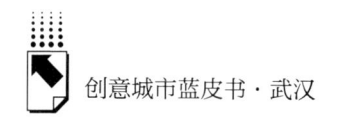

三 光谷增材制造产业发展分析

（一）发展优势

光谷增材制造产业发展起步较早，拥有多方面的优势。

1. 增材制造全产业链布局

光谷增材制造技术研发和产业化起步较早，在增材制造技术的上、中、下游产业链具有较强的研发和产业实力。2013年12月20日，湖北3D打印产业技术创新战略联盟在光谷成立，旨在把湖北省内与增材制造有关的企业组织起来，打通上、中、下游产业链，实现企业间的资源共享。该联盟现有成员单位40多家，涉及产业链的上、中、下游。此外，湖北省强大的科教背景和产业优势，使其在增材制造技术的研发能力上占有优势。

2. 培育了一批重点企业

目前，光谷已经培育了武汉华科三维科技有限公司、武汉金运激光股份有限公司、武汉光谷航天三江激光产业技术研究院等一批增材制造重点企业和科研院所。2013年5月，华中科技大学史玉升教授团队成功研发出全球最大的增材制造装备，意味着我国在全球这一领域已抢占有利先机。

3. 科研能力出色，人才顶尖

增材制造技术已进入全球竞争时代。在我国，增材制造技术研发以高校为主，并已形成"3+2"[①]的竞争格局。"3"代表最早进入增材制造研发领域的3所高校，华中科技大学就是其一。华中科技大学于1991年开始增材制造技术的研究，目前该校已经拥有史玉升教授团队、曾晓雁教授团队、张海鸥教授团队等多个行业顶尖研发团队。武汉理工大学、武汉工程大学相关的材料研发团队也开始着重对增材制造材料进行研发，在增材制造高分子材料、生物材料、陶瓷材料等方面都取得了不错的成果。

[①] "3"是指清华大学、西安交通大学和华中科技大学；"2"是指北京航空航天大学和西北工业大学。

（二）存在的不足

目前，光谷增材制造产业也面临较为严峻的挑战，除了具有国内增材制造产业存在的普遍不足外，还有一些自身的不足，主要表现在以下几个方面：增材制造产业规模较小，集聚效应不强，产业化进程缓慢；政策扶持力度不足，科研优势和资源优势没有充分转化为产业规模。以下几点不足尤为突出。

1. 协同发展意识不强

增材制造技术及产业的发展与设备、材料、人才、软件信息技术等多个方面息息相关，协同发展不仅能够使资源得到最优配置，而且可以调动科研和人才培养的积极性，但企业习惯于单打独斗，缺乏合作。

2. 产学研合作松散

湖北省科技资源丰富，但是75%以上的科技人才集中在各类科研院所和大专院校，其参与市场化的主动性不够，而企业更注重应用性的市场开发，基础性研究不足，创新意识不强，教育、科研、产业三条战线各自为战，对产学研的认识不到位，未能形成合力，很多科技成果未能有效转化为现实的产业竞争力。

3. 应用市场打开不足

光谷生产的增材制造装备主要销往外省，增材制造应用的用户也主要在外省。湖北省大量中小企业由于自身实力问题，未配置昂贵的工业级增材制造装备。未来增材制造技术及产业的完善和成熟关键取决于应用，如果不能将应用市场有效打开，产业发展将困难重重。

4. 产业发展竞争加剧

一方面，清华大学、西安交通大学、北京航空航天大学、西北工业大学等高校从事相同或相似增材制造技术的研究。另一方面，有些省份对增材制造产业研发和创新的支持力度很大，产业集聚快，技术应用广。另外，国外增材制造装备企业也开始重点开发中国市场，通过大幅度降价等措施，对国内产业形成正面竞争。

（三）发展趋势及预测

国内增材制造产业起步较晚，在各个行业的应用处于开发阶段，市场热情高涨，随着技术的不断进步和各个行业应用的广泛开展，增材制造技术将迎来一个飞速发展阶段。光谷增材制造产业应重点发展以下几个领域的应用。

1. 航空航天领域

在湖北省新兴产业发展规划中，航空航天产业是其中一个重要的方面，也是国家战略性新兴产业发展的重要方向。不论是军事航空还是客货运输类的商业航空，抑或是正在兴起的应急救援、农林作业等通用航空，都处于需求的爆发式增长时点，这些都将极大地促进航空航天产业的发展。

随着增材制造技术的应用日益成熟可靠，其在航空领域的推广应用必然会对湖北省航空产业产生巨大影响。湖北省在保持原有产业优势的同时，在航空仪表、航空座椅、复合材料、激光应用、飞机维修、无人机等方面，只有大力结合增材制造技术进行研发，制造出更好的产品，培育新的产业经济增长点，才能进一步促进湖北省航空产业的发展。

2. 3D数字医疗领域

湖北省医疗产业经过多年发展，已形成颇具规模的产业体系。湖北省建有多家部属研究实验基地以及国家重点实验室。湖北省的医疗产业已经逐渐呈现以高校、科研院所为创新之源，以现代生物与现代化医药为重点，以高新技术园区为基地的良好发展态势。目前个体化医疗是21世纪医疗发展的重要方向，增材制造技术与医疗技术相结合产生的3D数字医疗技术是个性化医疗的典范，将会产生全新的产业，其对湖北省医疗产业的影响将是巨大的。

3D数字医疗技术在临床应用方面最具潜力，包括3D医疗模型、3D导航导板、3D个性化手术医疗器械、3D数字口腔、3D康复支具与辅具以及个性化植入假体等，临床需求量很大（这些具体的产品是3D数字医疗的载体，体现的是3D数字医疗技术）。3D数字医疗产业化市场前景可观，未来仅在我国的年市场规模就将突破千亿元。

3. 汽车及汽车零部件领域

汽车工业是湖北省的支柱产业之一。随着经济发展和社会进步，汽车工业朝轻量化、更安全、更环保、新能源、多样化和个性化方向发展，这对其研发和制造提出了新的要求和挑战。湖北省乃至全国汽车自主技术和研发所占比例严重不足，在我国已多年稳居汽车产销量世界第一的今天，要做强我国汽车产业，亟须国家层面统筹规划、优化路径、协调资源、系统攻关，其中利用新的技术手段尤为关键。此外，随着移动互联网业务的兴起，以及新能源汽车产业的快速发展，湖北省汽车产业正逐步迈入转型升级的关键期，机遇与风险并存。湖北省汽车产业积极贯彻落实国家汽车产业发展政策，以汽车产业"十三五"发展战略为蓝图，进一步加快新能源汽车产业化进程，汽车的高端化、智能化已成为必然趋势，同时汽车零部件制造也要紧跟其后，实现快速发展。

四 光谷增材制造产业发展建议

近年来，光谷在推进产业转型升级，特别是应用高科技创新改造传统产业方面的措施到位得力，成效十分突出，使得千亿元级产业不断发展壮大，这些支柱产业对推进湖北省实现中部崛起起到了至关重要的作用。推进增材制造技术在光谷的发展同样需要借鉴支持支柱产业发展的战略，充分整合光谷的优势资源，延伸增材制造技术产业链。调动地方财政和企业的积极性，加大基础研究开发的资金投入，各级财政对相关单位在财政税收方面应加大政策引导力度，把该项技术列入科技发展的重点资助对象。建议由政府协调，联合华中科技大学等湖北高校和研究所资源，发挥各自在不同计划领域的优势，对增材制造相关核心技术进行联合攻关。鼓励知名大型企业参与增材制造技术研发与产业化，如武钢集团可投资生产增材制造用金属粉末材料；东风汽车、三江航天、三环集团等制造企业可积极应用增材制造技术，促进传统产业升级；省内知名大型医院如同济医院、协和医院、人民医院等可积极推进增材制造技术在医疗领域的应用，带动3D数字医疗产业发展。

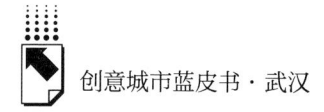

由政府牵头组织，积极打造增材制造应用服务平台。从价值传播的角度来看，增材制造产业的信息传播并不十分顺畅，有打印服务需求的企业无法快速找到服务提供商。而且，中国现有的增材制造服务平台大多集中在桌面级与个性化制造领域，无法很好地满足工业级用户的增材制造需求。而工业4.0时代具有数据和制造相分离的特点，需要搭建打印供应商与普通客户沟通的服务平台，因此发展并完善产业服务平台的重要性日益凸显。

光谷增材制造产业在全产业链上都有一定的优势，但是缺乏良好的服务平台以实现各方的需求对接。因此，建议光谷积极打造增材制造产业线上或线下服务平台，实现产业各方的需求对接，尤其是推动工业级用户需求及服务的良好对接，为广大中小企业提供增材制造服务，助力光谷增材制造产业实现较大的发展。

B.6
武汉艺术表演行业发展报告

余召臣*

摘　要： 新时代艺术表演行业作为人民群众重要的文化娱乐方式，不仅满足了我国人民的文化消费需求，而且弘扬了社会主义核心价值观和中华民族优秀传统文化，促进了文化的繁荣兴盛。近年来武汉艺术表演行业兴盛，演出场馆定位鲜明化、艺术节庆活动多元化、艺术演出剧目精品化、艺术演出"走出去"常态化，"双效"不断凸显。未来，武汉艺术表演行业将坚持正确的价值导向，通过推进艺术表演产业"双效"发展、引导演艺产业链向纵深发展、探索消费群体多层次发展、注重演艺人才多维度培养等，打造成为武汉城市文化的新名片。

关键词： 艺术表演行业　"戏码头"　演艺产业链　武汉名片

武汉艺术表演产业有着灿烂辉煌的历史。明清以来，汉口依托长江水运的便利，城市商品经济日益繁荣，推动了城市文化娱乐业的发展。尤其是自1861年开埠，汉口凭借其优越的地理位置迅速崛起，城市文化娱乐生活进一步繁荣。西式剧院、歌厅、舞厅、跑马场与中国的茶园、戏院在武汉遍地开花。20世纪二三十年代，武汉建有20余处戏院和游艺场，成为与北京、天津、上海三大京剧集散地并列的城市，汉口成为当时闻名遐迩的"戏码

---

* 余召臣，华中师范大学国家文化产业研究中心博士研究生，研究方向为文化产业管理。

头"。武汉丰厚的戏曲文化积淀，使演出市场日益繁荣，有"货到汉口活，戏到汉口红"的俗语，吸纳了全国不同戏曲名家在武汉上演精彩剧目。近年来，为推动武汉艺术表演行业发展，丰富人民的文化娱乐生活，武汉市政府制定了重振武汉"戏码头"的发展规划，力争把武汉打造成为全国艺术表演高地。

一 武汉艺术表演行业发展现状

（一）演出场馆定位鲜明化

演出场馆是演艺产业的空间载体，是人们进行文化消费和文化娱乐的重要空间，也是检验城市文化活动丰富程度的重要指标。武汉市能够进行艺术表演活动的演出场馆[①]共有212座。[②] 武汉众多的演出场馆在发展过程中形成了独具特色的演出功能定位，主要场馆定位鲜明。武汉琴台大剧院归属"保利院线"，是华中地区首家实行所有权和经营管理权分离的剧院，采取"政府授权、委托经营、行业管理、市场运作"的运营模式。2018年，琴台大剧院和琴台音乐厅上演了200余场剧目，以国外艺术院团的音乐会、芭蕾舞剧、音乐剧为主。湖北剧院是中国东部剧院演艺院线的重要成员，剧院以歌舞、戏剧、儿童剧、音乐表演为主，同时剧院内有观景茶廊、欧式咖啡厅等娱乐休闲场所。武汉剧院是"中三角"演艺联盟的核心成员，2018年共上演81部优秀剧目。为扩大武汉"戏码头"品牌的知名度，2013年武汉市演出公司联合武汉剧院举办中华优秀戏曲文化艺术节，2018年"第六届中华优秀戏曲文化艺术节""戏码头·全国戏曲名家名团武汉行""戏码头·荆楚名团聚江城"等活动在武汉剧院缤纷上演，武汉剧院已成为武汉振兴"戏码头"的重要阵地。武汉中南剧场以话剧演出为主，是中南地区唯一的专业话剧演出场馆；

---

① 演出场馆不仅包括室内剧院、音乐厅等，而且包括户外演出场地以及可以进行商演的小型场地（如商圈小场馆、大学场馆等）。
② 数据来源于武汉市文化和旅游局。

京韵大舞台是湖北省京剧院的主要演出场所;天一戏院的前身为民众乐园,是武汉京剧院的演出场所;楚乐戏苑是武汉楚剧院的演出场所;人民剧院是武汉汉剧院的演出场所。这些功能和定位各异的剧场是武汉演艺产业发展的基础。

(二)艺术节庆活动多元化

艺术节庆是展现一个地区文化品牌建构、文化活动丰富程度的重要方式之一,艺术节不仅是艺术交流的平台,而且是城市市民满足自身文化需求的重要选择,更是城市特色品牌传播、塑造以及综合竞争力提升的路径。武汉依托自身丰富的演艺资源和院团优势,积极举办艺术表演节庆活动和剧目展演,形成了百花齐放的演出盛景。2015~2017年,武汉17家艺术院团的演出场数呈现良好的增长态势(见图1)。在中国传统戏剧方面,2018年3月举办的第六届中华优秀戏曲文化艺术节邀请了12个艺术院团,涉及昆曲、京剧、评弹、越剧等22部剧目。在演出季,为了让戏曲回归社会,开展了"大师讲坛""戏曲进地铁""百姓大舞台"等线下公益活动。琴台大剧院为展示传统文化的独特魅力,促进传统戏曲的鉴赏交流,于2018年5月推出"国之瑰宝·保利情——中华优秀地方剧目展演"活动,囊括京剧、评剧、豫剧等11个优秀民族传统精品剧目。2018年6月,武汉举办了针对大学生的"2018年武汉地区高校大学生戏剧节"和"2018年湖北高校戏剧展演"等活动,展示了新时代大学生对我国传统戏曲艺术的继承。在当代戏剧方面,2018年武汉举办了知音国际戏剧节,来自世界各地的17个演出团队带来了20台剧目共28场演出。琴台大剧院举办了第二届琴台艺术节和第七届琴台音乐节,共推出42场演出。2018年10月,在武汉杂技厅举办了第十三届武汉国际杂技艺术节,16个国(境)外、5个国内杂技节目的近150名杂技精英为观众呈现了10场精彩演出。武汉市通过举办各种戏剧艺术节和节目展演等活动,不断丰富武汉艺术表演的演出市场,促进了武汉"艺术表演之都"城市形象的展现。

(三)艺术演出剧目精品化

艺术表演产业繁荣发展的根基在于精品剧目的市场影响力,通过精品剧

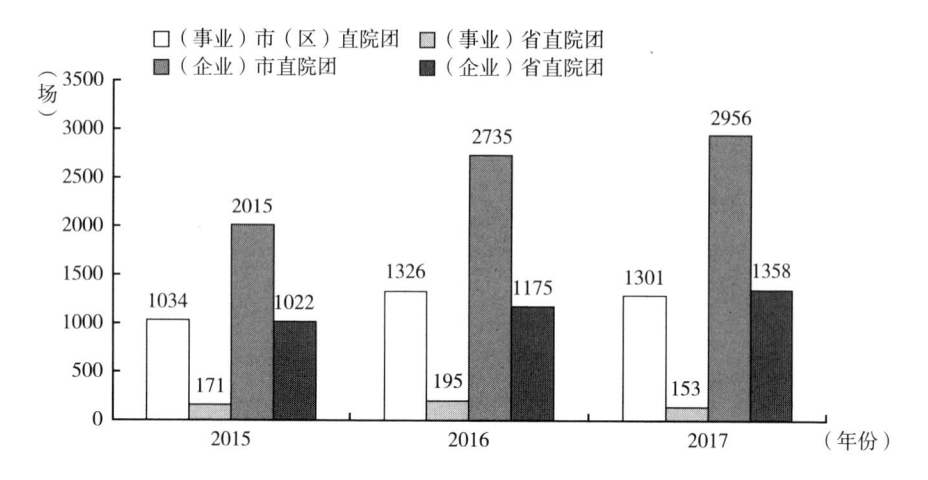

图1　2015～2017年武汉演出团体演出情况

资料来源：根据2015～2017年湖北省文化文物产业统计资料整理并绘制。

目的优质内容和良好口碑，开拓商演市场，丰富人民群众的精神文化生活。武汉艺术表演产业从"内"和"外"两个方面入手，不断优化剧目市场结构。一方面，武汉积极扶持本地优秀院团和剧目的创作生产，2018年武汉共有17个艺术表演团体（见表1），艺术表演团体类型、形式丰富多样，众多艺术院团也创作了许多优秀剧目。2018年国家艺术基金资助立项项目中，武汉市内的艺术院团如武汉汉剧院创作的大型汉剧《霓裳长歌》、湖北省戏曲艺术剧院有限责任公司创作的现代楚剧《大哥大嫂》、武汉市艺术学校创作的儿童剧《恋恋花开时》获大型舞台剧和作品创作资助；武汉歌舞剧院有限责任公司3部、武汉杂技艺术有限责任公司2部、武汉汉剧院1部、湖北省群众艺术馆1部获小型剧（节）目和作品创作资助。以知音文化为主体打造的漂移式多维体验剧《知音号》成为武汉旅游演艺的新标杆。精品剧目带来了演出市场的繁荣，武汉17个艺术表演团体演出收入整体向好（见图2）。另一方面，引进全国艺术表演名家名团来武汉演出。2018年，通过"戏码头·全国戏曲名家名团武汉行"活动，邀请苏州昆剧院、上海昆剧团、江苏省昆剧院、中国国家京剧院等全国知名院团在武汉分别上演了青春版《牡丹亭》《长生殿》《醉心花》《帝女花》等精彩剧目。还有杨丽萍的舞剧《十面埋伏》、赖声川的《暗恋桃花源》、张艺谋的《对话·寓言2047》第二季,以及爱尔兰的踢踏舞《大河之舞》、美国的音乐剧《芝加哥》等精彩剧目。

表1 武汉艺术表演团体一览

事业制艺术表演团体		企业制艺术表演团体	
市(区)直院团	省直院团	市直院团	省直院团
武汉市江夏区京剧团 武汉汉剧院 武汉爱乐乐团 武汉市蔡甸区楚剧团 武汉市黄陂区楚剧团 武汉市新洲区楚剧团	湖北省京剧院 湖北艺术职业学院青年实验艺术团	武汉楚剧院有限责任公司 武汉京剧院有限责任公司 武汉说唱团有限责任公司 武汉歌舞剧院有限责任公司 武汉人民艺术剧院有限责任公司 武汉杂技艺术有限责任公司	湖北省戏曲艺术剧院有限责任公司 湖北省歌剧舞剧院有限责任公司 湖北长江人民艺术剧院有限责任公司

资料来源:根据2015~2017年湖北省文化文物产业统计资料整理。

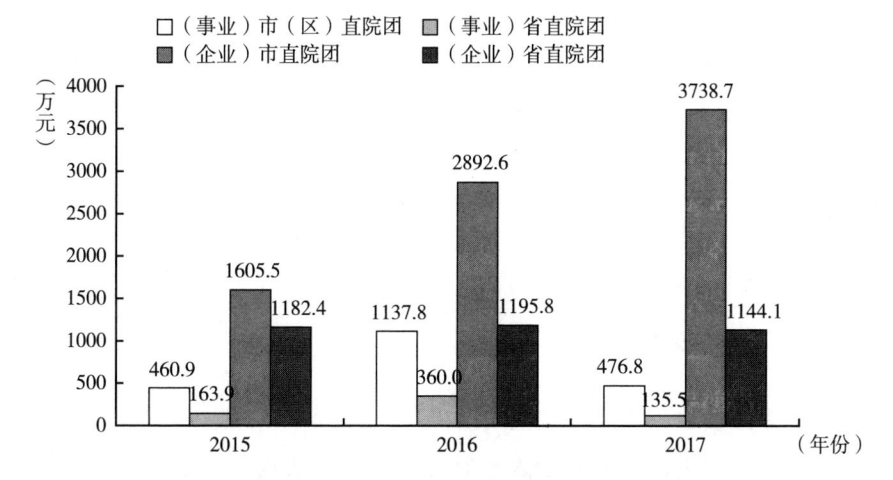

图2 2015~2017年武汉艺术表演团体演出收入情况

资料来源:根据2015~2017年湖北省文化文物产业统计资料整理并绘制。

(四)艺术演出"走出去"常态化

文化"走出去"是文化强国战略的重要构成,关乎中国在国际社会上的认知度、话语权和国际形象。艺术表演产业因其视觉和听觉上的画面感丰富的特点，更容易引起国外受众的情感共鸣。武汉艺术表演团体不断探索"走出去"的方式，积极向世界展现"汉派文化"。2018年春节期间，借助文化部重点打造的旨在向世界推广中国春节的"欢乐春节"这一平台，武汉杂技团在卡塔尔、英国、法国、意大利等国家进行文化访问演出。武汉京剧院在澳大利亚参加了2018年悉尼中国新年除夕音乐会、帕拉马塔市政府春节庆典、堪培拉国际多元文化节等活动。武汉京剧院出访德国杜伊斯堡、瑞典博伦厄两座国际友城。湖北省京剧院携京剧《楚汉春秋》在东京、名古屋、大阪等地巡回演出15场。2018年中秋节期间，湖北京剧艺术团远赴德国、匈牙利参加"天涯共此时——中秋庆典"系列演出交流活动，活动期间展演了经典折子戏《三岔口》《泗州城》《赤桑镇》《白蛇传·游湖》，并举办了精彩讲座，开展了京剧服饰展、京剧乐器展等活动。湖北省歌剧舞剧院出品的优秀民族歌剧《洪湖赤卫队》在澳大利亚的悉尼、墨尔本巡演，以恢宏的气势向世界展示了荆楚大地近代史上的"革命史诗画卷"。武汉艺术表演团体通过一系列对外文化交流活动，不仅传播了中国优秀传统文化，而且推动了"汉派艺术"在世界的传播。

二 武汉艺术表演行业发展环境分析

（一）政策环境

在国家层面，为建立公益性演出长效机制，国家发改委联合九部门出台《关于构建合理演出市场供应体系促进演出市场繁荣发展的若干意见的通知》。为弘扬中华优秀传统文化，促进传统戏曲文化的繁荣，中共中央办公厅、国务院办公厅出台了《关于实施中华优秀传统文化传承发展工程的意见》《关于支持戏曲传承发展若干政策的通知》等文件，每年文化和旅游部出台实施戏曲剧本孵化计划，用以扶持转企改制的国有戏曲企业及民营戏曲艺术表演团体。在省级层面，省财政厅、省文化厅联合制定《湖北省演艺集团公益性演出补贴管理暂行办法》,设立省演艺集团公益性演出补贴专项资金。为推动湖北省传统优秀戏曲文化的传承发展,省委办公厅、省政府办公厅出台了《关于支持湖北戏曲传承发展的实施意见》《关于振兴武汉戏曲"大码头"的意见》等文件。2018年,由省委宣传部牵头,建立了振兴武汉戏曲"大码头"的联席会议制度。在市级层面,《武汉市文化发展"十三五"规划》提出大力振兴武汉"戏码头",建设全国戏曲演出中心。武汉市委、市政府出台《关于支持我市戏曲传承发展振兴武汉戏码头的通知》《关于振兴武汉戏曲"大码头"的实施方案》等文件。这些政策文件的出台有利于艺术表演产业的健康可持续发展。

(二)经济环境

进入新时代,我国社会的主要矛盾已转化为人民日益增长的美好生活需要和不平衡不充分的发展之间的矛盾,人民群众对美好生活的需要激发了新一轮的消费升级。武汉国民经济呈现良好发展态势,经济总量在万亿元台阶上持续攀升。2018年武汉市GDP为14847.29亿元,比上年增长8%;武汉市城乡居民人均可支配收入为42133元,比上年增长9.0%(见图3)。武汉市城乡居民收入、城乡居民人均可支配收入均呈现递增趋势,随着城乡居民人均可支配收入的逐步增加,居民对文化消费的需求也不断扩大。武汉自2016年入选第一批国家文化消费试点城市以来,通过直接补贴消费者、开展文化惠民活动、改善文化消费条件、扩大文化消费的有效供给,形成了文化消费领域独特的"武汉模式"。武汉市文化和旅游局打造的"武汉文惠通"消费平台,实名注册人数达86万人,入驻文化场馆48家,合作文化商家151家,累计完成核销的优惠券达134万余张,财政补贴3577万元,直接拉动消费金额超过1.87亿元。[①]一系列的文化惠民举措,推动了武汉文化消费的常态化。

---

① 《武汉市2018年政府工作报告执行情况》,武汉市人民政府网站,2019年1月31日,http://www.wuhan.gov.cn/2018wh/ztlm/2017ngzbgzxqk/zfgzbgmbrwzxqk_1/swhj/201901/t20190131_251099.html。

图3 2014~2018年武汉市城乡居民人均可支配收入及其增长速度

资料来源：《2018年武汉市经济运行情况发布》，光明网，2019年1月25日，http://news.gmw.cn/2019-01/25/content_32416060.htm。

（三）社会环境

习近平总书记指出："文化自信，是更基础、更广泛、更深厚的自信，是更基本、更深沉、更持久的力量。"优秀的传统文化承载着中华民族千年的历史文化底蕴，是新时代实现民族复兴的动能。为把武汉建设成为全国戏曲传承发展研究的重要阵地，自2016年起，武汉持续开展"戏曲进校园·千校千场"活动，走进全市各大中小学校开展戏曲演出、举办戏曲讲座，市（区）直院团共开展"戏曲进校园"活动1041场。同时，专业戏曲、曲艺院团在学校成立实训基地。武汉积极举办"戏曲进校园"教师培训班，通过戏剧名家授课，让参加培训的老师了解戏曲基础知识和舞台表演实践，让中华民族优秀的戏曲文化在学校扎根。为推动文艺作品真正服务于人民，使人民共享文化大发展的优秀成果，武汉各剧院不断推进荆楚"红色文艺轻骑兵"活动常态化、长效化机制建设。为契合新时代人民对艺术生活的追求，武汉市各院团结合时代主旋律，围绕"改革开放40周年""百万校友资智回汉"等时代主题，新创作出许多优秀的演出剧目，丰富了武汉市民的文化生活。

(四)科技环境

以互联网为代表的数字技术给艺术表演行业带来了前所未有的机遇,尤其是艺术表演行业中的灯光舞美,可以利用新材料、VR、人工智能等手段,实现业态创新,提升舞台剧目的观赏性。在剧目创作编排过程中,新一代的智能演艺设备、舞台灯光音响技术可以更好地服务于剧目内容,满足当代人的审美需求。在剧目宣传营销过程中,通过高清的在线转播、网络直播以及电子票务销售等技术,进一步扩大了传播范围,提升了知名度。湖北省演艺集团旗下的牛至网作为国家艺术基金资助项目和中央文化产业发展重点支持项目,采用新媒体技术和理念推动传统演艺向互联网平台转型升级的发展新模式,形成了集演艺产品生产、艺术教育、消费于一体的"互联网+演艺"生态平台。2019年,在"第七届武汉'戏码头'中华戏曲艺术节"上,武汉借助现代科技手段,利用"互联网+"等高科技手段,应用VR等新技术,推动线上线下的宣传和体验。通过设立VR"入戏"体验馆,首创了戏曲VR这一创新交互形式,将高科技与传统文化相融合,让体验者置身于戏曲舞台,增强了戏曲普及的互动性和趣味性。

三 武汉艺术表演行业发展的优化路径

(一)加强顶层设计,推进艺术表演产业"双效"发展

艺术表演产业作为人民喜闻乐见的娱乐方式之一,是文艺形式的重要组成部分。提供丰富多彩的演艺节目,满足人民群众多层次、多样化的文化需求,是新时代精神文明建设的要义。发展艺术表演产业必须加强顶层设计,坚持把社会主义核心价值观贯穿到演艺作品创作、传播等环节,精心打造更多富含文化自信、文化自觉以及充满正能量的作品,实现艺术表演产业社会价值和经济价值的"双提升"。在剧目演出的行政审批方面,要简化审批流程,利用大数据等互联网技术实现网络化审批,加强演出的事中、事后管

理,健全演艺企业信用信息体系。鼓励国有演艺机构引入社会资本,借助市场化的资本,激发院团的活力,使其真正参与市场化的竞争。针对武汉民营演艺机构数量较少、市场影响力薄弱等问题,要加大对民营演艺机构的政策扶持力度,通过奖励、补助、贴息、税收优惠等方式减轻民营演艺机构的运营负担,保障民营演艺机构与国有院团享受同等的参演机会。除了在政策上对艺术表演产业进行引导扶持外,还要发挥政府的宣传职能,依托政府强大的组织能力,搭建宣传推介平台,向国内外推介武汉优秀精品剧目,扩大剧目的知名度,提升品牌影响力,在全国树立起自身的品牌形象,把独具荆楚地方特色、地域气象的"汉派风格"的演艺剧目打造成知名的演出品牌。

(二)完善演艺生态,引导演艺产业链向纵深发展

艺术表演产业拥有完整的生态体系,内生体系和外生体系的交互推动艺术表演产业不断增值。[①] 外生体系主要受社会文化环境、经济环境、政治环境以及科技环境等因素的影响;内生体系则是构成艺术表演产业的核心,演艺院团、剧院、演出经纪公司以及票务机构等,是构成艺术表演产业重要的价值链。武汉艺术表演产业的价值链初步形成,但是与商业、科技、旅游等的融合存在短板。相较于上海,武汉演艺空间依然未摆脱传统剧场剧院的束缚。上海在演艺空间的打造过程中出现了新兴的文化商业综合体,如"美罗城·上剧场""虹桥新天地·演艺中心"等,在大型商业购物中心、主体酒店等设施中引入特色演艺资源,打造文化演艺与商业服务高度融合的综合消费场所。武汉在演艺空间的规划建造过程中,应加强演艺空间的多元融合,科学合理地在商业综合体、老厂房、产业园区、绿地等设施中拓展一批中小剧场及特色演艺空间,做好周边基础设施配套,打造一批反映武汉城市文脉、体现汉派风格的演出项目,让表演艺术成为武汉重要的新型文化休闲方式。同时,要加强艺术表演产业与科技的融合,武汉市拥有国内知名的直

---

① 林凡军、谢永珍:《演艺产业生态系统及其运行机理探讨》,《山东大学学报》(哲学社会科学版)2017年第1期。

播平台——斗鱼直播,直播领域的技术储备和人才储备极为丰富。武汉艺术表演产业要积极借助技术优势,大力发展互联网演艺,推动智慧剧场建设,借助先进的影像技术及设备,提升演出效果和观众体验。开拓新兴的艺术表演门类,加强与旅游、动漫、餐饮等行业的融合,利用武汉巨大的旅游市场和娱乐消费市场,打造一批兼具艺术水准和商业价值的旅游演艺、动漫演艺、餐饮演艺等艺术表演品牌,让艺术表演突破传统剧场演出形态,进而丰富武汉艺术表演行业业态。

(三)整合演出资源,探索消费群体多层次发展

艺术表演资源的整合可以最大限度地促进资源优势转化成市场优势,从而推动艺术表演产业的迅速发展。武汉艺术表演产业的商业价值还未得到充分释放,在全国进行巡演的经典剧目和演出团体较少,本地演出场馆利用效率不高,消费群体尚待培养。因此,武汉应积极推动剧目和演出团体发展、场馆利用和消费群体培养。在剧目和演出团体发展方面,大力扶持精品剧目,真正形成一批弘扬社会主义核心价值观、反映中华民族伟大复兴的经典化、口碑化、市场化的演出剧目。各演出剧团尝试突破"院团制"的限制,院团之间相互合作,以创新化的手段呈现具有全国影响力的经典剧目。在场馆利用方面,鼓励剧场探索院线化发展模式,整合优势剧场资源,进一步加强统筹,科学规划场馆布局,加强修缮与建设。除了演出之外,利用剧院空间开展与演出相配套的艺术教育活动,不仅可以为剧院增加流量和收入,而且能够培养和提高观众的审美能力。建立武汉演艺联盟,推进艺术表演产业供给侧结构性改革,营造更加有利的艺术表演产业发展环境。在消费群体培养方面,通过演出机构官网、票务网站以及微博、微信等平台,拓宽演出剧目的宣传营销渠道。继续推进"经典剧目高校行""湖北高校精品戏剧展演""高雅艺术进校园"等活动,加强艺术表演团体、剧院等与武汉各学校的合作,通过团体购票、学生票优惠、学生专场演出等形式,多途径促进学生的文化艺术消费。建立优秀经典演出剧目网络展演公益平台,担负起优秀经典剧种剧目的普及宣传工作,发掘更多潜在的观众群体。

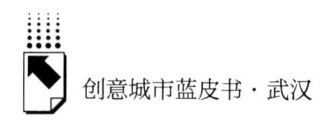

（四）营造良好环境，注重演艺人才多维度培养

演艺人才是演艺价值链的核心一环，艺术表演、艺术创作、演出经纪、剧场管理等都需要专业人才。针对演艺人才建立相应的保障机制，增强演艺人才的归属感，是推动地区形成演艺高地的核心因素。针对武汉市演艺人才队伍建设滞后、人才吸引力较弱、人才培养模式落后的现状，确立武汉演艺人才优先发展的战略布局，制订中长期专业演艺人才发展规划和教育计划，完善人才培养体系，创新人才利用方式，加强高素质人才队伍建设。武汉高校数量众多，众多大学的艺术院系和专业的艺术院校是武汉市建立演艺中心的优势资源，武汉应充分利用丰富的高校资源，借助"百万大学生留汉创业就业工程"等政策，营造良好的文化创业氛围，强化演艺专业人才队伍建设，鼓励本市高校与国际知名院校通过各种方式培养各类演艺人才，积极发掘各高校艺术院系和文学院系中优秀的演出团体和剧本创作团体。建立健全剧目创排扶持政策和鼓励基金，加大对新人新作的支持力度，完善艺术表演团体青年表演人才培养机制，搭建人才交流平台和信息共享平台，形成具有湖北特色的优势人才库。加快培养造就一批高水平专家，包括创作专家、理论专家、批评专家等，提升武汉市艺术表演创作的专业化程度。畅通引进优秀专业人员的渠道，通过联合制作、联合出品、设立名家工作室、建立分公司等方式，加大创作、编导、表演、剧场运营、产业经营等重点领域的高层次人才引进力度。

B.7 武汉工业设计产业发展报告

程 希*

摘　要： 近年来，武汉工业设计产业发展势头迅猛，成为武汉工业转型升级的重要推手和新的经济增长点。本报告阐述了武汉工业设计产业发展的基础和现状，指出产业协调合作机制不健全、服务能力和发展模式落后、产业规模整体偏小、高质量专业人才匮乏、产业创新内生动力不足等问题，并从产业融合发展、人才体系构建、服务平台搭建、品牌知名度扩大等方面提出发展对策。

关键词： 工业设计产业　产业融合　武汉

工业设计产业是将科学技术与文化艺术相结合的创意产业。一方面，科学性与艺术性高度结合的工业设计，对解决人类生产与社会发展过程中的资源、环境、能源、经济创新、生活质量和社会就业等问题具有积极的催化作用，这已经成为各国的共识和共同的竞争战略；另一方面，在技术、价格、效用等趋于一致的情况下，设计正成为企业在全球竞争环境中的重要利器，设计所产生的高附加值被越来越多的企业乃至国家所关注。① 目前，全世界已经有 20 多个国家将发展工业设计产业纳入国家战略，并将其视作提升国际竞争力和国家软实力的重要手段。我国也先后出台了《关于促进工业设

---

* 程希，华中师范大学国家文化产业研究中心硕士研究生，研究方向为文化资源与文化产业。
① 田君：《作为创意文化产业而发展的工业设计》，《装饰》2005 年第 12 期。

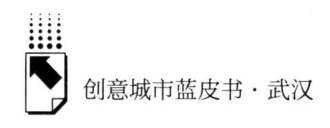

计发展的若干指导意见》《关于推进文化创意和设计服务与相关产业融合发展的若干意见》等文件，引导工业设计产业高质量发展。

一 武汉工业设计产业的发展现状

近年来，在武汉市政府的政策推动下，武汉工业设计产业获得了空前发展。一批优秀的工业设计企业和设计中心脱颖而出，初步形成了特色工业设计产业集群。武汉丰富的高校资源为工业设计产业发展提供了人才保障。"中国工业设计展览会"和"黄鹤杯"工业设计大赛等活动的持续举办，为武汉工业设计产业发展搭建了交流和展示的平台，同时也有效提升了武汉工业设计在全国的影响力。

（一）产业实力增强，人才优势突出

武汉工业设计产业的实力不断增强，在工业设计领域形成了一批优势企业，在钢铁、桥梁、汽车、船舶、通信、光电等领域的工业设计能力处于国内领先水平，拥有东风设计研究院有限公司、烽火通信科技股份有限公司、武汉高德红外股份有限公司、中冶南方武汉钢铁设计研究院等一批国内知名设计单位。在通信、医疗、装备制造等行业积累了大量的工业设计经验，具有极强的市场竞争力。与此同时，新业态、新平台也在不断催化。在线设计、个性化定制、自主品牌创建、设计产业联盟等服务新业态初见端倪，整合设计技术与加工资源的众包设计服务平台，以及采取柔性化生产模式的3D打印云工厂等新兴平台蓬勃发展。

除此之外，武汉还具有极强的人才优势，为产业发展注入了源源不断的动力。目前，武汉共有46所高校开设了工业设计相关专业，其中武汉理工大学、湖北美术学院及湖北工业大学等高校有着悠久的专业开设历史，承担了大量国家级工业设计研究课题，并与众多国内知名企业开展产学研合作。武汉理工大学工业设计专业实力排名全国前三，为国家特色专业，该校先后共10余次斩获国际最高水平的德国红点与IF大奖，并拥有中南地区唯一的设计学博士点和两个博士后流动站，培养了大批汽车、船舶等领域的优秀设计师。

武汉工业设计产业正不断从"人无我有"向"人有我优"的目标发展，逐步形成工业设计企业、人才和资源集聚的产业格局，努力打造全国乃至世界闻名的"工业设计名城"。

（二）政策成效明显，产业主体壮大

产业发展离不开政策的支持和推动。武汉市政府将工业设计产业发展提升到城市发展战略的高度，在《市人民政府关于加快工业设计发展的意见》中指明发展以创新为核心的工业设计，是武汉实施"万亿倍增"创新驱动发展战略的需要，是加快产业结构调整、推动产业转型升级、促进消费升级的需要。在2018年制定的《武汉设计之都建设规划纲要（2018~2021年）》中，将工业设计产业作为武汉"设计之都"建设的重点，从宏观上做出发展规划，强调要做大做强工业设计产业，提升武汉市工业设计的国际竞争力。

针对工业设计产业的发展情况，武汉市政府出台了《武汉市工业设计产业发展资金项目管理暂行办法》《武汉市市级工业设计中心认定管理办法（试行）》等一批扶持和促进政策。通过培育工业设计中心，建设工业设计集聚区、公共服务平台，举办"黄鹤杯"工业设计大赛，开展"武汉工业设计周"系列活动，奖励国内外知名工业设计奖获奖企业，以及补贴企业参加国内外知名工业设计展览会（博览会）等手段刺激工业设计产业的发展。

截至目前，武汉市已拥有3家国家级工业设计中心（烽火通信科技股份有限公司创新设计中心、武汉高德红外股份有限公司工业设计中心、东风设计研究院有限公司）、27家省级工业设计中心、22家市级工业设计中心，以及3个市级工业设计集聚区，初步形成了以国家级、省级和市级工业设计中心以及市级工业设计集聚区为主要组成的工业设计创新主体。

（三）产业集聚初显，园区特色鲜明

近年来，武汉加快工业设计产业集聚，已初步建立起楚创谷设计园、红T时尚创意街区和"D+M"工业设计小镇三大工业设计集聚区（见表1、图1、图2），形成了产业空间上的集聚。

表1 武汉工业设计产业园区

名称	规模（平方米）	运营方	园区定位	园区特色
楚创谷设计园	20000	武汉光谷楚创空间工业设计有限公司	国际一流的工业互联网平台 以工业设计为主题的全产业链设计创新运营平台	集众创空间、创新型孵化器、教育培训、"互联网+工业设计"于一体
红T时尚创意街区	72000	武汉长江文创产业发展有限公司	纺织服装创意设计产业园区	集设计师工作室、创意众创空间、天才设计师加速器、设计师集合店、人才公寓、秀场、多功能活动中心于一体
"D+M"工业设计小镇	56000	武汉市江楚开物科技有限公司	以全产业链设计创新为核心的工业服务业生态区	建有六大公共服务平台，提供包括产品设计、供应链设计、线下CMFT研究应用展示、CMFT技术交流培训、快速原型制作、产品检验检测、小批量生产以及各类创新思维交流、高校项目技术支持等在内的全产业链设计创新相关业务模块

图1 红T设计师之夜

资料来源：凤凰图片，http://p3.ifengimg.com/a/2018_47/e47235ffaaaf2b1_size22_w396_h265.jpg。

图 2 "D + M"工业设计小镇

资料来源：《浪尖"D + M 创新服务生态体系"荣膺广东省省长杯产业组金奖》，搜狐网，2018 年 12 月 2 日，http：//www.sohu.com/a/279119944_753828。

（四）会展吸引力强，行业影响力不断提升

专业会展的举办为武汉工业设计企业提供了极佳的交流展示平台，同时也吸引了众多优秀工业设计企业和项目落地武汉，有力地增强了武汉工业设计产业的实力，促进了产业的提档升级。连续两年在武汉举办的"中国工业设计展览会"，是目前我国唯一一个"国字号"工业设计展览会，也是目前国内规模最大、参展企业最多、参与范围最广的工业设计展览会。2018年，"中国工业设计展览会"以"设计推动高质量发展"为主题，集中展示了近年来我国工业设计发展取得的重大成就、优秀设计企业的最新产品以及国内重要赛事获奖作品。为进一步发挥展会的平台合作交流作用，展会期间还举办了第二届中国工业设计高峰论坛以及第三届中国优秀工业设计奖评奖、展览会评奖、设计师之夜、新品发布、分论坛及项目签约等多项活动。"中国工业设计展览会"的"虹吸效应"十分明显。展会共吸引了 11 个工业设计产业链项目集中签约落户武汉，其中先进制造业项目 3 个、服务型制造和生产性服务业项目 8 个，签约金额达 151 亿元。

除了行业展会举办如火如荼，武汉工业设计行业的专业大赛——"黄鹤杯"工业设计大赛的含金量也在不断提升，每年吸引来自20多个省（自治区、直辖市）的工业设计人才参赛，发掘了一大批优秀设计人才和作品，已逐渐成为在全国具有影响力的工业设计文化品牌。与此同时，全行业积极参加对外交流活动。自2015年起，已先后在苏州、杭州、天津、青岛等8座城市开展了展示交流活动，并积极参加德国汉诺威工业博览会、深圳国际工业设计大展、香港创新科技及设计博览会等海内外知名展会。

通过举办和参加高规格的工业设计大赛、工业设计展会，武汉市工业设计产业的影响力得到极大提升，各行各业对工业设计价值的认同感不断增强，设计研发的投入力度也不断加大。以神龙汽车、东风本田、武船重工、爱帝等为代表的一批制造业企业在工业设计方面的投入占到了研发经费的30%以上。[1] 一批优秀设计企业获得国内外知名奖项（见表2）。

表2　2016~2018年武汉工业设计企业获奖情况

年份	奖项	产品名称	获奖单位
2016	中国设计红星奖金奖	高端智能测温型红外热像仪	武汉高德红外股份有限公司
2016	德国红点设计概念奖	模块化PDP（电源分配单元）	烽火通信科技股份有限公司
2016	德国红点产品设计奖	iMAC12数字式多道心电图机	武汉中旗生物医疗电子有限公司
2017	德国IF产品设计奖	悠拍Uoplay 2S手持云台稳定器	武汉智能鸟无人机有限公司
2017	德国IF产品设计奖	高端智能测温型红外热像仪	武汉高德红外股份有限公司
2018	德国红点产品设计奖	高速光模块	烽火通信科技股份有限公司
2018	德国红点产品设计奖	单目多功能便携式红外热像仪	武汉高德红外股份有限公司
2018	中国优秀工业设计奖金奖	模块化热成像相机	武汉高德红外股份有限公司
2018	中国优秀工业设计奖优秀奖	GiTRANS 690 E30 5G核心承载传输设备	烽火通信科技股份有限公司
2018	中国优秀工业设计奖优秀奖	智能印章	武汉市江楚开物科技有限公司

---

[1] 《武汉工业设计产业进入"快车道"》，《长江日报》2018年11月8日。

二 武汉工业设计产业发展存在的问题

尽管目前武汉工业设计产业发展态势良好，在一些重点领域具有较强的设计实力，但产业发展环境亟须优化，服务能力和发展动力等有待进一步提升。

（一）产业协调合作机制不健全

武汉工业设计产业与制造业之间缺乏有效的合作沟通机制，产业链上下游间的配套协作体系尚未构建。专业的公共服务平台、技术推广机制和中介服务机构缺位，导致工业设计产业与制造业之间信息不对称，企业不知道如何找到适合的工业设计机构，工业设计机构也不知道市场的实际需求。这种信息不对称严重制约了工业设计产业的资源整合和利用能力，限制了武汉工业设计应用范围的扩大和产业化发展。

（二）服务能力不足，发展模式落后

武汉工业设计企业在用户生活方式研究、体验研究、CMF创新、手板制作、快速原型验证、品牌服务体系构建等环节缺乏完整的全产业链服务能力。大多数设计企业的经营模式还是提供第三方设计服务、收取设计费的企业产业链前端设计模式，缺少对基础性材料、供应链、营销渠道等多方面的整合能力，缺少产品思维和产业思维，致使企业发展被动，设计出的产品存在与市场脱节的风险，从而使得武汉工业设计产业在整个制造业产业链中的话语权不高。

（三）产业规模整体偏小

武汉工业设计产业规模较小，产业规模与武汉庞大的工业体量不相称，市场空间有待进一步拓展。目前，武汉拥有3家国家级工业设计中心和49家省市级工业设计中心，而深圳拥有国家级工业设计中心5家，省市级工业

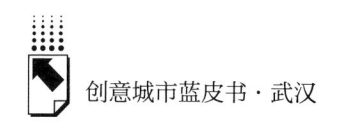

设计中心 101 家,拥有工业设计师及相关从业人员 12 万人。武汉工业设计企业以民营中小型企业为主,企业规模普遍较小,能够为国内大中型企业提供设计服务的企业和机构不多,缺乏专业能力和运营能力强、具有战略眼光和海内外竞争力的工业设计领军型企业与标杆型企业。

(四)高质量专业人才匮乏

尽管武汉拥有众多开设工业设计相关专业的高校,每年相关专业毕业生多达数千人,但留汉工作或创业的毕业生数量较少,人才流失的问题亟待解决。由于工业设计方面人才支持政策的针对性有限,人才引进难度大,引进后也难以留住。同时,人才数量和质量难以满足产业发展壮大的需求。

(五)产业创新内生动力不足

工业设计产业属于知识密集型产业,本身不生产产品,其设计成果需要依托制造业实现产品转化。目前武汉独立的工业设计企业较少,工业设计主要依附于制造业企业发展。尽管武汉制造业对技术创新很重视,但对工业设计是提高企业自主创新能力、促进工业转型升级的关键环节和有效手段的认识不足,投入谨慎,成效不高,目前只有烽火科技、东风汽车等大型企业建有自己的工业设计中心或设计团队,设计创新也主要来源于这几大企业。一些传统企业还是习惯于采用代工模式,版权意识和品牌意识较差,存在抄袭模仿和同质化现象,工业设计的集成创新内生动力不足。

三 武汉工业设计产业的发展对策

(一)推动产业融合,创新产业发展模式

工业设计产业与制造业相伴而生、相辅相成。美国加里·皮萨诺和威利·史在《制造繁荣:美国为什么需要制造业复兴》一书中以产业公地的概念论证了制造业的重要性。离开了具体的制造业,工业设计就如无源之水、

无本之木,失去了设计灵感的来源,设计成果也将如空中楼阁,难以真正落地并发挥实际功用。因此,要促进工业设计产业发展壮大,必须加强其与制造业的紧密融合。

与此同时,大数据、云计算、物联网和人工智能等新一代信息技术正蓬勃发展,互联网正在不断重塑人们的消费需求和消费习惯。在此环境下,单纯的工业设计与制造业融合已经难以跟上时代变化的步伐。因此,要实现工业设计产业的创新发展,必须进一步推动工业设计与互联网、制造业"三业"融合,形成以用户为中心、让用户参与,基于开放创新和协同创新平台的用户型创新模式。[1] 通过鼓励用户积极参与,获得信息反馈,改进企业内部产品研发,实现设计创新。[2] 将互联网新技术引入工业设计,有助于创新设计理念,丰富设计手段,促进工业设计向高端综合设计服务转变,加快构筑工业设计产业优势,带动武汉工业转型升级。通过"三业"融合,构建良好的产业创新生态,提高设计创新成果的转化能力,进一步催生新业态、新发展模式,创造新的经济增长点。

(二)构建人才培养、评价和发展体系,建设高质量人才队伍

武汉工业设计产业存在巨大的人才缺口,只有政府、高校、科研院所、企业等多方共同努力,才能形成长久有效的人才培养机制。为此,要构建"六位一体"的人才培养模式,充分发挥政府、高校、科研院所、企业、行业协会、社会培训机构和个人在人才培养方面的作用。如发挥武汉高校优势,优化高校工业设计的学科设置和人才培养方案;发挥政府和行业协会的作用,引导设计企业、机构和高校对接,开展产学研合作,提高设计专业学生的实践能力和理论转化能力;积极开展专业比赛等活动,定期举办论坛,增强对外交流,调动设计人才的积极性,发掘有潜力的设计人才。

---

[1] 赖红波:《传统制造产业融合创新与新兴制造转型升级研究——设计、互联网与制造业"三业"融合视角》,《科技进步与对策》2019年第8期。

[2] 秦敏、乔晗、陈良煌:《基于CAS理论的企业开放式创新社区在线用户贡献行为研究:以国内知名企业社区为例》,《管理评论》2015年第1期。

针对当前工业设计人才水平参差不齐的问题，构建完善的工业设计人才评价体系，不仅能规范人才市场，为制造企业和设计师、设计机构提供便捷，而且能提升从业人员的职业认同感，增强从业人员提升职业能力的意识。近年来，广东、浙江等发达省份纷纷开展工业设计职业资格试点工作，获得了较好的反馈。武汉也应建立类似工业设计职业资格制度，以职业化的评价体系促进人才队伍建设。

此外，针对人才流失和人才引进难等问题，应完善人才发展机制，为人才发展提供全方位的服务。如依托行业协会和高校定期举办研修班、研讨会和论坛，提供大量对外交流的机会，建立人才交流中心、服务平台等，通过丰富多样的服务形式满足从业者对自身发展的需求，为其营造良好的发展环境。

（三）完善公共服务平台，构建设计良性生态

搭建以互联网为依托的综合性公共服务平台。平台应围绕产业政策部门和制造业企业之间的"科研成果转化、设计资源整合、设计商务模式"，以及工业设计科研院所和专业设计公司之间的"设计服务平台、设计促进、设计交流"等内容进行建设。①

整合高校、科研院所、研发设计部门及行业协会的设计资源，建设"武汉工业设计研究院"，形成开放的生态体系。以工业设计领域公共服务为核心功能，以工业设计关键共性技术为研究重点，开展基础研究、需求研究、趋势研究、技术支撑、成果转化、咨询服务、人才培养、交流合作等方面的工作，全面构建工业设计技术支撑体系。成立"武汉创新设计产业联盟"，将武汉市"工业设计、会展设计、包装广告与印刷"主要相关企业与"线上创意服务、个性化定制、船舶、汽车、服装服饰、文创礼品、时尚首饰、城市管理、信息、光电、医疗、家具"等主要相关企业整合至一个平

---

① 王年文、曲瑞丹、王晓亚、张芳兰：《京津冀工业设计公共服务平台建设思路》，《合作经济与科技》2016年第22期。

台,支持设计企业与制造业企业开展形式多样、内容丰富的对接合作,创新企业间交流机制,建立可信的合作伙伴关系,打通行业壁垒。搭建工业设计成果交易平台,提供工业设计的信息发布、成果展示、在线路演、专家咨询、竞价交易等在线服务。加大知识产权保护力度,鼓励企业或个人申报工业设计专利、商标和著作权,加大对侵权行为的打击力度,建立维权机制和知识产权交易服务体系。

(四)拓展合作交流平台,扩大武汉工业设计品牌知名度

展览会的展演、交流、交易场景的体验特征促使展览会成为企业与产品品牌塑造、传达的重要平台,乃至成为产业发展的助推器、区域的名片与窗口。同时,产业集群的蓬勃发展与会展业的集聚在时序上具有并发性的特征,会展活动水平的提高会拉动产业集群规模的扩张。① 武汉应争取"中国工业设计展览会"的永久落地,利用好其唯一"国字号"行业会展的品牌价值,进一步扩大会展的规模和辐射范围,拓展会展的深度,提升会展的国内外影响力,充分发挥会展的"虹吸效应",促进武汉工业设计产业集聚发展、品牌知名度扩大、社会影响力提升。加大对"黄鹤杯"工业设计大赛的支持力度,不断提高赛事的含金量和影响力,使其成为发掘和吸引优秀设计人才、促进产业创新的有力平台。

深化国际合作和区域合作。加强与美、日、法、德等设计发达国家的交流和合作,广泛吸引全球设计智慧,推动武汉设计"走出去"。设计企业要抓住"一带一路"建设和"长江经济带"建设等发展机遇,与其他城市广泛开展工业设计交流和合作。参加各种类型的工业设计产品推广活动,积极承接工业设计服务外包,参加国际化设计产业展览会,参与前沿设计创新论坛,提高自身曝光度,扩大武汉工业设计品牌知名度。

---

① 张茂伟、蓝天、杨嘉琪:《区域品牌价值提升路径——制度规范下集群企业与展会协同的视角》,《商业经济研究》2018年第16期。

B.8 武汉工程勘察设计产业发展报告

肖伟 宋奕*

摘　要： 工程勘察设计产业是武汉与北京、上海、深圳等其他"设计之都"形成差异化发展、树立极具武汉特色的"设计之都"品牌形象的牵头产业。2018年，武汉工程勘察设计产业实现了稳步发展。抽样调查显示，该产业在业务发展现状、专项业务发展、体制改革、内部管理、科技创新以及产业引领下的"设计之都"发展等方面呈现一些新特点。同时，针对该产业在整体市场环境、行业运行模式、国际竞争力、行业组织发展及全过程咨询服务等方面存在的问题提出的相应对策为未来的产业发展指明了方向。

关键词： 工程勘察设计产业　科技创新　产业联盟　武汉

一　武汉工程勘察设计产业发展的环境

（一）经济环境

2018年，我国GDP同比增长6.6%，比上年同期小幅回落0.2个百分

---

* 肖伟，中信建筑设计研究总院有限公司副院长，教授级高级建筑师，研究方向为工程勘察设计企业管理、历史建筑修缮保护利用及生态与可持续建筑设计；宋奕，中信建筑设计研究总院有限公司古建研究中心高级研究员，研究方向为历史建筑修缮保护利用、人类学。

点。我国坚持稳中求进的工作总基调，经济在总体平稳运行的同时，出现了民营企业困难增大、基建投资回落过快、房地产泡沫扩大等问题。这些问题相互叠加、相互影响，导致金融风险不断累积并显现，经济下行压力增大。2018年武汉市GDP为14847.29亿元，比上年增长8.0%，增速快于全国1.4个百分点、全省0.2个百分点。①武汉市主要经济指标增速排在全国同类城市前列。

（二）社会发展环境

2018年正值我国改革开放40周年。在国有企业改革方面，国家继续推进国有企业优化重组和央企股份制改革。在乡村振兴方面，进一步健全城乡融合发展体制机制，加快建设现代农业产业园和特色农产品优势区，稳步实施《农村人居环境整治三年行动方案》。在城镇化发展方面，国家优先发展公共交通等便民服务设施，有序推进"城中村"老旧小区改造，加强排涝管网、地下综合管廊等设施的建设。②武汉市各行业、各部门改革开放工作得到进一步深化，社会民生状况显著改善，城乡居民收入继续增加，就业稳定增长，社会保障水平进一步提高。2018年全市公共财政用于民生领域的支出为1402.7亿元，同比增长15%。保障性安居工程建设稳步推进，实施棚户区改造5.2万户，建成保障房3.8万套，筹集长租房源11.2万套，将外来务工人员纳入公租房保障范围，总体社会建设进一步加强。③

（三）政策环境

2018年武汉实施"万千百"工程，着力提升产业能级，旅游、会展、设计产业加快发展。武汉促进工业稳增长和转型升级、打造新兴产业集群等

---

① 《2018年武汉市经济运行情况分析：GDP同比增长8%》，百度百家号，2019年1月29日，https://baijiahao.baidu.com/s?id=1623985580234292434&wfr=spider&for=pc。
② 吕佩：《2018政府工作报告撷英：工程勘察设计行业发展八大关键词》，《中国勘察设计》2018年第3期。
③ 《2019年武汉市政府工作报告》，《长江日报》2019年1月9日。

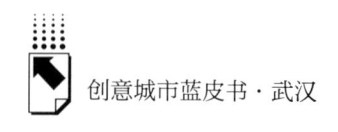

做法受到国务院通报表扬。深化供给侧结构性改革，成功创建全国质量强市示范城市，聚焦营商环境，深化"放管服"改革，大幅压减行政审批时限，企业开办、工程建设项目审批时间实现"双减半"。

（四）技术环境

2018年武汉深入推进全面创新改革试验，全社会研发经费投入增长10%以上，入选国家知识产权运营服务体系建设重点城市，发明专利申请量、发明专利授权量及每万人发明专利拥有量居全国同类城市前列。在建筑业内，绿色建筑与节能减排得到提倡发展，自主创新成为提升企业核心竞争力的重要途径。行业信息化、数字化发展速度加快，三维协同设计技术、建筑信息模型（BIM）技术等应用推广加速。

二 2018年武汉工程勘察设计企业抽样调查数据

（一）抽样调查总体情况

截至2018年底，武汉工程勘察设计企业总数达到583家，其中2018年新增企业114家，现有市属工程勘察设计企业中，国有及全民所有制企业19家、集体企业2家、有限责任公司511家、合伙企业1家、股份制企业28家、港澳台与境内合资企业1家、中外合资企业3家。按专业类别划分，含建筑设计类企业44家，市政设计类企业16家，（岩土）工程勘察设计类企业64家，专项设计类企业（含风景园林、建筑装饰、幕墙、建筑智能化、消防、轻钢结构、环境工程及工程项目管理类等专项企业）351家，以及其他相关行业企业108家。在这些企业中抽取18家企业进行调查，被调查企业权属类型较为全面，专业领域涵盖广泛。

（二）从业人员情况

抽样调查数据表明，2018年员工人数达到7016人，平均值为390人，其中最多员工数为1369人,最少员工数为39人。除两家企业2018年无新增员工外,其他企业均实现了员工人数的增长,但增长的幅度相差较大,其中7家企业员工人数增长率超过10%,其中增长率最高的达到70%。企业中拥有中级职称的员工人数最多,为2058人,占比为29.3%;其次是拥有高级职称的员工,为1540人,占比为21.9%;而拥有初级职称的员工人数最少,为1082人,占比为15.4%。在获得注册职业资格方面,18家抽样企业共有1682名注册执业人员,其中一级注册建筑师227人、二级注册建筑师61人、一级注册结构师323人、二级注册结构师30人、注册土木工程师62人、注册城市规划师111人、注册监理工程师161人、注册造价工程师102人、一级注册建造师114人、二级注册建造师75人。

(三)业务完成情况

2018年,18家抽样企业合同完成额总计1600621.04万元,其中工程勘察类合同完成额25217.89万元、建筑设计类合同完成额567087.19万元、工程承包类合同完成额968018.99万元、工程技术服务类合同完成额40296.97万元。工程技术服务类合同完成额中又包括工程咨询类合同完成额17178.23万元、工程监理类合同完成额16083.54万元、项目工程管理类合同完成额1120万元、工程造价咨询类合同完成额5915.20万元。在这18家抽样企业的年度合同完成总额中,境外工程合同完成额为6989.41万元。

(四)财务情况

2018年,18家抽样企业完成营业收入合计619429.78万元,其中工程勘察收入9189.85万元、工程设计收入333012.66万元、工程技术服务收入15247.11万元、工程承包收入245653.31万元、境外工程收入597.92万元、其他收入15728.93万元;营业成本总额达379383.81万元,营业税金及附加总额为4340.22万元,利润总额为84004.09万元,人均利润为7.37万元,资产合计556065.64万元,负债合计259448.48万元,所有者权益总计296617.18万元,收入利润率平均值为11.56%。

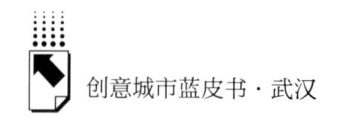

（五）企业科技活动情况

2018年，18家抽样企业在科技活动方面支出的费用总额为20476.18万元，企业累计拥有专利345项，累计获国家级奖项105项、省部级奖项882项，参与编制国家、行业地方技术标准113项。

三 武汉建筑设计产业发展现状评述

（一）总体业务发展现状与特点

2018年，武汉工程勘察设计行业总体规模持续扩大，人员规模、业务完成情况均保持持续增长，新增企业数量达到114家。注册执业人员不足的情况有所改观，从抽样的18家企业的情况看，注册执业人员在总员工人数中的占比达到23.97%。在分级的建筑师、结构师以及建造师门类中，获得一级资格的专业人员人数普遍高于获得二级资格的专业人员人数。在抽样的18家企业中，一级注册结构师共323人，是二级注册结构师人数（30人）的10.77倍，也是各类注册执业人员中数量最高的。一级注册建筑师达到227人，是二级注册建筑师人数（61人）的3.72倍。营业收入中工程承包收入有较大增长，占比达到39.66%，与工程设计收入的比例接近3:4。武汉建筑设计企业不断优化整合，综合实力得到增强。产业内部科技支出总额增幅较大，达到3.31%，但与此同时，科技成果转让收益不足，在抽样的18家企业中为零，尚待实现突破。武汉工程勘察设计行业业态与客户需求总体呈现多元化趋势，提供的产品和服务也更趋多样化。

（二）专项业务发展现状与特点

1. 咨询业务

2018年，抽样的18家企业工程技术服务类合同完成额为40296.97万元，占合同完成总额的2.52%；营业收入为15247.11万元，占总营业收入的 2.46%。这表明工程勘察设计行业工程技术服务市场占有率较低，行业应有的咨询作用还有待提升。建筑设计行业工程技术服务中工程咨询类合同完成额为 17178.23 万元，占合同完成总额的 1.07%。由此可见，目前武汉市工程勘察设计行业工程咨询业务总体发展仍较为滞后。此外，建筑设计技术价值没有得到完全体现，设计取费偏低，低水平、同质化、低效益现象仍然存在。在全过程工程咨询方面，2018 年按照湖北省住建厅《关于在武汉市开展全过程工程咨询试点工作的函》，《武汉市全过程工程咨询试点工作方案》已编制完成，并报市政府审批，全过程工程咨询试点的企业与项目征集工作正在展开。

2. 工程监理业务

2018 年，抽样的 18 家企业工程监理类合同完成额为 16083.54 万元，占合同完成总额的 1.00%。目前工程监理业务整体情况为总量不大、效益不高，其制度与国际通行做法不一致。在目前投资主体多元化的态势下，工程监理服务形式多样化成为趋势，且有被纳入工程项目管理范畴的可能。

3. 项目管理业务

作为新兴的业务形态，2018 年，抽样的 18 家企业项目工程管理类合同完成额为 1120 万元，在工程技术服务业务中的占比为 2.78%，发展空间与潜力很大。但与此同时，建筑设计行业开展工程项目管理业务在规定、标准、人员与知识储备方面还存在进一步完善的空间。

4. 工程造价咨询业务

目前，武汉工程勘察设计行业中的工程造价咨询业务总量不大、收费较低。2018 年，在抽样的 18 家企业中此类合同完成额为 5915.20 万元，占合同完成总额的 0.37%。工程造价咨询服务萎缩、收入减少有多方面的原因：其一是无序竞争、压低收费；其二是咨询类型单一，不能适应市场需要。对于简单的工程造价咨询，一些业主方自己有力量完成，而业主方更需要的投资决策分析、造价分析、费用管理等咨询业务目前还没有形成，相关的收费标准尚不完备，需对工程造价咨询与设计施工一体化进行有效整合。

5. 工程总承包业务

2018年,武汉工程勘察设计行业工程承包业务有较大发展。在抽样的18家企业中此类合同完成额为968018.99万元,占合同完成总额的60.48%,已经超过建筑设计类合同完成额,位列第一;工程承包业务营业收入为245653.31万元,占总营业收入的39.66%,营业收入仅次于工程设计业务。工程承包业务虽实现了较大的发展,但此类业务目前的普及程度还不高,主要集中在大型综合性建筑设计企业。在此次抽样的18家企业中,2018年有工程承包业务的共5家,其中具有中信集团投融资平台优势的中信建筑设计研究总院有限公司无论是在合同额还是营业收入方面都占有绝对主导地位,占比分别为68.49%与77.49%。2019年武汉建筑设计行业工程总承包业务的发展对企业提出了投融资水平及人才储备的要求,同时要求各企业充分学习目前国际流行的以设计为龙头的EPC工程总承包运作模式,通过实践积累经验,拓展新的经营空间。

6. 境外业务

2018年,抽样的18家企业境外工程合同完成额为6989.41万元,占合同完成额的0.44%,占比较低;营业收入为597.92万元,占总营业收入的0.10%,占比较低。武汉工程勘察设计行业国际项目参与不足的原因在于目前我国建筑设计行业尚未成功开辟发达国家和地区的市场,现有的海外市场大多集中在非洲等相对落后的国家和地区,且不少工程属于援建项目,收费与国际标准之间存在差距,因此企业参与此类项目的积极性有限。与此同时,武汉建筑设计行业的境外业务开展还受到高端国际型人才储备不足、对项目所在国的法律法规不甚了解,以及与当地其他相关行业的熟悉度与协同度存在差距等因素的制约。

(三)体制改革现状与特点

1. 资源整合

2018年,武汉工程勘察设计行业的资源整合进一步展开,一方面,一批设计单位实现"强强联合"式战略重组,建设建筑工程全产业链式服务集团；另一方面，建筑设计行业的资源整合也包括一批中小型设计企业主动选择被大院、大集团并购重组，通过这种方式提升企业核心竞争力。

2. 改制改革

2018 年，武汉建筑设计企业的改制工作仍在深化，企业股份制改造工作仍在进行，其中部分企业进行了上市发展的改制。企业股份制改革涉及股权设置的问题，各企业根据国家相关规范进行管理层、技术骨干及员工持股制度建设，结合企业高端人才引进与员工激励机制问题进行股份制改革。

（四）内部管理现状与特点

1. 品牌建设

武汉工程勘察设计企业进一步认识到企业品牌在促进营销、扩大市场方面的重要作用，不断加强对自身品牌形象与企业文化的塑造与宣传，其中包括重点项目的打造、明星设计师的培养、企业网络主页的设计、自媒体公众号与期刊的经营、企业形象定位与宣传片的拍摄、国内外各级评奖与行业规范制定的参与，以及国际与全国性专业会展的主办与协办等。例如，中信建筑设计研究总院有限公司通过主办《建筑设计研究》季刊，在关注行业前沿的同时，有效地宣传了企业文化。同时，该院创办了企业自媒体，通过线上与线下活动的联动丰富职工生活，搭建企业文化平台。此外，该院还积极参与《近现代文物建筑保养维护规范》等一系列行业技术规范的编写，并以持续主办"无界论坛"的形式搭建国际性、多行业交流的平台。

2. 人力资源

武汉工程勘察设计企业人力资源不足的问题尤其反映在经营人才与高端技术人才的短缺上，在行业竞争日趋激烈、业务结构不断调整的大背景下，新型业务人才和高素质人才短缺问题尤其突出。在人才流动问题上，除了正常的行业内人才流动外，企业内部人才流动也成为常态。此外，武汉工程勘察设计企业也在多个层面对企业骨干、经营与技术人才进行培养与激励，其中不仅包括组织相关培训、拓展活动，而且包括提高人员的收入水平。鉴于工程勘察设计行业的总体市场竞争环境，以及长期以来形成的行业文化，如

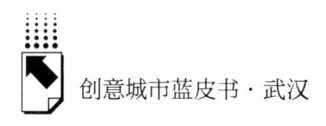

何调整、扭转一线设计人员超负荷的生产劳动状态，以及提升从业人员的幸福感，成为目前武汉建筑设计产业面临的一个问题。

3. 组织模式

随着武汉工程勘察设计市场的发展，企业传统经营管理模式与新型业务模式之间的矛盾日益突出，集团多元化和基层专业化逐渐成为新的发展模式。除了综合型设计院所与专业设计院所之外，新的企业组织模式如事业部、工作室等得到实践与发展。此外，在工程勘察设计企业整合、重组与改制的浪潮下，有效的、新的企业组织模式对工程勘察设计产业提出了挑战。

4. 技术质量管理

针对武汉地区由多家设计企业联合承揽建筑设计工程项目日益普遍的情况，如何做好此类联合与分包项目中的质量控制成为摆在建筑设计企业面前的突出问题。与此同时，在经营压力日益增大的情况下，如何调配人力、物力资源并严把质量关，持续开展科技研发项目也成为众多工程勘察设计企业应该重视的问题。多数工程勘察设计单位越来越注重绿色生态、节能减排、海绵城市建设等相关的建筑技术研究与应用，不断拓展相关领域的业务。此外，2018年是武汉市城乡建设领域实施施工图审查管理方式改革的第一年，全市共受理施工图审查项目3891项（市管728项）。其中，勘察项目施工图审查1430项（市管182项）、房屋建筑工程施工图审查1103项（市管88项）、市政基础设施工程施工图审查765项（市管267项）、基坑工程施工图审查593项（市管191项）。

5. 信息化、数字化建设

2018年，武汉被确定为数字化审图试点城市，其管理系统建设项目稳步推进。《武汉市建筑信息模型标准体系研究》编制完成，出台《武汉市BIM设计应用指南》等。武汉工程勘察设计行业信息化建设稳步推进，各综合性建筑设计院所构建了信息化集成应用系统，三维协同设计得到进一步推广，BIM（建筑信息模型）技术在各类型建筑设计企业得到应用，一批BIM技术应用试点项目得到确立。"武汉市BIM应用系列标准"编制工作被列入武汉市城建科技计划项目，其中《武汉市建筑信息模型标准体系研究》

大纲已完成专家评审。长江 BIM 技术联盟及一批行业协会的 BIM 专业委员会成立，BIM 视频大赛、技术应用讲座等宣传推广活动得以实施。2018 年武汉市 BIM 标准体系继续完善，施工图数字化审查信息系统建设得到推进，数字化审查信息系统建立后将实现施工图审查网上报审、勘察设计成果数字化交付、施工图审查全过程网上传送以及信息数据共享、信息数据同步更新，助推施工图审查改革深入推进。

（五）科技创新现状与特点

1. 科技活动费用投入与立项攻关

武汉市城建委根据《武汉市城建委科技计划项目管理办法》，坚持适用为主、成果能促进城市建设品质大提升的原则设立科研项目，共安排实施建设科技计划项目 64 项，其中 58 项给予共计 472 万元的经费补助。在科技计划项目攻关方面，截至 2018 年 9 月底，已组织完成"武汉市建设工程勘察行业问题与对策研究"（项目编号：201528）、"武汉市建设工程设计审查管理系统的研究"（项目编号：201524）、"市政工程细部构造做法"（项目编号：201801）等科研攻关项目 22 项，均在工程建设中得到应用。2018 年，抽样的 18 家工程勘察设计企业科技活动费用总额为 20476.18 万元，占总营业收入的 3.31%；各级科研立项总数为 196 项，其中省部级 6 项、市级 27 项、企业内部科研项目 163 项，总体呈现上升趋势。在科技活动投入逐年增加的同时，武汉市工程勘察设计企业在科研成果转化方面还存在相当大的不足。例如，2018 年，抽样的 18 家企业均无科研成果转让收入。从总体上看，工程勘察设计产业科研成果转化存在的问题主要归因于科研立项的市场导向不明确，以及科研体系中的企业参与相对不足，此情况亟待改善。

2. 知识产权与专利开发工作

2018 年 4 月，武汉市召开知识产权发展状况新闻发布会，提出创建知识产权强市。随着城市知识产权意识的增强，武汉工程勘察设计企业对知识产权的认识也在不断提高，工程勘察设计产业内部相关发明专利的申请工作

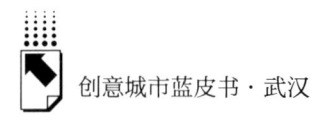

日益得到重视,建筑设计工作的科技含量逐步提升。2018年,抽样的18家企业共申请有效专利162项。

3.科技进步获奖情况

2018年,武汉工程勘察设计企业获得多项各级科技进步奖,其中长江水利委员会牵头完成的"长江水库群防洪兴利综合调度关键技术研究及应用"获得湖北省科技进步特等奖,为该年度唯一获特等奖的项目;中南建筑设计院参与的"大型复杂结构抗风设计关键技术研究和应用"获得湖北省科技进步一等奖。

(六)工程勘察设计产业引领下的"设计之都"发展现状与特点

武汉于2017年入选成为联合国教科文组织创意城市网络"设计之都",这一荣誉的获得,与武汉工程勘察设计产业的发展密切相关。一方面,工程勘察设计产业是"申都"工作的重点产业与牵头产业,武汉市城乡建设局与中国武汉工程设计产业联盟都在武汉"申都"过程中扮演了重要角色;另一方面,"申都"的成功也对武汉工程勘察设计产业的进一步发展起到了助推作用。武汉工程勘察设计产业成为与中国既有的北京、上海、深圳三个"设计之都"形成差异化发展的重点产业之一,树立了"武汉设计"品牌形象。

四 武汉工程勘察设计产业发展存在的问题及对策

(一)行业发展存在的问题

目前,武汉工程勘察设计行业仍存在一些问题,主要如下。①整体市场环境亟待改善。违规操作、无序竞争、垄断以及压价、压工期等不健康因素仍然存在;与此同时,行业监管制度也还有值得完善之处,应在有效避免多头管理、政出多门情况的同时减轻设计企业的负担。②行业运行模式亟待优化。专业化协作程度不高以及同质化竞争制约了建筑设计行业的整体发展。

③国际竞争能力亟待提升。从2018年国际奖获奖情况看，武汉工程勘察设计企业的国际竞争力虽然有所提升，如中信建筑设计研究总院有限公司获得亚洲建筑师协会建筑奖银奖，但产业的总体国际化水平还有很大的提升空间。④本地工程勘察设计品牌建设亟待加强。一方面，在整体工程建设环境中本地设计企业的自信度有待提升，一批重点工程中盲目崇洋、求怪的情况应引起警惕；另一方面，在武汉获得联合国教科文组织创意城市网络"设计之都"称号的大机遇下，工程勘察设计作为本地设计领域的龙头行业，应加强"武汉设计"的整体品牌建设。⑤武汉工程勘察设计类行业协会的地位与作用有待提升。目前，武汉本地专业行业协会尚未最大限度地发挥辅助行业管理、有效推进行业发展的功能，其潜力尚待挖掘。⑥以往在行业发展中形成的一些积习，如重设计、轻策划、咨询和全过程工程咨询服务观念薄弱等问题仍然没有得到质的改观，影响了武汉工程勘察设计行业业态多元化与综合化发展的升级进程。

（二）发展对策

针对当前行业发展存在的问题，武汉工程勘察设计行业宜在未来发展中采取以下措施。①针对整体市场环境存在的一些问题，在政府行政管理层面，一方面要实现简政放权，把一部分权力下放给基层，为企业发展减负；另一方面要针对市场管不好的事情及时研究出台、修订和完善行业政策与法规，为依法行政、依法治业打下坚实基础，营造公平、公开、公正的产业发展环境。同时，武汉工程勘察设计产业应形成政府部门、行业协会、设计企业三方合力，在充分调研现状问题的基础上制定切实可行的对策，在解决本地本行业问题的同时力争为全国的工程勘察设计产业发展做出改革创新的表率。②针对行业运行模式亟待优化的问题，应在武汉工程勘察设计行业总体规划布局顶层设计层面进行充分的调查研究，在摸清家底、找准方向的基础上，进一步推进行业企业间的交流合作、资源整合以及战略并购与重组，避免同质化竞争，实现行业整体的合理化高效发展。③在增强武汉工程勘察设计行业的国际竞争力以及促进本地工程勘察设计行业品牌建设方面，应充分

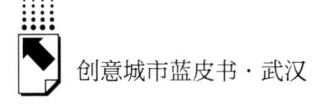

发挥"设计之都"的平台纽带作用，在武汉工程勘察设计行业打造"武汉设计"的行业形象，提升本地工程勘察设计企业在国内与国际层面的行业知名度与话语权，利用联合国教科文组织创意城市网络推动形成武汉工程勘察设计产业与世界市场及同业间的常态性互动，积极响应国家"一带一路"建设发展目标，并通过设立海外项目启动资金有针对性地扶持武汉工程勘察设计产业的国际化发展。④针对武汉工程勘察设计类行业协会的地位与作用尚待进一步提升的问题，应充分发挥行业协会的社会中介组织功能，推进其扮演政府与企业间桥梁的角色，并借此进一步促进工程勘察设计行业政府管理部门的职能转变。推动相关行业协会通过公平、公正、公开的机制承接更多的政府购买服务项目，同时鼓励其不断提升自身的公信力与执行力，从而积极、有效地承接转移的部分政府行政管理职能。⑤针对武汉工程勘察设计行业全过程工程咨询服务发展不足的现状，明确投资决策综合性咨询的内容和方式、工程建设全过程咨询的内容和条件，以及全过程工程咨询服务的计费标准，加强政府主管部门、行业协会、企业三方合作，有针对性地对全过程工程咨询业态的发展进行指导、监督，加强行业自律机制建设。同时，在武汉建设一批全过程工程咨询试点项目，为行业新业态、新模式的探索与发展开辟道路。

B.9 武汉会展业发展报告

张 炜*

摘 要： 近年来，随着武汉会展基础设施的逐步完善和行业管理体制机制的日益健全，武汉会展业得到了快速发展，并获得了越来越多的国际认证。会展业一举成为武汉重要的新兴产业，并成为武汉对外城市竞争的重要品牌之一。但是，武汉会展业在发展的过程中也存在以下问题：管理较为混乱，服务难以形成合力；国际化水平相对较低，知名会展品牌较为缺乏；专业会展人才缺乏，会展竞争力有待提升；会展结构不均衡，后续跟进服务不到位。针对这些问题，武汉市政府应构建三方互动机制，完善会展管理机构职能；打造多元国际性品牌会展，提升会展国际化水平；培养高层次复合型会展人才，提高会展城市竞争力；优化会展展览结构，构建多元会展模式；完善会展服务体系，提高会展服务品质。

关键词： 会展业 城市竞争力 武汉

会展业作为一种特殊的服务业，近年来呈现蓬勃发展的势头，在助推产业、促进开放、拉动消费、传播文化、营销城市等方面的作用日益显著，成为拉动经济增长的新引擎。国际会展指数表明，会展产业的带动系

---

* 张炜，华中师范大学国家文化产业研究中心硕士研究生，研究方向为文化资源与文化产业。

数为1∶9，即办展会的场馆收入如果是1，那么相关的收入则是其9倍。①会展业的强带动效应越来越被全国各大城市所重视。武汉大力发展会展经济，促进地区经济结构优化升级，并先后出台系列重要政策文件，为武汉会展业的繁荣发展营造了良好的社会环境。

一 武汉会展业发展现状

随着武汉市政府对会展业的高度重视和武汉会展业发展逐步规范化，武汉会展业在会展规模、会展质量、会展宣传等方面逐渐取得了一些重要成就，武汉连续多年荣获中国十佳品牌会展城市、中国会展十大会展名城"金豚奖"、中国会展风尚大奖"中国会展最具办展幸福感城市"等荣誉。会展业成为武汉城市发展的"触媒"，给武汉城市发展带来了较大的触媒效应。

（一）场馆设施建设初步完善，会展规模逐年扩大

2016年武汉拥有现代化专业会展场馆4个，分别为武汉国际博览中心、武汉国际会展中心、中国（武汉）文化博览中心以及武汉科技会展中心（老场馆）；2017年新增中国光谷科技会展中心，现代化专业会展场馆总量达到5个；2018年现代化专业会展场馆仍为5个（见图1）。同时，武汉拥有东湖国际会议中心、武汉国际会议中心两家现代化专业会议中心以及武汉欧亚会展国际酒店，总共可提供会议面积达20万平方米。此外，武汉还拥有上百处可供演艺、节庆、赛事、中小型展览、会议以及其他公益性会展活动之用的各大高校、星级酒店、博物馆、体育馆、美术馆、科技馆、大剧院等场所。会展业发展的基础硬件设施条件初步完善。

在会展规模方面，2016年武汉共举办会展展览724场，展览总面积达

---

① 《国际会展产业带动系数约为1∶9 武汉可打造一流会展名城》，凤凰网，2017年1月19日，http：//hb.ifeng.com/a/20170119/5336473_0.shtml。

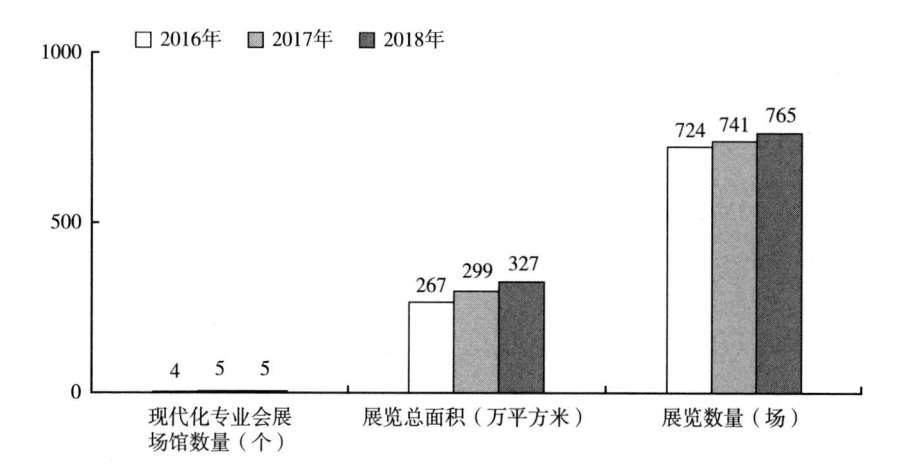

图 1　2016～2018 年武汉会展业发展概况

资料来源：武汉市商务局。

到 267 万平方米，参展参会客商约 1200 万人次；到 2017 年，展览总面积增加到 299 万平方米，会展展览数量更是增加到 741 场，其中 1 万平方米及以上的展览达到 115 场；2018 年武汉会展展览数量达到 765 场，展览总面积扩大到 327 万平方米。此外，2018 年武汉会展相关企业有 200 多家，其中专业展览公司 60 多家、相关策划（服务）公司 150 多家、重点企业 35 家，涉及汽车、建筑、体育、电缆、医疗器械、图书、茶叶等各行各业。会展规模逐年扩大。

（二）会展展览定位明确，专业化会展品牌初步成形

目前，武汉会展业发展主要呈现"一主三辅"的格局。其中，"一主"即武汉国际博览中心，以举办大型、综合性品牌会展为主，如"世界大健康博览会""中国国际汽车技术展览会"等大型会展。"三辅"是指中国光谷科技会展中心、武汉国际会展中心和中国（武汉）文化博览中心。其中，中国光谷科技会展中心以光电子、生物医药等高新技术类专业会展为主，如"'中国光谷'国际光电子博览会暨论坛""中国光谷国际生物健康产业博览会"等；

武汉国际会展中心以中小型轻工商贸产品展销展览为主，如"中部（武汉）糖酒食品交易会""华夏家博会""武汉茶叶博览交易会"等；中国（武汉）文化博览中心以文化艺术品拍卖展销、文化活动等展览为主，如"中国（武汉）电影产业博览交易会""中国湖北文化艺术品博览会""武汉国际啤酒节"等文化盛事。各会展场馆定位十分明显，展览特色比较突出。

另外，武汉会展企业积极参加UFI（国际展览联盟）、ICCA（国际大会及会议协会）等国际组织的活动，加强交流合作，加大会展业国际宣传推广力度，扩大城市国际影响力，同时重点支持和引导本地品牌展会提升国际化水平，并出台多项政策鼓励更多本地的展览机构和展会参与国际会展机构ICCA和UFI的认证认可。2019年，武汉国际会展中心、中国光谷科技会展中心和武汉欧亚会展国际酒店3家场馆获得国际会展组织认证，实现了历史性突破。另外，作为武汉品牌展会，"中国食材电商节"也获得了UFI会员认证。武汉会展业专业化场馆品牌和展会品牌初步成形。

（三）政策支撑体系基本成形，会展体制机制日益健全

近年来，武汉市政府先后出台了《关于建设全国重要会展中心的意见》《关于印发武汉市会展业发展专项资金管理暂行办法的通知》《关于印发武汉市会展业发展专项资金管理办法的通知》《关于促进会展业高质量发展的意见》等重要政策文件，从会展基础设施建设、资金管理、会展发展方向确定等方面给予政策支持。同时，武汉还设立会展发展专项资金，由市财政每年安排2000万元资金支持武汉会展业发展。武汉会展业政策支撑体系基本成形。

随着会展政策的逐步完善，武汉会展体制机制日益健全。目前，武汉会展工作领导方式主要是领导小组制，由市人民政府领导、市商务局管理。会展领导小组建立了联席会议机制、常态化政务协调机制、重大会展活动现场服务机制等服务保障机制。同时，在强化政务保障方面，武汉市政府采取"一展一人""一企一人"方式，全方位跟踪服务重点展会和重点企业，及时帮助协调解决困难和问题，确保政务服务措施落实到位。在会展运营机制

方面，政府通过设立会展专项资金、招商引资、服务外包等方式，逐步将会展管理市场化、会展运作主体多元化，形成政府牵头引导、市场运作、企业主办、全社会参与、各方联动的运营机制。

二 武汉会展业存在的问题

武汉作为会展目的地的吸引力正逐步提升，一批具有较强影响力的中国知名国际品牌展会连续多年在武汉举办，并基本确定长期落户武汉，成为武汉会展业对外发展与城市竞争的名片。同时，武汉一些具有本地特色的品牌展会也迅速崛起，并形成遍地开花的局面，会展业发展欣欣向荣。但是，武汉会展业发展中也面临一些问题，主要表现在以下几个方面。

（一）管理较为混乱，服务难以形成合力

在会展管理过程中，政府扮演了组织者、管理者和实施者等多重角色，工作定位不清晰、效率不高。由于会展展览具有多元化、跨行业、交叉性的特征，在会展管理中需要不同政府部门或企业之间的相互合作、共同管理。目前"条块管理"的体制，再加上执行管理职能的市商务局与相关部门行政级别相同，致使协调难度大、协调时间长，且效果不理想，服务难以形成合力，服务质量不高。

（二）国际化水平相对较低，知名会展品牌较为缺乏

我国会展业标准与国际化通行标准接轨越来越紧密，国际化发展成为必然趋势。2018年，武汉已经成功举办"中国食材电商节""中国国际友好城市大会""上合组织成员国旅游部长会议""世界500强对话湖北圆桌会议""'一带一路'传统药物国际会议"等国际性展会，但获得国际UFI会员认证的会展企业和机构仍较少，仅湖北好博塔苏斯展览有限公司和武汉食和岛网络科技有限公司获得国际UFI会员认证，认证数量少于东部地区的北京、上海、深圳、广州、杭州、济南、青岛、南京，中部地区的郑州以及西部地

区的成都（见图2）。另外，2016～2018年武汉在境外办展数量为零，境外展览机构也为零，落后于同为中部地区的长沙（见表1）。武汉会展业国际化发展水平仍有待提高。

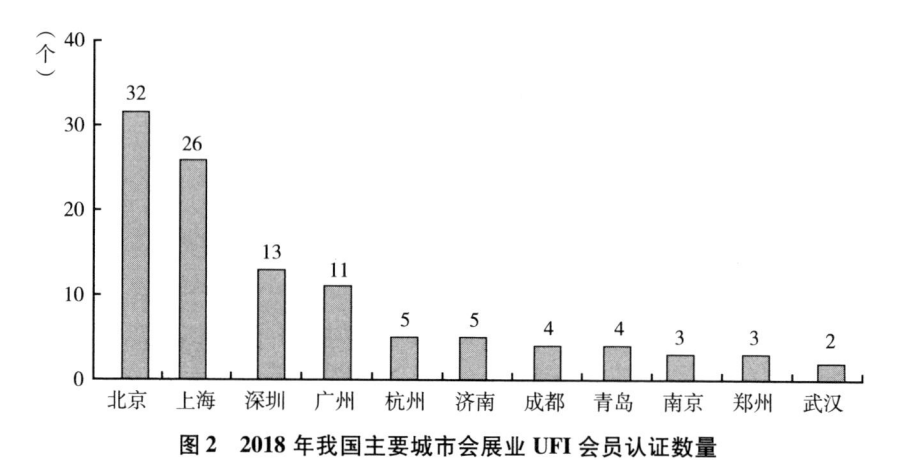

图 2 2018年我国主要城市会展业UFI会员认证数量

资料来源：《2018年中国展览数据统计报告》，中国会展经济研究会网站，2019年4月8日，http：//www.cces2006.org/index.php/home/index/detail/id/12252。

表 1 2016～2018年主要城市境外办展情况

序号	城市	2016年		2017年		2018年	
		办展数量（场）	展览机构（个）	办展数量（场）	展览机构（个）	办展数量（场）	展览机构（个）
1	北京	87	—	78	19	57	19
2	上海	3	—	2	2	12	4
3	广州	5	—	4	2	9	3
4	杭州	21	—	28	3	40	3
5	福州	—	—	—	—	2	1
6	南宁	2	—	4	1	1	1
7	宁波	1	—	1	1	1	1
8	西安	—	—	—	—	1	1
9	长沙	—	—	—	—	1	1

资料来源：《2018年中国展览数据统计报告》，中国会展经济研究会网站，2019年4月8日，http：//www.cces2006.org/index.php/home/index/detail/id/12252。

在品牌会展方面，目前武汉拥有"世界集邮展览""中国国际机电产品博览会""中国国际农业机械展览会""武汉国际汽车博览会"等国际性或区域性品牌会展。其中,"世界集邮展览"吸引了87个国家和地区参展,是目前武汉吸引国际组织或国家参与最多的国际品牌会展。但是,这些品牌会展无论是在展会规模、参展国家或地区数量上,还是在展会知名度、展会影响力上都远不如广州的"广交会"、深圳的"文博会"、北京的"世园会"、上海的"华交会"、海南的"博鳌亚洲论坛"等。武汉会展业知名国际品牌仍较为缺乏。

(三)专业会展人才缺乏,会展竞争力有待提升

当前我国从事会展业的专业人才,尤其是项目组织、管理和策划等高素质人才较为稀缺,严重影响了展览经济的质量和最终效益。[①] 目前,汉阳区政府发布了《汉阳区促进会展业发展扶持政策的实施意见(试行)》,通过举办中国会展集训营和聘请会展大使吸引和培养会展人才。在人才培养方面,武汉有近20所高校开设会展专业,但是开设会展专业的院校均为非"双一流"高校,也非一级学科,会展人才培养的数量和质量均难以满足武汉市场日益增长的人才需求。另外,会展从业人员素质参差不齐,专业化水平较低,且流动性大。

武汉会展业竞争力有待继续提高。各年度《中国展览数据统计报告》中"中国城市展览业发展综合指数"排名显示,2016~2018年,武汉会展展览业综合水平在中国各大城市中分别排在第28位、第7位、第7位,虽然取得了巨大进步,但远远落后于东部地区的北京、上海、广州、深圳、青岛以及西部地区的成都。另外,中国会展经济研究会和成都市博览局共同编制的各年度《中国城市会展业竞争力指数报告》显示,2017年"中国城市会展业竞争力指数"(CCCECI)排名中,武汉排在第13位,未进入前10位(见表2)。

---

① 《中国展览经济发展报告2018》,中国国际贸易促进委员会网站,2019年1月11日,http://www.ccpit.org/Contents/Channel_ 3603/2019/0111/1111718/content_ 1111718.htm。

表 2 2016～2018 年我国主要城市会展发展指数排名情况

指数	年份	排名(前 10 位)
中国城市展览业发展综合指数	2016	上海、北京、广州、成都、深圳、厦门、青岛、重庆、郑州、南京(武汉排在第 28 位)
	2017	上海、北京、广州、深圳、成都、青岛、武汉、南京、重庆、杭州
	2018	上海、北京、广州、深圳、青岛、成都、武汉、重庆、郑州、杭州
中国城市会展业竞争力指数(CCCECI)	2017	上海、北京、广州、成都、深圳、杭州、南京、重庆、青岛、厦门(武汉排在第 13 位)

（四）会展结构不均衡，后续跟进服务不到位

近年来，随着武汉会展业硬件设施的不断完善，武汉会展业呈现火爆式发展的局面。2017 年，仅武汉国际博览中心、武汉国际会展中心、中国（武汉）文化博览中心、中国光谷科技会展中心四大场馆举办的各类展会活动就超过 1600 场，日均 4.4 场，接待展商、观众超过 1000 万人次。但是，这些会展展览大多规模小、"含金量"低，以一次性经贸展览为主。湖北省会展经济发展促进会秘书长吴长江坦言，在这 1600 场展会中，展销会约占七成。2017 年武汉共举办展会节事活动 741 场，大多是经贸类展览会，以及一些小规模的展销会、庆典等，这些活动没有纳入统计。① 武汉会展业经贸展览占比较大，而一些专业性会议、展览会、博览会、交易会、展示会等基本形式的会展占比相对较小，武汉会展业结构不均衡。

以展销会为主的会展结构，导致会展订单大多为一次性订单，后续跟踪服务严重不到位，会展发展后劲也严重不足。同时，由于对参展商的后续跟踪服务不到位，对参展商的后续需求把握也难以到位，不利于形成会展品牌和提升品牌价值。

---

① 《武汉日均 4 场展会 为何无缘"中国最具竞争力会展城市"十强？》，荆楚网，2018 年 3 月 19 日，http://news.cnhubei.com/gd/201803/t4087106.shtml。

三 武汉会展业发展对策

会展业是武汉重要的新兴行业之一,政府积极出台相关政策予以支持和引导,产业布局不断完善,产业体系日益健全,会展品牌相继建立,在促进城市发展中贡献突出。为进一步促进武汉会展业发展,提出如下对策建议。

(一)构建三方互动机制,完善会展管理机构职能

新公共管理理论认为,政府在现代经济发展中扮演着掌舵者的角色,而不再是划桨者,政府将逐渐发展为市场导向型政府。这需要政府不断完善会展管理机构职能,改变在会展业中所扮演的角色。第一,要构建政府、企业、行业组织三方互动机制。首先,改变政府在会展业中的领导者角色,发挥政府在会展业中的引导和规划作用,通过制定行业发展规划、设立专项发展基金、出台支撑政策、构建人才体系、做好会展数据统计等措施,为会展业营造良好的发展环境;其次,发挥会展行业协会的产业链服务作用,加强行业自律,培育壮大市场主体,提高会展业的市场化程度;最后,扩大企业自身的规模,增强核心竞争力,以国际化规范强化企业运作,加强会展企业的强强联合与合并兼并,不断提高会展企业的水平与质量。第二,要落实会展工作领导小组的领导作用,明确领导小组责任分工,优化会展联席会议制度,降低协调成本,提高管理效率。第三,要探索建立会展目标考评体系,通过对会展管理人员进行绩效考评和对会展企业进行质量考评,不断规范会展业的发展。

(二)打造多元国际性品牌会展,提升会展国际化水平

会展作为一种现代服务业,越来越成为城市对外展示的名片。提升会展国际化水平,应从以下几个方面入手。第一,要打造多元国际性品牌会展,积极与国际接轨,加强与UFI、IAEE、SISO等国际会展行业协会的合作,大力支持和引导本地品牌展会"三个10"发展计划,重点支持"世界大健

康博览会""机博会""光博会""食博会""农博会""华创会""国际车展""国际商用车展""食材节""商业航天高峰论坛"10个品牌展会做大做强;着力培育"电商博览会""华中楚天车展""汽车后博会""设计双年展""汉交会""金博会"等10个展会提档升级;积极引导"茶博会""生博会""家具展""建材展"等10个展会加快成长,不断推进武汉会展品牌与国际接轨,形成多元国际性品牌会展。第二,要大力引进国外优质策展企业等会展机构落户武汉,支持本土企业与国际知名展览机构建立合作、合资关系,培育一批具有国际专业水准、带动性强的骨干企业,提升武汉会展在全国乃至世界的竞争水平。第三,要促进会展业与国际新兴产业协同发展,依托信息技术、光电子、生物医药、装备制造、航空航天等优势产业和新兴产业,打造能够代表城市形象,辐射全国、面向世界的品牌展会。第四,要加大推进国际招展引会力度,积极推动引进、申办、承办"畜牧展""世界飞行者大会""世界经济论坛""世界航线论坛""世界电子竞技大赛"等知名会展活动。

(三)培养高层次复合型会展人才,提高会展城市竞争力

《2018年度中国城市会展业竞争力指数报告》分析发现,在会展城市发展过程中,人才是衡量会展城市竞争力的重要指标。[①] 人才对促进会展城市发展的作用越来越突出,既是会展业发展的核心,也是提高会展城市竞争力的重要力量。培养高层次复合型会展人才,提高会展城市竞争力,应从以下几个方面入手。首先,政府要出台相关专业性会展人才支持政策,从政策上吸引更多的会展人才停驻/进驻武汉,以满足武汉日益增长的会展人才需求。其次,高校要掌握会展业人才综合化、多元化、复合化的发展趋势,大力培育"操作型"与"应用型"会展人才,推动构建"复合型"会展人才培养体系。再次,会展企业要打造一支熟悉业务、富有管理经验的专业会展人才

---

① 《人才是衡量会展城市竞争力的重要指标》,中国经济网,2019年12月2日,http://expo.ce.cn/gd/201912/02/t20191202_33752560.shtml。

队伍。注重高级会展人才的引进，公开招聘有丰富办展经验、有较强组织策划能力的会展人才，带动形成会展专业人才队伍。最后，要建立企业与高校联合的人才培养机制。通过高校定期向企业输送专业理论和技术人才、企业定期向高校输送实践型市场人才等方式，实现人才联合培育，提高会展人才的综合能力，为武汉会展业发展提供更多高素质的复合型人才，提升武汉会展城市竞争力。

（四）优化会展展览结构，构建多元会展模式

会展展览结构是会展模式多元化发展的关键。构建多元会展模式，应从以下几个方面入手。首先，要持续优化会展展览结构，改善武汉会展业发展结构中硬件强、软实力弱，展销会强、展览会/会议弱，规模小、场数多的现状，继续升级改造相关展馆设施，鼓励展馆设施提档升级，拓展会展场馆周边停车空间，提升展馆智能化水平，通过信息化手段整合各类展会服务资源，推动云计算、大数据、物联网等在展馆中的应用，打造智慧展馆，推动武汉会展场馆功能和品质"双提升"。其次，要提高专业化、规模化会展的比重。通过淘汰、兼并、重组等方式，逐渐将小规模的展览做大做强，形成规模效应，进一步发挥智能制造、芯片集成电路、生物医药、新能源智能网联汽车、人工智能、文化创意设计等专业化会展的优势，形成优质会展集群，从而提高专业化、规模化会展的比重。再次，要丰富会展的基本形式。通过在会展中引入会议座谈、项目洽谈、对外交易等多种形式，打破单一会展的发展模式。最后，要采取举办更多会议、展览会、博览会、交易会、展示会等形式，促使武汉会展展览形式多元化发展。

（五）完善会展服务体系，提高会展服务品质

会展后续跟踪服务是会展业后续产业链形成及价值提升的关键。提高会展服务品质，应从以下几个方面入手。首先，要完善会展服务体系，搭建会展服务平台，做好会展展览数据记录、参展评估以及资料归类整理等工作，形成相应的会展报告，并及时给参展商和观众邮寄展览评估资料，从而不断

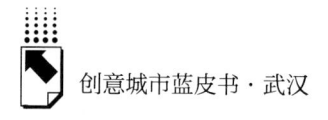

推进后续跟踪服务体系的成形和后续产业价值的提升。其次，要加强工作人员对潜在客户进行回访管理，促成合作落到实处，并联系媒体对展会品牌进行后续推广，及时通报会展最新进展，从而为下一届展览设计做好准备，提供更多服务指导，扩大会展的社会影响力。最后，要及时处理会展遗留问题，提高会展后续跟踪服务品质。展览期间，由于时间有限，会展业务繁杂，会展遗留问题也较多，如客户的款项支付问题、客户需求/购买展品后续发货处理问题、客户展后商务考察问题等，这就需要会展相关部门和展览组织机构在展会结束以后，组织力量及时处理展后遗留问题，健全后续反馈机制，完善后续跟踪服务，从而为武汉会展业发展建立良好的信誉，提高武汉会展服务品质。

B.10
武汉广告业发展报告

武汉市市场监督管理局

摘　要： 2018年，武汉广告业继续保持"稳中向好"发展态势，广告业市场主体实现较快增长，广告业收入持续稳步增加，广告业市场监管效能显著提升，广告业市场秩序逐步走向法治化、规范化。为促进广告业高质量发展，需要从支持广告业加快创新发展、推动广告业结构优化升级、完善广告业公共服务体系、提高广告业市场监管水平、增强广告业监管履职能力五个方面推进相关工作。

关键词： 广告业　市场主体　市场监管

2018年，武汉广告业继续保持"稳中向好"发展态势，广告业市场主体实现较快增长，广告业收入持续稳步增加，规模以上广告企业营业收入首次超过100亿元；广告业监管力度逐渐加大，广告业市场监管效能显著提升，广告业市场秩序走向法治化、规范化。本报告全面分析了2018年武汉广告业发展的基本情况、发展亮点、市场秩序，以及2019年发展展望及对策建议，以期为政府决策和企业投资提供参考。

一　2018年武汉广告业市场主体发展情况

（一）广告业市场主体数量稳步增长

截至2018年，武汉期末实有广告业市场主体59434户，同比增长10.87%。其中，新增广告业市场主体21303户，占期末实有注册户数的

35.84%。2014~2018年，广告业市场主体从24579户增加至59434户，增长了141.81%，年均增长24.7%。其中，2014~2016年三年的增长率均超过30%，2018年增速开始放缓，同比下降15.68个百分点（见图1），主要原因有两个方面：一是广告业市场主体规模已超过5万户，体量足够大，增速下降是正常规律；二是与宏观经济下行、经济由高速增长转入中高速增长的历史发展阶段有关。

图1 2014~2018年广告业市场主体期末实有注册户数及其同比增速

资料来源：武汉市市场监督管理局市场主体注册登记数据[①]。

（二）外资广告企业平均注册资本金增幅最大

2018年，武汉广告业市场主体的平均注册资本金为494.37万元，较2017年减少1.96万元，下降0.39%。其中，外资广告企业、私营广告企业和个体工商户的平均注册资本金均保持增长态势，仅内资广告企业的平均注册资本金出现下滑，减少了97.81万元，下降2.59%，成为拉低全市广告业市场主体平均注册资本金的主因。在不同所有制广告企业中，外资广告企业的平均注册资本金增幅最大，为57.36%，达到578.74万元；其次是个体工商户，增长5.98%，达到7.09万元；再次是私营广告企业，增长

---

① 如无特别说明，本报告所有数据均来源于武汉市市场监督管理局市场主体注册登记数据。

1.95%，达到340.13万元。但从平均注册资本金绝对数来看，内资广告企业仍保持绝对优势，是排名第二的外资广告企业的6.35倍（见图2）。

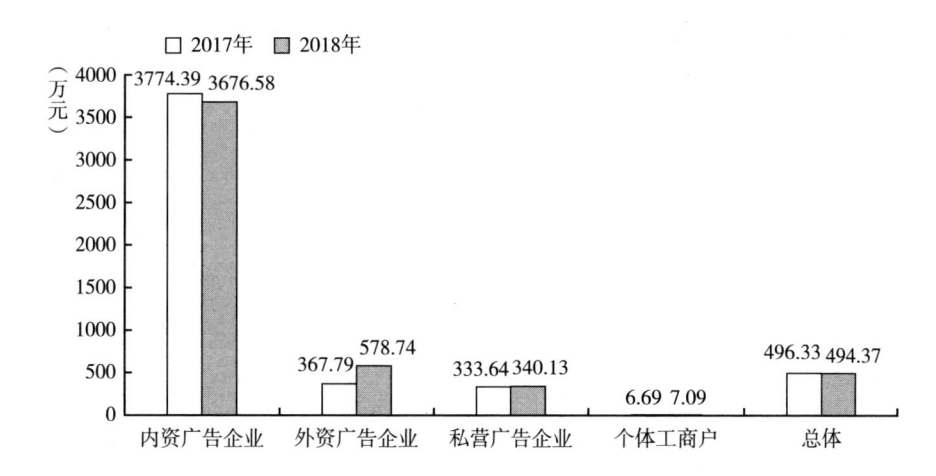

图2 2017~2018年不同所有制广告业市场主体平均注册资本金变动情况

（数据：内资广告企业 2017年3774.39，2018年3676.58；外资广告企业 367.79，578.74；私营广告企业 333.64，340.13；个体工商户 6.69，7.09；总体 496.33，494.37）

（三）私营广告企业的主力地位进一步加强

近年来，私营广告企业的新增户数和期末实有户数占全市广告业市场主体的比重均超过八成，是武汉广告业市场上名副其实的主力军。2018年，期末实有私营广告企业56865户，占全市广告业市场主体的84.68%，其中新增私营广告企业18652户，占全市新增广告企业户数的87.56%，较上年同期提高3.1个百分点。期末实有广告业市场主体中，个体工商户共6243户，占比为9.30%，居第2位；内资广告企业共3616户，占比为5.38%，居第3位；外资广告企业共429户，占比最低，不足1%（见表1）。

表1 2018年不同所有制广告业市场主体构成

所有制类型	新增户数（户）	占比（%）	期末实有户数（户）	占比（%）
内资广告企业	1076	5.05	3616	5.38
外资广告企业	136	0.64	429	0.64
私营广告企业	18652	87.56	56865	84.68
个体工商户	1439	6.75	6243	9.30

（四）外资广告企业增速领先于其他市场主体

从不同所有制广告业市场主体的增速来看，外资广告企业增速最快。2018年，期末实有外资广告企业增长38.39%，连续三年增速排名第一，尤其是2017年，增速达到203.92%；私营广告企业增长28.17%，较上年提高3.61个百分点，居第2位；个体工商户增长22.39%，较上年提高2.85个百分点，居第3位；内资广告企业增长20.73%，较上年下降57.83个百分点，居第4位（见图3）。外资广告企业和内资广告企业的数量较少，所以增幅较大，并且增幅波动性大；而私营广告企业和个体工商户的数量较多，所以增幅相对较小，但增长很平稳。从广告业市场主体的所有制构成来看，私营广告企业和个体工商户占大多数，而外资广告企业和内资广告企业的占比较低。

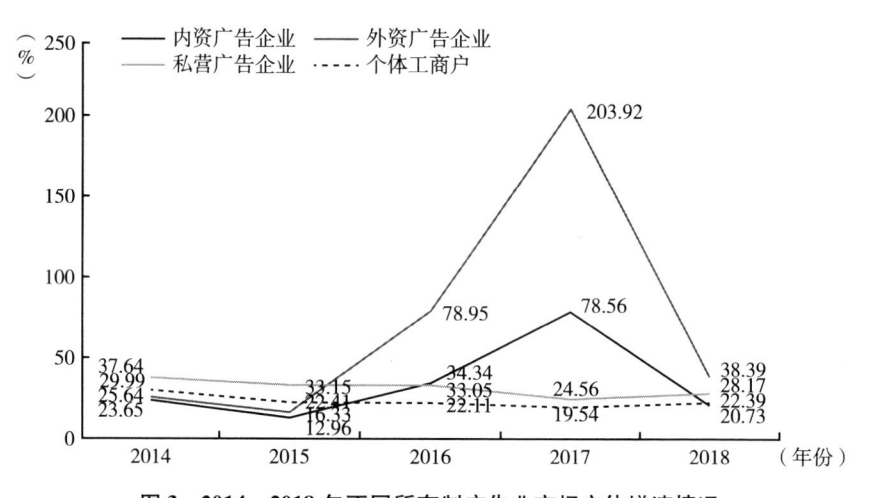

图3 2014~2018年不同所有制广告业市场主体增速情况

（五）东湖高新区成为武汉广告业最主要的集聚地

无论是从注册户数占比还是注册资本金占比来看，东湖高新区都是武汉广告业市场主体的重要集聚地和重要增长极。从注册户数占比来看，2018年广告业市场主体注册户数占比超过10%的区有4个。其中，东湖高新区广告业市场主体注册户数占比达到18.12%，居第1位，比居第2位的武昌区（16.08%）高出 2.04 个百分点；居第 3 位、第 4 位的分别是洪山区（12.87%）和江岸区（10.77%）（见图 4）。从注册资本金占比来看，2018 年广告业市场主体注册资本金占比超过 10% 的区也是 4 个。其中，居第 1 位的是江汉区，占比达到 18.27%，比居第 2 位的东湖高新区高出 0.8 个百分点；居第 3 位、第 4 位的分别是江岸区（12.81%）和武昌区（11.14%）（见图 5）。广告业发展的重点区域是中心城区和三大国家级开发区，而黄陂区、新洲区等新城区发展滞后。综合来看，东湖高新区广告业发展势头较好，领跑全市。

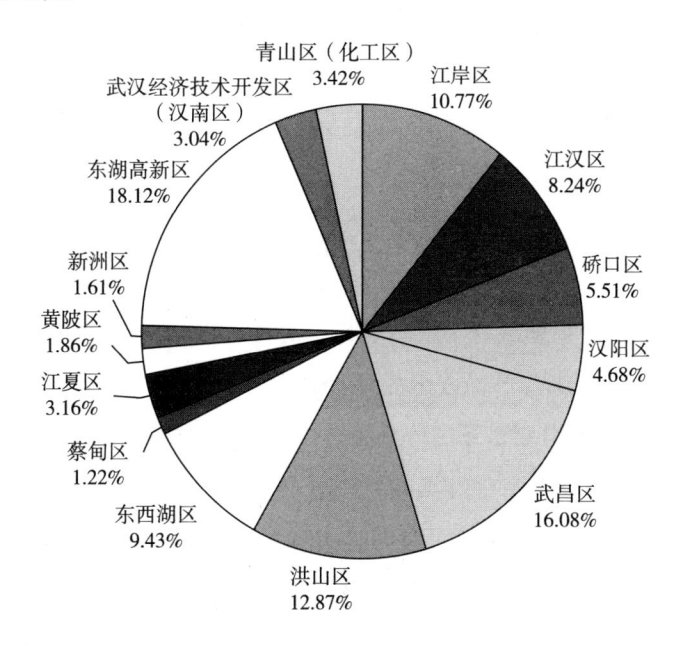

图 4　2018 年各城区期末实有广告业市场主体注册户数占比情况

（六）近八成广告业市场主体成立年限不足5年

2015 年以来，我国大力开展"大众创业、万众创新"，通过商事制度改革和"放管服"改革，激发了创业热情，广告业也掀起了创业高潮，武汉每年新增广告业市场主体保持高速增长态势。基于此，全市广告业市场主体成立年限不足 5 年的占比很高，并且这一比例逐年上升。2018 年，全市期

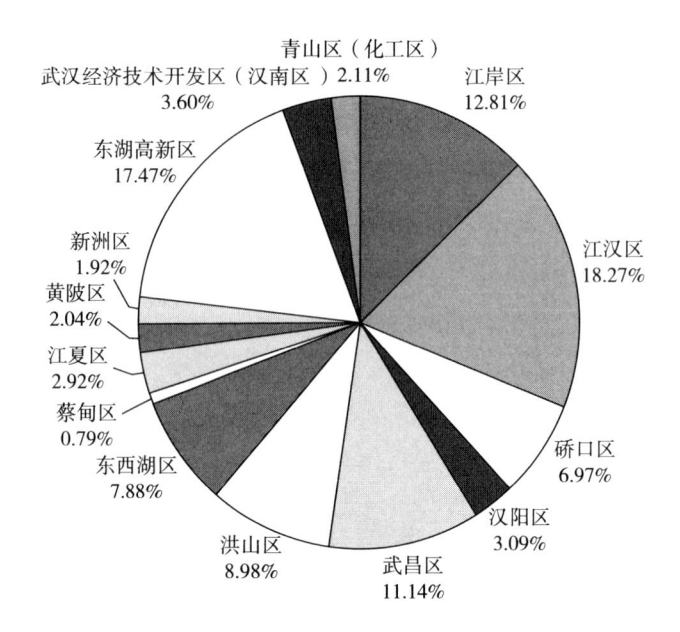

图5　2018年各城区期末实有广告业市场主体注册资本金占比情况

未实有广告业市场主体成立年限不足5年的占比达75.78%，其中成立年限在3年以下的有30422户，占比为57.59%；3~5年的有9606户，占比为18.16%。从不同所有制市场主体来看，外资广告企业的成立年限普遍较长，5年及以上的外资广告企业占比最高，达59.21%，是同类私营广告企业占比的2.61倍（见图6）。一个市场中成立年限长的企业是稳定的力量，有利于促进市场规范、平稳、健康发展，未来要从品牌打造、人员培训、公司治理、技术创新等方面提高武汉广告企业的市场竞争力，培育更多的持久型广告公司，促进武汉广告业良性发展。

二　2018年武汉广告业发展亮点

（一）"规上"广告企业营业收入首次突破百亿元

2018年，武汉市市场监督管理局将培育壮大"规上"广告企业作为一

武汉广告业发展报告

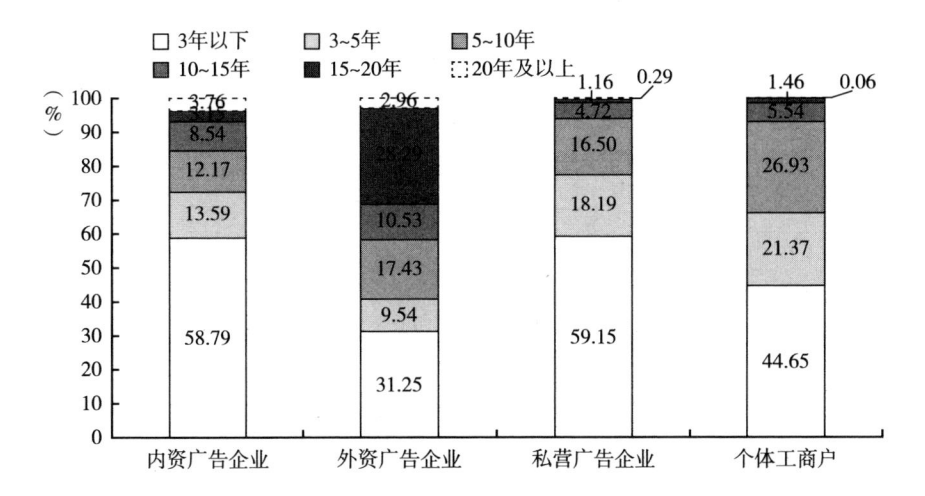

图6 2018年不同所有制广告业市场主体成立年限构成情况

项重点工作任务，并取得了可喜成绩。为促进"规上"广告企业发展，武汉市市场监督管理局制发了《关于服务规模以上广告企业发展的实施方案》，建立了市、区、工商所、企业无缝对接的联系工作机制；出台《全市规模以上广告企业培育名单》，针对2017年10月以来新注册且具有一定规模的175户广告企业，加强点对点和上门服务。"规上"广告企业迎来大发展。一是"规上"广告企业数量大幅增加。2018年先后培育引进24户广告企业"入规"，其中亿元级企业达4户。二是"规上"广告企业营业收入破百亿元。全市"规上"广告企业营业收入达到103.32亿元，首次跨入百亿元产业行列，同比增长270.91%，超预期目标值250.91个百分点，超拼搏目标值248.91个百分点，超额完成"全市规模以上广告企业营业收入增幅预期目标≥20%、拼搏目标≥22%"的市级绩效目标。

（二）互联网广告企业快速崛起并成为领军力量

随着"互联网+"的深入发展，武汉逐渐成为互联网企业的"第二总部"，互联网广告快速发展，成为广告市场上的新兴力量。一方面，传统广告企业积极拥抱互联网，长江日报报业集团、武汉广播电视台、书法报互联网（湖北）股份有限公司等10余家广告业传统媒体与新兴媒体深度融合，建设形态灵活、技术先进、具有竞争力的融合型广告新媒体。另一方面，互联网广告在市场上高歌猛进，2018年全市培育新增"入规"互联网广告企业营业收入占全市总收入的七成以上，互联网广告企业为"规上"企业注入了新的活力，成为"规上"广告企业的主力军。其中，培育新增的湖北今日头条科技有限公司和武汉众行荣耀互动传媒有限公司均为经营互联网推广、网络设计及营销策划的互联网广告企业。再加上斗鱼直播、百度推广、腾讯科技等互联网巨头企业，互联网广告企业正逐步取代传统广告企业，成为武汉广告市场上的新宠和新的领军力量。

（三）承办"第22届武汉广告技术与设备展览会"

武汉广告技术与设备展览会始创于1998年，是以专业化配套运营服务与庞大的专业买家信息数据库为依托的专业性展会。2018年"第22届武汉广告技术与设备展览会"由（中英合资）好博塔苏斯展览有限公司与武汉英奇会展有限公司联合举办，展会以"喷印雕刻设备""数码图文及印刷材料""标识标牌系统及设备材料""LED显示屏及设备、LED发光源及引用产品""展览展示及商用设施""广告新媒体"六大展区为核心，覆盖广告行业全产业链，展览面积为35000平方米，参展企业共693家，展位数达1520个，专业观众参观超50453人次，现场交易额达20亿元，受到了参展企业与专业观众的一致好评。

（四）加快推进广告产业园（基地）建设

广告产业园（基地）是推动广告业加快发展的重要载体，武汉大力支持国家级、省级广告产业园以及广告产业孵化基地、广告人才培育基地等平台建设。一是对标先进、学习先进。加强与广告业发展大市、强市的相互学习交流，通过座谈、参观等多种方式互通消息、取长补短、共同进步。二是跟踪服务广告产业园（基地）。通过上门走访、QQ交流、以会代训等方式，加强与汉阳造创意园、楚天181文化创意产业园、武汉创意天地等广告产业园（基地）的联系；强化协同管理，推动市、区、所三级联动，落实监管与服务职责，注重发挥市广告协会行业管理作用，开展联合走访调研，指导广告产业园（基地）实行差异化发展。三是培育公益广告创作基地。武汉市市场监督管理局下发《关于推荐"武汉市公益广告创作基地"培育对象的通知》，指导推荐新宇文化、道森媒体、联创凯尔等10家广告企业参选。2018年武汉广告产业园（基地）情况见表2。

表2 2018年武汉广告产业园（基地）情况

级别	园区类型	数量(个)
国家级	广告产业园	1
国家级	广告业创新创业示范基地	2
省级	广告产业园	3
市级	广告产业孵化基地、广告人才培育基地、广告创作基地等	10

（五）实施靶向治理，加强市场秩序监管

针对金融类、房地产类、食品及互联网类、教育培训类广告问题突出的领域开展靶向治理，采取链条式监管方式，取得了良好的治理效果。2018年，市属主流媒体广告违法量为4610条次，比上年减少1334条次，下降22.44%，其中"五类"（医疗、药品、保健食品、医疗器械、化妆品）广告违法量为3638条次，比上年减少1856条次，下降33.78%。市属主流媒体广告违法率为0.55%，比上年同期下降0.04个百分点；"五类"广告违法率为0.44%，比上年同期下降0.11个百分点，完成"'五类'广告违法率≤1"的阶段性目标。在被监测的23大类广告中，违法广告主要集中在医疗服务、药品、保健食品3大类别（占比为78.92%）；其次是普通食品和普通商品2大类别，出现违法广告的类别比上年减少37.5%。

三 2019年发展展望与对策建议

《武汉市广告业发展五年行动计划（2016年~2020年）》提出要实现全

市广告业市场主体、广告经营额"双倍增",分别达到5万户、200亿元,争取广告企业上市实现"零突破",努力将武汉建设成为华中地区的广告产业集聚中心、广告人才培养中心、广告营销传播服务中心和广告科技创新高地。武汉广告业市场主体已经实现倍增,但其他指标尚未完成,还存在较大差距。

2019年武汉广告业工作的总体要求是:强化执法,提高监管效能;加强指导,促进广告业发展壮大;开展培训,提升管理能力,努力营造良好的广告业市场环境,持续推动广告业健康发展。2019年,广告业市场主体注册户数增长不低于10%,广告经营额力争达到150亿元,严厉打击虚假违法广告行为,使广告市场秩序更加规范有序。

要实现上述目标,需从支持广告业加快创新发展、推动广告业结构优化升级、完善广告业公共服务体系、提高广告业市场监管水平、增强广告业监管履职能力五个方面推进,促进广告业实现高质量发展。

(一)支持广告业加快创新发展

一是加快商业模式创新。主动适应市场环境与传播环境的变化,根据广告主和市场的需求及时调整服务战略,寻求广告业服务模式与发展机制创新,探索和创新互联网、物联网形势下广告业发展的新机制,创新并提炼符合武汉实际的广告模式与经营方式。

二是支持广告业技术创新。引导广告企业加强广告科技研发,充分运用移动互联网、云计算、大数据等技术,提高广告业新硬件、新软件、新平台的运用水平,加快对传统广告业的升级和改造。鼓励推广环保型广告新材料、新设备运用,提高设计、制作的档次和水平。

三是鼓励广告研究创新。鼓励和支持广告企业与国内外知名广告院校、4A广告公司联合开展多层次科研合作。依托武汉地区广告研究具有一定影响力的大专院校和科研院所,建立以广告企业为主体,政府支持、院所参与的产学研融合的研究模式。

四是加快媒体融合发展。推动传统媒体与新兴媒体融合发展,加快形成发布、展示、推广、反馈等功能高效互动的新兴广告传媒集群。以"互联网+"为驱动，促进跨界融合。以广告主、广告企业、媒体之间相互融合为基础，推动资本市场、技术、人才等各领域资源的整合与优化配置。

五是落实广告业发展规划。认真抓好《武汉市广告业发展五年行动计划（2016年~2020年）》的贯彻落实工作，以重点广告企业联系服务制度为抓手，坚持问题导向，采取"一企一策"方式，实行"一对一"帮扶。同时，做好"提供有关名录资料，抓好广告行业入库纳统，协助做好经济普查"相关工作。

（二）推动广告业结构优化升级

一是培育广告业龙头企业。培育一批技术先进、主业突出、特色鲜明、具有自主品牌的广告业龙头企业。鼓励广告企业进行跨行业、跨地区、跨媒体和跨所有制的资产重组。支持长江日报报业集团、武汉广播电台等重点媒体和骨干企业发展，提升综合竞争能力。

二是加大中小型广告企业扶持力度。引导中小型广告企业走专业化分工、资源整合与开发、专业服务与特色经营相结合的发展道路，促进中小广告企业多元创新、做精做专，培育一批在细分市场中能够满足多元化需求、具有专业特色和竞争优势的中小广告企业。

三是推进广告产业链延伸。鼓励广告企业通过广告传播来整合公关、促销、营销、咨询、事件行销等其他营销传播服务领域，推动广告创意、策划、设计、制作、发布等上游环节与广告媒体在节目定位、内容制作、广告经营等下游环节的衔接。实施集群化发展战略，加快培育广告产业集群。

四是推动广告产业园（基地）发展。市、区、所三级联动，加强对各级广告产业园（基地）指导，促进其突出个性特色发展、集群集约发展。以绩效目标为导向，发挥广告行业组织的作用，指导广告产业园（基地）建立合作交流机制，促进广告产业园（基地）企业规范运作，推动广告产业园（基地）建设和发展，将广告产业园（基地）建设成广告业发展的主阵地。

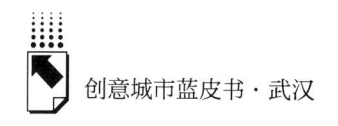

（三）完善广告业公共服务体系

一是强化广告行业协会功能。充分发挥广告行业协会"提供服务、反映诉求、规范行为、促进发展"的职能，鼓励广告行业组织制定行业标准，加强行业自律，引导广告业规范、健康发展。指导广告行业协会制定广告企业资质标准，通过资质标准的制定和认定，向社会提供透明的、可选择的优质服务单位做参考。通过整合行业信息、市场动态及各方面意见和建议，为广告业发展提供参考和依据。

二是搭建多元化广告业公共服务平台。完善管理咨询、市场调查、营销策划、商业展示、企业公关、整合传播等服务功能，推动广告企业孵化、创意展示、功能推广等，帮助中小广告企业做大做强。积极运用注册登记、动产抵押登记、商标管理等职能，为小微广告企业、新媒体广告企业、互联网广告企业等创新创业主体提供超前服务、全程服务、跟踪服务。

三是健全公益广告发展机制。贯彻落实《公益广告促进和管理暂行办法》，健全公益广告规划、监测、监管制度，建立公益广告作品库和公益广告专家委员会。发挥政府主导作用，提高公益广告策划、创意和制作水平。着力培育一批"武汉市公益广告创作基地"，发挥示范作用，开展征集优秀公益广告作品活动，促进形成广告行业共同关注、积极推动的良好氛围。

四是建立具有广告业特点的知识产权保护制度。研究制定广告业知识产权保护和落实办法，建立健全知识产权信用保证机制。依法保护广告企业多种形式的创新研发智力劳动成果。重视和加强对知名广告企业商标的保护，以及对广告原创作品的版权保护和创新技术的专利保护。

（四）提高广告业市场监管水平

一是加强广告导向监管。认真贯彻落实习近平总书记关于"广告宣传也要讲导向"的重要指示精神，围绕党和国家以及全市重要工作、重要活动、群众普遍关心的问题，开展执法检查，从重从快查处涉及导向问题、政治问题以及妨碍社会公共秩序、违背社会良好风尚、造成恶劣社会影响的违法广告，维护风清气正的广告市场环境。突出"特供""专供"等重点案件，严厉查处使用或变相使用国家机关、国家机关工作人员的名义或形象等具有不良影响的广告。

二是加强广告监测监管。以绩效目标为抓手，依托市广告监测中心平台，实施"对市属主流媒体医疗、药品、保健食品、医疗器械、化妆品等'五类'广告开展重点抽查，确保违法率低于1%，抽查发现的违法广告处置率100%"。根据国家市场监督管理总局和省局广告监测通报，以及群众投诉举报，快速处置涉嫌违法广告线索。各区局对市局移送的涉嫌违法广告案件线索依法依规按时处置并回告，处置与回告率达100%，有效形成了市局、区局、基层所联动监管的格局。

三是突出重点领域监管。加强对广播、电视、报纸、期刊等重点媒体的广告监测、检查，督促媒体履行广告审查义务，不断提高媒体审查能力。突出医疗、药品、保健食品、房地产、教育培训、金融投资理财等重点领域，重点查处事关人民群众身体健康与生命安全的虚假违法广告，组织开展户外广告内容安全专项整治等执法行动。依据国家广告数据中心监测通报结果和市广告监测中心结果，适时开展广告专项治理，始终保持打击虚假违法广告的高压态势，维护广告市场稳定，保护消费者权益。

四是深化互联网广告整治。针对互联网违法广告易发多发、社会影响大、覆盖面广的特性，继续开展互联网广告整治行动，对重点互联网媒介加大广告监测、检查力度，严查互联网广告案件。运用提醒、告诫、约谈等行政监管手段，强化事前预防规范和教育引导，督促互联网平台履行法定义务，依法规范互联网广告活动。

五是建立健全日常监管机制。按照属地管理原则，依法加强对辖区内包括省属广告媒体单位的广告发布登记、广告行政处罚等日常监管。完善市整治虚假违法广告联席会议机制，强化协同监管，适时召开整治虚假违法广告联席会议，健全部门间监管信息反馈处理机制和监管执法联动机制，推动协同监管，形成监管合力。加强广告舆情动向分析研判，强化广告监测数据应用，建立健全广告监测信息分析报告机制，及时报送广告监测信息。

（五）增强广告业监管履职能力

一是突出强化政治建设。深刻学习领会习近平新时代中国特色社会主义思想，坚定"四个自信"，增强"四个意识"，大力提升广告监管执法人员的政治素质和业务水平。同时，加强广告监管执法风险防控，不断增强纪律观念，持之以恒推进作风建设，以良好的工作作风推进广告工作上新台阶。

二是开展广告业务培训。针对各区局机构改革后广告队伍的建设需求，加强对全市广告条线业务指导，举办广告监管执法业务专题培训班，着力提升广告条线执法人员的业务能力与监管水平。同时，组织开展广告经营单位从业人员广告法律法规培训，促进其增强知法、守法意识，自觉维护广告市场秩序。

三是加强广告业统计。按照国家市场监督管理总局拟开展的广告业统计工作，争取省局工作指导，联系市、区统计部门，切实做好广告业统计和数据分析。同时，加强调研，注重收集、分析统计工作开展中遇到的问题，优化广告业统计标准、统计方法。加强广告业行业研究，提高广告业发展研判能力。

四是深入做好业务调研。大力开展广告管理工作调研，掌握机构改革后基层工作状态，深入分析工作中遇到的困难和症结，提出破解办法。加强日常工作指导，及时分析、研究解决广告监管执法与指导发展过程中遇到的新情况、新问题，完善工作制度，促进管理工作有序开展，有效提升广告条线的业务能力与管理效能。

B.11 武汉文博单位文创产业发展报告

邓清源[*]

摘　要： 近年来，一股"博物馆+文创"的热潮席卷全国，涌现了一批国家级示范单位。武汉拥有丰富的文化文物资源和众多的文博单位，文创产业发展势头强劲、成果颇丰。武汉文博单位文创产品焕发生机，文创人才不断增加，文创产业受到各界关注。本报告分析了武汉文博单位文创产业体制滞后、经费不足、产权不明、销路不畅等问题，并从探索特色化、个性化发展路径，营造良好的创意环境以及搭建社会平台等方面，对武汉文博单位文创产业未来发展提出对策建议。

关键词： 文博单位　文创产业　文创产品

一　武汉文博单位文创产业发展概况

九省通衢、汇英聚灵，两江冲积出的城市——武汉在中国历史上拥有一张独特的文化名片：两江地域保存了远古人类文化，孕育了荆楚人文风情；革命火焰点燃了红色之海，绽放了无数的名人风采；来自全国各地的百万大学生汇聚了新生代的活力与力量。而博物馆是城市文化设施的重要组成部分，既是重要的人文景观，也是传统文化和地域文化的代表。博物馆在展现

---

[*] 邓清源，华中师范大学国家文化产业研究中心博士研究生，研究方向为民间文学与文化产业。

城市文化风貌上具有不可替代的重要作用，馆藏的文化资源凝结着过去、连接着未来。因此，在2011年武汉市第十二次党代会上与会代表们提出了建设"博物馆之城"的目标，"支持引导各类投资主体兴办形式多样、特色鲜明的博物馆，推动大学、科研院所、企业的博物馆向社会开放，让博物馆走近市民"。[①] 大力发展博物馆事业，使之成为武汉重要的文化名片。

（一）博物馆数量不断增加，观众人数破千万人次，文创产品焕发生机

自2011年武汉市第十二次党代会提出建设目标后，武汉博物馆首先在数量上呈现快速增长的态势，全市博物馆数量已由2011年的52家发展到2016年的102家，平均每10万人拥有一个博物馆的目标已经提前实现，收获了令人欣喜的成果。[②] 在博物馆文化普及方面也实现了重大突破，主要表现在博物馆观众数量快速增长，进入了全国博物馆的第一方阵，形成了惠及全民的博物馆公共文化服务体系。在2018年"世界博物馆日"，湖北省公布了过去一年全省博物馆观众数量前10名，其中武汉市就占据7席。

武汉市各大博物馆在本馆的基本陈列上锐意创新，为无数观众奉上文化大餐，同时也在不断开拓新的文化空间，为观众带去更好的文化体验。长江文明馆"长江之歌 文明之旅"的基本陈列实现了办展理念、布展形式和服务观众的三大创新，还开发了App、网上虚拟展览和相关文创产品，满足了观众的多元化需求，不仅达到了展现长江文明之美、讴歌母亲之河的目的，而且为传播荆楚文化、促进文物活起来选取了更加立体化的方式，强化了观展效果。2016年6月，武汉博物馆、辛亥革命博物馆和武汉市中山舰博物馆的三件文创产品获得"全国文博单位文创产品联展"的"文博传承奖"。

2017年5月，由湖北省博物馆发起，经过一年多筹备，8家文创试点单

---

① 《为建设国家中心城市 复兴大武汉而努力奋斗——阮成发在中国共产党武汉市第十二次代表大会上的报告实录摘要》，百度文库，https：//wenku.baidu.com/view/3d7b1303cc1755270722088f.html。
② 《武汉市博物馆数量达102家》，武汉文明网，2016年5月19日，http：//hbwh.wenming.cn/rdjj/201605/t20160519_2565904.html。

位、3所高校和4家企业共同组成了湖北博物馆文创联盟。该联盟以互利共赢为基础，旨在打破地域和行业级别限制，以点带面促进全省博物馆文创产品开发，探索符合湖北特色的文创产品开发模式，为湖北省的博物馆文创产业开辟新图景，为市级各文博单位发展文创产业提供新思路。

（二）聚拢大学生，吸引文化企业，发掘博物馆文创人才

湖北省博物馆分别于2011年、2014年举办了两届博物馆文化产品创意设计大赛，大赛中不仅产生了众多令人耳目一新的文化创意设计作品，而且在大赛之后许多文化单位或企业直接联系设计者进行设计作品的转化，湖北省博物馆也将部分优秀作品的版权买下来并投入实际的产品生产中。在湖北省博物馆的引领下，武汉市各类博物馆、重点高校也开始陆续举办文博类文化创意产品设计比赛。

2015年3~6月，武汉国际交流传播中心、武汉市非物质文化遗产保护中心、长江日报传播研究院和武汉非遗文化传播有限公司共同主办了"武汉民俗文化产品创意设计大赛"。[①] 大赛的入围作品和获奖作品中既有传统的面塑、汉绣、剪纸，也有具有武汉地域特色的创意设计作品，其中一些出自大学生之手的获奖作品更是创意十足、抓人眼球。

近年来湖北商贸学院的师生不仅为多家博物馆设计了一系列文创产品，其中很多作品被博物馆采用，或者被企业看中进而投入实际的生产，而且发起了"城市礼物"和"玩具博物馆"两个创新创业项目，主动为文创产品的设计提供新思路、增添新活力，在具体的实践中锻炼了自己的文创设计能力。

2018年4月，晴川阁武汉大禹文化博物馆联合四川汇德轩文化艺术有限公司推出了"一抹最羌红——来自禹乡的礼物"文创文化展，以大禹为主线铺设此展，在传播大禹文化的同时也为观众勾勒出一幅远古时期大禹所

---

① 《民俗文化创意大赛作品现武汉元素》，湖北省人民政府网站，2015年6月15日，http://www.hubei.gov.cn/mlhb/zdnr/201506/t20150615_672561.shtml。

处古羌族的文化和生活图景。文化企业的创作团队从羌族圣物——神林柱上拓印图本，并从中提取文化形象符号，这些创新创意产品给在场的观众带来了一场视觉文化盛宴，也为晴川阁武汉大禹文化博物馆日后的文创设计提供了新的思路和借鉴。

（三）跨馆跨界合作带来超高人气，收获社会各界关注

武汉众多博物馆除了在自身的展览中寻找新的创意点外，还进行馆馆合作、馆企合作的探索。

2018年5月，辛亥革命武昌起义纪念馆联合武汉大学万林艺术博物馆推出了"似水流年——旧上海广告月份牌特展"，此次携手的意义不仅在于两馆合作的新模式，而且在于此展之后两馆将在展览交流、学术研究、文创产品开发等方面开展全方位的战略合作。自此以后，武汉市其他博物馆也拥有了更多发展的新思路。

2018年5月21日，由湖北省博物馆与武汉市仟吉食品有限公司、湖北工业大学联合打造的"仟吉×省博——寻味武汉传奇梦"主题产品首发仪式在湖北工业大学举办。① 此次合作以湖北省博物馆的藏品为灵感，集合湖北工业大学专业学生的设计智慧，借助仟吉食品这一新的文化载体，为文化消费者奉上了一场真正的文化大餐。

2018年10月，辛亥革命武昌起义纪念馆成功获得了国家知识产权局颁发的"都督府"商标注册证，而在此前博物馆对知识产权保护不甚重视。其实对于博物馆来说，注册商标、申报知识产权对博物馆的品牌建设具有重要意义，既可有效保护博物馆的知识产权，增强观众对博物馆文化品牌的认同感，又可维护自身的品牌价值，提升商标的信誉及博物馆的影响力。辛亥革命武昌起义纪念馆获得商标注册证，在日后纪念馆的文创产品开发中将发挥不可估量的重要作用。

---

① 《省博物馆携手仟吉，跨界打造可以吃的"国宝"》，湖北网络广播电视台网站，2018年5月23日，http://news.hbtv.com.cn/p/1374528.html#。

二 武汉文博单位文创产业发展存在的问题

国内以故宫博物院为代表的一批博物馆不断探索新时代博物馆文创产业的发展路径，获得了许多宝贵经验。武汉文博单位文创产业与全国领先水平相比还有较大差距，存在发展乏力、后劲不足的问题。

（一）观念自缚与体制滞后

国际博物馆协会对"博物馆"[①]的定义强调它的"非营利性质"，而我国博物馆作为公共文化服务体系的重要组成部分，则强调博物馆的"公益性质"。[②] 我国博物馆界人士长期以来对博物馆的商业性和公益性能否并存存在不少争议和认知上的误区。目前，武汉仍有不少博物馆从业者对发展文创产业持有"不敢用、不会用（文物资源）""怕犯错、触底线"的心态。同时，许多博物馆从业者将发展博物馆文创产业等同于文创产品开发，未能真正认识到博物馆文创产品有别于普通文化产品和商品的特殊价值，因而对如何通过合理挖掘文物内涵来设计产品缺乏感性认识和理性思考。

武汉文博单位大多以收藏和展览为主要业务功能设置组织架构，没有专门的市场营销或文创开发部门。据统计，武汉现有的10家国家级博物馆均未设置专门的文创部门，大多归口于市场部门，而博物馆市场部门通常处于边缘地位，文创开发面临人才和资金的巨大缺口。

---

① 2007年国际博物馆协会对"博物馆"的定义为，"博物馆是一个为社会及其发展服务的、向公众开放的非营利性常设机构，出于教育、研究、欣赏的目的征集、保护、研究、传播并展出人类及人类环境的物质文化遗产与非物质文化遗产"。详见 https://icom.museum/en/activities/standards-guidelines/museum-definition/。

② "博物馆，是指以教育、研究和欣赏为目的，收藏、保护并向公众展示人类活动和自然环境的见证物，经登记管理机关依法登记的非营利组织"，"博物馆开展社会服务应当坚持为人民服务、为社会主义服务的方向和贴近实际、贴近生活、贴近群众的原则，丰富人民群众精神文化生活"。详见《博物馆条例》，百度百科。

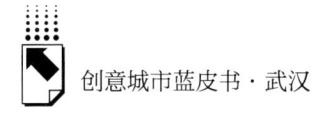

依据国家规定，博物馆文创经营取得的收入可以不纳入财政预算，而用于文创产品的再开发和弥补本单位事业经费缺口。博物馆的收入和支出在理论上实行收支两条线，但是在实际操作中经营性收入常常被用于抵扣财政预算，这种不合理的分配制度，不易于调动文博单位开展文创活动的积极性。

（二）经费不足与人才紧缺

武汉国有博物馆资金的主要来源是政府拨款，资金来源渠道相对单一。博物馆实行免费开放后，来自政府的资金仅能支撑大多数博物馆的日常运营，缺少专门资金用于文创产品研发设计。而各类文化产业专项资金大多未能将博物馆文创产业纳入其中，博物馆文创产品开发难以获得社会资金支持。

除资金不足外，创意人才紧缺也是阻碍博物馆文创产品开发的瓶颈之一。当前文创产业从业者少，高端文创产品设计、营销、管理方面的复合型人才更加缺乏。现阶段普通高等院校创意设计类专业在课程设置以及培训计划上与社会的需求不匹配，对学生在艺术审美教育以及创新创意创造能力培养方面的欠缺等造成了高端文创人才供给不足的现状。同时，博物馆作为事业单位，薪酬体系和激励机制无法吸引高端复合型文创人才长期入驻，偏于保守僵化的现状不利于创新创意氛围的营造和灵感的激发，也容易将有潜力的创意设计人才拒之门外。

（三）设计乏力与产权不明

由于创意设计人才的匮乏，武汉文博单位文创产品设计水平整体不高。产品类型同质化、文化元素运用简单化、产品设计脱离实用性或与时尚审美趣味相背离等问题普遍存在。设计人员在开发文创产品时不能深入挖掘自身的特色，缺乏对文物内涵的深入理解和创意转化，"照搬"国内外博物馆的文创产品设计模式，产品定位大多倾向于"旅游纪念品"的概念，在占领市场的同时无法有效传达正确的历史观和高雅的文化意蕴。

在博物馆开发文创产品的各种模式中，艺术授权被公认为较为成熟的产业模式，也是国际博物馆发展文创产业的首选模式。[①] 但是目前武汉博物馆从业者对艺术授权并没有较为全面的认知，辛亥革命武昌起义纪念馆于2018年成功申请了"都督府"商标注册证，但是注册商标仅仅是第一步，要形成"艺术授权"一整套产业链，除了商标的知识产权外，还需要博物馆工作人员对博物馆自身的全面而深刻的文化认知、可供研发的文化创意元素，以及高水平的设计构想和完善的营销模式，而其中所涉及的版权等法律问题依据模糊，在目前武汉文化产业相关法律法规中缺少明确规定。

（四）营销不畅通与消费不成熟

博物馆文创产业链中的营销环节也存在许多问题，如产品定位不清晰、宣传营销效果不佳、没有形成品牌意识等。博物馆文创产品的主要消费群体是拥有一定文化知识背景、消费审美品位和经济能力的年轻白领，这个群体习惯于使用"两微一抖"等互联网工具了解信息和进行购物。因此，在文创产品的销售方面，开辟网络营销渠道尤为关键。据统计，目前武汉博物馆文创产品营销仍以面向馆内游客为主，文物商店和展销柜台是主要的销售渠道，虽然有一部分博物馆在自己的官方网站开通了网店，但是较为单一的营销渠道未能形成覆盖面广泛的营销格局。

从博物馆文创产品的需求侧来看，产业链的合理循环需要成熟的文创产品消费市场做支撑，而成熟的文创产品消费群体的形成和消费市场的建立，往往需要几代人坚持不懈的努力。目前我国民众实地欣赏艺术品的活动仍然以教育层次较高、经济能力较强的年轻白领精英阶层和部分中老年人为主，博物馆文创产品的主要消费群体也与此重合。就武汉本地市民而言，人们更愿意将有限的文化消费资源投入通俗性娱乐活动中，这在客观上也制约了武汉文博单位文创产业的发展。

[①] 陈凌云：《博物馆文化创意产品开发研究》，上海社会科学院出版社，2019。

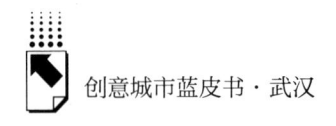

（五）政策执行难度大与发展不平衡

国务院、文化和旅游部、国家文物局虽然出台了一系列推动博物馆发展文创产业的政策，但大多是指导性意见，没有具体落地的细则与措施。武汉市发布的《武汉市文化产业发展"十三五"规划》中未提及推进文博单位文创产业建设的具体措施；武汉市人民政府发布的《关于加快文化产业创新发展若干政策的通知》中关于人才培养与引智政策方面的内容为，对武汉市文化企事业单位从事文化及相关领域研究、创作、表演、传承、传播、经营管理等工作，取得系统性、创新性成果或者获得本领域公认的国内外重大奖项的在聘在岗优秀人才，给予20万元的岗位资助资金，这一政策对于博物馆开发文创产品所需的资金支持来说可谓杯水车薪，政策所提及的资金资助可能远不能覆盖研发过程所需的大量费用开支。

另外，武汉文博单位文创产品开发状况还存在区域不平衡和发展层次不均衡的问题，文创产业链的完善程度从武汉中心向周边递减，许多拥有丰富藏品、巨大客流量的博物馆，如武汉博物馆囿于创意设计产业基础薄弱和人才匮乏的状况，未能开发出与之相匹配的文创产品系列。武汉数量众多的中小型博物馆文创产品开发能力较低，这些瓶颈很难在短期内取得突破。

三 武汉文博单位文创产业发展的对策

当前，武汉文博单位文创产业面临资金不足、人才匮乏、观念陈旧、体制保守等一系列困难，要有效破解这些难题，实现可持续发展，需要博物馆、政府以及社会三方共同推进。

（一）国有、民办博物馆齐头并进，探索特色化、个性化发展路径

截至目前，武汉市共拥有国有博物馆27家、行业博物馆41家、民办博物馆34家，博物馆种类已拓展至国有、行业、民办三类均衡发展的态势。因此，武汉博物馆行业应结合自身的结构特色与文化特色探索个性化发展道路。

武汉作为辛亥革命的"首义之城",拥有众多与革命历史、军事会议、革命烈士等相关的博物馆、纪念馆,红色文化氛围浓厚。目前,革命主题类博物馆的运营大多集中为馆内展览,面向对象也多为中小学学生、机关单位干部等固定人群。此类博物馆的文创产品设计也多为简单的革命元素拼贴使用,文创产品的内容过于简单化、脸谱化。中国的革命文化拥有丰富的精神内涵,武汉的首义文化更是令国人振奋精神的一种存在,应在设计文创产品之前深入挖掘武汉革命文化的精髓与文化特质,采取更加多元化的表达方式,为传播革命历史、革命精神做出更多解读。

武汉行业类、非国有类博物馆的规模不大,但是拥有独一无二的文化特色,它们都是武汉历史文化的收藏者和传承者,其文物反映的是一定历史时期的经济文化和民俗风情,那么这一批中小型博物馆就应努力发掘自身资源,开发具有地域文化、民俗文化特色的文创产品,体现自身特色。与此同时,我们应当注意,每一种类型的博物馆受众不同,这些不同主要体现在受众的教育背景、文化取向、消费水平等方面,因此中小型博物馆在开发文创产品的同时更应注重对受众群体的分析调研,在全面把握受众情况的前提下开发不同类型的文创产品,有针对性地激发不同群体的消费欲望。

(二)政府出台各类政策,营造良好的创意环境

2015年《博物馆条例》的发布释放出鼓励博物馆开发文创产品的有利信号;2016年一系列关于推动文化文物工作发展的政策的发布,可谓为博物馆文创产业的发展打了一剂强心针。国家发布的博物馆文创支持性政策导向明确,掐准发展主要瓶颈,并提出了针对性意见。

政府部门应因地制宜出台配套实施细则,制定专项资金扶持办法、税收优惠政策,通过拨付文创专项资金费用、设立博物馆文创项目申报支持资金等方式为博物馆"开源";制定人才激励政策,通过提供奖金奖励、荣誉称号、创业平台等优惠待遇强力吸引拥有丰富文创设计和营销管理经验的高级人才、独立设计师等杰出人才参与到博物馆文创事业中;完善博物馆在知识产权保护、经营管理、考核评估以及文创产业跨界融合发展等方面的法规细

则，提升支持政策分类指导的针对性、可操作性、可执行性和落地能力，进一步为博物馆发展文创产业保驾护航，营造良好环境，推动博物馆文创产业加速融合创新、转型升级。

鼓励博物馆文创产业加强跨界融合发展。近年来武汉市第三产业发展势头强劲，游戏、网络直播、动漫等创意科技产业走在全国前列，在当下这种全民直播、手游动漫十分火爆的社会文化环境下，武汉市的博物馆可以借机与这类行业进行深度合作，进而吸引更多年轻群体了解和认同博物馆文化。武汉市除了第三产业发达外，还有一个突出的文化特点，即武汉是"全国在校大学生最多的城市"，大学生作为社会上最具活力的群体，更需要博物馆文化的熏陶教育，政府文化文物部门和教育部门可以联合起来探讨如何发挥高校在实物教育、互动实践教育中的优势，并利用大学生群体助推博物馆开拓更多高质量的公众教育项目。

（三）社会平台全面搭建，为产业优化提供有力支撑

博物馆文创产业社会平台主要包括博物馆文创交流分享平台、博物馆文创交易展示平台和博物馆文创人才聚集平台，搭建好这三大平台，有助于齐力推进博物馆文创的发展与创新。博物馆文创的最终目的是生产有趣、有料的文创产品，让博物馆游客既能在馆内收获文化，回到家也能享受文创产品给生活装点的格调，真正实现让文物"活"起来、"将博物馆带回家"。

搭建博物馆文创交流分享平台，推进文博人员、文创爱好者的互动交流。国家及各省（自治区、直辖市）的文创培训班对推动博物馆文创交流、了解基本开发模式和成功案例有一定帮助，应开设针对性更强的专题培训班，如对博物馆的管理层、设计师以及市场部门、文创企业人员进行有针对性的培训，还可以开设面向社会公众的以博物馆文创知识普及、传统文化元素解读为主要内容的培训班，形成培训分级梯队，培养潜在消费群体，推广博物馆文化教育。

搭建博物馆文创交易展示平台，促进博物馆文创产品走向大众。未来，武汉市博物馆群体可以组织年度性的博物馆文化创意产品博览会或展销会，

一方面，博览会或展销会能够为市民提供一个集中了解博物馆文创产品的机会，便于消费者比较选择；另一方面，作为武汉市博物馆文创产业的年度总结会，以实际的销量来反观产品的受欢迎度、设计的实用性和美观性等，既能起到推广博物馆文创产品的作用，又能督促博物馆重视文创这一业务内容，形成一个良性互动、循环激励的发展机制。

搭建博物馆文创人才聚集平台，激励人才创新，促进创意转化为产品。借鉴国内的博物馆文创产品设计大赛，武汉市各大博物馆可以与高校合作，面向全国设计类专业学生或工作人员征集主题性文创产品设计方案。在征集过程中应充分考虑设计产品的文化内涵与价值、创新创意设计、艺术表现力、市场转化潜力以及作品完成度等因素，筛选出最具代表性的文创产品并投入市场售卖，充分发挥武汉在人才集智创新方面的优势，助力博物馆文创产业的发展。

区域报告
Regional Reports

B.12
文汇江岸，众创未来
——江岸区文化创意产业发展报告

张凌晨 周 磊*

摘 要： 2018年，在武汉市委、市政府的正确领导和大力支持下，江岸区委、区政府高度重视文化产业发展，将其作为推动新旧动能转换、加快转型升级的重要抓手，作为国民经济发展的支柱性产业来打造。"汉口文创谷"引进准独角兽企业以及新兴产业项目和文创园区等，全区文化产业发展呈现动力增强、规模扩大、结构优化的高质量发展态势。

关键词： 汉口文创谷 文创园区 江岸区

---

* 张凌晨，华中师范大学国家文化产业研究中心硕士研究生，研究方向为区域文化；周磊，江岸区人民政府球场街道办事处公共服务办公室副主任，华中师范大学经济与工商管理学院硕士研究生，研究方向为西方经济学。

2018年，是贯彻党的十九大精神的开局之年，是改革开放40周年，是武汉乘势而进、拼搏赶超的再奋进之年。为贯彻落实武汉市委、市政府大力发展文化产业的工作要求，江岸区积极出台文化创意产业创新发展政策，加快推动文化产业成为支柱性产业。以成功入选世界设计之都为契机，做大做强工程设计、工业设计，加快培育发展时尚设计、动漫游戏、电子竞技、网络文化、电子出版、艺术品交易等文化创意产业，形成了以多牛世界、台北院子、岱家山科技创业园、创立方、飞马旅天使街区、艺苑文创社区、5号车间、知音号等为代表的特色文化园区及文化项目。吸引时代漫王、般若互动科技、人人视频、阿里匠仓、阿里云创新中心、台湾大观设计、研井环艺、武汉十点半等重点文化产业项目先后入驻。谋划建设影视产业基地，并研究制定促进产业发展的相关扶持政策。2018年，在江岸区委、区政府的正确领导和武汉市委宣传部的大力支持、指导下，江岸区大力发展文化产业，并将其作为动能转换关键期转型升级的有力抓手，作为国民经济发展的支柱性产业来打造。全区上下齐心协力、迎难而上，表现出了强烈的大局意识和拼搏劲头，交出了一份逆势前行、强劲发展的年度答卷。

一　江岸区文化创意产业发展概况

江岸区历史文化资源禀赋得天独厚，是长江主轴展示长江文化、生态特色、发展成就和城市文明的重要城市节点，片区遗存诸多历史建筑，展示出武汉深厚的历史文化底蕴和现代城市气息。结合此特点，江岸区依托辖区浓厚的近现代商业文化、里分文化、民俗文化、红色文化等特色元素，打造领先中部地区的汉口文创谷，以及国内一流、国际知名的长江左岸创意设计城。[①]

---

① 《江岸打造长江左岸创意设计城，建设设计之都核心区》，长江日报网站，2018年1月8日，http://www.cjrbapp.cjn.cn/p/10760.html。

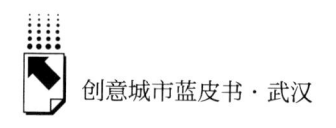

（一）文化投资持续增长，文化产业规模稳步扩大

2018年，江岸区"规上"文化企业达83家，实现营业收入224.26亿元，同比增长18.5%。全区共有文化及相关产业企业4556家（第四次全国经济普查数据）、文化产业园区15家，其中2家园区被命名为全市文化和科技融合示范园区，推动全区文化产业良性发展。2018年，江岸区文化产业增加值为69.3亿元，占全区GDP的比重为6.3%。一是文化投资持续增长。2018年1~11月，全区文化产业完成固定资产投资8.95亿元（不含房地产开发企业开发的文化产业项目），占全区固定资产投资的比重为8.2%，比上年同期提高17.6个百分点。新开工建设文化产业项目7个，分别是长江文明馆动物标本购置、徕劲健身会所改造、张公堤城市森林公园改造提升、汉孝城际铁路防护林建设（江岸段）、平安铺立交绿化提升（二期）、道路绿化改造、塔子湖绿地建设项目，总投资达1.15亿。二是文化服务业贡献率提升。从文化产业结构看，2018年1~11月，全区"规上"文化制造业实现营业收入24.04亿元，占全区文化产业的14.3%；"限上"文化批发和零售业实现营业收入7.31亿元，占比为4.4%；"规上"文化服务业实现营业收入132.61亿元，占比为81.3%。"规上"文化服务业对经济增长的贡献最大，拉动"四上"文化产业营业收入增长18.3%。三是产业发展重点突出。在文化产业9个大类中，创意设计服务、内容创作生产占主导，分别占51.4%和32.6%。两个行业营业收入合计138.69亿元，占全部"四上"文化产业营业收入的比重达84.6%，成为产业主导力量。规模较大的创意设计服务、内容创作生产企业有中国市政工程中南设计研究总院有限公司（35.53亿元）、中国联合网络通信有限公司武汉市分公司（30.16亿元）、长江勘测规划设计研究有限责任公司（26.98亿元）、中信建筑设计研究总院有限公司（10.39亿元）等。

（二）产业布局日益优化，新空间不断拓展

金运激光、正华设计、金凰珠宝等龙头企业推进3D数字资料库、商业

综合体空间与城市文化研究平台建设等重点文化产业项目都是由江岸区重点支持的。抢抓打造"工程设计之都"契机,在近2万平方公里的三阳路片区,一座长江左岸创意设计城正拔地而起。江岸区三阳路片区位于长江主轴核心段,由解放大道、武汉大道、一元路、沿江大道围合而成。该片区拥有最畅达的交通,属于武汉内环核心,轨道交通1号线、7号线、8号线三轨汇聚;拥有较完善的产业基础,11家知名工程设计机构、15家景观及家装设计机构、9个大型工程打印及三维效果制作机构等上下游产业机构汇聚;围绕创意文化主题,以滨水城区为核心载体,整合水资源、历史文化街区、创意产业街区等武汉特色元素,打造领先中部地区、国内一流、国际知名的长江左岸创意设计城。① 长江左岸创意设计城由江岸区与法国圣埃蒂安设计联盟、中国武汉工程设计产业联盟联袂建设,法国设计师将在这一片区内开办设计师工作室,中国武汉工程设计产业联盟也将与法国圣埃蒂安设计联盟合作,引进其先进的理念、设计和创意,互相学习探讨。长江左岸创意设计城将成为创意设计领域的地标,以及设计师成长的摇篮。

持续支持时代漫王、汉娃文化、浩瀚动画、百动动漫等小微文化企业开发文化产业新项目,成为江岸区文化产业发展新的增长点。积极打造青岛路文化创意街区、外滩里设计艺术中心、扬子街时尚婚庆创意街区、兰陵路—美术馆视觉艺术创意街等片区功能产业带,形成多点开花的文创产业格局。

(三)多元政策支持,激发产业活力

多牛世界项目在改造青岛路E地块3万余平方米的平和打包厂旧址的基础上,积极打造"互联网+文化创意"产业集聚区。截至2018年11月,该项目正式签约企业18家,签约面积为18302.54平方米。合作运营挂牌企业2家,其中阿里云创新中心、朝宗文化、般若互动科技、人人视频、十点半文化传播、微梦传媒等企业相继签约入驻,国际知名众创空间运营商

---

① 《江岸打造长江左岸创意设计城,建设设计之都核心区》,长江日报网站,2018年1月8日,http://www.cjrbapp.cjn.cn/p/10760.html。

WEWORK已签订合作意向书。① 项目一期规划面积约为3.3万方,其中企业办公区规划面积约为2.7万方,企业商业配套区规划面积约为6000方。该项目充分依托老汉口历史文化街区青岛路E地块独特的历史文化风貌,实现周边街区景观整体提升、业态整体升级,大幅改善城市环境面貌,提升城市功能。结合多牛世界资本以及入驻企业等多行业生态资源,融入当代时尚元素,吸引创新创业等高科技生态产业集群,打造"老房子+双创"文化科技时尚中心。

多牛世界从企业落户、创业投资、创新创业、上市融资和人才引进等方面对重点文化产业园区（基地）、企业和项目予以扶持。设立2亿元产业发展战略引导基金、1亿元人才基金,充分发挥引导扶持作用,帮助企业发展壮大。打造"1+5+N"双创发展格局,实施N个"创业里"和"创新楼"工程,实现"引来一个、发展一批、带动一片",为江岸区的文化产业发展注入新的活力。②

（四）培育新型业态,释放产业新动能

2018年江岸区实施"文化+"战略,大力发展传播产业,探索将新闻传播向智库建设、产业发展延伸。打造全国首个网络互娱体验街区,成立"知识型网红联盟"。建立网络直播产业研究院,培育政务直播出品、网红产业集群等六大产业。凤凰网、新浪、百度、人人视频、十点半等企业落户江岸区,形成网络传播产业集群。2018年江岸区文化体育和旅游局联合新浪湖北推出江岸区十大人气景点评选活动,通过网络投票及专家评审综合打分的方式选出江岸区最具人气的旅游休闲景点。该活动在引发全民线上讨论登上微博热搜榜的同时,还推出线下直播打卡活动,江岸区十大人气景点#微博话题阅读量达到2113万人次,直播观看人数达到512万人次,引起了强烈的反响与共鸣。

江岸区还深入挖掘128处优秀历史建筑、博物馆群落、武汉"戏码头"

---

① 武汉市科学技术局内部资料。
② 《武汉江岸区2017双创周闭幕 双创驱动发展新引擎》,参考消息网站,2017年9月22日,http://www.cankaoxiaoxi.com/society/20170922/2234007.shtml。

等文化资源。开展城市导览志愿服务,寻访百年老建筑、老里分。推出历史文化博览、红色经典游览、绿色城市观光等10条旅游线路,打造文化旅游胜地。在2018年湖北省旅游发展热度指数排行榜中多次名列前茅,其中2018年1月排在首位(见表1),3月、4月、5月、11月均位居第二(见表2),6月、8月排名第三,收获颇丰。

表1 2018年1月湖北省县级市(区、县)热度指数排行

序号	县级市(区、县)	热度指数	全网信息量(条)
1	江岸区	0.38	3669
2	武昌区	0.37	4402
3	黄陂区	0.30	6703
4	丹江口市	0.24	4132
5	洪山区	0.21	3051
6	赤壁市	0.20	2798
7	大冶市	0.19	3212
8	江夏区	0.17	2589
9	恩施州	0.17	5178
10	新洲区	0.15	2145

表2 2018年11月湖北省县级市(区、县)热度指数排行

序号	县级市(区、县)	热度指数	全网信息量(条)
1	赤壁市	0.40	16415
2	江岸区	0.31	6766
3	丹江口市	0.25	4338
4	武昌区	0.22	4579
5	洪山区	0.22	3748
6	黄陂区	0.22	4158
7	江汉区	0.19	3730
8	江夏区	0.17	2993
9	恩施州	0.16	3377
10	东西湖区	0.14	2584

"武汉看汉口,汉口看江岸"。在2018年国务院办公厅印发的《关于促进全域旅游发展的指导意见》的指导下,江岸区依托区域内的文化资源,结合江岸区旧城改造和相关重大项目建设,实现了旅游业与区域内多产业的深度融合,带动了商贸、金融、城建等行业向好发展。

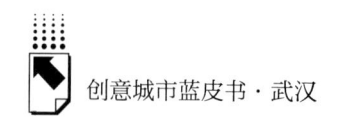

（五）文旅融合，提升江岸国际范儿

自2010年以来，江岸区每年在汉口江滩举办江岸区国际风筝节，不断传承创新，起初结合"滨江之春"文化艺术节，开展风筝竞赛、千人放飞、风筝节主题嘉年华、迷你音乐节、风筝知识普及、DIY制作等活动，近年来创新引入"夜光风筝"的概念，在风筝节现有活动内容的基础上，增加了夜光风筝秀表演，吸引了美国、澳大利亚以及中国香港、中国澳门等20余个国家和地区的风筝爱好者参与其中，累计吸引线上线下近20万人次参与、观看，省市电视台、报纸等权威新闻媒体纷纷予以报道，活动全程进行网络媒体宣传、直播，活动影响力不断扩大，群众参与度逐年提高，切实丰富了辖区群众的业余文化体育生活。截至2018年，江岸区国际风筝节已连续举办八届，这不仅是江岸区独具特色的文体活动品牌，而且是江岸区对外国际文化交流和展示的窗口。"2018首届国际武汉斗鱼直播节"在江岸区开播，开展"外国人游江岸"活动，共吸引15批次6500余名国外游客前来体验汉味文化。举办"全国青年城市家具创意设计大赛"，吸引了一批设计企业及高端创意设计人才和项目落户江岸区。2018年6月，"创响中国"创新创业大赛活动走进江岸区，围绕"五个一"——一次政策宣讲、一次创业培训、一次创业沙龙、一次创意设计和一场自选活动展开。江岸区作为武汉老汉口的核心发展区域，在政治、文化、经济、信息等方面起着举足轻重的作用。作为第二批国家双创示范基地，江岸区以文化与科技、科技与资本深度融合为重点方向，将双创作为推进供给侧结构性改革的重要抓手，双创建设成绩斐然。同时，江岸区借助英国剑桥"武汉之窗"平台，推介"长江左岸创意设计城"，与英国三家知名设计公司达成合作协议。

二 江岸区文化创意产业发展面临的困难与不足

江岸区拥有得天独厚的文化发展血脉，在新时代写下了文化产业中浓墨重彩的一笔。对于底蕴深厚的江岸区来说，文化创意产业还是新兴业态，仍然存在总量不足、集中度不高、引导规范力度不够等问题。

（一）文化产业规模不够大、水平不够高

随着我国经济的快速发展，人民群众精神文化需求呈现快速增长态势，相比之下，江岸区文化产品和服务的供需矛盾与"结构性短缺"就显得比较突出。例如，区内虽然旅游资源丰富，拥有红色革命博物馆群、沿江大道历史建筑群以及武汉市内最大的城中公园，但这几处景点大多以游览观光的形式呈现，游客无法深入互动，市民也只有休闲之感，景点内无文化沉浸氛围。江岸区内兼顾观赏性与文化性的场馆中，武汉科技馆的运营模式比较突出，但品牌数量不占优势。2018年出版行业中武汉出版产业园和长江报业园整体上有向好发展态势，但是依然存在发展模式有待优化、品牌影响力有待提升的情况，传统出版行业如何在文化创意产业蓬勃发展的今天展现出强大的推动力，形成高质量品牌，是目前的发展瓶颈。

（二）文化产业集中度不够高，重点龙头企业不够多

目前江岸区虽有相关文化创意产业园区，但集中程度不高，无法聚合联动，相关产业在成果转化展示时，也只能各自为战，无法形成合力统一向外推介。

由于文化产业自带的文化壁垒属性、文化领域固有的条块分割以及历史基础和现状等因素，区内缺少文化领域的战略投资者和骨干企业，产业布局不均衡，产业规模化和集约化程度不高。文化企业的自主创新能力不强，知识产权的作用发挥不充分，企业的创意、研发、制作水平较低，内涵深刻、风格独特、形式新颖、技术先进的精品力作和知名的文化品牌较少，参与国际竞争的能力有待进一步提高。① 政府主导创意设计等领域的发展，虽然具

---

① 《蔡武：中国文化产业缺乏骨干企业和知名品牌》，中国新闻网，2010年4月28日，http://www.chinanews.com/cul/news/2010/04-28/2253092.shtml。

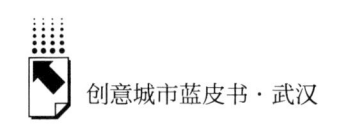

有收效快、力度大的优点，但同时也会削弱市场发展活力，阻碍产业的正常发展。

（三）文化产业政策、法规不够健全，人才保障机制不够完善

目前武汉市、江岸区都在修订完善"百万大学生留汉"的相关政策，积极解决人才安家落户问题。但针对文化产业的人才政策扶持力度仍偏小，还有较大的提升空间。

人才是引领科技创新的第一要素，没有创新型人才做基础，文化创意产业就像空中楼阁，江岸区作为武汉的首善之区，在区位地域因素上对吸引人才具有较大的优势，这一点毋庸置疑，但国内高素质人才总量相对较少，特别是相关技术人员。同时，江岸区文化创意产业基地匮乏，没有艺术类本科院校，与专业人才之间没有对应的交流空间，因此很难吸引和留住高端创意人才，致使高端人才缺失；有竞争力的文化市场主体仍显不足，就业岗位对毕业生的吸引力不够，对文化人才的吸纳能力略显逊色；从事文化创意产业相关的专业人才较少，在数量上不占优势。总的来说，人才素质不高、总量不够、结构不优的现状制约了江岸区文化创意产业的发展。

（四）政府与文化企业间的沟通不够高效

互联网信息时代，企业内部的沟通越来越扁平化，问题快速响应机制越来越完善，响应速度也越来越快。企业与政府之间的沟通应做到"三不限"。一是不限位。不论排名先后、规模大小，每一家企业都应得到畅所欲言的机会，都可以提出该企业在文化事业筹建、发展、壮大过程中遇到的困难，或向政府部门提出意见和建议。二是不限题材。凡是与企业自身发展相关、需要得到政府支持的，都应该随时提出，畅所欲言。三是不限时。政企沟通不应只局限在一次次的座谈会或调研活动中，还要把沟通延伸到企业的日常中，可以在其他时段以邮件、电话等多样化形式向区政府或职能部门反映，以便在更大范围、从更广角度征集问题和意见。目前江岸区存在好点子

与好资金难对接、好项目与好人才难对接、好公司与好政策难对接的问题，加强政企间的对话沟通，成为至关重要的一环。

（五）产业布局与资源要素分布之间错位

目前，各地发展文化创意产业的热情很高，各区的文化产业项目不断涌现，争相创建一流的文化产业园区，各种民间资本、风投、基金也纷纷涌入文化产业。一方面，体现了各界对文化产业发展的良好预期，看到了文化产业的前景与未来，也看到了文化产业发展的空白区域与不足，各方争相弥补，对产业发展起到了积极的推动作用；另一方面，盲目发展、重复建设、同质化竞争的问题也在冒头，需要引起重视。[①] 文化产业与第一、第二产业相比，有其特殊性。文化领域充分自由发展的前提，是建立在合理合法的基础之上，不能只重经济利益而忽视道德底线，不能只顾产业发展而走舆论红区，甚至以低俗、恶趣味的内容吸引眼球，只重流量。

因此，文化产业资源要素与产业布局要有顶层设计上的划分，资源要合理配置。从江岸区文化创意产业的空间布局来看，具体产业门类与其相应的发展资源之间在空间上存在错位现象，即企业和机构的布局与相应的资源要素之间并没有在空间上重合，而是出现偏差。这种空间上的距离将提高产业发展的成本，甚至降低创新及创意的可能性。

从文化产业整体发展情况来看，江岸区文化与科技、休闲、商贸、金融等的融合度不高，文化的涵化功能较弱，在优化区域产业结构、提升区域文化软实力方面仍存不足。

三 江岸区文化创意产业发展的对策

针对江岸区现存问题，立足江岸区实际，为进一步凝聚工作合力，强化

---

① 《蔡武：中国文化产业缺乏骨干企业和知名品牌》，中国新闻网，2010 年 4 月 28 日，http://www.chinanews.com/cul/news/2010/04-28/2253092.shtml。

保障机制，壮大市场主体，扩大总量规模，全面提升江岸区文化产业发展水平，开创新时代文化产业高质量发展新局面，现提出以下几点对策建议。

（一）强化文化产业支柱性作用

文化产业是新兴的绿色产业，是一个充满无限机遇与可能的庞大产业。强化文化产业支柱性作用就是要抓住产业发展的上升期，把握新时代脉搏，勇于创新，对标先进城市的高端理念、好做法，实现跨越式发展。让新技术、新模式、新业态实现本土化发展，为文化产业发展培育肥沃土壤。要以科技的力量、"文化＋市场"的力量、金融的力量最大限度地挖掘发展潜力，努力把资源优势转化为产业优势、发展优势。要牢牢把握住文化产业的命脉——创新，创新方法、创新思路、创新领域，把文化产业做成多领域交叉产业，实现文化产业与文博、会展、旅游等产业的深度融合发展，为经济增长汇聚澎湃动力。组织文化产业市场主体开展专项调查，全面摸清江岸区文化产业家底；加快传统产业转型发展，培育新型文化业态，坚持"文化＋科技"，进行文化产业创新实验，推动数字文化等各类新业态发展；纵深推进全域旅游大发展，挖掘优秀历史建筑、博物馆群落、武汉"戏码头"等资源，持续推出历史文化博览、红色经典游览、绿色城市观光等旅游专线，打造文化旅游胜地。

（二）做强文化产业主阵地，推进文化产业集聚发展

产业化能力相对低下、文化创意产业国际竞争力不足是江岸区乃至武汉市面临的一个重要问题。要从小处入手，加快推进文化产业园区发展，培育江岸特色文化产业，持续推进长江左岸创意设计城建设；推进影视演艺、新媒体艺术、会展博览、动漫游戏创作、网络直播等领域实现大突破大发展，努力将江岸区打造成为全国具有重要影响力的泛娱乐文化创新源和集聚地。结合"三旧"改造，组织策划"驻华外交官"江岸行、海外大V游江岸、海外媒体看江岸、百名知名画家画江岸、百名作家诗人写江岸等系列活动，利用国际、国内重大活动平台，聚焦新时代江岸高质量发展，传播江岸声

音,提升城区形象,形成国际影响力。发挥活动带动效应,发展特色化、专业化文化产业集聚园区。

(三)培育壮大文化产业创新创业主体

特色鲜明的创意都市,离不开富有活力的创新创业主体。创新创业主体在城市经济活动的各个领域都会发挥积极作用,不断突破创意产品的界限,融入城市的方方面面,成为区域的"骨血",成为区域人民的生活方式,这样既能打破人员的界限,也能促进整个区域的发展,形成人人创新创业的浓厚氛围。只有这样,文化创意才能真正为江岸区的发展赋能。可以从完善文化经济政策入手,优化文化产业发展环境。积极引进洛可可创新创业大赛、阿里巴巴全球诸神之战创新创业大赛等行业顶尖赛事,打造江岸文创高地的国际品牌。借力海外资源,利用好美国硅谷、以色列特拉维夫等地设立的海外人才创业基地和海外孵化器,举办全球青年创业大赛,打造海归经济集聚区,大力引进全球领军企业和高端人才,培育壮大本土创新创业主体。

(四)做好企业跟踪服务

为解决好政企沟通问题,江岸区政府应紧密围绕企业改革发展的新形势、新要求,坚持"做好企业跟踪服务"的宗旨,紧紧围绕党和政府的中心工作,切实搭建好政府和企业沟通的桥梁,扎实为区内文化创意产业企业做好服务工作,适时开展组织培训,切实加强企业家队伍建设,确保各项工作取得新成绩,具体可从以下几个方面着手。规范重点文化企业工作QQ群、微信群,主动加强协调服务,实行"一对一"包保工作制度,定期对企业进行跟踪和走访,及时掌握企业发展状况和项目推进情况,协调相关部门上门服务,帮助企业破解难题、发展壮大。用好政策扶持资金,支持并鼓励优秀文化项目申报省、市文化产业发展专项资金。持续用好区文化和科技融合发展支持资金,推动界立方、台北院子、多牛世界、飞马旅等特色化、专业化文化产业园区的发展。

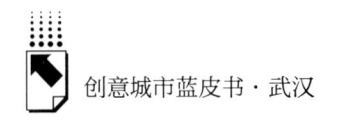

（五）打造文化创意产业前沿阵地

针对江岸区文化产业布局与资源要素分布之间存在错位的问题，应当从厘清区内资源要素着手，将江岸区内的优势项目与文化创意相结合，打造文化创意产业前沿阵地，尤其是在"文化+科技"领域，要注意到在信息技术之外，多种新兴技术已经逐渐参与到文化与科技融合的进程中。深入实施创新驱动发展战略，在构建创新创业体系、实现科技成果转化、培育高新技术产业、建设知识产权强区以及提升科技服务能力上下功夫，努力打造科技成果转化高地，激发高质量发展内生动力。坚持设立技术转移和科技成果转化专项引导资金，积极举办校企对接、银企对接、文创大赛、智慧科普、院士论坛等各类科技成果转化专场活动，促成科技成果就地转化。

B.13
江汉区文化创意产业发展报告

何欢 黄红梅*

摘　要： 江汉区合理布局文化产业空间，完善政策体系，激发文化市场主体的创新性，推动文化产业实现转型升级。江汉区以江汉经济开发区为着力点，充分利用该区工业资源、人才资源、文化资源，通过创新创意打造区域优势，以"江汉创谷"促进开发区旧功能升级转变，推进创新城区建设。本报告在总体把握江汉区文化产业发展概况的基础上，梳理江汉区文化创意产业发展取得的成效，探讨面临的问题，并提出建议，以促进江汉区文化产业持续健康发展。

关键词： 文化创意产业　文化创新　江汉经济开发区

站在新的历史起点，"文化+""互联网+"相互交融，文化创意产业发展空间更加广阔，文化创意产业的发展日益受到重视。2018年12月，天河峰会主论坛发布的《2018中国文化创意产业发展趋势报告》指出，中国文化创意产业发展的前途明朗，未来美好的生活品质还需要文创来打造，文化创意产业将与科技行业、服务行业融合打造一个集品牌、品位、品质于一体的数字新时代，进而发挥文化创意产业对构建城市创新体系、创造多元城

---

* 何欢，华中师范大学国家文化产业研究中心硕士研究生，研究方向为文化资源与文化产业；黄红梅，中共江汉区委宣传部副部长。

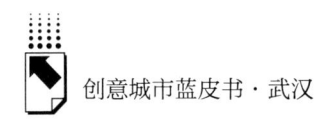

市经济形态、实现城市全面转型升级的重要作用。①

江汉区位于武汉汉口地区中部,是古汉口镇的发源地,一直是武汉重要的商贸金融区,交通便利,基础设施完善,文化底蕴深厚,拥有丰富的人文资源、海量的商务资源等,在推动武汉经济发展中发挥着十分重要的作用。江汉区积极实施"文化+"发展战略,双向推动文化经济化和经济文化化,以服务化、信息化为江汉区文化创意产业高质量发展注入活力,推动江汉区崛起为文化创意产业新高地。

一 江汉区文化创意产业发展的现状

近年来,江汉区紧紧抓住武汉市加速建设国家中心城市、世界亮点城市和世界设计之都这一历史性机遇,发挥区域资源优势,将文化创意产业发展纳入全区重点工作和重要改革项目,坚持谋长远、挖潜力、引增量、抓创新、留人才,推动文化创意产业高质量发展,取得了令人瞩目的成绩。

(一)规划协调性日趋增强,空间布局更加合理

江汉区围绕"十三五"规划"一区六中心"建设总体目标,参考"一核两纵三区四带"的发展布局,统筹规划,形成文化产业"一心四区"的发展格局,并提出每个片区各自的主导产业、发展定位和项目策划。②"一心"指的是国际时尚消费中心。依托商圈发展时尚消费产业,打造具有世界影响力的国际时尚商业中心。"四区"则分别是:长江文明体验区,重塑历史之城老汉口文化创意街区;文体健康休闲区,提质文化、体育、休闲类设施产业;武汉中央商务区,形成高新科技的现代智慧产业聚合区;双创集聚发展区,重点发展创意设计和信息科技产业。制定土地集约、项目集中、产业集聚的发展战略,精心布局打造亮点区

---

① 《2018年中国文化创意产业发展趋势报告发布》,大洋网,2018年12月3日,https://news.dayoo.com/guangzhou/201812/03/139995_52382964.htm。
② 《江汉区文化产业发展规划(2018~2025)》。

块，盘活文化要素，培育新型文化业态，释放出鼓励文化创意产业发展的明确信号。

（二）政策体系日益完善，执行力不断提升

文化产业政策体系的完善程度和政府相关工作人员的执行力强弱直接关系到文化产业能否良性发展。江汉区启动全面深化改革政策研究，2018年起草了《江汉区关于加快文化产业创新发展的若干政策》，出台了《积极构建和支持文化创意产业发展体制机制的实施方案》等相关政策，不断完善政策体系，发挥政策对文化产业结构调整和布局优化的指导作用，进一步激发文化市场主体活力。

江汉区重视提升工作人员对文化产业政策的执行力，在2018年武汉市江汉区文化市场综合执法大队人才招聘中突出了对人才的专业要求和学历要求，确保建设一支高素质的文化管理干部队伍。江汉区文化局制订2018年"双随机、一公开"抽查计划，对执法对象名录库进行随机抽取，采用定向检查和不定向检查两种方式，确保抽查的覆盖面和工作力度，规范行政执法行为，促进执法公平、公正。通过建设人才队伍和实行抽查计划，江汉区的政策执行力、落实力得到增强，为形成有序的文化产业市场秩序提供了保障。

（三）市场主体多元，产业规模不断扩大

市场主体是文化创意产业持续发展的不竭动力，市场主体类型多样。广义的市场主体包括市场的管理者、市场的生产经营者、市场的消费者及市场活动的中介机构等。不同市场主体相互合作有利于激发其活力，推动市场资源合理配置，形成文化创意产业发展新格局。江汉区在文化产业发展过程中重视产业链条上不同市场主体的相互配合，鼓励不同市场主体入驻江汉区，扩大文化创意产业市场规模，共同培育文化产业新业态。在人才方面，为大学生提供就业岗位近5000个，新建人才公寓1002套，吸引落户1.3万人，其中硕士及以上学历2672人，文化产业人才占有一定比

重,并且支持优客工场、蒲公英孵化器等众创空间建设,引进了一批海外青年科技人才和高水平创新团队。在企业方面,截至2018年第三季度,全区"规上"文化企业达到111家,实现营业收入87.84亿元,比上年同期增长77.13%。其中,文化服务企业61家,净增12家;文化贸易企业45家,净增9家。相较于其他中心城区,江汉区文化企业的营业收入增幅居于前列,企业数量仅次于东湖高新区,整体实力在中心城区中排名第一。市场主体增多,促使全区文化产业发展态势更加平稳,其中影视出版发行、艺术品销售、文化用品、会展经纪、游戏动漫、影音制作等均实现两位数增长。文化服务业、文化贸易业等市场的相互重叠,推动不同的文化市场主体加强合作、融合发展,有助于构建现代文化产业体系和经营模式,培育文化新业态、新形态、新模式,促使文化产业规模逐渐扩大,实现可持续发展。

(四)园区作用越发突出,产业集聚和融合进程不断加快

江汉区通过文化产业园集聚了不同类型的文化产业,通过优势互补、相互合作,加快产业集聚和融合。江汉区是武汉面积最小的城区,土地资源已遭遇"天花板",为追求文化创意产业高质量发展,江汉区放弃传统路径依赖,突破空间制约,对旧厂房工业用地进行改造,已先后建成花园道、红T时尚创意街区等一批文化创意产业园区,充分发挥园区平台和载体作用,实行资源集约节约和产业高端高效,吸引更多产业形态加入,推动江汉区文化产业取得新突破。花园道是武汉最成功的工业遗存改造项目之一,是艺术与商业、生活与办公相结合的场所,定位于城市白领高端消费市场,当前入驻业态类型以零售业为主,兼顾餐饮娱乐,各类业态占比分别为餐饮29%、休闲娱乐24%、零售47%。相较于花园道,由爱帝老厂房全面改造转型的红T时尚创意街区的文化创意产业集聚程度更高,它由昔日的服装车间变身为涵盖双创孵化器、时尚秀场、产业办公区、青年公寓、多功能活动中心等多种业态与服务的文化创意产业集聚综合体,目前此街区共入驻企业128家,其中海归人才与新近大学毕业生创办企业30余家、文化创意设计类企业50家、高新技术企业3家、上市公司1家。园区通过技术创客群、员工创客群、国际创客群、社会创客群"四群共舞"创客体系，加速"产、学、研、用、供"协同创新和成果转化，将创意与产业、文化与生活相融合，着力于时尚设计领域创新。江汉区注重引进发展态势平稳、市场前景广阔的企业，为其提供宽松的环境、优惠的政策，加快文化创意产业集聚和融合，创新发展新模式，提高文化创意产业的竞争力。

（五）服务体系更加完备，发展环境不断改善

文化产业作为新兴产业，其发展得到产业界和文化界的重视，期望逐渐打破对文化的固有认知，通过产业化的方式发挥文化价值，达到拓展文化传播空间和提升文化影响力的目标。江汉区围绕全产业链、创新链，着力构建公共政务、物业管理、技术专利咨询、教育培训等服务体系，为企业研发、生产和经营提供及时有效的帮助。第一，完善科技服务体系，健全知识产权服务体系。全国第二家、武汉第一家原创认证保护分中心落户江汉开发区，能够为文化创意企业提供全领域的知识产权保护。第二，推进基础设施提档升级。借助编制园林景观提升专项规划，指导园区园林景观提升，启动江兴路部分路段及门楼改造工程。着力提升"江汉创谷"示范片区绿化、道路及设施配套水平，实施红T时尚创意街区周边、江旺路、发展二路等主要路段亮化美化。完成52家企事业单位的雨污分流改造工作，区域内经过整治，环境面貌得到明显改善。第三，注重交流合作学习。江汉区积极组织和参加与不同地区的文化交流合作活动，学习和借鉴文化产业发展经验。如借力"湖北珠宝文化节"，实现"政策沟通、产业联通、贸易畅通、资金融通、文化相通"，为区域珠宝行业发展呐喊出力，为珠宝企业搭桥铺路。举办"2018首届武汉数字创意产业创新发展论坛"，邀请北京大学、武汉大学等高校知名学者、数字创意领域权威专家，以及百度、网易、二更传媒、一点资讯等领军企业行业大咖，共同探讨数字创意产业发展的未来方向。从重视知识产权保护、升级基础设施到注重文化交流合作，多角度采取措施，推动文化产业服务体系更加完备、发展环境不断改善。

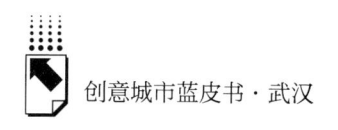

二 江汉区文化创意产业发展存在的问题

近年来,在江汉区政府的大力推动下,江汉区文化创意产业发展取得了有目共睹的成绩,但仍存在一些问题,影响了江汉区文化创意产业的长远发展。

(一)人才结构失衡,人才队伍有待充实

文化产业的持续发展需要高端复合型人才,不仅要求其具备较高的文化素养、较强的创新意识,而且需要善于运用管理才能。人才结构的合理化对提升文化产业的经济效益和文化效益具有关键性作用,但是江汉区文化产业人才的结构优化程度以及创意人才的类型和数量没有跟上江汉区文化产业发展的步伐。第一,人才供给持续增加,但结构失衡。据第一财经统计,2018年在校本(专)科生、研究生数量前三名中均有武汉,区域优势明显。随着文化产业日益成为国家重视的发展对象、产业结构优化升级的着力点,各大高校纷纷开设文化产业相关专业,培养文化产业人才,人才供给持续增加,但是推动江汉区时尚创意产业发展、文化科技融合急需的创新人才、设计人才、管理营销人才等相对较少。第二,人才队伍有待充实,尤其是创意人才队伍。文化创意产业强调以创意来盘活文化资源,设计、生产和制作出满足广大消费者精神文化需求的产品,因此要求文化产业人才具有相对较高的创新才能,以创意来延长文化产业发展的周期并增强其生命力。江汉区以江汉经济开发区为中心,通过优惠政策吸引了众多数字型文化产业人才以及技术型人才,但是创意人才类型和数量相对较少,无法充分将文化内涵和物质载体有效结合,间接导致江汉区尚未形成一个具有高产出、高附加值特性的健全的核心创意阶层,并引发了"蝴蝶效应",影响了文化创意产品生产和整个文化消费市场的潜力。

(二)基础设施薄弱,运行机制有待优化

完善的基础配套设施和科学的运行机制能够为企业提供全方位的服

务，吸引企业不断进入。近年来，江汉区通过建设园区类型的平台和载体，鼓励企业入驻，推动文化产业的产值不断提升。但是基础设施等方面仍需要结合企业发展需求不断完善，并优化运行机制。以江汉经济开发区为例，通过举办"2018首届武汉数字创意产业创新发展论坛"和招商项目签约仪式，吸引30余家国内顶尖文创类招商项目意向签约入驻。开发区借改革开放之东风，历经20多年的转型发展，基本完成新旧动能的迭代，逐渐实现区街工业基地—民营工业园—民营科技园—高新产业园区—江汉创谷的华丽蜕变，但园区自2008年对道路、绿化带进行整体改造后，10多年未进行提档升级。目前，主要路段绿化标准不高，休闲设施缺乏，周边人行道破损较多，架空管线未入地，停车位不足，江兴路口门楼老旧。此外，园区供排水管网老旧，高速无线网络、充电桩等先进配套设施尚未全覆盖，热、电、水的保障供给还需进一步提档升级。园区内基础设施和运行机制等空白区域没有得到及时的填充，进而影响了企业的入驻意愿，不利于文化产业的健康、持续发展。

（三）产业集聚效果欠佳，发展定位有待明确

江汉区注重将园区建设为文化创意产业发展的平台和载体，通过发挥产业集聚效应和规模效应增强文化产业总体实力。结合区域内资源优势，明确区域发展方向，进行有针对性的策划和建设，让产业集聚带来的积极作用得到最大限度的发挥。江汉经济开发区承担着江汉区"创新中心"的重任，在江汉区文化产业发展中扮演着十分重要的角色，开发区虽然依托红T时尚创意街区、圈外数字创意产业园，着力打造时尚设计、数字创意产业板块，但园区内企业之间的合作程度不高、产业价值链不完善等问题造成不同企业、不同生产环节无法充分实现有效互动并发挥集聚效应。此外，园区内的文化创新设计类、科技类企业相对较少，园区内企业未能全方位地进行产业集聚，并形成自身特色，产业集聚效果欠佳，在一定程度上削弱了园区招商引资的竞争力，给打造新的产业亮点带来了一定难度。随着文化产业各个行业之间的融合程度不断提高，模糊定位和缺乏特色让江汉区文化产业随着

发展风向标随意变化，无法形成自身的品牌产品和企业，成为限制其发展的一个重要因素。

（四）非物质文化遗产保护力度不足，资源优势有待发挥

非物质文化遗产与文化产业适度结合能够让资源价值转化为经济价值，增强非物质文化遗产的活力，提升文化产业的文化内涵。江汉区深刻认识到非物质文化遗产存续空间逐渐缩小的现状，注重加强对非物质文化遗产的保护，保证非物质文化遗产的生命力，通过连续举办五届非遗文化节，会集数十位非物质文化遗产传承人，集中展示非物质文化遗产的精美作品，吸引了众多非物质文化遗产爱好者进入非物质文化遗产展示空间，推动非物质文化遗产走进生活、走进校园，实现非物质文化遗产的传承和保护。江汉区非物质文化遗产资源存量达18项（见表1），排名靠前，国家级项目汉绣在整体性保护、产业化利用、国际化合作交流等方面取得了不错的成绩，成为武汉非物质文化遗产保护利用的标杆之一。但相较于汉绣，江汉区对省级、市级、区级非物质文化遗产项目的保护力度不足，同时非物质文化遗产产业化、活态化利用等工作不够细化深化，间接导致江汉区非物质文化遗产资源优势在文化产业发展中未得到充分体现。

表1　江汉区非物质文化遗产资源

级别	数量(项)	名称
国家级	1	汉绣
省级	5	金石器物全形传拓技艺、单弦拉戏、武汉煨汤技艺、蔡林记热干面制作技艺、传统植物染料染色技艺
市级	4	鱼门拳、四季美汤包制作技艺、传统手工拼布、玉镶金技艺
区级	8	楚地中华传统合香技艺、汉派石雕、传统青铜打击乐器铸制技艺、梅式景泰蓝工艺画、象牙雕刻、张氏中医驻颜术、耿氏形意拳、湖北铜板书

资料来源：武汉市统计局。

（五）文化金融服务体系欠缺，融合深度有待拓展

江汉区作为国家服务业综合改革示范区，如同金融硅谷、财富洼地，金融业产值占全区 GDP 的 1/3。多年来，以金融为重要支柱产业的江汉区保持多项湖北之最：金融业总注册资本金全省第一，金融网点密度全省第一，金融业增加值全省第一，金融资源占全省五成以上。以建设大道与新华路交会处的"金十字"为中心的区域，成为湖北省唯一的金融业集聚发展示范区。金融发展状况和非物质文化遗产资源存量、文化企业数量等优势让文化金融成为推动江汉区文化创意产业发展的重要抓手，江汉区积极促进文化金融的融合，制定负面清单和风险管控措施，发放"科创贷""民贷通"贷款近 2 亿元，支持现代服务、文化创意等战略性新兴产业及优势产业发展，缓解文化企业"融资难、融资慢、融资贵"等问题。但江汉区在推动文化金融融合方面起步较晚，与文化金融的"北京投贷奖经验""南京模式""广州模式"相比，江汉区尚未构建覆盖"投、融、担、贷、孵、易"全链条的、系统的文化投融资服务体系，融合方式仍显单一，融合深度有待拓展。

三　江汉区文化创意产业发展的对策

近年来，武汉连续出台新政扶持招商引资，继续发力文化产业。江汉区将以更高的站位持续推进文化与科技、金融融合，有效发挥文化创意产业在拉动经济结构转型、带动区域经济增长、增强区域影响力中的作用。

（一）促进产学研融合，培养复合型人才

产学研融合是将高校人才资源、企业实践机会和科研单位实力相结合，是共同培养复合型人才的最佳方式之一，切实建立产学研深度融合的体系有利于突破文化产业发展中的人才关口，推动文化产业理论应用和创意成果转化，改善人才结构，培养文化创意人才。政府部门作为产学研融合的"中间人"，是产学研合作的关键链条，直接关系到各个环节连接的紧密性。因此，

政府要重点发挥协调引领作用，促进高效人才培养系统的形成，主要可以从以下两个方面入手。第一，完善体制机制，构建协同创新生态。这是深化产学研合作的必要措施。政府可以通过完善利益实现机制使产学研合作主体合理分配利益，在保证自身基本利益的前提下，共同创造集体效益。通过完善风险预估、防范、应对机制，降低人才、资金、政策等不确定性因素带来的风险，消除合作主体顾虑，以更加积极的态度和坚定的决心参与产学研合作。通过完善评估和激励机制，对合作效益进行标准化、规范化评估，以及公正化、公平化激励，鼓励合作主体探索创新合作途径，促进协同创新生态的构建。第二，建立信息共享平台，提供良好的产学研合作服务。产学研各环节实现无缝对接对信息和服务提出了更高的要求，不同主体之间信息对称降低了产生更多中间环节成本的可能性，提升了三者沟通交流的便捷性。政府应搭建信息平台进行信息共享，及时提供和解读最新的政策、行业趋势与科技创新信息，同时做到高校理论教学结合时代发展实际、企业实践符合人才发展要求、科研单位研究方向契合行业发展趋势，确保产学研合作保持正确的发展方向和研究方向，不断为培养文化产业复合型人才提供服务。

（二）结合企业需求，改善营商环境

全方位的服务体系和优质的营商环境可以降低企业间的合作成本，增强文化企业入驻江汉区的意愿，因此江汉区可以从以下两个方面采取措施。第一，关注企业需求，搭建公共服务平台。将该区域内的文化资源进行整合和优化，加大投入力度，改善和优化投资软环境，搭建公共服务平台。如建立为文化企业提供权威、全面、关键信息的服务平台，为企业不断创新金融服务手段、解决资金困难的投融资服务平台，以及维护文化企业的知识产权、促进文化企业间交流与合作的创意设计服务平台。第二，结合政府职能转变，优化营商环境。营商环境是一个城市重要的软实力、吸引力、创造力和竞争力，因此高水平、优良的营商环境对促进文化产业高质量发展具有重要作用。参照新加坡的法治优先模式，政府应加强改善营商环境的执法，为知识产权保护、人才吸引等提供法律保障。学习深圳的效率优先模式、天津的便利优先模式,强调政府职能在提高效率、提供便利中扮演的关键性角色,促进政府职能转变,简政放权,结合"放管服"改革,搭建"一站式"服务平台,提高行政办事效率,降低行政办事成本,坚持以市场为导向,以解决发展问题为任务,积极与文化企业沟通,根据实际面临的问题调整产业政策,实行动态化管理,营造职责明确、规范有序、高效发展的营商环境。

(三)加大非物质文化遗产保护力度,拓展生存空间

江汉区文化资源,尤其是非物质文化遗产资源存量丰富,且多数属于可经营性文化遗产,对遗产进行活态化、产业化保护利用,能够将文化资本进一步转变为文化创意产业中的经济资本,推动江汉区文化创意产业形成自身特色和文化品牌,同时有助于江汉区非物质文化遗产融合时代特色、扩大受众,促使其在适应市场竞争环境的条件下保留精神内核,做到真正地创新传承。因此,应充分利用江汉区非物质文化遗产资源,制定科学发展规划,对区域内非物质文化遗产做好普查统计工作,为开发潜力大和稀缺性高的非物质文化遗产提供更加完善的人才、资金、技术支撑和政策扶持;加大非物质文化遗产保护力度,扩大其保护利用覆盖面,让国家级项目汉绣继续发挥引导和带领作用,同时注重深挖省级、市级、区级项目的区域特色,以其独特性与汉绣深度合作,实现联动发展,带动整个江汉区非物质文化遗产走上保护与利用的活态化产业道路,通过市场竞争、人才创意、技术保护激发非物质文化遗产的生存活力,拓展其生存空间,为文化产业发展提供驱动力。

(四)创新"文化+金融"方式,打造特色文化产业

文化产业具有的轻资产、高风险特点使资金问题成为制约其发展的重要因素。因此,创新"文化+金融"方式,能够逐步改善文化产业融资环境,发挥文化产业的集聚带动效应,助推文化产业转型和快速发展[1],进而打造

---

[1] 荆典、吴佳琦:《论金融支持文化产业发展中面临的问题及对策》,《现代经济信息》2016年第24期。

特色文化产业。对此,江汉区应重点做好以下两个方面的工作。第一,建立健全政策支撑体系,有效连接资本端和产业端。江汉区应根据文化金融融合的具体要求,提升政策的针对性、稳定性和全面性,健全文化金融政策支撑体系,拓宽融资渠道,推进间接融资和直接融资相结合,加强金融产品和项目创新,丰富融合方式,采取与产业发展方向相匹配的专项资金资助方式,有效连接资本端和产业端,让二者资源充分匹配,为江汉区文化金融深度融合营造良好氛围。第二,注重文化产业信用体系和无形资产评估体系建设,防范文化金融融合风险。文化产业中的创意、版权、IP等无形资产评估难度大,金融机构也无法对此进行专业判断,使得文化产业信用体系和无形资产评估体系的构建始终是需要突破的发展瓶颈。因此,江汉区应根据已入驻的文化企业发展状况和金融优势,完善不同企业信用体系和无形资产评估体系,促进文化与科技相融合,更好地借力"金融+"扶持动漫设计、互联网信息、大数据服务、人工智能等智慧产业,结合不同区域特色,打造特色文化产业,推进差异化定位发展,形成CBD现代特色文化中心。

江汉区文化产业发展前景广阔,区政府应紧抓机遇、迎接挑战,不断创新人才培养方式、改善营商环境,加强文化资源保护利用、文化金融融合,为江汉区文化创意产业转型升级提供动力,助力文化创意产业走上高品质、精细化发展之路。

B.14 硚口区文化创意产业园区发展报告

司志坤*

摘　要： 硚口区文化产业发展成效显著，借助互联网技术和区位优势，从老汉口等城市历史文化资源中汲取智慧，凝聚硚口个性化色彩，塑造具有硚口特色的文创园品牌，文化创意产业园区发展状况良好。本报告针对产业结构发展失衡、园区建设同质化、文创企业转型乏力及文化科技研发投入较低等问题提出对策建议。

关键词： 文化创意产业园区　产业集群　硚口区

硚口区是武汉的中心城区，毗邻武汉商务金融重地江汉区，与武汉的工业"心脏"汉阳区隔江（汉江）相望。2018年，全区文化产业按照都市化与国际化并行、独具地方特色的文化产业建设要求，在既有的文化产业基础上，挖掘其产业潜能，发挥文化产业集聚效应，促进以文化产业为基础核心，商务金融、旅游餐饮、科技制造等重点产业融合交叉发展。不断规范文化企业统计基础工作，大力推进"小进规"，打造文化产业"四园区五街区"，在更大范围内和更高水平上促进产业集聚化发展。截至2018年9月，硚口区文化产业实现营业收入60.61亿元，较上年同期增长15.9%。硚口区文化产业总体发展水平稳中有进，产值逐步提升，社会效益明显，经济效

---

* 司志坤，华中师范大学国家文化产业研究中心硕士研究生，研究方向为文化产业管理。特别感谢硚口区委宣传部的大力支持，为本报告的撰写提供了翔实资料。

益突出。这些成绩的取得得益于硚口区文化创意产业园区的建设发展。硚口区经国家认定的"规上"文化产业企业共40家，其中从事文化产品生产的企业有7家，提供文化服务的经营性企业有33家。从行业分布来看，文化服务业占比达到82.5%，企业主要集中在工业园区、创业园区和商业综合体内。

一 硚口区文化创意产业园区发展成效

2018年，硚口区坚持"五大发展理念"，继续贯彻落实国家"一带一路"倡议、全市设计之城建设以及区委、区政府"转型、创新、升级"战略，按照"品牌拉动、平台推动、规划带动、集群联动、创意驱动"的工作思路，发挥"互联网+""文化+"双引擎作用，推动"大众创业、万众创新"，打造文化产业发展升级版。

（一）文化产业园区建设不断完善，成为经济增长新引擎

硚口区做好顶层设计，合理规划文化产业园区，逐步引导企业合理集聚，拉动文化消费市场形成，打造文化创意产业"四园区五街区"特色轮廓，初步形成了企业、园区、市场街区在地理空间上点、线、面相结合的产业空间布局。2018年，硚口区通过政府引导、市场吸纳、企业建设，一批以培育新兴产业集群为目标的文化创意产业园区不断发展，逐渐成为后起之秀，使硚口区文化创意产业园区总量稳步增长，形成规模优势，并且通过虹吸效应，推动数字出版、互联网影视、虚拟现实、在线教育、云共享等新业态快速增长，不断壮大新型文化消费市场。如已建成的江城壹号文化创意产业园和新建（在建）的武汉智汇园、猪八戒网（武汉）文化创意产业园（见表1）。

（二）有效发挥文化创意产业园区集群作用，特色较为鲜明

硚口区文化创意产业园区和文化街区集商贸文化、设计文化、印刷文化、

表1 硚口区文化创意产业园区示范园区概况及特色

园区名称	园区概况	园区特色
江城壹号文化创意产业园	江城壹号文化创意产业园于2010年开建,是目前武汉用老厂区、老厂房、老设施改造而成的较大体量的花园式时尚文化创意产业园之一	园区秉承"传承历史文化、留住城市根脉"的城市可持续发展创新理念,坚持走具有自身特色的发展道路
武汉智汇园	武汉智汇园于2017年5月12日正式投入改造,2018年5月7日正式投入运营,在各级政府领导的关心和支持下,武汉智汇园取得了显著成绩,项目引进稳步提升	武汉智汇园是利用武汉轻型汽车厂老旧厂房工业遗址改造而成的文化设计产业园,贴近硚口区工业服务业的产业定位,旨在打造成为以智能硬件、智能家居、电子信息、建筑装饰等文化设计类为主,以品牌创意设计、多媒体设计、电视图文设计等上下游周边设计为配套的文化设计主题产业园区
猪八戒网(武汉)文化创意产业园	猪八戒网(武汉)文化创意产业园成立于2017年6月28日,于2018年3月30日正式开园	猪八戒网(武汉)文化创意产业园在第一运营年企业注册数量为613家,园区注册企业完成产值5079.63万元,业务囊括文化创意、设计、营销推广等

健康文化、工业文化、城市文化于一体,产业分布特色鲜明,产业链完整,注重扶持新兴产业和科技产业,以江城壹号文化创意产业园为代表的省级重点文化产业园区发挥了重要的骨干和示范作用,以猪八戒网(武汉)文化创意产业园为代表的互联网科技文化产业园提供了区域错位发展、转型发展和服务型发展的可借鉴之路。全区文化创意产业园区的集聚作用和规模化优势凸显,按照产业集聚、功能分区、错位协同、均衡发展的原则,构建了科技融合文化发展集聚区、出版传媒文化发展集聚区、健康医疗文化发展集聚区、商贸消费文化发展集聚区、创意设计文化发展集聚区。硚口区文化创意产业园区一览见表2。

表2 硚口区文化创意产业园区一览

名称	状态	园区定位
江城壹号文化创意产业园	已建成	湖北省首批文化产业示范基地园区,打造集创意办公、创意展示、创意体验于一体的文化主题时尚园区

续表

名称	状态	园区定位
新华·1937产业园	已建成	以创建武汉设计之城为目标,突出"互联网+",在创意上定位催化区域创智型文化与科技融合,打造成为华中地区设计创意园区、大众创业孵化园区、文化与科技融合园区和文化产业示范园区
新华印务智慧产业园	策划中	以低碳环保和智慧创意为核心,打造绿色生态环境
"D+M"工业设计小镇	建设中	以深圳市浪尖设计有限公司为龙头,协同设计、模具等上下游企业,共同打造工业设计创新的全产业链,项目定位于高端工业设计合作平台
仁寿路老工业基地	已建成	集美食、休闲、娱乐等多功能于一体,文化特色突出,产业发展成熟
古田·嬉空间	已建成	以文化创意及知识经济为主题,集文化消费、创意办公、企业孵化、展览展示等功能于一体
新华·创意魔方	建设中	建设融设计创意、智企孵化、文化消费、展示展览及商务时尚交流于一体的创意企业新空间
猪八戒网(武汉)文化创意产业园	建设中	打通联合办公O2O运营新模式,通过线上App的运营和线下社群活动的开展为用户提供链接了解的机会,实现工位及基本办公设施的使用预订
南国装饰设计园区	建设中	以南国大武汉家装、正达红星美凯龙、香江家居为轴心,突出装饰设计,以装饰装潢设计为主要业态
海尔大健康文创园区	规划中	以国家级健康研究院为核心,打造成为国家级医联体、康联体、大健康产业总部
创智园、博济园区	规划中	以创建文化科技园区为目标,突出"文化+科技",在创意上定位催化区域创智型文化与科技融合
武汉智汇园	建设中	打造成为以智能硬件、智能家居、电子信息、建筑装饰等文化设计类为主,以品牌创意设计、多媒体设计、电视图文设计等上下游周边设计为配套的文化设计主题产业园区

(三)政企共造优质良好的运营环境,政府支持政策健全

硚口区委、区政府以项目落地为抓手,区政府和相关部门多次考察调研区内各类文化创意产业园区实施项目,根据国内文化产业发展形势和国际文化产业发展趋势,在大力提升已有文化产业的基础上,转型一批已经落后和负增长的淘汰产业,对发展态势良好的产业要提质增效,追求产业链协同发

展，整合相关产业资源，依据硚口区现有的产业优势，促进以文化产业为基础核心，商务金融、旅游餐饮、科技制造等重点产业融合交叉发展。培育更多"规上"文化企业，形成点、线、面相结合的产业空间布局，力争打造1~2个省级文化产业示范园区（基地），创建3~5个市级文化产业示范园区（基地），培植文化创意企业"五个园区"，促进文化产业高质量发展。通过政府和企业的双效建设与合作协同，抓规划促建设，突出文化创意，发展文化产业；抓品牌促转型，突出科技创新，抓好品牌企业的产业转型升级；抓服务促发展，突出服务升级，整合资源服务平台，力争将硚口区打造成为武汉市乃至华中地区的文化创意产业园示范区。

硚口区进一步完善全区文化创意产业发展推进机制，科学优化领导决策机制，设立硚口区文化产业发展领导专班（硚口区文化产业发展领导小组），对专班成员及时充实调整和优化结构，确保全区文化创意产业发展的重大相关问题落实到位，发挥积极的领导决策作用。根据实际情况进行动态评估研究，合理规划发展任务，对于涉及文化创意产业的专项方案，督促有关部门把好质量关并及时推出。根据全区的文化产业发展目标进行总分、细分和专业分类。贯彻统计法律法规，加强对文化创意产业的数据统计和数据分析工作，建立数据共享共存的统计制度体系，完善统计监督，避免统计数据失真失实，以求达到及时掌握真实情况，形成动态反馈机制，以便长期追踪，有迹可循。对于文化创意产业园内企业，加大扶持力度。设立区级文化创意产业发展专项资金，修改完善《硚口区文化创意产业专项资金管理办法》，落实硚口区"创十一条"，壮大优质企业，发展创新企业。

二 硚口区文化创意产业园区发展困境

（一）产业结构失衡，部分园区同质化现象严重

从硚口区文化创意产业园区分布来看，类型过于单一，同质化现象比较严重，非常容易形成"孤岛效应"。区内有54%的文化创意产业园区集中在

创意设计业（见图1），呈现"设计行业独大"的局面，导致一些具有潜力的文化创意产业园区无法分享更多的资源，造成优质企业和人才流失，也无法形成品牌集聚效应，产业价值链得不到延伸，进一步阻碍了园区与企业之间乃至园区与园区之间良性互动、互享共建格局的形成。综观硚口区的文化产业结构，文化服务业占比过高，属于传统的文化创意产业，而代表新兴文化产业的动漫制造、游戏电竞、内容直播、会展服务等高新科技文化产业占比过低，发展力度不大，如从事互联网信息服务的文化企业占比不超过5%，全区共计37家，而从事动漫制造和设计的相关企业只有1家，涉及游戏电竞、内容直播、会展服务的企业几乎为零。由此可见，硚口区部分文化创意产业园区结构失衡，文化与科技融合较差，园区文化产业结构需要进一步优化。

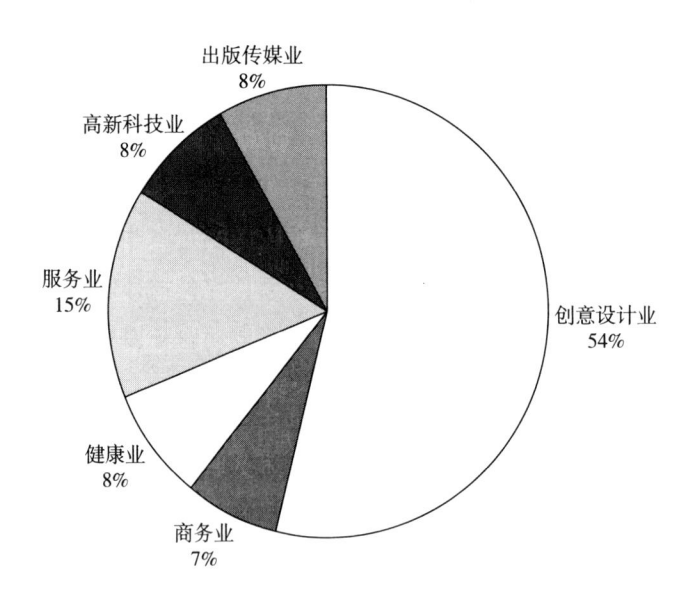

图1 硚口区文化创意产业园区主要行业分布

（二）园区平台建设有待加强，文化创意企业转型乏力

硚口区猪八戒网（武汉）文化创意产业园正在申报国家级众创空间，江城壹号文化创意产业园作为省级文化产业示范基地，园区平台建设有待加

强。相比较而言，洪山区已有国家文化产业示范基地 2 个、省级文化产业基地 15 个，武汉创意天地被认定为国家级众创空间，省级孵化器，市、区两级"大学生创业特区"，省、市两级"众创空间"，被评为武汉第三批文化与科技融合试点园区。武昌区也拥有国家文化产业示范基地，24 家园区及企业获湖北省文化产业示范园区及示范基地称号，5 家园区及企业获武汉文化与科技融合园区（企业）称号。由此可以看出，硚口区文化创意产业园区的平台建设严重滞后，限制了区内文化产业集群的发展空间，难以吸引国际化、规模化的企业入驻。此外，硚口区缺乏具有领军优势的文化创意企业，企业产值不大、利润不高，缺乏龙头企业和知名品牌的带动效应与示范作用，大部分文化创意企业缺乏转型和改革的动力。

（三）文化科技研发投入较小，文化资源整合不充分

高新技术贯穿于文化产业的整个价值链条，为文化资源的充分开发利用和产业链的延伸带来了更大的空间，科技创新是促进文化产业链升级的关键因素。[1] 硚口区文化创意产业园区的文化科技企业进驻不足，科技产业投入规模较小。相比之下，位于洪山区的武汉创意天地打造以游戏产业为主要类型的产业集群已经取得了明显的社会效益和经济效益，东湖高新技术开发区的光谷电子科技信息产业群早已成为武汉最耀眼的名片。在文化资源整合方面，硚口区人文历史厚重，文化资源丰富；在体育文化资源方面，硚口区是著名的"冠军之乡"；在工业遗产资源方面，硚口区是近代民族工业文化的发源地；在商业文化资源方面，硚口区坐拥驰名全国的码头文化和汉正街商业文化。但是这些独具硚口特色的文化资源仍然停留在抽象的文化印记层面，文化产业园区的建设和相关产业发展并没有将这些文化印记所蕴含的文化意义进行加工创作、共同融合。比如商贸文化的典型代表——汉正街，作为一条历史意义浓厚的商业老街，整体状况没有得到根本改善，旧有的服装

---

[1] 顾江、郭新茹：《科技创新背景下我国文化产业升级路径选择》，《东岳论丛》2010 年第 7 期。

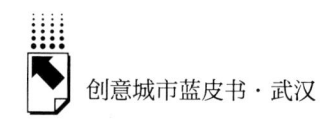

批发业等低端产业仍然占据大部分空间,传统弄堂街道散乱、混杂,没有人注意其中所蕴含的丰富的文化含义。

三 硚口区文化创意产业园区建设路径

(一)横纵合力,构建文化创意产业园区格新局

首先,立足硚口区文化资源和园区自身优势资源,进行科学的规划和设计。文化产业园区的发展要遵循市场规律,探索适合的盈利模式,形成多样化的投融资渠道。尤其是要使园区的文化产业与互联网、科技、旅游等诸多行业实现跨界融合,提升园区内文化产品和服务的生产与创新能力。其次,发挥政府的政策引领作用,强化宏观指导,统筹资源参与园区建设。按照发展规划,推进硚口区的文化创意产业创新发展、集群发展,通过华中国际信息传媒中心、华中艺术品版权投资交易中心、华中文化展示交流中心等重要文化创意产业阵地的构建,推动全区文化创意产业园区高层次发展。在文化产业的内容和创作途径方面,实现文化产业的体制机制创新、内容及创作形式创新、传播技术应用创新;在文化产业的投融资交易方面,实现金融服务创新、市场发展模式创新、投融资平台和科技化创新;在公共文化服务和文化资源开发方面,实现公共文化管理模式创新、文化资源开发理念和手段创新、公众文化教育服务创新。增强硚口区整体的文化创新意识,倡导人人参与创新建设,营造良好的文化创新氛围,力争将硚口区建设成为武汉市乃至湖北省文化创意产业园区创新发展的标杆区位。

(二)强化人才支撑,提高园区核心竞争力

人才是文化产业园区的智力支撑,是创新的源泉,也是文化产业园区成功运行的关键。硚口区文化创意产业园区必须坚持人才第一的建设理念,充分发挥城市人才集聚的优势,将产业结构同人才结构紧密结合、相互调整,实现以人才引领产业发展、产业造就人才集聚的发展趋势。首先,在高端人

才的引进方面，要具有大局观和国际视野，支持引进高端技术人才、高端管理人才、高端创意人才，引入良好的竞争发展机制和保障支持机制，善于挖掘和发现人才对提升区内相关文化产业核心竞争力的作用，完善高级人才奖励和服务政策。其次，打造一流的人才交流培养平台，充分吸纳人才集聚，加强各类人才交流，构建有利于人才培养和成长的机制与路径。最后，依托武汉丰富的高等教育资源，以及科研机构的智力资源，建立文化产业园区、高校共建文化创意产业产学研基地。与社会专业机构合作，加强专业技能型人才培训，形成多元人才支撑格局。

（三）塑造品牌园区，引领优质发展新动向

注重做大做强产业龙头企业。第一，引导支持企业以国际化方法、全球化渠道探索全球合作路径，做大做强企业。第二，鼓励企业立足传统文化产业资源优势，实施资源重组，加快技术创新，提升企业竞争力，逐步形成以龙头企业为支撑、众多中小企业配套的产业集群。第三，注重打造产业品牌。在世界经济竞争格局中，品牌建设与品牌竞争成为一股潮流，谁拥有品牌谁就拥有市场。以江城壹号文化创意产业园为依托加快文化创意设计行业发展。作为湖北省首批文化产业示范基地和"全国最具潜力十大园区"，江城壹号文化创意产业园立足长远、统筹规划，为硚口区文化产业发展打下了良好的基础，现已成功引进企业136家，其中文化类企业占企业总数的58%以上，企业集聚效应和品牌传播效应明显。创意设计是园区产业规划的核心业务板块，现已集聚了东申一美、金银铜、渼树科技等生活类创意设计企业，但是创意设计企业规模较小，发展实力较弱。未来，应借助武汉着力打造"创意设计之都"的契机，发挥江城壹号文化创意产业园的品牌带动效应，做好新华·1937产业园、"D+M"工业设计小镇等文化创意产业园区的配套服务，采用规模与活力并重、抱团与个性化发展相结合的原则，充分发挥园区引领性、竞争性和高效性的优势，引导生活类创意设计企业集聚，助推硚口区创意设计产业发展壮大，实现硚口区文化创意产业园区和文化创意设计品牌的共赢。

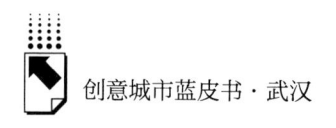

（四）培育文化科技新业态，形成文化科技企业集群

在互联网技术引领现代社会不断向前发展的今天，以信息技术和数字技术为主要形式的互联网应用不仅渗透于文化产品的创作和传播中，而且丰富和拓展了文化产品的维度结构及其表现途径，文化产业的产业属性不断增强并形成规模，就是依靠技术革新所带来的"指数"复制能力和"幂数"传播能力，在互联网的影响和作用下，数字文化产业开始形成并进入人们生活的方方面面，成为文化产业最前沿的发展趋势。根据现代产业竞争理论，在某些方面，文化创意产业园区具有强化形成品牌效应、共享利用现有资源、互补抵减重叠成本、服务提升区位优势的特色，已经成为创新文化科技体系和模式的主要阵地。面对人民群众日益增长的不同层次的文化需求，文化创意产业要朝智能化、综合化、分级化、普适化的方向不断升级。因此，文化创意产业园区要实现高质量、可持续的发展，就要推动政府、科研机构、企业、社会"四位一体"的协同创新，深入推进文化与科技融合，重点开发先进科技与文化创意产业相融合的新业态，如虚拟现实、智能制造、新媒体融合、大数据、云计算等前沿产业门类。集聚核心技术与文化科技资源，充分发挥硚口区区位优势，推动园区及文化产业运用现代科技手段，营造建设规模化发展、集约化经营、分工协同、可持续发展的现代高科技文化创意产业园区。

B.15
汉阳区文化产业发展报告

邵倩倩 刘明祥*

摘　要： 汉阳是"长江主轴"的中心地带，也是"长江文明之心"的核心地带。近年来，汉阳区凭借地理位置优势和丰富的历史文化资源，通过"腾笼换鸟"、打造"知音汉阳"文化品牌等方式，积极探索文化产业发展的新境界，文化产业总体规模逐年扩大，文化旅游渐成体系，会展业影响力不断增强，文化项目建设成效显著，文化产业品牌知名度持续提升，文化事业亮点纷呈。通过对汉阳区文化产业发展存在的问题进行梳理，从整合特色优势资源、注重创新营销与品牌塑造、形成规划合力、政府统筹、相关产业融合发展、调整人才结构、加快发展文化事业等方面提出了对策建议。

关键词： 文化产业　品牌塑造　汉阳区

一　汉阳区文化产业发展现状

（一）文化产业总体规模逐年扩大[①]

近年来，汉阳区政府对文化产业的重视度不断提高，加之政策落实和扶

---

* 邵倩倩，华中师范大学国家文化产业研究中心硕士研究生，研究方向为文化资源与文化产业；刘明祥，汉阳区委宣传部副部长、区政府新闻办公室主任，研究方向为文化产业管理。
① 本部分文化及相关产业数据有偏差，不同年份统计口径有所不同。

持力度的加大，汉阳区文化产业发展规模逐年扩大。2015年，汉阳区文化及相关产业增加值为2.61亿元，同比增长7.1%，占GDP的比重为0.3%。① 2016年，汉阳区文化及相关产业增加值为2.62亿元，增速达0.2%，占GDP的比重为0.3%。② 2017年，汉阳区文化及相关产业增加值为13.13亿元，同比增长402%，占GDP的比重为1.38%。③ 2018年上半年，汉阳区共有"规上"文化企业29家，较上年同期净增11家；文化产业营业收入为7.05亿元，同比增长160.1%（见表1）。由于2018年文化产业总体数据暂未公布，结合2015~2017年数据总体趋势和2018年上半年文化产业营业收入状况来看，汉阳区文化产业发展态势良好，文化产业水平不断提升，经济贡献度逐渐提高。

表1 汉阳区"规上"文化企业相关情况

指标	2017年上半年	2018年上半年
文化企业数量（家）	18	29
营业收入（亿元）	2.71	7.05

资料来源：《上半年我市文化产业发展步入快车道》，武汉市统计局网站，2018年8月23日，http：//tjj.wuhan.gov.cn/details.aspx?id=4213。

（二）文化旅游渐成体系

汉阳区人文历史积淀深厚，知音文化、近代工业文化、归元宗教文化、码头文化、三国文化等特色文化为汉阳区文旅融合发展提供了丰富的资源。汉阳区旅游景观开发初具规模，形成了龟山风景旅游区、月湖知音文化旅游区、归元宗教文化商贸旅游区、武汉动物园观赏休闲旅游区四大风景旅游

---

① 黄永林、吴天勇主编《武汉文化创意产业发展报告（2018）》，社会科学文献出版社，2018，第181页。
② 《2016年武汉文化产业增加值占比首超4%》，武汉市统计局网站，2017年10月23日，http：//tjj.wuhan.gov.cn/details.aspx?id=3698。
③ 《创新政策增强发展后劲 "老城新生"打造"设计之都"》，武汉市统计局网站，2018年12月19日，http：//tjj.wuhan.gov.cn/tjfw/tjfx/"。

区。汉阳区以"觅琴台知音,观龟山绝技"一日游为主线,推进"知音之旅"精品旅游线路整合,开发了高山流水风光游、三国文化名胜游、宗教文化古迹游及汉阳新貌观光游等主要旅游线路,打造了武汉归元庙会、知音文化艺术节、大禹文化节、武汉知音花灯节等品牌黄金周节庆活动。2018年,汉阳区积极配合省、市旅游局主管部门对归元禅寺、晴川阁、奇石馆、古琴台、高龙博古城进行了评定性复核,黄鹤楼酒文化博览园申报3A级景区并成功获批,汉阳旅游的核心竞争力不断提升。2018年全区接待国内外游客达3100万人次,比上年增长14.8%。① 汉阳区旅游市场管理不断规范,持续开展景区创建活动,以归元禅寺、晴川阁A级景区为重点,集中规范景区内的旅游商品经营和导游服务。

(三)会展业影响力不断增强

汉阳区会展业发展理念不断创新,以供给侧结构性改革为指针,创新管理体制与服务机制,努力放大会展业与相关产业融合发展的积极作用,充分发挥武汉国际博览中心的综合功能。

华中会展产业园以国博CBD会展经济为核心,以各产业华中会展总部及分支机构为纽带,链接并服务多个跨界产业集群。2018年,成功引入中恒泰瑞、沃森联创等8家会展及会展配套企业入驻华中会展产业园。招商引资到位金额10.09亿元。2018年,武汉新城国际博览中心有限公司累计纳税16730万元,同比增长343.7%;国博场馆实现直接收入1.68亿元,同比增长14.2%。2018年,武汉新城国际博览中心共举办或承办各类会展活动64场,其中成功引进机器人展、工业设计展等一批高端且有影响力的重点展览38场,成功举办有影响力的国际性会议3场,并获国家"最具吸引力会展中心"大奖。展览总面积为168万平方米,参展人数达251万人次(见表2)。

---

① 《武汉市汉阳区2018年国民经济和社会发展统计公报》,武汉市汉阳区人民政府网站,2019年5月20日,http://www.hanyang.gov.cn/detail-85022.html。

表 2 2018 年武汉新城国际博览中心会展情况

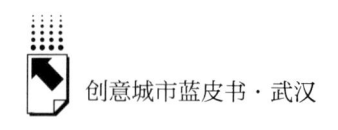

类别		数量	共计
会展活动(场)	重点展览	38	64
	国际性会议	3	
	其他	23	
展览总面积(万平方米)		168	168
参展人数(万人次)		251	251

资料来源：根据汉阳区政府提供的《汉阳区会展和物流中心工作情况汇报》整理。

（四）文化项目建设成效显著

2018年，汉阳区积极推进文化项目建设，规划的文化项目有墨水湖体育公园、莲花湖非遗传承园、武汉方岛智慧科学城、汉阳钢厂等。其中，琴台美术馆已落地开建，汉钢片旧厂区改造项目正在规划中，现已成功申报成为国家级工业遗产保护厂区。"汉阳造+"园区建设加速推进，先后建成了汉阳会馆、云计算中心等数个华中地区一流的产业功能型公共服务平台。目前，园区创意办公业态占比超过85%，非文化类商业及其他配套面积占比仅为15%，基本形成具有较强实力和综合竞争力的现代文化产业体系。园区二期大力发展以"文化+创意""文化+旅游"等为主的特色园区，初步命名为"汉阳造1889国际文创产业园"，拟打造中国现象级创意产业聚集区。此外，琴台大剧院、汉阳休闲江滩以及知音书院等文化场所、文化设施日益完善。

（五）文化产业品牌知名度持续提升

自2018年起，汉阳区着力打造"知音"文旅品牌和"汉阳造"文创品牌。借助以博物馆文化、非遗文化、会展文化为代表的载体群来谋划开发特色旅游线路，打造优秀文创产品，强化特色文化的产业带动效应。同时，汉阳区打造了"HI U 知音节""2019知音国际文化节"等系列节庆活动。汉阳造创意园从"旧工业基地"华丽转身为"创意产业园"，实现了从"汉阳制造"到"汉阳创造"再到"汉阳智造"的美丽蝶变,成为中部地区文化创意领域的新地标,"汉阳造"品牌知名度持续提升。"张之洞与武汉博物馆"已成为汉阳的文化名片。当前,"知音"与"汉阳造"两大"头部IP"的品牌计划正在实施中,线上线下同步推出"知音"文旅品牌和"汉阳造"文创品牌,以拓展特色文化的时代效应,助推汉阳文化产业高质量发展。

(六)文化事业亮点纷呈

2018年,汉阳区以"文化惠民"为宗旨,强力推进全区公共文化服务体系建设。汉阳区以区文化馆、区图书馆、街道文化活动中心、社区文化功能室等为主体的三级公共文化服务设施网络日趋完善。此外,汉阳深入推进文化惠民工程,群众文化活动异彩纷呈。规划完成的龟山风景区、晴川阁已向市民免费开放。汉阳区还成功举办了琴台音乐节古琴台展演、琴台知音读书会、全民阅读月暨"心阅汉阳·共读共享"企业行、武汉女子半程马拉松等品牌文体活动。[①] 全区60%的社区综合文化服务中心达到"五个一"标准;新建社区室内健身俱乐部4个、青少年活动中心1个,更新社区户外健身器材210件。2018年末,全区拥有文化综合活动中心11个、文化广场20个,组织开展各类大型文化活动30场、各类小型文化活动90场,上演文艺节目1500个;创作文艺作品125件;藏书总量24万册,接待读者21.9万人次(见表3)。

表3 2018年汉阳区文化、体育事业基本情况

	指标	数量	共计
公共文化服务设施及活动	文化综合活动中心(个)	11	—
	文化广场(个)	20	
	开展各类大型文化活动(场)	30	
	开展各类小型文化活动(场)	90	
	上演文艺节目(个)	1500	

[①]《汉阳区政府工作报告2018》,武汉市汉阳区人民政府网站,2018年12月31日,http://www.hanyang.gov.cn/detail-83338.html。

续表

指标		数量	共计
创作文艺作品	舞蹈作品(件)	15	125
	摄影作品(件)	60	
	美术作品(件)	50	
图书馆事业	购置新书(万册)	2	—
	藏书总量(万册)	24	
	接待读者(万人次)	21.9	
在全市各项比赛中获奖牌数	金牌(枚)	56	133
	银牌(枚)	37	
	铜牌(枚)	40	

资料来源：《汉阳区政府工作报告2018》，武汉市汉阳区人民政府网站，2018年12月31日，http://www.hanyang.gov.cn/detail-83338.html。

二　汉阳区文化产业发展存在的问题

近年来，汉阳区文化产业发展取得了明显成效。但是，由于汉阳区一直以发展工业为重，直到21世纪初才开始转型。由于转型时间较短，汉阳区文化产业发展还存在一些亟待解决的问题。

（一）文化产业规模仍需扩大，内部结构有待优化

近年来，汉阳区文化产业呈现快速增长态势，但文化产业整体规模仍然偏小，内部结构有待优化。这主要体现在汉阳区文化及相关产业增加值占GDP的比重偏低，文化企业净增数量不多。2017年，汉阳区文化产业增加值占GDP的比重仅为1.38%，而武汉市文化创意产业增加值占GDP的比重自2016年起已超过4%。2018年上半年，汉阳区"规上"文化企业只有29家，仅占武汉706家"规上"文化企业的4.1%。此外，"规上"文化企业在汉阳区内各地域的分布参差不齐。建桥街、永丰街、四新管委会三个区域的文化企业数量相对较多，分布也较为集中，而其他街区则处于文化企业数量较少或为零的状态。从文化产业细分领域来看，报刊出版、会展业等传统

产业占据较大份额，动漫游戏、广告设计等新兴产业所占份额较小，内部结构仍需进一步调整。

（二）文化资源开发不足，文化产业关联度低

汉阳区目前仍有很多文化资源没有得到规划，文化产业模式创新不够。各种文化资源综合利用程度不高，产业一体化进程缓慢，没有形成吸引群众驻足消费的文化产业链。当前汉阳区对历史风貌片区的保护主要是对单体建筑的保护，缺乏文化主题的串联。历史建筑保护规划主要集中在显正街片、汉钢片和龟山北片，以单体建筑保护修缮方案和单个历史风貌片区保护方案为主。[①] 这些保护规划之间缺乏联系，无法整体体现汉阳区独特的文化魅力。产业园区内亦如此，企业之间没有清晰的上下游关联性，难以产生规模经济。此外，汉阳区文化产业缺乏龙头企业带动，产品结构不合理，观光游览型的基础层产品比例较大，参与体验性的高端产品相对薄弱，对文化市场占有率和文化相关产业经济效益的拉动作用不明显。

（三）宣传力度不够，缺乏整体营销和品牌运营

尽管拥有知音文化艺术节、归元庙会、大禹文化节等一批知名品牌，但汉阳区未能充分挖掘本区文化本底，没有最终形成体现本区文化产业特色和打动消费者的品牌形象，文化品牌的总量和质量有待提升。即便是已初显品牌效应的"汉阳造"也未能为全区文化产业发展提供有力支撑。汉阳造文化创意产业园的宣传没有做到位，目前熟知度主要停留在企业。在运营方面，由于缺乏整体营销和品牌运营，汉阳区内已建项目和待建项目品牌效应得不到有力彰显；忽视品牌打造，无法实现文化产业与其他产业融合发展的经济效益。

---

① 吴聪：《文化传承视角下历史建筑保护利用策略研究——以武汉市汉阳区为例》，《城市建筑》2019年第3期。

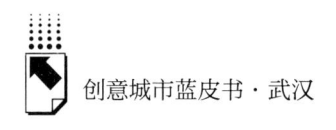

（四）管理体制不顺畅，市场化程度不高

当前汉阳区的文化资源产权归属方多，难以统筹运营。文化产业新项目开发要经过层层审批，经营单位没有自主权。例如，各旅游景区分属省、市两级不同单位，横向上归属城建、文化、交通、旅游等单位，管理上各自为政。区内旅游景点的主管部门为市总工会、市文广新局、市园林局等市级部门，无一归区级主管部门管理，晴川阁由市文化局管理，古琴台由市总工会管理，龟山风景区由市园林局、省广电等多个部门各管理一块。① 这些管理部门条块分割，多元的隶属关系、割裂的利益格局，导致领导决策缺乏统一性，很难进行区域内文化资源的统筹规划，无法发挥其整合后的综合价值，阻碍了汉阳区文化产业的市场化发展。

（五）文化产业相关政策不完善，配套设施不健全

文化产业发展需要相关的配套政策，滞后的基础设施及不规范的产业政策等因素对产业发展有阻碍作用。虽然汉阳区近年来高度重视文化产业发展，加强基础设施建设，出台了一系列政策，但产业政策的针对性和可操作性不强。此外，汉阳区文化产业领域缺少相关的配套设施，如龟北片区、月湖片区等的道路通达性不够，景区间直达互通性较差，景区周围缺乏娱乐休闲设施和酒店餐饮等配套设施，无法满足游客需求。文化企业亦如此，汉阳造文化创意产业园近年来虽然进行了改造，但园区内配套的金融、研发、营销、广告等外围服务业发展相对滞后。

（六）人才结构不合理，高端创意人才匮乏

文化创意产业是智能化、高知识化的头脑产业，人才是创意产业发展的核心资源。汉阳区不仅文化创意人才储备不够，而且结构也不合理，复合型高端人才尤其缺乏。当前文化产业的发展与科技尤其是数字技术的发展密不

---

① 汉阳区政府内部资料。

可分。传统文化产品,尤其是历史文化展示类产品已经逐步向更具参与性、互动性和趣味性的数字化方向发展。对于具有大量展示类产品的汉阳文化产业而言,产业提质升级就需要大量科技人才和文化创意人才,然而目前文化产业的创意人才、经营管理人才、技术开发人才,尤其是既懂文化又懂经营的复合型人才短缺。

(七)文化事业水平有待提升,公共文化创新性仍需增强

汉阳区的公共文化服务虽已初具规模,但在社会力量参与度、公共文化服务水平等方面还有待提升。首先,从服务供给主体层面来看,当前汉阳区的公共文化服务供给主体以政府为主,社会力量参与较少,社会民间主体对公共文化服务供给的贡献力量较弱。其次,在相关政策法规并不健全的环境下,不具备成熟的公共文化领域非政府供给主体有效参与公共文化服务的分工、合作机制,社会资金对公共文化投入的积极性不高,企业和社会未能承担相应的公共文化服务责任。另外,文化资源供给内容与公众需求有较大差距。公共文化服务的品牌知名度和影响力较低,导致公共文化对群众的吸引力不大,公共文化创新还有较大的提升空间。

三 汉阳区文化产业发展对策建议

发展好汉阳区文化产业,应当立足汉阳特色文化,开发特色鲜明、满足不同群体需求的文化产品,打造有影响力的文化服务品牌,从而形成文化与特色产业全方位、深层次融合的发展格局。

(一)整合特色优势资源,突出产业优势

汉阳区要深入挖掘深厚的文化底蕴,坚持特色化、差异化发展原则,依托地方特色资源,打造文化精品。全面梳理现有文化资源,充实文化内涵。依托知音文化、近代工业文化等,加大文化资源的利用力度。精心整合开发从近代工业文明延展到汉阳地域特色的文化精品,推进衍生品和文化产业项

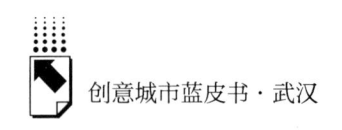

目综合开发。对汉阳区文化资源分门别类地进行登记造册,做好"汉阳故事"丛书编撰工作,建立影像或实物、图文资料库,完善保护措施。

在市级层面,尽快理顺文化资源碎片化、产权主体多元化的体制机制矛盾。加大改革力度,以打造长江文明之心、构建全域旅游格局为契机,以资本为纽带,实现市场化运作。整合文化资源,统一规划,形成协同效应,实现资源共享、利益共享,推动区域由文化资源集聚片区向文化产业优质片区发展。

(二)注重创新营销与品牌塑造,提升汉阳文化品牌影响力

以需求为导向,通过区级平台公司加强市场推广部门与生产供给部门的协调沟通,做好汉阳区特色文化的营销。塑造汉阳文化的整体形象,统一宣传中的汉阳识别系统,完善"汉阳云"移动互联网传播体系,降低宣传成本,达到整合传播的效果。充分利用官方微信、微博等新媒体,加强文化产品的宣传推广,多层次精准投放广告信息,精细开发和培育市场。

依托"汉阳造"工业遗产、山水湖泊等资源,进行创意开发设计,开展工业体验、会展参观等特色品牌活动。将具有汉阳品牌特色的工业产品、非遗产品转化为具有现代生活气息的文化衍生品。例如,将"汉阳造"的工匠精神与汉绣、木雕等织造工艺相结合,设计代表汉阳文化的主题产品,统一布展、销售,发挥"汉阳造"文化衍生品的竞争力。

(三)形成规划合力,加强配套设施建设

汉阳区应加强相关规划之间的衔接和协调,形成引导文化产业健康发展的规划合力。理顺各个管理部门的关系,加快部门职能转变,将工作重点放到公共服务上来。结合汉阳区文化产业发展特点,重点加强地方文化产业综合法规、文化产业规划管理等方面的法规建设,推动文化创意产品、文化服务等领域的标准建设。

加强区内市政、通信等基础设施建设,提高设施水平,完善设施功能,

为文化产业发展提供强有力的支撑。例如,注重信息化数据库的建设,打造汉阳区智慧信息化平台。以"互联网+"为突破口,通过建设云服务、智能化的信息管理公共文化服务平台,使线上线下统一实行标准化管理。建立在线汉阳区公共文化服务评价系统,形成公共文化服务质量监督公共平台,实现行政监管、行业自律、社会监督的有机结合。

(四)政府统筹,落实政策扶持

在目前的文化产业发展大背景下,区政府应扮演好统领者角色,努力协调各方关系,达成共同发展好汉阳区文化产业的共识,建立利益共享机制,充分调动利益相关者尤其是广大汉阳人民群众参与推动汉阳区文化产业发展的积极性。

利用专项资金,对"文化+"重点项目给予扶持。完善多层次的营销专项资金保障体系,综合运用奖励补助、贷款贴息等方式,加大市级文化产业发展资金对汉阳区的支持力度。政府引导和鼓励各类金融机构开发、推广适应文化产业需要的个性化金融产品,鼓励金融机构加大对文化产业的信贷支持力度。扶持和建设汉阳区文化金融,强化资本运作,支持有条件的文化企业进行市场融资。

(五)相关产业融合发展,实现精品突破

汉阳区文化产业应以特色鲜明的城市休闲、特色民俗街等项目为重点,打造精品项目。实施"文化+"理念和文化品牌战略,以知音文化、归元宗教文化等为主题,发展具有地域文化特色的观光、运动、节会等体育文化项目。通过与相关影视机构合作拍摄影视剧,带动影视产业、演艺产业园的建设。以影视剧播出为契机,将龟山、月湖、归元寺等片区打造成影视取景地,做好汉阳城市形象营销,实现影视产业和文化产业的融合。扶持文化企业,融合民间工艺、工业制作、文化美学等诸多元素,开发传统文化元素、现代手工技艺与时代消费需求相融合的文化创意产品,研发制作非遗项目衍生品。

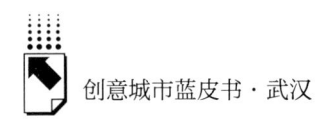

（六）调整人才结构，加强文化产业人才队伍建设

汉阳区应加强对现有文化产业从业人员及相关从业人员进行服务规范、从业素质等方面的培训，探索合作培养人才模式，探索政企、校企等人才共建机制。以武汉高校为依托，重点培养复合型文化创意人才，支持汉阳区文化产业平台为相关专业高校学生提供实践机会，推动产学研一体化发展，提升文化创意人才在经营管理等方面的综合能力。加大相关领域核心人才、专门人才和国际化人才的引进力度，支持文化企业面向全球招才引智，鼓励企业采取股权奖励、期权分配、技术入股等方式对企业技术人员和经营管理人员予以激励，真正做到"引得进""用得好""留得住"。设立专项激励基金，对为文化创意产业做出突出贡献的个人或团队进行奖励。

（七）加快发展文化事业，提高公共文化服务水平

汉阳区应坚持公共文化服务基础设施和服务管理"双提高"，进一步提升人民群众对公共文化服务的获得感与满足感。从纵深方向统筹全区公共文化服务资源和硬件资源配置，进一步划分图书馆、文化馆等服务主体的职能与职责，进一步挖掘互联网的价值与作用，推进公共文化机构间的互联互通和文化共享。通过网络民意调查、电话访谈、专家座谈等方式了解群众对公共文化服务供给的迫切需求，把握群众需求变化，提高公共文化服务供给结构的灵活性。培育和扶持重点公共文化项目，在政府引导和市场运营的保障框架下用项目带动全区的公共文化服务。生产一批能够满足人民群众需要的文化精品，从而丰富公共文化产品的服务供给。

B.16 武昌区文化产业发展报告

蒋晓星*

摘 要: 党的十九大以来,武昌区积极响应党中央、省、市关于文化强国建设的号召,优化文化产业顶层设计,健全文化产业体系,加大招商引资力度,加快功能分区规划,针对文化产业存在的品牌竞争力不强、产业环境尚需改善、产业结构亟待优化等问题,提出加强品牌建设、改善产业环境、推动文化与科技融合、优化文化产业结构、谋划资源空间布局等建议,进而推动文化产业高质量发展,促进武昌区由文化大区向文化强区转型。

关键词: 文化产业 功能分区 招商引资 武昌区

党的十九大报告对文化产业的发展提出了具体要求:"要健全现代文化产业体系和市场体系,创新生产经营机制,完善文化经济政策,培育新型文化业态。"武昌区在市委宣传部的指导下,按照中央、省、市和区委关于建设社会主义文化强国的一系列重要部署,将文化产业创新发展作为武昌区当前和今后的重要工作。结合武昌区的发展定位和现有条件,引进龙头企业,培育领军企业,形成产业集聚,加强产业融合,促进新的文化业态在武昌区蓬勃发展。

---

* 蒋晓星,华中师范大学国家文化产业研究中心硕士研究生,研究方向为文化资源与文化产业。特别感谢武昌区委宣传部的大力支持,为本报告的撰写提供了翔实资料。

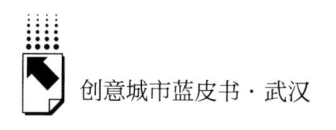

一 武昌区文化产业发展现状

（一）做好顶层设计，文化工作细致全面

文化产业顶层设计事关文化产业兴衰，武昌区政府全面统筹，加强文化产业顶层设计。一是设立机构，成立文化创新发展工作专项小组，由区委宣传部牵头负责，区发改委、区科技产业局等10个相关职能部门及各街道为责任单位。二是依托全省首个以"党、政、企、社、媒、校（院所）"为参与主体的多元互动平台——武昌·区域创新发展委员会，组建文创界别委员会，为企业发展、成果转化、人才集聚、项目落地提供强大动能。三是针对武昌区文化产业重点发展方向、路径和存在的突出问题，出台文化产业创新政策，力求解决文化企业发展壮大的"痛点"。四是将原武昌区文旅公司改组为武昌区文创公司，打造文化创新的市场化平台，承接区委发展战略，参与创新载体开发，促进产业互动融合。

（二）健全公共文化服务体系，文化活动丰富多彩

随着武昌区文化之城建设的推进，辖区大学图书馆已经向市民开放，湖北省图书馆和武昌区图书馆的建成，140个街道社区图书馆的启动，新华书店、文华书城、外文书店等在各商圈的开设，以及大型商场、超市、卖场开设的图书专柜或者图书角，让市民有了更多更好的读书场所。此外，湖北省博物馆、湖北省美术馆和湖北省群众艺术馆的建设也让市民体会到了更加便捷的文化服务，享受到了更加优质的文化资源。

2018年上半年，武昌区共开展文化惠民活动54场，为街道、社区、部队、学校、福利院送去图书17590册；组织文物消防安全检查，加强文物保护，推进文物修缮工程报审，推进68处第三次全国文物普查新发现不可移动文物核查及紫线划定工作；推进非遗项目传承，组织"销品茂"举办迎新

年民俗文化节非遗传承人技艺、作品、表演展示，举办"文化和自然遗产日"非遗宣传展示活动，以"多彩非遗·美好生活"为主题，武昌地区共推出楚剧、京剧专场演出6场。① 2019年上半年武昌区举办文化活动概况见表1。

表1　2019年上半年武昌区举办文化活动概况

序号	活动名称
1	2019武汉非遗过早节
2	第二十九届"首义之春"龙腾狮跃"闹元宵"舞龙锣鼓大赛
3	武汉昙华林非遗节
4	全民阅读活动启动式暨《武昌历史文化丛书》首发式
5	2019武汉"读书之旅"暨武昌区第三届"大成武昌"城市定向行活动
6	"青春心向党·建功新时代"——纪念五四运动100周年庆祝活动
7	"与军运同行·与祖国同庆"武昌区第七届全民健身运动会武术邀请赛
8	大城武昌·武昌大成——庆祝武昌解放七十周年图片展
9	武昌区第二届全民健身展示周
10	扬子江非遗糕饼文化园建设启动仪式
11	"我们的节日——端午"系列活动
12	武昌区第四届"红色巴士一日游"暨大学生金牌导游招募活动

（三）落实人才引进工作，就业培训服务完善

武昌区拥有众多高校，人力资源丰富，做好人才引进工作是政府工作的重点。2018年上半年，武昌区新增留汉大学生18441人，邀请辖区企业参加了3场大型春季校园巡回招聘活动，积极参与2018年百万校友资智回汉大会·江汉大学和湖北大学专场活动，签约金额累计65亿元，审核通过大学毕业生租赁房申请349人。在就业服务方面，成立武汉首个人才创新创业服务中心，提供"一站式"的人才与创新服务。②

---

① 《2018年区（政府报告）确定的主要目标任务上半年完成情况》，武汉市武昌区人民政府网站，2018年8月3日，http://www.wuchang.gov.cn/wcqzfzz/zwgk1/jbxxgk/zfgzbg/zfgzbgzxqk/2028767/index.html。
② 《武汉首个人才创新创业服务中心揭牌　人才与创新服务可"一站式"搞定》，荆楚网，2018年11月14日，http://news.cnhubei.com/xw/wuhan/201811/t4189102.shtml。

在文化产业人才引进方面，武昌区招才局充分利用和整合资源，积极制定集聚文化产业人才的相关措施，不断优化人才队伍结构。一是重点项目引育人才。通过国家"万人计划"、湖北省"百人计划"、武汉市"黄鹤英才计划"、武昌区"英才计划"等重点人才项目，有针对性地培育文化艺术类创新创业人才。二是集聚合力培育人才。深入推进"百万大学生留汉创业就业工程"和"武汉工匠计划"，做实做强文化产业人才金字塔"塔基"，吸引大学毕业生留在武昌创新创业。三是整合资源服务人才。对辖区文创类企业进行面对面交流与沟通，了解企业发展情况，注重对人才的政治吸纳和对企业的精准服务。

（四）聚焦科技成果转化，科创项目、企业持续增加

科技是产业发展的核心竞争力，科技成果转化关系到企业发展的方方面面，武昌区十分重视科技的发展，着眼于科技创新与科技成果转化、科技重大专项及创新载体平台建设等，组织科技创新、产业发展、新民营经济、科技金融等政策汇编。科技园区成果显著，斗转科技园已入驻30余家北斗行业上下游科技型企业。武昌区分别与武汉大学、湖北大学签订"知识产权及科技成果转化合作协议"，鼓励其提升院校知识产权创造、保护与运用能力；开展科技成果转化对接活动，组织各类科技成果转化对接活动8场；督促各高校院所积极开展技术合同交易认定工作，抓好高校院所科技成果转移转化工作，促进创新活力迸发。2018年上半年武昌区科技成果转化完成基本情况见表2。

表2　2018年上半年武昌区科技成果转化完成情况

序号	事项
1	农商行与"V+"合伙人大厦签订战略合作协议
2	制定《武昌区支持科技创新产业发展政策清单》
3	完成《中科武大·智谷》产业发展规划》的编制
4	"人体肺部气体磁共振成像系统"项目落地
5	成立武昌文化创新发展有限公司
6	启动"V+"新一代信息技术产业园建设
7	引进黑马学院、南京1001等专业服务机构
8	斗转科技园正式运营

（五）提升招商引资实效，投融资体系逐渐完善

武昌区政府十分重视文化产业的招商引资，积极构建文化企业相关的投融资体系，始终将龙头企业引进、重大项目落地作为文化产业发展壮大的核心要务。针对在建、有意向合作并符合武昌发展需求的24个项目、32家企业，按照专人跟进负责的方式，实行点对点、人对人商洽，切实推进项目的实施。在深圳成功举办武昌文化创意产业投资洽谈会，签订亿元以上投资协议5个，成功引进理工数传等重点企业，预估总投资为32亿元，超额完成全区招商引资绩效目标，全年新增文化企业2339家。

2018年，武昌区继续将招商引资放在重要地位，努力引进优质企业。一是积极参加各类文化产业招商推介会。组织辖区文化企业参加首届国际武汉斗鱼直播节招商洽谈会、第四届温州文博会、第十四届深圳文博会等。二是瞄准重点城市的重点企业实施招商。由武昌区主要领导率队，多次赴深圳、北京、成都等重点城市拜访；接待上海东方明珠、深圳正威、江苏一德等重点企业20余家，深入洽谈项目合作。三是推进头部企业核心项目签约落地。文化产业发展专项资金、文化企业信贷风险池基金和文化产业发展引导基金等一系列财政金融支持举措先后实施，投融资体系逐渐完善。

（六）加快功能分区规划，空间布局不断优化

武昌区文化产业众多，产业集群效应明显，区政府立足实际情况，不断优化功能分区。一是加强武昌古城改造建设和保护性开发，召开《大黄鹤楼-武昌古城国家5A级景区旅游创建规划（2018～2025年）》研究汇报会，打造"大黄鹤楼-武昌古城历史风貌旅游区"；二是加快滨江生态景观旅游带建设，重点围绕长江主轴规划实施，推进右岸大道、景观阳台、江滩公园、铁路遗址文化公园建设，打造兼具交通、观景、游憩等综合功能的世界级滨水景观大道和城市中轴文明景观带；三是推进楚河汉街文化旅游带建设，加大楚河汉街旅游资源整合力度，扩大楚河汉街整体辐射范围和影响力；四是加强昙华林片区建设，依托湖北美术学院和昙华林片区艺术设计机

构,着力推动聚集以艺术设计、艺术休闲、艺术品交易和旅游为主的新型文旅业态;五是重点围绕工程设计、创意设计、出版传媒设计等产业优化布局,积极打造工程设计、创意设计、出版融合产业研发集聚区,推动设计产业集聚发展,打造"设计之都"核心承载区。

二 武昌区文化产业存在的不足

(一)品牌竞争力和盈利能力需进一步提升

知名的文化品牌能够带动地区产业的发展,提升企业的知名度,增强产业竞争力。武昌区虽文化产业众多,但知名文化企业大多为国有控股企业,知名私营企业比重小,市场竞争能力整体较弱;知名的文化产品也较少,武昌区虽文化资源丰富,但资源的整合利用率较低,国内外有影响力的文化产品或品牌如黄鹤楼、昙华林、户部巷、楚河汉街等的发展仍局限在旅游开发上,缺少有深度的文化品牌竞争力构建与挖掘,文创产品也相对较少,整体品牌竞争力不强。

较高的盈利能力不仅能够使产业资源得到最大化利用,而且能使企业提质增效。武昌区产业集聚效应明显,但产业盈利能力较弱,在武昌区新兴文化产业产值中,工程设计类盈利能力最强,比重最大的是各个设计院承接的国家基建项目、建筑设计项目、工程设计项目,但以文化创意设计为核心的生活服务类企业发展缓慢,盈利能力较弱。此外,文化旅游业、演艺娱乐业、现代会展业和动漫游戏业等资产规模较小企业的盈利稳定性较差,盈利能力也比较弱。

(二)产业环境和创新政策需进一步改善和完善

目前武昌区文化产业环境虽有所改善,但文化市场的监管力度需进一步加大,文化产品的版权问题尚未规范,假冒、盗用品牌的现象屡见不鲜,文化企业的资产评估、资产核算工作做得不到位,文化市场执法队伍的素质有待进一步提高，文化市场的准入和退出机制不完善，文化中介服务机制仍需进一步引导。此外，除国有文化企业以外，辖区内还缺少文化产业领军企业，民营文化企业业务单一、业务扩展困难、现代企业制度不完善等问题依然存在，发展带动力受限。

政府出台的与文化产业发展相关的政策较少，覆盖面小，政策的制定过程不透明，缺乏科学的论证，政策的执行和监管工作也未深入推进。对文化产业项目申报、资金使用、项目收益等缺乏过程监督和绩效评估机制，文化产业政策制定缺少民主参与，政策缺乏系统性，政策变动频繁，缺乏稳定性和连续性，地方政策与上级有关部门的政策往往有出入，文化产业政策与其他政策也存在协调不一致的现象，政策的支持力度较小、指导性不强。

（三）文化与科技融合需进一步加强

科技创新既是文化产业发展的手段与路径，也是文化产业发展的重要引擎。武昌区在文化与科技融合方面，首先，融合理念尚未深入，对科技带动文化产业发展的认识不足，尚未真正树立科技与文化产业融合发展的理念；其次，新兴文化产业与科技融合度不高，新兴文化产业要以文化为核心，在完善的知识产权体系下通过文化与科技融合实现文化资源、产业、资本间的互融互通，而武昌区现有的新兴文化产业与科技融合度不高，较少有基于大数据、云计算、虚拟现实等技术进行深层次文化与科技交互体验的企业或平台；再次，文化与科技融合的专业人员稀缺，尤其是一些既懂文化又熟悉高新技术的复合型人才极为稀缺；最后，文化产业核心文化层与科技融合尚处于规划之中，融合的模式较为单一，管理、运营的经验相当缺乏，文化与科技融合的资金支持力度也较小，缺少专项的政策资金。

（四）产业结构与市场主体需进一步优化和培育

良好的产业结构能够培育新的经济增长点，促进地区经济合理布局和协调发展。武昌区文化产业结构不合理，"四上"文化企业大多为国有控股、集体控股等国有企业。武昌区文化产业呈现工程勘察设计行业一家独大、

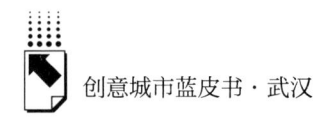

国有企业优势明显、传统行业占主导地位的局面，而其他新兴的文化企业、数字企业比重较小，发展实力较弱，导致武昌区文化产业活力不足，很难实现爆发性增长。目前，武昌区文化产业市场主体较弱，"四上"文化企业数量处于全市各城区的中游水平，上市的文化企业较少，市场主体总体呈现小而散的局面，缺少类似斗鱼直播、阅文集团这样的互联网、泛娱乐等新兴前沿文化领域的独角兽企业、瞪羚企业，未能抢占行业发展的制高点。

（五）资源空间需进一步拓展

武昌区是古城区，资源空间十分有限。目前，武昌区规划的文化产业发展空间主要集中在武昌古城区域。一方面，该区域受黄鹤楼俯视线和文物保护的限制，可开发地块容积率较低，开发空间有限；另一方面，该区域大多为老旧城区，居民腾退、街区改造难度大，不少地方还存在各种历史遗留问题，导致规划、征收等工作进展相对缓慢，难以迅速获得发展空间。如规划建设的昙华林、斗级营项目建筑体量不足8万平方米，致使一些优质项目无法落地。随着文化产业的转型，各地都通过建设文化产业园区来带动文化企业集聚，武昌区受地理空间的限制，尚未有较大规模的空间去建设文化产业园区，因而失去了发展文化产业的大好时机，致使在一定程度上落后于其他地区，影响其文化强区的地位。

三 武昌区文化产业发展对策

（一）加强品牌建设，提高文化企业竞争力

品牌是企业的核心竞争力，优质的文化品牌不仅能够提升企业的竞争力，而且能带动相关产业的发展，推动区域经济发展。首先，武昌区要着眼于区域发展的实际情况，制定文化品牌发展战略，推出文化品牌政策；其次，要把已有的品牌做好，提升其品质，为其注入时代的、国际的内涵，让

其焕发新的光彩，不断升华其品牌内涵；再次，要根据武昌区的城市文脉和功能布局，规划一些新的品牌，合理安排城市文化活动的时间和空间，因时因地制宜，既体现理性和自觉，又与城市的特质、优势相匹配，如昙华林文创产品、武汉电竞嘉年华等；最后，要放眼世界，引进优质的文化资源汇聚武昌区，通过展会、论坛、赛事、工作坊等方式广泛交流，主动有效地对接世界高端文化资源。

改善运营模式，创新盈利方式。一方面，文化企业要敢于创新，在"互联网+""文化+"的新时代，要加强产业的跨界融合，共享行业信息，抱团取暖，形成规模效应。另一方面，政府要加强对小微文化企业的扶持，在资金、技术等方面给予优惠，建设文化产业公共服务平台，通过招商引资和重大项目建设来带动文化企业发展，提高盈利水平，提升区域文化产业竞争力。

（二）改善产业环境，提高文化政策科学性

文化市场的健康发展，离不开市场监管。优化产业环境，首先，要建立国有文化资产监管体制机制，完善国有文化资产监管体系，健全国有文化资产监管基础制度和管理办法；其次，要进一步深化文化市场综合执法改革，提升综合执法能力，营造和谐有序的文化市场环境；再次，要优化文化资源市场化配置，进一步消除人才、资金、技术等方面的进入壁垒，完善文化中介服务机制，引导扶持信息咨询、创意评估、科技经纪等各类中介机构发展，提高文化运用、保护和管理的能力；最后，要培育知名文化企业，对中小微文化企业发展提供指导，增强文化企业孵化能力，解决其发展所需的资金、技术等方面的问题，充分发挥国有文化企业的带动作用，鼓励与小微文化企业合作，推动产业融合发展，扩大区域文化影响力。

加强文化产业政策规划，科学合理地编制规划，提高政策制定的透明度，让公众、文化企业、科技企业等参与政策的制定，提高政策的针对性，规范资金项目申报审批流程，对政策的实施要加强监督，提升政策的稳定性和连续性，协调好上下级之间、区域之间、相关产业之间的政策关系，优化

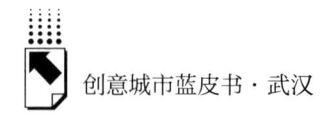

结构，使政策的执行更加协调，对政策的执行情况进行评估，并定期公示，使政策在制定、执行、评估等各个环节更加系统化、科学化。

（三）推动文化与科技融合，提升文化产业科技水平

文化与科技融合是文化产业发展的大势所趋，推动文化资源数字化、文化产业科技化，是完善文化产业体系的题中应有之义。首先，武昌区要树立文化与科技融合的战略思维，做好文化产业与科技融合的规划，通过教育培训、调查研究等方式，引导相关管理部门和从业人员树立科技与文化融合发展思维；其次，政府和文化主管部门要打造一大批满足新技术、新业态发展需要的具有原创能力、善用创新成果、懂文化善管理的复合型科技人才队伍，加大人才培养力度，营造各类人才健康成长的和谐环境；再次，要充分利用移动互联网、大数据、云计算等先进技术，创新商业模式、服务模式、营销模式，开发互联网新产品，搭建科技资源共享平台、知识产权综合服务信息共享平台、众创空间网络信息平台等公共服务平台，为企业进行创新升级提供支持；最后，要依托现实资源，打造文化与科技融合重点孵化器，全力打造科教创新策源地、产业创新引领区、技术创新示范区，营造全方位、多层次、宽领域的创新创业生态氛围，做好文化产业与科技融合的政策支持，设立文化与科技融合专项基金，打造特色文化与科技融合示范区。

（四）优化文化产业结构，培育文化市场主体

产业结构的优化升级能够促进产业的转型升级，面对国有文化企业独大、新兴文化产业比重较小的局面，武昌区要进一步优化文化产业结构，推动文化产业转型升级。首先，要提高现代新兴文化产业比重，尤其是以体育、网络信息服务、电子竞技、文化旅游等为代表的具有广阔发展空间和巨大市场潜力的新兴文化产业；其次，要提升文化产品的附加值，加强文化与科技的融合，依靠高新技术、数字技术改造传统文化产业，开发新兴文化产业，提升企业的市场竞争能力；最后，要营造良好的文化企业竞争环境，理顺文化产业内各个链条、环节、要素之间以及文化产业与其他产业之间的关

系，形成良性的互动机制。

与国有文化企业相比，小微文化企业、私营企业的发展更具自主性和灵活性。因此，武昌区应加大对多元化市场主体尤其是小微文化企业、私营企业的扶持力度。加大对小微文化企业的孵化力度，营造适合小微文化企业发展的社会环境，给予小微文化企业更多的税收、财政、金融、风险分担与缓释等方面的支持，为武昌区文化产业创新发展提供重要动力。

（五）谋划资源空间布局，破解发展空间瓶颈

产业要发展，空间是关键。武昌区作为中心城区和老城区，土地空间资源一直是制约产业发展的最大瓶颈，为此，政府应多措并举给予资源倾斜，不断拓展发展空间。一是集中资源发展优势产业。在符合全区整体产业布局的情况下，从现有资源中拿出优质的资源和空间，优先引入文化企业，集中资源力量推进工程设计、出版传媒等优势产业进一步做大做强。二是盘活存量资源，拓展文化空间，充分利用旧城改造释放存量空间。作为工业经济时代的产物，老旧厂房是城市文化发展的记忆，承载着提供公共服务、文化交流的社会价值和拓展文化空间的文化价值，针对武昌区老旧街区、厂房多等特点，应大力推进昙华林、斗级营、小龟山文化金融公园等旧改项目建设，将工业景观、创意内核、整体环境有机融合，探索老旧民居租购并举、连点成片的渐进式改造路径，通过"腾笼换鸟"释放空间资源。三是在待开发地区提前谋划预留产业空间。在计划开发建设的空间内，积极跟踪、对接规划、建设等部门，征求相关部门意见，结合发展需求，布局专门的文化产业园区，预留足够的文化产业发展空间，保证武昌区文化产业实现可持续发展。

B.17
抢抓文创产业新机遇，积聚洪山发展新动能

——洪山区文创产业发展报告

郭园园*

摘　要： 2018年以来，洪山区坚持发挥科教智力优势，主打"大学之城"名片，将文化创意与科教创新融合，不断推动文创产业发展成为全区支柱产业，为洪山区高质量发展持续积聚新动能。面临时代赋予的机遇与挑战，洪山区需做好文化产业普查工作，明确文创产业发展方向，推进洪山区文创产业平台建设与重点领域发展。

关键词： 文创产业　"大学之城"　游戏产业　洪山区

"十三五"时期洪山区深入贯彻落实习近平新时代中国特色社会主义思想，坚持"四个全面"战略布局，牢固树立"创新、协调、绿色、开放、共享"的新发展理念，积极推动文化产业发展。2018年以来，洪山区坚持发挥科教智力优势，精心打造一批文创产业园区和文创产业项目，不断推动文创产业发展成为全区支柱产业，为洪山区高质量发展持续积聚新动能。

洪山区在良好的发展势头下积累了雄厚的企业与产业资源。截至2018年底，洪山区文化产业单位共计664家，其中文化服务业602家、文化制造

---

* 郭园园，华中师范大学国家文化产业研究中心硕士研究生，研究方向为文化资源与文化产业。

业38家、文化批发和零售业7家,拥有长江出版传媒股份有限公司、武汉亿童文教股份有限公司等6家上市企业,全区累计建成省级文化产业基地16个、国家级文化产业基地2个,全区新增文化创意企业1000余家。①2018年,洪山区申报高新技术企业数量超过260家,武汉创意天地新注册审批文创企业502家,现已成为全国最大的文创产业园。

一 洪山区文创产业发展现状与成果②

洪山区积极推动新旧动能转换,创新思路,在"大学之城"建设、产业结构优化、幸福洪山建设、美丽洪山建设、文明洪山建设、活力洪山建设等方面取得了明显成效,为"十三五"规划目标的完成提供了有力支撑和保障。

(一)凝聚发展共识,为文创产业发展提供组织保障

2018年是关键的一年,是重要的一年,洪山区凝聚发展共识,为文创产业发展提供组织保障。2018年洪山区委、区政府提出将文创产业打造成为支柱产业,成立区文创产业促进工作领导小组,组建区文化产业办公室,切实加强对全区文创产业发展的统筹协调。区委书记杨泽发参加领导小组第一次会议并讲话,动员全区统一思想,坚定战略选择,齐心协力加快把文创产业发展成为支柱产业。邀请中电光谷联合控股有限公司董事长黄立平为洪山区"四大家"领导班子做专题报告,进一步凝聚共识,厘清发展思路,明晰发展定位。

洪山区作为全国"大学之城"之一,拥有丰厚的人文底蕴,充满创新创意活力。选择将文创产业作为洪山区重点发展的支柱产业,既是因地制

---

① 《洪山区2018年国民经济和社会发展计划执行情况及2019年计划草案的报告》,武汉市洪山区人民政府网站,2019年1月9日。
② 严湘桃:《大力发展文化创意产业 为洪山区高质量发展积聚新动能》,《武汉宣传》2018年第11期。

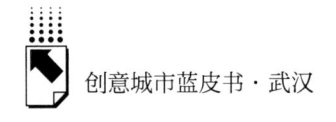

宜，又是因势利导；既是洪山区资源禀赋孕育的产业特质，也是洪山区多年来产业发展的固有路径，还是洪山区坚持与兄弟城区错位发展的明智之举。

（二）致力于综合施策，为文创产业发展提供基础条件

其一，把握第四次全国经济普查机遇，加强文化产业统计。2018年洪山区先后两次举行全区文化产业统计工作调度会，认真组织落实文化产业市场主体专项调查工作，建立文化产业统计联动机制，由区委宣传部牵头协调区统计局、区文体局、洪山经济开发区、各街乡等多部门抢抓第四次全国经济普查关键契机，做实全区文化产业的统计入库工作，做到应统尽统，为实现到2020年全区文化产业增加值占GDP比重超过5%奠定坚实基础。

其二，组建产业联盟，实现"区校企"三方联动。2018年，为进一步促进文创产业的产学研深度融合，洪山区委、区政府举办"激越四十年·洪山文创印记"嘉年华，并成立由洪山区、高校、文创企业三方代表组成的洪山区文化创意产业联盟。搭建文创产业创新合作与对接平台，整合文化创意、资金、人才等产业资源，为联盟成员高校的科研成果转化、文创产业人才培养、大学生实习就业等提供大力支持，为联盟成员企业的人才引进、技术成果转化应用等畅通多种渠道，从而创新推动文创产业发展，实现多方共赢。

其三，紧跟发展需求，创新完善扶持政策。洪山区组织辖区文创园区和文化企业积极申报2018年武汉市文化产业发展项目专项资金，共获批专项资金233.92万元。为促进重点优势产业集聚规模发展，区文创办牵头起草更具吸引力和竞争力的文创产业扶持政策措施，探索从人才公寓、财政实际贡献额奖励、社会价值激励等方面提高政策吸引力。

（三）突出项目运作，为特色产业集聚提供强力支撑

其一，狠抓重点项目建设，加大统筹协调力度。2018年洪山区组织召开全区纳入《武汉市文化产业发展"十三五"规划》的重点项目中期评估调度会，加强对武汉创意天地二期、湖北出版文化城二期等重点项目建设的

统筹协调。武汉创意天地二期建设土地储备计划已获市国土规划局批复,后续将进行实地测量和土地权属调查。湖北出版文化城二期项目正在对项目土地利用和城市空间规划方案进行报批。重点加强文化科技融合发展,2018年洪山区获批市级文化和科技融合示范园区1家、示范企业3家,对加快融合创新、推动文化产业高质量发展发挥了重要引领作用。

其二,紧盯新兴产业领域,着力全产业链发展。2018年洪山区重点引进游戏电竞、创意设计、工业设计等产业。在政务服务、奖励资金申报、人才引进等方面加大对游戏电竞企业的支持力度,联合武汉数字创意与游戏产业协会举办"UEL大学之城高校电竞联赛"。2018年新引进一批重点项目,如湖北长江出版传媒集团有限公司投资40亿元拟建设面积约53万平方米的湖北创意文化产业园,上海火线资产管理有限公司投资打造电子竞技游戏产业基地。在中国湖北-韩国经贸合作洽谈会上签约中韩新媒体文化创意产业园项目,签约金额达10亿元。

其三,不断推动文化产业集聚发展。洪山区培育出一批以科技创新和文化创意为引擎的创业型企业群,形成了以出版传媒、动漫游戏、建筑设计三大产业为主导,以龙头企业为核心的产业集群,特别是在数字出版、动漫游戏、新媒体、新设计、数字虚拟现实等领域进一步实现了在中部地区领先,培育了一批在国内外具有一定影响力的优秀企业,创作了诸多文化和科技融合发展的优秀产品。

(四)拓展发展空间,为文创产业发展提供载体平台

其一,加快提档升级,整合利用现有空间资源。将已建成的园区、基地作为文创产业集聚发展的重要载体。如在武汉创意天地成功打造了洪山区首栋"游戏大厦",短短一年时间楼宇整体商业流水蹿升至10亿元,纳税2000万元。支持德成软件园提档升级,与湖北华中文化产权交易所成功签订合作框架协议,探索实践文化与金融融合,共同致力于打造"华中文化金融示范园区"。突出发挥烽火创新谷、OVU创客星等77家创新创业中心的作用,吸引大量文创类企业入驻。

其二，立足学城共建，积极拓展发展空间。加强与辖区高校的战略合作，发掘和利用高校空间资源，突出共建共享，切实推动武汉理工大学科技孵化楼三期、华中师范大学大学生创新创业中心、中国地质大学（武汉）宝谷大学生创新创业中心等一批"大学之城"合作项目，为文创产业创造新的发展空间。同时，通过建设一批青年创业公寓和创业社区，吸引更多大学生在洪山区创新创业。继续深入推进青桐计划、"城市合伙人"计划和"洪山工匠"计划，鼓励和支持科技型企业对技术骨干、管理团队扩大股权激励试点。

在此期间，"环大学创新经济圈"建设全面启动，建成宝谷珠宝旅游文化街，加快推进武汉大学珞珈创意园（二期）、华中师范大学大学生创新创业中心（文化街）以及武汉体育学院奥林匹克特色街三期、四期工程建设进度，有序推进虎泉文化商业特色街区建设，特色街区品质进一步提升，这些发展空间都为文创产业的发展提供了必要的载体平台。

二　洪山区发展文创产业的展望与思考

截至2018年底，洪山区常住人口达117.81万人，远超规划人口数量。[①]按照《洪山区"十三五"规划》，要求到2020年全区完成文创产业产值703亿元，年均增长22%。2016年和2017年，全区实际完成文创产业产值316亿元和386亿元，同比均增长22%。为圆满完成文创产业产值任务，洪山区首先应建立统计联动机制，抢抓第四次全国经济普查工作的契机，按照《文化及相关产业分类（2018）》，抓好辖区文创产业的统计入库工作，做到应统尽统，进一步摸清底数，为洪山区对各类文化企业进行有重点、有阶段、有针对性地扶持奠定基础。在此基础上，洪山区应将文创产业发展的思路、平台、项目、措施、资源和细分方向进行进一步调整和明

---

① 《洪山区2018年国民经济和社会发展统计公报》，武汉市洪山区人民政府网站，2018年9月9日。

确,从而有重点地在政策的引导下,形成洪山区文创产业特色化发展与规模化建设思路。

(一)文创产业发展思路明晰化

洪山区在发展文创产业时,要对产业进行细分,结合实际合理布局,细化文化产业发展的类别和项目,进一步完善扶持政策内容,加快制定出台《洪山区关于推进文化创意产业高质量发展的政策措施》。例如,青菱都市工业园可从工业研发设计产业着手,精准定位自身发展的文创产业类型。同时,在建设南湖文化科技创意产业园和武汉创意天地"双核"的基础上,明确发展思路,将政策向武汉大学珞珈创意园等文化创意产业集聚区延伸,发展各具特色的园区。切实扶持文创企业做大做强,借鉴第一家自主培养上市文化企业武汉亿童文教股份有限公司的经验,不断培育龙头文化企业上市。

(二)文创产业发展平台集中化

积极推进文化产业集聚发展,以发展文创产业为核心,重点打造南湖文化科技创意产业园、武汉创意天地、融创智谷三大文化创意园区,大力发展广埠屯文化产业集聚区、卓刀泉文化产业集聚区、鲁磨路文化产业集聚区、民族大道文化产业集聚区、天兴洲文化产业集聚区。科学编制发展规划,制定好区域发展规划。同时,洪山区应加快创新服务平台建设,提升烽火创新谷、武汉创意天地和融创智谷等创新园区的品质,引导众创空间向专业化方向发展,扶持一批创新能力强、发展潜力大的科技企业,引进培育更多的瞪羚企业、上市企业,进一步提升洪山区文创产业竞争力和影响力。围绕杨春湖、岳家嘴等区域,充分挖掘高端商务、楼宇经济等方面的增长潜力,打造企业总部集聚区。

(三)文创产业发展项目具体化

洪山区重点依托区域出版传媒、时尚设计及数字休闲基础,融合产业

"互联网+"、移动媒体的发展趋势，聚焦打造了中国宝谷、武汉创意天地等一批文创产业重点项目。鉴于当下重点项目与特色项目的发展优势亟待扩大，洪山区仍需狠抓重点项目建设，尤其是纳入《武汉市文化产业发展"十三五"规划》的重点项目，如武汉创意天地二期、湖北出版文化城二期、中国地质大学（武汉）珠宝创意产业集聚区、融创智谷等，加大统筹协调力度，推动项目建设取得实质性进展。洪山区应积极吸引武汉两点十分文化传播有限公司回归，建设"电竞梦工场"，打造具有高爆发、高成长、高就业的动漫游戏产业。同时，积极吸引华中文化交易所落户，打造德成5.5产业园艺术品交易中心。各街乡要结合辖区优势，特别是关山、珞南、洪山等街道，精心扶持重点项目。

（四）文创产业发展措施精明化

文创产业作为典型的综合性产业，涉及面广、内容丰富，在制定产业政策的过程中必须突出重点，将有限的资源聚焦到重点上来，实现以点带面。招商政策既要实现"引过来"，更要着眼于"留得住"，让入驻企业"有恒产者有恒心"。要提高财政经费使用效益，变"前资助"为"后补贴"。探索从人才公寓、税收返还、社会价值激励等方面提高政策的精准度。相关部门要切实提高服务水平，让引进的企业能真正留在洪山区。大力发展新兴移动游戏和竞技型网络游戏，引入、举办国内外知名的电子竞技品牌赛事。打造国内一流、具有国际影响力的游戏直播平台，构建以游戏为核心的泛娱乐产业生态圈。

（五）文创产业发展资源品牌化

洪山区文化、人才、科教资源丰富，资源的品牌转化却不足，因此有必要提升洪山区内资源的品牌转化率。其中，在科教资源支持下推行的"大学之城"项目，仍需重点完善体制机制建设，激发"大学之城"建设活力，深化简政放权，优化服务改革，释放改革红利，推动区校深度融合发展，实现大学与城市"水乳交融"。尽快编制完成武汉中央创智区实施性规划，促进中船重工第722研究所国防科技产业园、华中师范大学大学生创新创业中心、武汉理工大学科技孵化楼三期等项目尽快落地见效,逐步打造以科技创新金融和高端现代服务业为引领、以创新孵化平台和特色街区建设为支撑的科技创新商务区。同时,围绕文化产业发展,提升文化资源的品牌转化率,策划开展具有全国影响力的宣传推介活动,从而提升洪山区的品牌文化传播力与影响力。联合武汉创意天地举办"2019武汉国际创客艺术节"活动,打造洪山区艺术节品牌。积极组织洪山区相关部门、文化企业赴上海、深圳等地参加文博会等活动,加大洪山区文化产业对外招商推介力度。

(六)文创产业发展方向突出化

其一是数字媒体产业。依托湖北出版文化城产业基础,洪山区应发展以"数字出版、网络传媒"为核心的新媒体创意产业。首先,以区域动漫、教育、音像等传统出版物为基础,进一步集聚原创类出版产品企业,并推进版权交易类产业链延伸;其次,依托现有出版传媒优势,打造以"电子图书、电子期刊"为特色的新媒体出版产业;最后,随着产业平台需求的提升,搭建"移动远程教育平台",实现教育资源与教育产业的完美结合,实现区域教育资源共享、教育产业价值提升。

其二是创意设计产业。重点依托中国地质大学(武汉)和武汉纺织大学时尚设计人才资源,以设计和咨询业务为基础,通过资源整合实现与时尚产业的下游对接。首先,依托武汉纺织大学、中南民族大学、中国地质大学(武汉)等高校人才优势,鼓励校园、企业人才进行创新创业,发挥区域创意设计人才优势,引导"校园设计大师"个人工作室集聚,发展"服装设计和珠宝设计";其次,依托中国地质大学(武汉)、武汉纺织大学校园资源,完善"校企"合作机制,整合区域时尚设计产业资源,搭建时尚设计产业下游企业的对接平台;最后,以"知名设计师"和"知名品牌企业"为依托,形成品牌化的时尚设计集群,延伸产业链,发展"时尚商贸、时尚会展、时尚设计培训"等产业,形成以"时尚设计"为核心的时尚产业发展集群。

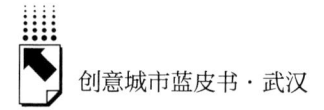

其三是数字休闲产业。洪山区应以动漫游戏专业服务为突破口集聚企业，承接相关赛事并积极引进游戏战队，培育龙头企业，推进形成产业氛围。首先，应依托区域动漫出版产业基础，重点以"动漫影视"产业专业服务为支撑，承接"北上广深"部分动漫外包产业，壮大产业基础实力；其次，以武汉创意天地为依托，努力承接区域动漫游戏、文艺演出等活动，营造区域动漫游戏产业氛围，结合数字休闲游戏研发，并行推进其发展；最后，与东湖高新区共同营造区域动漫游戏产业氛围，协同实施区域管理政策，形成区域动漫游戏品牌效应，推进区域数字休闲产业协同发展，并在一定程度上拓展数字休闲衍生品产业。

B.18
东湖高新区数字文化产业发展报告

李少多 童 丹*

摘　要： 武汉东湖高新区作为我国首批国家级文化和科技融合示范基地核心区正成为国内数字文化产业发展最为迅猛的地区之一，产业格局不断优化，产业规模日益扩大，产业特点各具特色。本报告总结了2018年武汉东湖高新区数字文化产业发展现状及发展特点，并提出相应的对策建议。

关键词： 数字科技　文化产业　东湖高新区

2018年是武汉东湖高新技术开发区（以下简称东湖高新区）实施"十三五"规划的重要一年，是供给侧结构性改革和自贸区建设的深化之年，国际经济政治形式更加错综复杂，经济复苏依然脆弱，在东湖高新区党工委、管委会的坚强领导下，东湖高新区牢固树立五大发展理念，深化供给侧结构性改革，坚持创新和开放"双轮驱动"，深入实施"双自联动"发展战略，加快建设"世界光谷"，经济社会保持平稳持续向好发展态势。目前，东湖高新区重点发展文化创意和设计服务业、网络直播和电竞产业、"文漫影游"产业、VR/AR互动体验产业、网络教育和出版产业等。

---

* 李少多，华中师范大学国家文化产业研究中心博士研究生，研究方向为文化资源与文化产业；童丹，武汉东湖高新技术开发区产业发展和科技创新局科长，武汉大学生物化学与分子生物学博士研究生，研究方向为科技创新、文化科技产业发展。

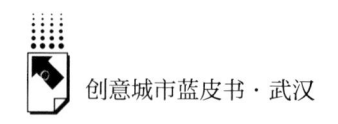

一 东湖高新区数字文化产业发展现状

截至2019年8月,东湖高新区各类文化科技企业和机构已达2000余家。规模以上文化企业共240家,实现营业收入437.3亿元、增加值182.26亿元,其中收入在百亿元以上企业1家、10亿元以上企业8家,上市企业4家。培育了斗鱼直播、盛天网络、中冶南方等一批代表性企业[1],产业特色鲜明,产业规模日益壮大。

(一)文化创意和设计服务业

自2017年武汉成功申请加入全球创意城市网络"设计之都"以来,文化创意和设计服务业发展迅猛。武汉在重点突出"设计创意"的城市建设中,制定了各类政策,特别是在鼓励原创设计的同时培养引进创意设计人才。2018年,国家数字化设计与制造创新中心在东湖高新区揭牌。同时,武汉芯片设计领域销售额突破51亿元,比上年增长54.67%。在获得第三届中国优秀工业设计奖的2000余件参评作品中,有10件获得金奖。以民用化产品"热成像相机"参评的企业高德红外,成为唯一获得金奖的武汉企业。2019年,武汉市人民政府发布了《武汉设计之都建设规划纲要(2018~2021年)》,强调力争到2021年,全市设计产业市场化、社会化、国际化水平明显提高,产业规模明显扩大,综合竞争力、辐射能力显著增强,初步建成全国重要的设计创新研发基地和具有武汉特色的设计之都。[2] 东湖高新区在工程建筑设计、通信传输与网络设计、软件设计、3D打印快速成型、工业设计、文物再现等领域优势明显,位居全国前列,武汉市工业设计行业协会90%的企业来自东湖高新区。

---

[1] 《光谷计划3年文化产业总产值突破千亿元》,武汉东湖新技术开发区政务网,2019年8月15日,http://www.wehdz.gov.cn/doc/2019/08/15/34131.shtml。
[2] 《市人民政府关于印发〈武汉设计之都建设规划纲要(2018~2021年)〉的通知》,武汉市人民政府网,2019年5月10日,http://www.wuhan.gov.cn/hbgovinfo/zwgk/tzgg/201905/t20190510_260175.html。

（二）网络直播和电竞产业

直播、电竞新业态正成为东湖高新区数字文化产业新的增长点。在东湖高新区，以盛天网络为代表的龙头企业率先尝试"游戏产业＋网络文学""游戏产业＋影视""游戏产业＋VR体验"创收新的效益，正是这样一批曾经被边缘化的产业逐渐走向台前，成为武汉数字内容产业不可或缺的中坚力量，涌现了斗鱼直播、盛天网络、文网亿联、梦竞科技等企业。其中，斗鱼直播的发展最为引人注目，成为游戏直播乃至整个直播行业的领头羊。斗鱼直播是全国最大的弹幕式直播企业，2019年上市以来，其净营收高达18.727亿元，较上年同期增长133.2%。2018年首届"中国游戏节"于5月25～27日在武汉国际会展中心举行，有140多家行业代表企业、200多位行业嘉宾、超2万人次专业观众参会，致力于共同打造新时代数字文化产业生态圈。2018年是光谷电竞产业风潮涌动的一年，中国电子竞技大赛、斗鱼嘉年华、中国游戏节三大活动的影响力日趋增强。电竞战队eStar回归武汉并落户光谷，让光谷第一次有了来自电竞顶级联赛的战队。相较于上海，武汉虽然在电竞领域属于后起之秀，但经过数年发展，目前武汉尤其是光谷在电竞产业链上也拥有一批产业模式成熟、影响力较大的知名企业。培育出了电竞直播龙头斗鱼、网吧管理软件提供商盛天网络、硬件整机定制厂商宁美国度、KPL和LPL联赛战队eStar拥有者星竞文化、连续三年承办中国青年电子竞技大赛的梦竞科技以及卓讯互动、铃空游戏等一批代表性企业。东湖高新区也出台了《关于推进文化科技产业融合发展的实施意见》（即"新文科九条政策"），未来每年将拿出5000万元专项资金，用于支持电子竞技等文化科技产业企业和创业者做大做强，支持光谷电竞产业高质量发展。特别是2019年10月在南京开幕的"2019中国（南京）文化和科技融合成果展览交易会"上发布的"国家文化和科技融合示范基地十强榜单"中，东湖高新区入围"集聚类基地十强榜单"，居全国第2位，基地特色为"直播电竞相关数字内容新业态典型示范"。

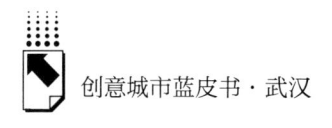

(三)"文漫影游"产业

目前武汉动漫企业大多聚集在东湖高新区,东湖高新区聚集了湖北省70%以上的动漫游戏企业,形成了产业集群效应,在"智能+"的浪潮下,有些已经达到国际领先水平。培育了博润通、两点十分、江通动画、知音动漫等动漫企业,在国内产生了较大影响。其中,博润通出品、创作的《木奇灵3——奇灵之心》和《乌龙院之活宝传奇》两部作品成功入选"动感金羊"优秀系列动画片奖项,《木奇灵3——奇灵之心》同时还入选2019年国家广播电视总局优秀国产电视动画片,它也是文化"走出去"的代表作品,现已出口巴西、东南亚等国家和地区,即将走向印度。互联网动漫企业两点十分作为武汉本土动漫企业的代表,深耕动漫行业,依托优秀的主创团队和先进的制作技术不断创新,陆续创作出了《我是江小白》《巨兵长城传》等点击量累计达百亿人次、多平台排名第一的原创作品;制作了军运会系列宣传动画、阴阳师手游《入殓师》《不知火CG》,参与制作了《哪吒之魔童降世》等大受好评的人气作品。无论是冲击奥斯卡的太崆动漫、筹备拍摄《三体》动画电影的艺画开天,还是参与《哪吒之魔童降世》制作的两点十分,东湖高新区的动漫军团发展势头十分强劲。江通动漫采用"内容+文旅"的模式,联合当地特色文化旅游资源进行内容生产,如黄陂木兰动画、红色动画等。拥有《斗破苍穹》《阴阳师》《都市喵奇谭》等知名IP品牌的知音动漫,整合书、刊、手机等多媒体实现传统行业到新兴行业的转型升级。另外,除主营业务外,企业还涉及动漫创作培训、Cosplay服装周边制作、动漫会展承办、IP巡游等。

(四)VR/AR互动体验产业

当前兴起的VR/AR互动体验产业是东湖高新区数字文化产业发展的重要组成部分。湖北省现有从事VR/AR行业的企业100多家,在武汉注册的有70余家,其中东湖高新区有50余家,包括湾流股份、穆特科技、威睿科技等一批优秀企业。东湖高新区吸引了一大批VR/AR创业公司及优秀企业，构建了VR/AR产业生态圈。在"VR+影视/直播"方面，VR成为影视的一种全新表现形式。东湖高新区发展VR/AR产业在人才、环境等方面都具有一定的优势。在科教人才方面，东湖高新区是我国三大智力密集区之一，集聚了42所高等院校、56个国家及省部级科研院所，为VR/AR产业发展提供了良好的人才智力支撑。在技术方面，东湖高新区从事VR/AR的科研团队也不少，如华中科技大学王天江教授团队（王天江教授是中国计算机学会虚拟现实与可视化技术专业委员会常务委员），以及武汉大学袁志勇教授团队、肖春霞教授团队等。东湖高新区VR/AR产业在VR/AR教育培训、内容制作、文化创意等领域形成了较强的竞争优势，多项行业核心技术处于国内领先水平，在"VR+""AR+""全景+VR/AR"三大板块亮点突出。湾流股份重点布局职业教育、医学医疗、汽车驾考等领域，是国内"VR+"行业应用领军企业；风河信息重点布局轨道交通领域，致力于铁路虚拟仿真技术研发与应用服务。随着VR/AR运用的普及，湖北省政府也在顶层设计上加强引导和规划。2016年成立了华中VR/AR产业基地，华山资本与北辰·光谷里项目也设立了VR/AR专项基金。除此之外，光谷发动高校、投资机构、上下游企业成立产业联盟，其中包括武汉大学、华中科技大学等5所高校，而武汉市围绕VR/AR产业链上下游就有70多家企业加入，充分发挥了产学研的优势。在文化资源上，湖北省文物局借助武汉市的教育人才资源优势和光谷创意产业基地的科技优势，向国家申请成立"互联网+中华文明"示范基地暨国家级智慧文博新融合产业基地。借助平台的搭建，湖北武汉的神农文化、楚文化、道教文化、红色文化以及汉绣、汉剧等非物质文化遗产的数字化资料库得以展开，既利用数字技术进行了传统文化的保护与展示，也为大众获取数字化内容资源提供了便捷，实现了数字内容产业经济价值与文化价值的双向赋能。在市场运用上，2019年第七届世界军人运动会开幕式和闭幕式综合运用了超高亮度激光投影、人工智能机器人、全息影像技术、AR/VR技术，带给观众360度、全景式视觉体验，而武汉作为首批5G试点城市，军运会现场实现了"5G+VR""5G+8K"直播，开辟了直播新形式。

（五）网络教育和出版产业

东湖高新区聚集了众多高等学府和研究院所，人才资源、教育资源丰富。东湖高新区是教育部首批国家"教育云"试点单位，在数字教育和出版领域，拥有幼教、小学、中学、大学、职业教育等相关企业50多家，形成了从幼教、小学、中学、大学到职业教育的全年龄段产业链，重点发展知识付费、教育内容、多媒体课件、在线教育、智慧教育、数字出版等产业。① 截至目前，东湖高新区已聚集数字教育企业110多家，从业人员超过2万人，涵盖学前教育、K12教育、职业教育和语言培训等多个领域，涌现了天喻教育、颂大教育、云天下、泰乐奇、迅牛科技等一批本土企业，吸引了好未来（学而思）、流利说、Vipkid、尚德机构、猿辅导等30余家"第二总部"落户，其中12家中国数字教育独角兽中有7家已在光谷落地或正在选址。② 在数字出版方面，武汉数字出版产业走出了一条特色发展之路，其中以数传集团和长江数字两家企业为代表，为行业提供了创新发展的成功范本。数传集团将传统的新闻出版业与数字化技术融合发展升级，创造性地打造了"现代纸书"模式，通过对深度阅读和其他增值服务进行知识付费来获取读者喜好并建立人群画像。尤其是在线教育改变了传统阅读教辅教材获取知识的途径，形成了新的消费模式，目前在全国已覆盖2亿名读者。长江数字建设的数字内容资料库、数字化全民阅读平台、ERP出版系统，分布于内容的生产、消费、传播等各环节，形成了联动效益，在传统出版和数字出版中互为补充、协同发展。在数字教育方面，结合高校丰富的师资力量搭建数字教育平台。例如，2012年"教育云"依托华中师范大学、长江传媒、长江盘古等单位，在东湖国家自主创新示范区搭建了以基础教育数字内容为核心的教育云服务平台，拥有涉及幼儿、小学、中学、大学等教育的50多

---

① 李少多、童丹：《东湖高新区数字文化产业发展报告》，载黄永林、吴天勇主编《武汉文化创意产业发展报告（2018）》，社会科学文献出版社，2018，第230页。
② 《猿辅导高管拜访光谷书记背后：武汉打造数字教育产业生态圈》，搜狐网，2019年9月25日，https://m.sohu.com/a/343353923_430392。

家企业。平台汇聚了各地优秀的教育资源，实现了资源共享。另外，作为湖北省首家且唯一的文化科技融合大学科技园，华中师范大学科技园打造了"数字内容产业中小企业公共服务平台""文化资源数字化应用工程平台""教育数字内容服务营运平台""湖北省书画艺术数字资源保护应用服务平台"四大技术服务平台。

二 东湖高新区数字文化产业发展特点

自2012年武汉东湖国家级文化和科技融合示范基地获批以来，东湖高新区加快示范基地建设，截至目前已聚集文化企业1200多家、文化上市企业4家、新三板上市企业10家、文化独角兽企业2家、文化瞪羚企业37家、互联网百强企业2家、国家版权示范单位2家、国家版权示范园2家、国家动画产业基地1家，已建成光谷创意、华中师范大学科技园、武汉大学科技园、创魔方、光谷移动互联创谷等一批专业园区，北辰·光谷里、中建科技产业园、长江数字文化中心、湖北广播电视传媒基地、中南民族大学科技园等正在建设中，数字文化产业呈现以下特点。

（一）产业发展政策密集出台

东湖高新区出台了"新黄金十条""科技投入七条""文科十条""文化科技产业发展三年行动计划"等创新性举措，引起了国家和社会的高度关注。尤其是2019年出台的"新文科十条"，即《关于推进文化科技产业融合发展的实施意见》，突出产业高质量发展，重点支持原创精品生产，新增对产业升级相关的公共技术平台的支持，将设计、电竞等重点产业领域纳入支持范围。扶优做强文化品牌，鼓励企业申报重大奖项，对首次纳入"规上"的文化企业给予奖励，并新增"规上"文化企业营收增长奖励。为企业提供更多新应用场景，对在高新区范围内开展的示范工程给予补贴；加大对参展产业活动或举办产业活动的支持力度；新增企业自用办公的租房和购房补贴。突出文化人才培养，新增员工培训补贴。突出文化金融和对外文

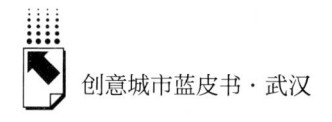

化贸易，首次提出对文化金融服务平台给予一次性补贴，首次对文化产品或服务的境外收入给予奖励。

（二）产业发展格局更加清晰

东湖高新区组建了VR/AR、动漫、游戏、电竞、数字家庭、3D打印、工业设计等产业联盟。湖北长江广电传媒集团、湖北长江出版传媒集团、省联发投、鄂旅投、国采科技、中建三局等纷纷在光谷布局文化及设计产业项目，湖北广播电视传媒基地、湖北长江数字文化产业园、北辰·光谷里、长江书法博物院、中建光谷之星等一批重点项目落户，光谷中心城文化艺术中心、花山文化和科技融合示范园、龙泉山文化和科技融合示范园等正在筹建，基本构成了以VR/AR、动漫、游戏、电竞、数字家庭、3D打印、工业设计等为主的数字文化产业格局。

三 加快东湖高新区数字文化产业发展的对策

目前，东湖高新区数字文化产业不断发展壮大，取得了喜人的成绩。但是，面对人们"数字化生存"的日益深化，东湖高新区文化产业也面临"追赶超越"的挑战，东湖高新区数字文化产业仍需加快发展速度。

（一）优化产业空间布局

围绕现代产业体系建设，推动产业集群化发展，提升光谷辐射带动作用，实现区城联动发展。推进光谷八大园区发展，到2020年，将光谷生物城建设成为世界一流的生物产业园区，将武汉未来科技城建设成为高端创新要素集聚的自由创新区核心区，将东湖综合保税区建设成为国家中部地区外向型经济活跃的内陆自贸区，将光谷光电子产业园建设成为国内领先的光电子信息研发创新基地，将光谷现代服务业园建设成为新兴服务业集聚"世界光谷"的重要引擎，将光谷中心城建设成为具有国际吸引力的城市功能中心和科技金融创新中心，将光谷智能制造产业园建设成为全国一流的高端制造集聚区,将中华科技产业园建设成为具有全国影响力的华人华侨创新创业平台。推进"大光谷"一体化战略,联动发展"大光谷"板块,进一步深化东湖高新区与洪山区、江夏区之间的合作,推动"大光谷"板块建设,将其打造成为长江经济带重要的科技引擎、创新引擎、开放引擎和新兴产业发展引擎。推进"一区多园"建设,加快在全市专业园区开展"一区多园"试点,将东湖高新区可复制、可推广的先行先试政策逐步推广到全市各科技园区。在全省范围内,探索东湖高新区园区与各地开展产业园区共建,发挥辐射带动作用,加速创新驱动、转型发展。推进"园外园"跨区域合作,积极推进在产业交流合作和重大项目建设方面的跨区域合作与共享,推动东湖高新区传统产业向外疏解,加快推进光谷"园外园"建设,进一步提升光谷"园外园"发展水平,实现资源共享、产业联动。

(二)优化创新创业环境

实施创新创业战略,大力建设国家"大众创业、万众创新"示范基地,努力形成"大众创业、万众创新"的浓厚氛围,全面激发各类主体的创新创业活力。构建新型创业载体,落实"创谷计划",建设一批产业定位前沿、创新生态良好、创业服务完备、生活便捷宜居的创谷,有效集聚高端资源要素,实现小空间大集聚、小平台大产业、小载体大创新。筑强科技服务平台,围绕信息技术、生命健康、智能制造等重点领域,争取布局一批具有世界先进水平的前沿科技研究实验基地,建设若干面向社会的共性技术研发支撑平台。加强创新创业服务,提高技术支撑服务能力,加强与科技企业孵化器、大学科技园、高校、科研院所的全面对接,为创业者提供检验检测、研发设计、小试中试、技术转移、成果转化等社会化、专业化服务。弘扬创新创业文化,完善创新容错机制,建立创新驱动导向的考核机制,给予创新最大的包容和支持,为改革创新者消除后顾之忧。

(三)建设科技金融特区

发挥武汉东湖国家自主创新示范区先行先试优势,推进科技金融改革，将东湖高新区打造成为与世界一流园区相适应的全球科技金融创新尖峰之一。促进科技与金融融合发展，综合运用科技发展基金、创投资金、风险补偿金、贷款贴息以及财政资金后补贴等多种形式，构建以政府投入为引导、企业投入为主体，政府资金与社会资金、债权资金与股权资金、间接融资与直接融资有机结合的科技投融资体系。完善科技金融组织体系，大力发展商业性科技金融服务平台，培育科技金融中介服务体系。深化科技金融产品和服务创新，引导金融机构合规、有序开发跨机构、跨市场、跨领域的金融产品和金融业务，推动互联网金融服务创新，推进科技金融创新工程，设立自由创新区核心区发展基金。拓宽适合科技创新发展的融资渠道，大力发展股权投资，支持企业挂牌新三板，推动企业境内外上市，支持科技型企业通过债券市场融资。创新科技金融市场体系，加快交易所创新发展，探索武汉知识产权交易所与技术市场合作创新发展模式，探索建立新兴交易场所，完善区域性股权交易市场。培育投融资人才，积极参与国际、国内人才交流与合作，培育和会聚世界金融人才，完善人才政策体系，建立健全公开、平等、竞争、择优的金融人才资源配置机制。

（四）实施"3551光谷人才计划"

全面深化人才特区建设，加快推动"城市合伙人计划"，围绕产业发展需求，构建多层次人才梯队，将东湖高新区建设成为高层次人才集聚的国际性人才高地。聚集海内外高端人才，加快吸引一批国际顶尖人才，促进各类高层次人才的高密度聚集，推进海外人才阵地建设，推进全球人才战略，加快中英光谷人才孵化器建设。培养聚集高素质人才，引进、培养大批科技人员和管理人才；推动技术型创业者向现代企业家转变，建设一批职业教育实训基地；实施"楚才回家计划"，吸引湖北籍高素质人才回汉工作、创业。实施光谷众创计划，推动众创空间建设，以光谷步行街为核心建设创新创业集聚区，建设"川"字形创新创业集聚带，打造集展示、融资、孵化、创业联盟、社区功能于一体的全功能创新创业孵化生态圈。创新人才激励与服务机制，加强人力资源市场建设，优化人才资源配置；探索打造光谷国际人才居留试验区，争取实施外籍高端人才"绿卡"改革试点；建立职务发明法定收益分配制度，完善科研院所绩效工资和科研经费管理制度；加大科技成果转化司法保障力度，依法维护科研人员创新创业合法权益。

B.19
武汉开发区（汉南区）文化产业发展报告

岳君 郑连洪*

摘　要： 在当前产业融合大势下，以工业为支柱性产业的区域在进行产业集聚和融合发展的过程中，往往是在走新型工业化道路的同时，发展壮大高新技术产业，大力发展现代制造业，改造提升传统工业，培育发展战略性新兴产业。武汉开发区（汉南区）积极出台新政策，持续推进文化产业园区建设，促进文化产业集群，以期推动文化产业的进一步融合与发展。

关键词： 文化产业　产业集群　武汉开发区（汉南区）

一　武汉开发区（汉南区）基本概况

武汉经济技术开发区（汉南区）［以下简称武汉开发区（汉南区）］位于武汉市西南部，1991年5月动工兴建，1993年4月经国务院批准为国家级经济技术开发区，2000年4月国务院批准设立湖北武汉出口加工区。从1996年开始，历经托管蔡甸区沌口街、沌阳街、军山街及整体托管汉南区四次"空间扩展"，开发区规划控制面积由31平方公里扩大到489.7平方

---

* 岳君，华中师范大学国家文化产业研究中心硕士研究生，研究方向为文化产业管理；郑连洪，中共武汉经济技术开发区工委（汉南区委）宣传部，一级主任科员。

公里。经过28年的发展，开发区已形成以汽车及零部件、电子电器、生物医药等为支撑的产业集群。2018年，武汉开发区（汉南区）GDP为1660亿元，在武汉市各区（开发区）中排名第一。武汉开发区（汉南区）先进制造业提质发展，汽车及零部件产业仍是重要支撑，扩充隐形冠军企业培育库至60家。东风汽车公司"燃料电池乘用车国家重大专项"稳步推进，东风系四大整车企业加快布局新能源项目。东风"三电"、雄韬氢燃料电池项目实现投产，全省首个固定式加氢站建成。汽车产业呈现新能源与智能网联两头并进、电动与氢能双轮驱动的转型发展态势。

二 武汉开发区（汉南区）文化产业发展概况

武汉开发区（汉南区）文化产业发展正处于重要战略机遇期。作为国家级开发区，文化产业的高质量发展是提升文化软实力的重要保障，大力发展文化产业是开发区推动国家重大战略实施、发挥资源禀赋优势挖掘巨大潜力、助推武汉城市更新实现大武汉全面复兴的要求。

近年来，武汉开发区（汉南区）文化创意产业已初具规模。全区文化创意产业有800余家，涉及广播影视、数字出版、工艺与设计、广告装潢、视觉艺术、服装设计等。据武汉开发区（汉南区）统计局统计，2018年第三季度，全区共有文化制造业企业14家、文化服务业企业23家、文化批零业企业1家。"规上"文化企业总数为38家，同比增长90%。文化产业实现营业收入85.38亿元，同比增长16.23%。站在新的历史起点上，面对新形势、新要求，武汉开发区（汉南区）进一步坚定文化自信，增强文化自觉，坚持创新驱动，为推动文化产业转型升级、提质增效，将文化产业的发展重点集中于以下几个方面并取得了一定的成效。

（一）积极出台新政策、新方法，对中小企业进行资金扶持

为促进文化产业集聚、推动招商引资工作，武汉开发区（汉南区）在原有政策的基础上，于2017年5月出台了《促进产业集聚办法》，指出武

汉开发区（汉南区）每年将拿出18.6亿元资金用于支持、奖励企业，其中10亿元用于高成长性中小企业股权投资。该办法专门针对武汉开发区（汉南区）制造业特色，大力吸引战略性新兴产业或"中国制造2025"重点领域企业。对于开发区相对薄弱的现代服务业、总部经济、中小企业、"双创"基地等，则加大投入，力求补齐短板。同时，武汉开发区（汉南区）将对符合规定的高管人才给予每人每年最高300万元奖励，奖励资金直接划入个人账户；对引进项目的招商大使，给予单个项目最高500万元奖励。①此外，武汉开发区（汉南区）还成立了文化产业发展领导小组，建立联动协作机制，形成合力，深入研究开发区文化产业发展的路径，摸清家底，全面协调推进文化产业的发展。

（二）推进文化产业项目，突破性发展文化产业

武汉开发区（汉南区）制定了以几大板块为核心的发展战略。以智能汽车测试场建设为基础，打造"铁马"，引爆武汉开发区（汉南区）的汽车休闲运动产业；以汉南通用机场为载体，打造"天马"，发展武汉开发区（汉南区）的航空休闲运动产业；以恒大集团入驻武汉开发区（汉南区）为契机，以田园休闲综合体为载体，打造以乡村休闲游为主题的历史人文旅游精品景区，形成具有影响力的乡村文化旅游名片。在武汉开发区（汉南区）的发展战略中，以"铁马"为核心打造的智能汽车测试场项目一期投资70亿元。全面推进奥山冰雪场建设，建成集冰雪、运动、休闲、生态于一体的世界级冰雪运动小镇。此项目一期投入30亿元，2019年底前完成了冰雪乐园、酒店、公建配套等的建设。此外，武汉开发区（汉南区）积极开展国家级航空休闲运动产业示范园创建工作。2019年4月，武汉开发区（汉南区）完成"通用航空之都"发展规划、空间布局规划、航空运动产业专项发展规划的编制工作。围绕通用航空产业发展，

---

① 《武汉开发区推出〈促进产业集聚办法〉 产业倍增"黄金三十条"》，沌口之声网站，2017年5月8日，http://www.zhuankou.com.cn/article-5549-1.html。

列出重点招商项目库和企业库，围绕通用航空产业发展完成全国的专家库建设。

（三）大力推进文化产业园区建设，打造产业生态平台

武汉开发区（汉南区）根据文化产业的发展布局，推动文化创意产业向规模化、集群化、专业化方向发展，并且取得了新进展。华中智谷是经国家新闻出版总署核准授牌的华中国家数字出版基地，是一个多功能、综合性、绿色生态的"互联网+数字文化"产业园。目前，华中智谷已经聚合了51家数字、文化、科技类企业进驻，实现营业收入逾30亿元，成功引进了全国最大的现货交易平台——渤海商品交易所华中交易中心、全国第一家数字出版上市公司——中文在线湖北数字出版总部、登陆纳斯达克证交所的知名电商数媒企业——当当网华中数字出版总部、中国环境出版集团、九派全媒体，以及财富传媒、东文传媒、星影联盟等一大批行业翘楚。与北京星影联盟携手，打造智谷电影电竞乐园；与中芬设计园联姻，组建中芬智谷（武汉）运营管理有限公司；与中国版权中心合作，打造中国版权登记华中总部；与中国广告协会合作，创建湖北省数字广告产业园。华中知识产权保护大厅的投入运营，将进一步推动武汉开发区（汉南区）数字文化产业的跨越式发展。南太子湖创新谷结合广电的大文化、大数据、大网络特点，将文化产业与智能家庭、智慧城市有机结合，打造现代科技背景下的新型多维文化产品经营模式，吸引了一批在全国有影响、专业化的文化创意企业参与园区的合作、经营。截至2018年，共入驻企业26家，其中上市企业7家，法雷奥中国技术研发中心、湖北广电、大唐广电、长江众创、1024创意咖啡、海创云孵化器、谦元道等文化创意类企业10余家，聚集了集智能设计、智能制造、智能装备、车联网、云数据等于一体的各类创投企业、孵化服务企业、金融服务企业，形成了文化艺术产业等多门类、复合型产业集群，创新了"文化+科技+金融"的产业发展模式，打造了上下游联动的产业链。

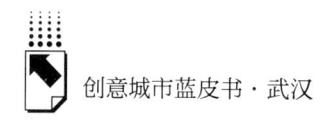

三 武汉开发区（汉南区）文化产业发展面临的问题

近年来，武汉开发区（汉南区）文化产业发展取得了巨大成就。文化体制改革试点已经完成，促进文化发展的体制机制初步形成，一批文化体育地标建成运营；文化产业发展势头强劲，文化影响力不断扩大；文化市场综合执法水平进一步提升，文化宏观管理更加规范。但也要清醒地认识到，全区文化资源还没有得到有效开发，资源优势尚未转化为产业优势。

（一）"规上"文化企业比例偏低，文化产业规模分散

武汉开发区（汉南区）产业特色鲜明，产业链条完整。长期以来，武汉开发区（汉南区）以汽车制造和电子电器为主要支柱产业，以印刷包装、食品饮料、生物医药、新能源新材料为四大优势产业。对文化产业的认识还停留在起步阶段，对发展文化产业的重要性、必要性认识不足。文化产业组织机构不健全，缺乏科学规划，文化创意产业发展的合力和氛围尚未形成，缺乏直接有效的培育文化产业氛围的实践方法，相关部门联席会议制度仍未形成，存在"上热下冷"现象。此外，武汉开发区（汉南区）的文化创意企业大多规模小，属零散经营，绝大多数广告装潢企业仅仅是家庭作坊式经营，"规上"文化企业占全区文化产业的比例偏低，产业结构不尽合理，传统文化产业占比大，发展后劲明显不足。

（二）文化产业发展氛围尚未形成，政策支持体系仍需完善

武汉开发区（汉南区）自设立以来，一直以汽车制造、电子电器等重工业为规划中心，文化产业作为该区起步较晚的产业，除了产业规模有待扩大以外，还存在文化产业发展氛围尚未形成等问题。此外，政府对文化产业的政策支持力度应继续加大，政府的政策规划不仅可以为企业发展提供方向，而且可以有效引导文化产业消费，拉动市场需求。武汉开发区（汉南

区）虽然高度关注文化产业的发展，但产业政策体系不完善，缺少顶层设计和开放、公平、富有竞争力的企业生态环境。

（三）文化创意产业专业人才匮乏，文化产业人才流失严重

文化创意人才的匮乏和流失，是制约武汉开发区（汉南区）文化产业发展的主要瓶颈之一。武汉开发区（汉南区）由于缺少文化产业的领头雁，雁群效应难以显现。此外，武汉开发区（汉南区）发展文化创意产业的专业人才流失严重，策划、规划、设计、市场分析等人才匮乏，新兴文化创意产业人才总量、结构、素质不能适应产业快速发展的要求。人才流动带来的户籍、子女入学、住房等问题的存在，造成了文化创意人才难以引进的客观事实。

（四）文化产业链条有待完善，引领行业发展的龙头企业仍缺乏

行业的龙头企业既是文化产品和服务的主要提供者，也是行业发展方向的引领者。一个成熟的文化龙头企业，不仅能为其他企业提供成熟的文化成长与发展体系，而且能在其他环节提供技术与经验支持，对文化产业的发展有着重要作用。武汉开发区（汉南区）在发展和建设的过程中，将发展重心放在了汽车制造产业等重工业上，文化产业在武汉开发区（汉南区）产业经济中并不占主体地位，依旧缺乏互联网创新性平台企业。传统文化产业比重依然很大，以动漫、传媒、广播影视、软件与计算机服务等为主力军的核心层文化产业还处于起步阶段。

四 武汉开发区（汉南区）文化产业发展对策

长期以来，武汉开发区（汉南区）始终以重工业为核心，文化产业的发展和培育必然是持久战，政府除了给予政策支持和资源鼓励以外，还需加强对文化创意产业的引导，营造良好的行业发展环境，促进文化创意产业与

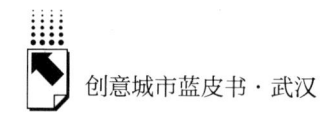

旅游、金融、房地产等产业深度融合，打造具有武汉特色和国际影响力的文化创意品牌，提升产业的整体竞争力。

（一）积极促进产业集群发展，形成产业集聚效应

根据《武汉市文化产业发展"十三五"规划》和《武汉经济技术开发区（汉南区）国民经济和社会发展第十三个五年规划纲要》，结合武汉开发区（汉南区）当前文化建设与发展实际，草拟了《武汉经济技术开发区（汉南区）文化产业发展"十三五"规划》，对文化创意产业发展的构想是：聚焦四大文化产业领域，推进文化创意产业增量提质。立足武汉开发区（汉南区）汽车产业、文体设施、生态资源和文化特色，促进文化与体育休闲、健康养老、生态旅游的深度融合，加快发展"汽车+文化"、航空及极限运动文化体育、生态及民俗文化体验休闲、文化创意等重点产业，形成特色鲜明的文化创意产业集群。

1. "汽车+文化"产业

在国博中心、东风本田工厂后片、江城大道以东至东荆河区域的28平方公里范围内，布局建设汽车大世界、汽车4D主题公园、汽车工业旅游基地、高级汽车改装及应用基地、物联网汽车产业园、汽车后市场、武汉国际赛车场、汽车露营地、汽车博物馆、汽车运动商业服务等项目，提炼具有中国特色的汽车文化内核，集中打造汽车创意文化核心功能区。

2. 航空及极限运动文化体育产业

依托纱帽片区通用航空产业园，建设航空展示、航空营地、通航旅游航线、水上航空运动、长江水上航运、航空文化旅游区等项目，开展航空器、航空历史、航空运动展示及服务，积极打造中国通用航空运动之都。

3. 生态及民俗文化体验休闲产业

大力发展以喜鹊湖为代表的休闲农庄，整合喜鹊湖螃蟹、甜玉米等特色农产品，以及剪纸、传统婚庆等非物质文化遗产，延伸开发以向日葵花海、月季花海为基础的"喜鹊湖四季花海"项目，打造以农业观光、乡村旅游、民俗体验、餐饮娱乐等为主题的"喜鹊文化"品牌。围绕纱帽山古文化遗

址、黄陵古镇及区内优秀历史建筑、历史文化风貌区,建设历史博物馆、非遗传承基地、民俗文化体验馆,发展民宿、文化主题酒店、文化餐饮、文化创意创新主体、文化中介等文化业态,打造历史文化游、民俗体验游、非遗游与文化休闲、美食餐饮、文化创意产品开发等相互融合的文化休闲体验功能区。

4. 文化创意产业

围绕打造两大创意产业园区、发展一批文化创意产业门类、形成一批文化产业龙头企业、培育一批知名文化创意产业品牌,实现武汉开发区(汉南区)文化创意产业的跨越融合发展。做大做强华中数字出版基地、南太子湖创新谷,引进知名文化创意企业,发展创意设计、数字出版、文化旅游、演艺娱乐、动漫游戏等重点文化产业,壮大文化创业产业实力,实现武汉开发区(汉南区)文化创意产业增加值翻番。

(二)营造区内文化产业发展氛围,推动扶持政策落地

武汉开发区(汉南区)文化产业发展的重点在于顶层设计。政府在提高对产业园区重视度和关注度的同时,应在区内积极引进文化产业活动及项目,支持和引导文化产业活动的实施,以营造区内文化产业发展氛围为目标,进一步出台文化产业领域的专项政策措施,制定包含产业创新、人才引进、数字技术融合等在内的一系列完善的政策支持体系。落实武汉开发区(汉南区)《促进产业集聚办法》《文化产业扶植激励办法》,在项目立项、工商管理、人才引进等方面为文化创意产业发展给予扶持与引导。完善财政投入机制,由区财政出资设立武汉开发区(汉南区)文化产业发展专项基金。加大税收优惠政策和土地政策支持落实力度,建立规范的文化创意产业统计指标体系,加强文化产业统计,为政府部门管理、指导投资者投资提供科学依据。

(三)出台人才引进政策,创新人才激励机制

武汉开发区(汉南区)应积极通过国家"万人计划"、湖北省"百人计

划"、武汉市"城市合伙人计划"和"黄鹤英才计划"等人才计划，重点引入一批高层次文化产业领军人才、文化产业创新创业人才和文化产业管理团队。建立杰出文化产业人才储备库，有计划地引进和培育文化艺术创意、文化技术创新、文化产品创造等方面的高层次人才。创新用人机制，探索建立相对统一、公平合理的用人制度，充分调动文化创意人才融合发展的积极性。其中，建立公平稳定的制度将成为营造良好文化产业氛围、引进优秀人才、留住优秀人才以及培养储备人才的关键。建立健全人才引进与激励政策，做到以公平为前提、以政策为保障，将鼓励落到实处，更好地留住文化产业人才。

（四）以创意园区为载体，完善文化创意产业链

产业集聚不仅能打通上下游的文化产业链条，而且是提升产业整体生产效率的有效方法，能够促进企业技术、理念、产品的创新，有利于形成良好的文化产业氛围。武汉开发区（汉南区）应加快实施文化创意产业链布局和空间布局，不断提升集聚、承载、服务产业发展的能力，加快建成一批具有规模发展、整体发展优势的特色文化创意产业集聚区。同时，在推动创意园区建设的同时，要加快金融、科技、房地产等产业的融合，促进各创新要素的集聚，着力培养一批专业化程度高、产业规模大、创新能力强的骨干文化企业，充分发挥雁群效应，形成以龙头为核心的创意文化产业集群，并在龙头的带领下，积极扶持小微企业发展，培育规模性文化活动，打造特色文化品牌，发挥集群优势。重视文化企业的联动合作，鼓励企业跨界融合，充分发挥产业园的平台作用。

理论探讨

Theoretical Discussion

B.20 文旅融合背景下提升城市文化软实力的战略研究

范周 孙巍*

摘　要： 城市是文化的容器，城市文化软实力不仅是衡量一个地域与城市综合实力的重要因素，而且是推动我国城市与经济高质量发展的重要保证。城市文化软实力由一个城市所体现出来的包容力、传承力、创造力、转换力以及对外交往中产生的辐射力五要素构成。文旅融合有助于推动城市文化多元化、构筑城市文化新业态、加速城市文化空间更新利用、扩大城市文化宣传覆盖面，对城市文化软实力的提升起着重要的推

---

* 范周，中国传媒大学文化发展研究院院长，文化和旅游部"十四五"规划专家委员会委员、中国文化产业协会副会长，教授，博士生导师，研究方向为文化产业政策及理论体系、艺术管理、区域文化产业；孙巍，中国传媒大学文化产业管理学院博士研究生，研究方向为区域文化产业。

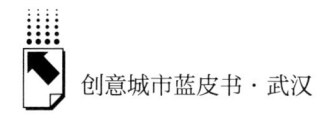

动作用。在此背景下，提升城市文化软实力的战略可以从讲好城市文化故事、增强城市文化认同感、提升城市文化辨识度、建立城市现代化文化传播体系入手。

关键词： 城市文化软实力　城市高质量发展　文旅融合

一　引言

城市是人类文明的象征，是人类发展到一定阶段的产物。德国著名学者斯宾格勒甚至认为，"人类所有的伟大文化都是由城市产生的"。[①] 当今世界正面临前所未有之大变局，在经济全球化、信息多元化、社会智能化趋势下，城市之间的各个要素流动加速，城市更新迭代速度加快。联合国经济和社会事务部公布的《2018年世界城市化趋势》报告显示，世界上55%的人口居住在城市，预计到2050年，全球城市化率有望达到68%，而这一数字仍在不断提高。新时代城市经济高质量发展对我国区域经济发展水平的提升乃至强国战略的实现将发挥重大作用。可以说，当今社会国家之间的竞争，从某种层面也可以理解为国家城市综合实力的竞争。城市综合实力由硬实力与软实力共同构成，而城市作为文化经济最活跃的空间，城市文化软实力为城市发展提供了精神动力和智力支持，越来越成为城市凝聚力和创造力的重要源泉，成为城市综合竞争力提升的重要因素。

党的十九大报告指出，我国经济已由高速增长阶段转向高质量发展阶段。[②] 而城镇化作为中国经济发展的持久动力，也是高质量发展的空间载

---

① 〔德〕奥斯瓦尔德·斯宾格勒：《西方的没落》，张兰平译，陕西师范大学出版社，2008。
② 习近平：《决胜全面建成小康社会　夺取新时代中国特色社会主义伟大胜利——在中国共产党第十九次全国代表大会上的报告》，人民出版社，2017。

体。国家统计局数据显示，自1949年以来，我国经历了世界历史上规模最大、速度最快的城镇化进程，2019年末城镇化率首次突破60%（见图1）。但是联合国经济和社会事务部公布的《2018年世界城市化趋势》报告纵向对比中显示，2018年美国的城镇化率已经达到82%，作为亚洲的发达国家，日本的城镇化率已达92%，我国城镇化水平与发达国家相比仍然存在较大差距。

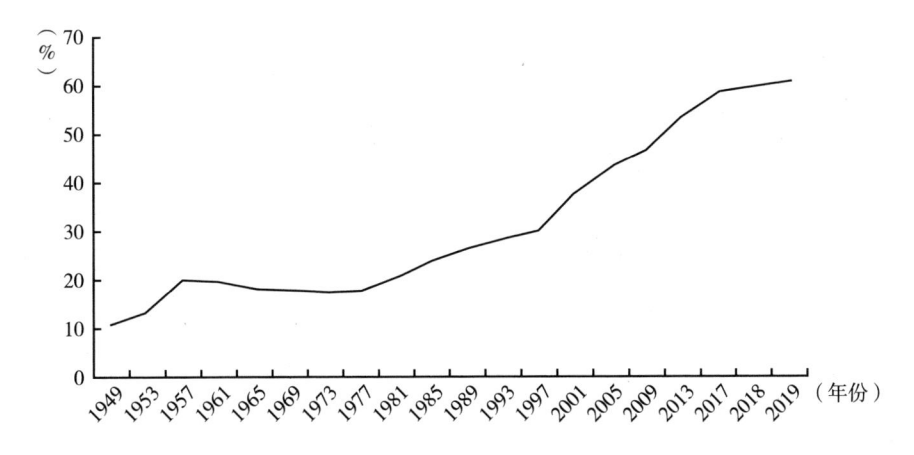

图1　1949~2019年我国常住人口城镇化率

资料来源：国家统计局。

当前，我国的城市发展已经进入存量更新时代，在土地资源短缺的背景下，盘活存量资源成为城市可持续发展的新命题。城市对人们的吸引力，不再仅仅是经济发展水平，城市特色、宜居性、舒适度、文化创意氛围、未来可塑性、智慧城市等，已经成为现代化城市发展的核心竞争力。城市文化不仅承载了一个城市的历史和传统，而且成为一个城市未来精神和文化性格的重要创造者。城市文化软实力能够拉动城市经济增长，推动城市产业转型升级，彰显城市文化特色，激活城市发展活力，越来越成为深化城市有机更新、推动城市高质量发展、创造高品质生活的重要举措。

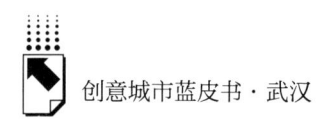

二 城市文化软实力的构成要素

"软实力"的概念最早是由美国哈佛大学教授约瑟夫·奈于1990年提出的。他认为,软实力是"一种能力,即通过吸引,而不是以强迫或收买为手段来达到目的的能力"。[①] 城市文化软实力是一个城市的文化、制度文化和精神文化中所体现出来的包容力、传承力、创造力、转换力以及对外交往中产生的辐射力。

(一)城市文化包容力是构建城市文化软实力的基础

城市的综合竞争力不在于拥有多少资源,而在于如何成为资源自由交流的平台和洼地,在于能否汇聚全国性乃至全球性的资源。一个城市的包容性不仅体现在对人的包容、对制度的包容上,而且体现在对文化的包容上。城市的文化包容性是衡量这座城市和谐度的重要指数,包容的人文环境和城市品格,能够容纳更多的人才,从而最大限度地集聚智慧和力量,激发人们的主动性和创造性,增强城市的文化创造力。

根据日本总务省公布的2018年的人口统计数据,东京都市圈人口已经达到3658万人,约占日本总人口的30%;阿姆斯特丹被称作"世界上最自由的城市",其居民涵盖178个国家和地区;国际化大都市伦敦使用的语言多达300余种。正是有了这种包容性,更为自由的文化氛围、更为多元的地域文化、更为活跃的文化创造力在这些城市才能生根发芽,不断吸引更多的人才会聚于此。

(二)地域文化传承力是构建城市文化软实力的切入点

"一方水土养一方人。"每个城市都拥有其独一无二的地域文化,地域文化是一个城市重要的文化标签。一个地区区域文化传承能力的高低能够体

---

① Joesph, S., Nye Jr, "Soft Power", *Foreign Policy*, 1990, 80.

现出一个城市历史文化底蕴的深厚程度，能够彰显出不同的地域文化特色。地域文化作为城市的 DNA，是城市发展的根基与底色。如果说地域文化是构建城市文化之魂的重要因素，那么对地域文化的传承能力是该城市成功建立高辨识度、高认同感的城市文化的关键。

20 世纪中后期，在后现代主义城市规划思想的影响下，伦敦、巴黎、新加坡等城市开始反思现代主义城市中大范围城市扩张模式，开始注重城市文脉的重要性，并将延续地域城市文脉、传承城市地域文化、激活城市文化要素作为城市发展的重要因素，转变城市产业结构，加快产业融合发展，从而提升城市综合竞争力和城市文化软实力。

（三）城市文化创造力是提升城市文化软实力的战略支点

21 世纪初，各大城市纷纷将提升城市文化创造力纳入城市发展整体战略中。例如，伦敦 2004 年 4 月公布的《市长文化战略》提出，要维护和增强伦敦作为"世界卓越的创意和文化中心"的声誉，成为世界级文化城市；新加坡在 2000 年制定的 21 世纪文化发展战略《文艺复兴城市》中提出，要将新加坡发展成为"一个充满动感和美丽的世界级艺术城市"；首尔在 2002 年将成为"世界一流城市"作为市政最高目标，并始终把以文化为中心的市政方针放在首位。可以看出，文化在城市中的重要性日益在全国范围内达成共识，不断提升城市文化创造力，才能在日趋激烈的城市竞争中脱颖而出。

（四）城市文化资本转换力是提升城市文化软实力的永续动力

法国著名社会学家皮埃尔·布迪厄在《文化资本与社会炼金术》中把城市理解为积累文化和财富的"社会世界"，强调"必须将资本的概念以及全部效应重新引入这个世界"。[①] 城市可以说是文化资本存在的方式，是"文化资本空间群"。而文化资本转换力的高低直接体现出该"空间群"的

---

① 〔法〕皮埃尔·布迪厄：《文化资本与社会炼金术》，包亚明译，上海人民出版社，1997。

活力。每个城市都有其独特的历史文化与自然资源,这些资源只有通过文化资本再生产和相关的运作过程,才能实现自身价值。英国国家旅游局数据显示,2018年英国的海外游客访问量首次突破4000万人次大关。基于文化大国和旅游大国的双重优势,英国十分注重城市文化资本的转换与利用,作为世界上博物馆最发达的国家之一,英国擅长将城市文化、地域文化的物质资源与文化资源进行再利用,而这些博物馆资源每年都能为英国海外文化旅游带来可观的经济效益,同时也对外宣传了本国文化,提升了本国文化的品牌影响力与知名度。

(五)城市文化辐射力是提升城市文化软实力的重要指标

城市文化辐射力是城市文化对外传播的体现。在全球化趋势不断加深的今天,城市文化也应当以敞开的胸怀主动融合世界文化潮流,接纳吸收外来城市的文化特色,同时也应当增强城市本民族、本地区文化的辐射作用,从而提升城市文化综合实力。这不仅取决于具有独特魅力的文化产品,而且取决于先进的传播手段。[①] 不同城市间文化的扩散与传递、交汇与碰撞、交流与融合能够在传播过程中更加多元,通过传播也能够让城市文化凝聚力、感召力和对外产生的影响力越来越受到人们的关注和重视。

三 文旅融合之于城市文化软实力的意义和价值

《雅典宪章》指出,城市规划的目的是保证居住、工作、游憩和交通四大功能的正常进行。然而在如今的快速城镇化进程中,人们似乎主要关注居住、工作、交通功能,往往忽略了游憩功能。在文旅融合的大背景下,如何充分利用城市在历史发展过程中形成的文化积淀,推动城市发展中的文旅融合,既是城市文化延续的需要,也是城市功能回归的需要。

---

① 余晓曼:《城市文化软实力的内涵及构成要素》,《当代传播》2011年第2期。

（一）文旅融合推动城市文化多元化，增强城市文化包容性

文旅融合背景下，城市文化不断被挖掘并进行生产再创造，文化创意对城市文化的赋能能够激活城市文化动力与活力。文化和旅游产业与其他产业的关联度和可融合度高、可持续性强、污染性小，以文旅融合发展为契机进行城市文化建设发展与规划，不仅有助于促使其与城市的总体发展战略更好地衔接与合作[①]，而且能够提高城市流动性，促进城市文化多元融合，增强城市文化的包容性。

（二）文旅融合构筑城市文化新业态，加速城市产业转型升级

当前，科技更新迭代速度越来越快，物联网、虚拟现实、人工智能等新技术不断更新并重构传统产业业态模式，文旅融合势必产生新业态，新业态也成为各地进行供给侧结构性改革的重要推动力。在行业经济向跨界经济转型的背景下，城市亟待整合文化旅游资源，并将其转化为产业优势和市场优势。以英国为例，英国在文旅资源开发的过程中不断构建城市文化新业态，深度挖掘100多所高等院校的旅游价值和文化效益。

（三）文旅融合扩大城市文化宣传，提升城市文化影响力

城市是文化的容器。在文旅融合的大趋势下，文化产业与旅游产业的深度融合与协同发展，是将文化资源与旅游资源相互融合、协同推进的过程，其本质是带来"1+1＞2"的增值效应，形成优势互补的文旅共融状态。对文化旅游融合业态的品牌核心价值提炼、品牌IP打造、旅游氛围营造等，不仅能够增强该业态的文化活力，而且能从另一个层面扩大城市文化宣传，提升该城市的知名度与影响力。

---

① 刘士林：《以消费城市为中心促进文旅融合发展》，《人民论坛·学术前沿》2019年第11期。

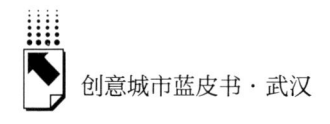

（四）文旅融合助推城市空间更新，加速城市文化资本转化

城市由城市肌理组成，城市肌理包含城市的形态、质感色彩、路网形态、街区尺度、建筑尺度、组合方式等，这些因素共同构成城市的"底色"。然而快速城镇化进程中，许多城市在快速发展的过程中逐渐失去了城市的"底色"，特色城市文化空间逐渐被高楼大厦所取代，城市文化资本不能很好地开发利用甚至遭到破坏的情况屡见不鲜。

而文旅融合能够较好地激活城市空间，一个优质的城市更新项目会成为区域文化地标，带动区域的文化聚拢和产业升级。在城市更新的命题下，文化旅游元素的导入是驱动城市整体活力提升的重要手段，也是撬动旧城区休闲游憩价值的重要杠杆。例如，创建于1889年的日本札幌啤酒园，是札幌最具代表性的啤酒园之一，如今已经华丽蜕变为日本札幌大麦啤酒文创园，成为当地文化旅游的重要景点。因此，讲好城市的文化故事，既是空间再造的根本需求，也是文化传承的必然选择。

四 文旅融合背景下提升城市文化软实力的战略思考

（一）着眼于多元文化需求，讲好城市文化故事

城市的包容程度体现出一个城市的开放程度，文旅融合背景下，城市应当着眼于多元文化需求，提供有效文化供给，营造特色文化传播氛围，提升城市文化软实力，让城市文化软实力成为人们能够切身感受到的有效需求。

一是城市文旅项目开发要满足多元人群的全龄层文化需求。消费升级给人们带来了对文旅产品的品质化追求和个性化需求。如今人们出行的目的不再是简单的观光游览，以90后和00后年轻群体为例，他们评价旅游目的地的重要指标不仅包括自然景观是否精致，完善的旅游设施、高质量的文化服务以及整体的旅游环境也影响其旅游满意度。

二是紧紧把握时代发展脉搏,以科技加持城市文化软实力的提升。如积极引入 VR 科技等展示形式;通过科学专业的大数据技术掌握城市文化竞争力发展指标和方向;等等。

三是讲好城市文化故事,深挖城市文化资源。城市文化软实力的提升应当立足本土,深入挖掘城市固有的、独特的文化 DNA,并将这些 DNA 进行再生产,使之成为可以对外展示的、代表城市文化精神的文化产品。

(二)打造有温度的城市,增强城市文化认同感

城市精神是区域发展的精神标杆,高速城镇化背景下,城市文化记忆不断流失,人与人之间的沟通交流减少,使得城市文化认同感缺失,亟须重建基于文化认同的社会主义集体意识的城市,从而感受到自己是某个社会共同体中不可分割的组成部分,以重建共同参与感和社会契约精神。一个城市文化软实力高的城市必定是城市文化认同感高的城市,必定是有温度的城市,也必定是全民参与的城市。

巴黎以"文化立市"而闻名,在文化发展方面鼓励企业参与,吸引协会协助,也让市民拥有更多接近和享受文化服务的权利。巴黎在保存自身文化独立性的同时,文化的包容性也很强,重视对艺术人才的引进和吸纳。巴黎鼓励市民接触文化,许多文化艺术场馆对市民免费开放,注重艺术教育,城市艺术气息浓厚,通过"大巴黎计划"的实施,拓展巴黎的文化空间,让市民享受城市文化建设成果。巴黎的艺术氛围以"润物细无声"形式以文化人、以文育人,也增添了它在世界文化中的独特魅力。

(三)提升城市文化辨识度,形成城市的特色化发展模式

作家冯骥才说,城市和人一样,也有记忆,因为它有完整的生命历史。城市对于人们,不仅是栖身之所,而且是传承文化基因的摇篮。挖掘城市文化记忆、提升城市文化辨识度,能够增强城市文化特色。只有在充分发挥城市文化特色的基础之上,城市的文化记忆力和辨识度才能

不断提升。

首先，要树立科学的城市特色观。城市文化资源是城市的特色原料，城市文脉的延续必须将城市文化与城市生活相融合。而创意正是利用这些原料并赋予其无限的可能性。因此，应当充分挖掘城市特色，找准城市的文化基因，结合城市实际挖掘城市文化IP，打造城市文化品牌。

其次，要注重保护城市文化资源。不同城市有不同的发展历史，这些蕴含历史痕迹的物质资源与非物质资源是提升城市文化软实力最具文化特色的组成部分。针对诸多的文化古建以及名人故居，英格兰文化遗产基金会早在1866年就实施了"蓝牌计划"，凡被挂上蓝牌的建筑均不得随便拆除甚至改建。

（四）建立城市现代化文化传播体系，提升城市文化品牌度和影响力

城市品牌与现代化的传播方式是提升城市知名度的有效途径。在人人都是自媒体的互联网时代，现代化、立体的文化传播体系是提升城市文化品牌度的关键。2019年国庆期间，"生怕把外地游客挤到"的重庆实力宠粉，在全网成为"现象级"话题。官方数据显示，2019年国庆期间，重庆以3859.61万人次的游客量成为全国接待游客最多的城市，同比增长10.6%；实现旅游总收入187.62亿元，同比增长32.8%。

首先，要依托地域特色，推动城市产业融合。旅游业本身具有浓厚的多产业融合发展特色，特别是随着步入大众旅游新时代以及全域旅游发展战略的深入实施，旅游产业融合发展成为未来产业发展的新高地。而促进旅游与文化融合发展，更能形成新动能。在以往的印象中，乌镇是小桥流水的江南小镇。近年来，乌镇推进旅游与互联网、数字文化产业相融合，2014年首届世界互联网大会在乌镇举行，乌镇成为世界互联网大会的永久会址，互联网的融入为这座江南小镇塑造了新的文化品牌。

其次，要运用多元手段，塑造城市文化形象。在人人都是媒体人的时代，城市文化形象的塑造应当从旅入手、向文挖掘。近年来，随着传播手段的日益丰富，城市文化形象也应当顺应融媒体时代的发展趋势，通过互联

网、短视频、新媒体等多元手段，挖掘文化内涵，彰显城市精神，开启城市品牌由依赖"硬"推广到"软"传播的转变。日本熊本县发布的数据显示，2018年"熊本熊"的周边产品销售额达到了史上最高的1505.56亿日元（比上年增长6.8%）。因此，以城市传统文化资源为IP塑造的核心，通过现代传播方式进行城市营销，能够焕发城市发展新的活力，对提升城市文化软实力具有重要作用。

B.21
城市历史街区保护与更新

姚伟钧 李任*

摘　要： 随着城市化进程的不断加快，传统历史街区的风貌环境往往难以得到有效保护，街区及建筑内部结构和功能也无法满足现代化生活需求。历史街区保护与城市新陈代谢之间的平衡，是城市现代化建设中面临的实际而复杂的问题。国内外一些历史街区保护与更新的经验为我们提供了启示。对城市历史街区的内外部及周边环境进行整体性保护和原真性修复，对街区的功能及人居环境进行科学合理的更新，保持历史街区文化的延续性、多样性，提高公众的参与度，激发发展活力，从而促进历史街区可持续发展，带动城市的整体发展，是历史街区更新的必要措施。

关键词： 历史街区　保护与更新　城市空间

历史街区作为城市的重要组成部分，是城市历史演化的特殊产物，承载着一定的社会日常生活信息。然而，当前我国城市化进程不断加快，城市化的高速推进使城市历史街区经常陷入保护性衰败与建设性破坏两大困境。与此同时，城市的大拆大建也使历史街区的文化定位和历史资源逐步丧失。因此，在城市发展转型升级过程中，城市的历史街区如何保存、如何凸显历史

---

* 姚伟钧，华中师范大学教授，博士生导师，研究方向为中国文化史、文化资源与文化产业；李任，湖北省委党校讲师，研究方向为中国文化史、文化资源与文化产业。

街区在城市空间中的重要地位以及如何通过对历史街区的更新来保护传统文化等，已经成为城市发展的重要内容与环节。

一 城市历史街区保护与更新的探索

"历史街区"①的概念最早提出于1933年的《雅典宪章》，在该宪章中其意为有历史价值的街区。与历史街区相近的概念还有历史地区、历史城区、历史地段、历史文化街区等。国内历史街区的相关概念及其保护工作是伴随着历史名城的保护而产生的，国务院于1986年批转的《关于请公布第二批国家历史文化名城名单的报告》中提出"历史传统特色街区"的说法，其中在关于四川阆中的简介中提到"历史街区"这一名词。自20世纪80年代起，我国先后使用过历史文化保护区、历史地段、历史街区等相近的概念，2002年修订的《文物保护法》中以法律的形式明确了"历史文化街区"这一概念，使其规范为官方统一称谓，其所指对象和范围也更加具体、明确。与历史街区相关的定义有不少，国内不少学者早期的研究都有所涉及②，学者们对历史街区的定义，大多倾向于历史街区的核定标准有历史延续性、遗存真实性、风貌完整性、规模连片性等这几项。根据2008年国务院颁布的《历史文化名城名镇名村保护条例》，历史文化街区是指经省、自治区、直辖市人民政府核定公布的保存文物特别丰富、历史建筑集中成片、

---

① "历史街区"是一个较为宽泛的非法定的概念，更多地作为学术用语，其指代对象不一定经过官方核定。其与"历史文化街区"的内涵基本一致，宽泛来讲是后者的代名词。"历史文化街区"的概念与定义被法律文本予以明确规定，其指代的对象必须是政府核定公布的。与历史街区相关概念的区别，主要反映在指代对象的边界、范围以及是否经过政府核定等方面，也因时代背景、使用语境的不同而表现出不同。

② 具体可参见以下文献：朱自煊等：《"历史地段保护"问题的讨论——附：关于历史地段保护的几点建议》，《城市规划》1992年第2期；王景慧：《历史地段保护的概念和作法》，《城市规划》1998年第3期；吴良镛：《关于北京市旧城区控制性详细规划的几点意见》，《城市规划》1998年第2期；阮仪三、孙萌：《我国历史街区保护与规划的若干问题研究》，《城市规划》2001年第10期；杨新海：《历史街区的基本特性及其保护原则》，《人文地理》2005年第5期；王景慧、阮仪三、王林编著《历史文化名城保护理论与规划》，同济大学出版社，1999；单霁翔：《历史文化街区保护》，天津大学出版社，2015。

能够较完整和真实地体现传统格局和历史风貌，并具有一定规模的区域。历史文化街区从中观层面与文物保护单位（微观层面）、历史文化名城（宏观层面）一同构成了我国历史文化名城保护体系的三个层次。我们认为城市历史街区映射了整座城市的演化历程，能够反映旧城的传统风貌和城市记忆，含有大量的历史信息和人文精神，具有重要的历史、文化、经济、艺术及学术研究价值，同时能够提升城市品位与魅力。

随着城市人口的不断膨胀，城市历史街区居住拥挤、设施条件落后、公共空间和公共文化服务不足、交通不便等问题成为普遍的现象，难以满足居民现代化生活环境的需求。另外，伴随着市区中心房地产开发建设高潮，保护让位于发展已成为普遍的事实，因此对城市历史街区进行合理的保护与更新成为城市发展亟待解决的问题。

历史街区保护与更新的理念最早由西方提出，其理论和实践经历了一个长期的探索过程。近代西方文艺复兴时期对古建筑价值的认识带动了对历史建筑及建筑群的关注和保护，早在19世纪，法国著名建筑师与建筑理论家维欧勒·勒·杜克等人在欧洲就曾发起过建筑保护和修缮运动。实际上，法国本身就是文化遗产大国和文化遗产保护强国，其对历史建筑和历史街区的保护经历了100多年的历史，有着许多先进的理论和经验。早在18世纪三四十年代法国就成立了专门研究历史建筑的机构和历史建筑管理委员会，文化遗产保护立法方面也非常完善，1840年颁布了梅里美《历史性建筑法案》，这是世界上第一部文化遗产保护法。之后又陆续颁布了《纪念物保护法》（1887年）、《历史古迹法》（1913年）；1962年颁布了《马尔罗法》（即《历史街区保护法》），提出了"保护区"的概念与制度；1973年颁布了《城市规划法》，强调了城市改造过程中实施整体保护的必要性。英国、意大利和日本的历史街区保护工作也积累了许多先进理论和经验。20世纪以后国际上相关理论不断发展和完善，20世纪80年代以后我国对历史街区的认识和保护也不断深入（见表1、表2）。国内外学者主要从历史街区保护与更新的理论探索、保护与更新的模式对策及对比分析、区域性历史街区案例、保护与更新中的主体作用、保护与开发的关系、相关环境的保护以及适应性再利用等方面进行了研究。

表1 国际会议中关于历史街区保护与更新的思想理论

年份	文件	组织与会议	主要内容
1931	《关于历史性纪念物修复的雅典宪章》	第一届历史纪念物建筑师及技师国际会议	强调了对历史古迹周边地区、周边环境的保护
1933	《城市规划大纲》(《雅典宪章》)	国际现代建筑协会第四次会议	指出有历史价值的单体建筑和连片建筑均应妥为保存。对历史建筑所在区域进行功能置换,调整交通道路及城市中心功能,清除周边贫民窟以改善环境
1964	《关于古迹遗址保护与修复的国际宪章》(《威尼斯宪章》)	第二届历史古迹建筑师及技师国际会议	指出历史古迹的概念不仅包括单个建筑,而且包括能从中找出一种独特的文明、一种有意义的发展或一个历史事件见证的城市或乡村环境。古迹的保护包含对一定规模环境的保护
1976	《关于历史地区的保护及其当代作用的建议》(《内罗华建议》)	联合国教科文组织大会第十九届会议	指出"历史地区"及其周围环境应被视为不可替代的世界遗产的组成部分,应从整体上视为一个相互联系的统一体。呼吁各成员国制定政策、法律、措施,积极保护历史地区及其周边环境,使之适应于现代生活的需要
1977	《马丘比丘宪章》	国际现代建筑协会	其中文物遗产保护部分强调要继承一般的文化传统;保护、恢复和重新使用现有历史遗址和古建筑必须同城市建设过程结合起来;在考虑再生和更新"历史地区"的过程中,应把具有优秀设计质量的当代建筑物包括在内
1987	《保护历史城镇与城区宪章》(《华盛顿宪章》)	国际古迹遗址理事会第八届全体大会	是对《威尼斯宪章》的补充。规定了保护"历史城镇和城区"的原则、目标和方法;强调了内外风貌、周边环境、公众参与、立法保障、控制交通等;允许引入与周边环境相和谐的现代元素
1999	《北京宪章》	国际建筑师协会	其中提到宜将规划建设、新建筑的设计、历史环境的保护、一般建筑的维修与改建、古旧建筑的合理重新使用、城市和地区的整治更新与重建、地下空间的利用和地下基础设施的持续发展等纳入一个动态的、生生不息的循环体系之中
2005	《西安宣言》	国际古迹遗址理事会	主题是古建筑、古遗址和历史区域周边环境的保护。将周边环境对遗产和古迹的重要性提升到一个新的高度,强调有必要采取措施有效控制外界急剧的变化或累积的变化对周边环境产生的影响

表2 国内历史街区保护与更新理论政策的发展

年份	文件/会议	重要内容
1982	《国务院批转国家建委等部门〈关于保护我国历史文化名城的请示〉的通知》	公布首批(24个)历史文化名城,要求对集中反映历史文化的老城区、古城遗址、文物古迹等采取有效措施,严加保护,并划定保护带,对保护范围内的新建、扩建、改建工程应采取必要的限制措施
1983	《关于加强历史文化名城规划工作的通知》	明确了历史文化名城规划的概念与内容,提出划定保护带和建设控制带。要求协调好生产生活、旧城改造、旅游业与保护的关系。编制总体保护规划,并根据需要编制重要保护项目地段、街区、风景名胜区等的详细规划
1986	《国务院批转建设部、文化部〈关于请公布第二批国家历史文化名城名单的报告〉的通知》	公布第二批(38个)历史文化名城,要求对历史传统特色街区进行保护,核定设置"历史文化保护区"
1993	在襄阳市召开首次"全国历史文化名城保护工作会议"	历史文化名城要考虑保护历史文化保护区,对非历史文化名城中的历史老街区也要进行保护
1994	《国务院批转建设部、国家文物局〈关于审批第三批国家历史文化名城和加强保护管理请示〉的通知》	公布第三批(37个)国家历史文化名城,要求对历史文化名城的重点区域做出控制性详细规划,对未定为国家历史文化名城但能反映某历史时期传统风貌和体现民族地方特色的街区、建筑群等的地方,也应予以保护
1994	《历史文化名城保护规划编制要求》	提到了历史地段、历史街区的概念,要求在历史文化名城中划定历史文化保护区,并进行重点保护
1996	在黄山市召开历史街区保护(国际)研讨会	突出"历史街区"的主题概念,达成"历史街区的保护已成为保护历史文化遗产的重要一环"的共识
1997	《建设部转发〈黄山市屯溪老街历史文化保护区保护管理暂行办法〉的通知》	突出"历史文化保护区"的主题概念,强调保护整体风貌,保护构成历史风貌的各个因素,内部可进行适应现代生活需要的更新改造,维护并发挥使用功能,保持活力,改善基础设施,提高居民生活质量,保护真实的历史遗存
2003	《城市紫线管理办法》	明确要求划定保护历史文化街区和历史建筑的保护范围界限,即城市紫线
2005	《历史文化名城保护规划规范》	对历史城区、历史地段、历史文化街区分别定义,对历史文化街区的核定条件、保护规划的具体目标和原则、保护界线的划定、保护与整治(含历史环境要素)的措施以及道路交通都有具体和明确的要求
2008	《历史文化名城名镇名村保护条例》	要求划定核心保护范围和建设控制地带,保持传统格局、历史风貌和空间尺度,不得改变与其相互依存的自然景观和环境,并对"历史文化街区"做了具体定义

续表

年份	文件/会议	重要内容
2012	《历史文化名城名镇名村保护规划编制要求(试行)》	提出了历史文化街区的保护原则,要求规划确定保护范围、对保护范围内的建筑物进行分类保护等;提出了保护历史文化街区的风貌和空间环境,延续传统文化,改善基础设施、公共服务设施、居住环境,激发历史文化街区活力等的原则和要求
2014	《历史文化名城名镇名村街区保护规划编制审批办法》	对历史文化街区保护规划提出明确要求,内容同2012年的"保护规划编制要求"
2016	《历史文化街区划定和历史建筑确定工作方案》	拟用5年时间完成所有城市历史文化街区划定和历史建筑确定工作;从历史文化、建筑艺术、科技等方面给出了历史建筑确定的参考标准

城市历史街区更新是指对历史街区的修复、改造、开发和再利用,既要涉及历史街区的整体布局与重新规划,又要使原有的历史街区形态及其所凝聚的历史文化内涵得以体现。城市历史街区更新不仅仅是物质环境的更新,更重要的评价标准是能否改善环境品质并带来新的活力。如今更新过程所涉及的内容日趋广泛,从单体建筑的保护到街区及环境风貌等的整体性保护,从简单的建筑修复到街区功能及人居环境的改善,从而达到既保护文化遗产又改善居民生活条件的目的。

城市历史街区作为城市肌理的重要组成部分,是城市更新的重要对象,也是城市彰显活力和魅力的重要推手。因此,不仅要对街区本身进行保护与更新,而且要对街区内容和功能进行更新,以满足街区内居民和商户经济文化生活的需要,激发内在发展活力,促进历史街区健康、持续发展。

二 国内外历史街区保护与更新的案例

随着历史街区保护与更新的理论发展与实践探索,国内外越来越多的历史街区保护与更新取得了良好的效果,其经验值得借鉴。法国是文化遗产大国,其对历史街区的保护与更新理念和经验有一定的典型性。法国的里昂老城和巴黎玛海区便是典型的例子。里昂是一个历史悠久的城市,其城市的形成可追溯至古罗马时期，如今在老城内依然可以看到一些古罗马时期的遗迹，大部分旧建筑则建于15~17世纪。两次世界大战后，里昂老城的一些街区变得破败、脏乱，在一些有识之士的呼吁下，1946年成立了里昂老城复兴协会以改善老城面貌、促进老城复兴，同时也避免了老城被拆除重建的命运。因为1962年的《马尔罗法》，里昂老城成为法国设立的第一个保护区。自1964年开始，里昂老城对原有建筑内外部进行了修缮，尽量改善居民的居住条件和居住环境，并先后分阶段推行了一些安居工程建设。首先是从1982年开始推广改善住宅规划，政府出资对住宅修缮进行补贴；其次是优化交通条件，控制交通建设对老城的不利影响，如在不拓宽旧街道的前提下沿老城外围修建环路，减少城内地面交通量等；最后是对人文环境的保护，包括留住原来的居民、保持地域文化氛围、传承手工艺等非物质文化、融合传统与现代生活方式等。① 今天的里昂老城更多地体现了平凡而特殊的韵味，静静流淌的索恩河和罗讷河水、忙碌而有序的码头、历经数百年沧桑却格调鲜明的老建筑、弯曲狭窄的街巷、青黑砖石铺就的道路、低矮却特色浓郁的店铺、琳琅满目的工艺品、店铺里忙碌的工匠、往来如织的游客、咖啡馆里悠然自得的人们……都彰显着这座城市独特的艺术文化气息和浓郁的法国历史文化氛围。这座老城后来被评为世界文化遗产。里昂老城的成功保护与更新，与法国健全的文化遗产保护法、完善的文化遗产管理体制以及民间团体组织的积极推动是分不开的。

巴黎玛海区也得益于《马尔罗法》而成为法国首批城市遗产保护区之一。玛海区位于巴黎的核心区域，是巴黎市政府成功保护下来的一个历史街区。玛海区是产生于中世纪的一个主要居住区，但至20世纪时，这里已经沦落为一个著名的贫民区，许多建筑破败不堪。第二次世界大战后，法国进行大规模建设时期，因进行城市重建，玛海区差点被拆除。玛海区的保护与更新持续了二三十年，自1965年提出计划，保护与更新方案历经三次更改，至1980年9月2日，玛海区保护与利用规划经巴黎市议会审议通过，由地区

---

① 赵桅：《法国里昂老城遗产保护的启示》，《中国名城》2014年第6期。

政府开始执行。该街区主要通过历史街区建筑及文物修复与利用、街区内部空间清理、保护传统的工业与手工业等措施进行保护与更新。除了对保护区内的老建筑进行详细分类修复外,对于新建建筑的地界、立面界限、后退红线、高度、外檐轮廓、建筑密度、建筑体量、立面建筑材料等都有比较严格的要求。[①] 公共空间方面则通过剔除破旧建筑,使街区内院得到恢复,为了保护现存的街区,不再允许建设私宅内部花园,并规定在增加公共绿化空间和改善街区交通联系的同时,也新建一些公共设施。玛海区的保护取得了良好的效果,1995年保护成果上报法国国家保护区委员会。如今玛海区已成为巴黎市最具文化气息和吸引力的地区之一,其街区保护经验与措施得到了推广。

新加坡唐人街历史区域位于新加坡中心区,拥有蕴含重要历史意义和价值的建筑物以及能够展现民族群体的社区生活方式,该国经济的快速增长,对城市提出了更新和重新开发的要求。新加坡政府主要通过以下几项措施来保护和更新唐人街:第一,保留并恢复有历史意义的建筑物;第二,改善总体环境,因地制宜,以项目来提升历史街区的独特性;第三,活化当地特色,大力支持和举办民族特色活动;第四,政府主导,鼓励群众和社会团体参与遗产保护。通过市场运作以及旅游业和商业的开发提高了城市活力。[②]

国内的一些历史街区,其保护与更新也有值得借鉴的地方,一些历史街区古色古香,间或有老字号分布,极具特色,如成都的宽窄巷子、锦里古街等。宽窄巷子位于成都古城的历史街区,主要由宽巷子、窄巷子和井巷子三部分组成。改造更新前宽窄巷子街区内的建筑从清代、民国至中华人民共和国成立后都有,但大多是清末以后建的,很多建筑损坏比较严重,且有一些影响传统风貌的现代建筑,也存在乱搭乱建和消防隐患等问题。宽窄巷子的保护改造工程确定于2003年,进而以"修旧如旧,保护为主""原址原貌,落架重修"为原则[③],按照整体性、原真性、多样性、可持续

[①] 邹欢、石雷:《巴黎玛海区城市遗产保护政策与措施》,《世界建筑》2003年第12期。
[②] 雯清:《国外城市历史街区的保护案例》,《浦东开发》2013年第9期。
[③] 王淑娇、李建盛:《城市历史空间再利用与城市文化空间生产——以成都宽窄巷子为例》,《中华文化论坛》2018年第1期。

性的保护策略①，主要对宽巷子、窄巷子和井巷子三条传统街巷进行整体性改造和功能性开发。对核心保护区的建筑进行修缮或按风貌改建，并改善内部居住条件。其余无法修复或无保护价值的建筑予以拆除，按照"修新如旧"的原则仿建，从而既融入历史街区整体风貌，又满足现代生活需要。除了建筑的保护与改造、空间格局层次的梳理与丰富，还对内外部交通网络进行了改造，对基础设施进行了完善，对景观系统进行了重新设计。同时，对街区功能也进行了更新与拓展，根据三条巷子的不同特点确定了不同的发展定位，并根据定位融入相应的业态与活动。② 2008年项目改造竣工，更新后的宽窄巷子在功能上既保留了部分居住属性，又融地域文化、民俗、商业、展演、旅游、休闲、娱乐等于一体，形成了"老成都底片，新都市客厅"的主题特色，既在一定程度上保留了城市肌理，又传承了城市文化与历史记忆。

成都武侯祠旁的锦里古街打造得也不错，这条老街的更新主要体现在内容与功能方面，挖掘空间内涵，营造场所精神，传承三国文化和四川民风民俗，延续了历史文脉。再如北京的大栅栏和老北京风情街、上海的城隍庙、西安的回民街、重庆的磁器口古镇、贵阳的青岩古镇等都发展得不错。但国内一些历史街区的更新往往存在形态、功能和内容雷同的问题，在历史面貌和文化特色保持方面不够，过度商业化和旅游开发式更新弱化了原居住性历史街区的居住属性和生活方式与习俗。

三 武汉汉正街历史街区的形成及保护与更新

汉正街是武汉乃至全国著名的历史街区，有着500年的历史，曾是汉口的中心城区，是汉口城市发展的"母街"，明清之时是全国四大名镇之一。无论是城市最初形态的形成，还是后来社会经济和文化等方面的发展，汉正

---

① 刘伯英、黄靖：《成都宽窄巷子历史文化保护区的保护策略》，《建筑学报》2010年第2期。
② 王晓亚：《城市历史文化街区保护与更新策略研究》，西南大学硕士学位论文，2018。

街在武汉城市发展史上都具有重要的地位和影响。汉正街自身历史文化色彩鲜明,其商业文化、码头文化和市民文化等均独具特色,但在商品经济大潮的冲击下,汉正街也很难保住原有的文化和风情。梳理汉正街历史形态,探讨如何对汉正街历史街区、历史文化环境进行保护,如何保持街区自身文化特色与历史潮流相互协调,以期促进区域文化与经济良性互动,并为其他历史街区的发展提供启示。

(一)汉正街历史街区的发展与形态演变

汉正街街巷分布与汉口镇的形成密切相关。明嘉靖年间,汉口镇已初显繁华。在汉水北岸的沿河地段,一些居民沿汉水搭起成排的吊脚楼,居住场所同时作为生产、经营场所,并逐渐形成热闹的街市,即河街。此后房屋建筑逐渐向北发展,形成汉正街闹市。"袁公堤"筑成以后,汉口镇商贸及各业得到迅速发展,市镇规模亦逐渐扩大。汉口镇街区初时只有沿河码头和河街,后由河街发展到正街(汉正街),再由正街、后街到夹街,由夹街到堤街再到里巷,数量众多。到清乾隆、嘉庆年间,汉口更是"坊巷街衢,纷歧莫绘"。乾隆四年(1739年),汉正街西起艾家嘴、东至集稼嘴铺设条石路面。至道光年间,汉正街境域内已成为"华居陋室密如林,寸地相传值寸金"[①]的繁华街区。道光八年至十二年(1828~1832年),汉正街沿河陆续修筑鲍家巷码头、新码头和流通巷码头,并以其南临汉水、东临长江、水陆交通畅达、客商云集而成为汉口早期的商业中心。汉正街始称"正街"或"官街"。汉正街沿河一带码头林立、商铺云集,河岸边吊脚屋与码头的牌坊,岸上腹地的各类会馆、庙祠、酒肆,以及汉正街街市店铺、条石路面等诸多视觉形态一同构建起繁盛市镇场景。叶调元在《汉口竹枝词》中这样描述,"后市前街屋似鳞……九分商贾一分民""街名一半店名呼"[②],汉正街成为"楚中第一繁盛处"。

[①] (清)叶调元著,徐明庭、马昌松校注《汉口竹枝词校注》,湖北人民出版社,1985,第7页。
[②] (清)叶调元著,徐明庭、马昌松校注《汉口竹枝词校注》,湖北人民出版社,1985,第4、6页。

时人范锴在《汉口丛谈》中记载："汉口自明以来，久为巨镇，坊巷街衢，纷歧莫绘。是以按邑志之图，尚有差池未尽，盖因其地形如眠弓，上直而下广。其广处则街衖重重，难以缕纪故耳。"[1]《汉口竹枝词校注》中对其街区形态和居住密度也有类似描述。东西走向的是街，南北走向的是巷，正街、河街、后街、夹街、堤街是横向的主要干道，正街与堤街独长，街巷一起构成了密集的街道网络，下游街巷更加纷繁复杂，整个街区形态呈"眠弓"。我们从1868年的《续辑汉阳县志图》中可以看到当时汉正街街区的全貌（见图1）。

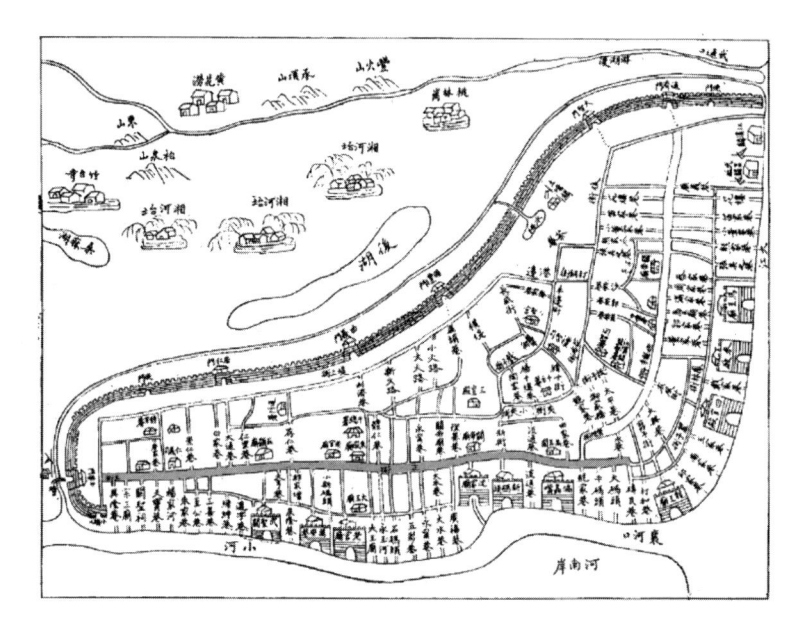

图1　1868年的汉正街

19世纪至20世纪初，一些地产商将大量的棚户板房改造为连片的全木结构或砖木结构的居室、商铺。民国初期，这些片区分段而称，后来统称为汉正街。街区内店铺与住居界面形式逐渐由临街"前店后宅式"格局转向上下两层的混合商居，商业重心由沿河向沿江转移，与英租界毗邻的歆生路

---

[1]（清）范锴著，江浦等校释《汉口丛谈校释》，湖北人民出版社，1990，第111页。

花楼街片区兴起。拥挤的街区及房屋建筑给后来旧城更新和汉正街市场建设带来了严重后患。1931年和1954年武汉两次大水灾及武汉沦陷时期，汉正街都遭到了巨大的破坏，房屋都曾进行过翻修改造，结构仍以砖木结构为主。20世纪50年代到80年代初期，由于资金紧缺，老城区长期未能纳入改造范围，汉正街一带均未采取大的保护修复性举措。自汉正街街区形态初步形成至20世纪80年代，汉正街作为全国首个小商品批发市场，街区规模虽不断扩大，但传统的街区形态和结构变化不大。

（二）汉正街部分街区的保护与更新

20世纪80年代以后，汉正街一带的更新是伴随着城市建设和大规模拆迁改造进行的，许多老街巷被现代新型建筑所代替，原有的历史环境风貌进一步遭到破坏。20世纪80年代初，汉正街小商品市场开放以后，城市基础设施建设严重滞后的问题日益突出。人口密度大，建筑密集，存在大量的危破房屋，市场内街巷道路狭窄，条件简陋；长期占街摆摊经营，严重阻碍了道路等公共空间的畅通；来汉正街经商的外地经营户存在住宿、吃饭、仓储、寄存、交通、通信、安全等一系列问题，制约了市场的繁荣和发展。[①]为满足汉正街市场发展和改善居民居住条件的需要，1987年武汉市政府办公室印发《关于汉正街改造工程的会议纪要》，提出"依托市场，改造旧城，滚动开发，整体受益"的改造思路，在1988年之后的10余年里，陆续实施了三期改造工程。对同安坊至利济南路两侧街区，以及三曙街、大夹街、余庆里、利济路、多福巷、全新街、庆丰里、宝善街、广货巷、安善巷一带进行了改造，主要采取拆除破危房屋、新建高层住宅，住户上楼、摊贩入室，拓宽部分道路等措施，由此扩大市场面积。另外，新辟宽了数条道路，完善了供电、供水、市政环卫、消防等设施，部分街巷的经营和居住环境有了较大的改观，促进了汉正街小商品市场的繁荣发展。1994年底，形成了"中国武汉汉正街商业贸易区"的初步构想，并于其后制定了

---

① 张兴建：《武汉汉正街个体经济雄劲发展》，《决策与信息》1999年第1期。

发展规划①，但由于各种原因相关规划并未实施。进入21世纪后，汉正街的发展明显滞后，如今很多街巷如同杂乱破旧的城中村，已跟不上时代发展的进程。

对汉正街历史街区要划定保护区及核心历史街区，把传统街区与现代商业建筑区划分开，实行不同的发展策略。这一方面是对街区本身的保护与更新，另一方面是对街区功能的更新与升级；不仅要从面貌上改善，而且要从内在激发历史街区发展的活力。

1. 保护与修复历史建筑及历史街区风貌

历史街区的更新不能只是拆旧建新、废古存今。传统的城市街区更新模式简单、粗放，往往造成城市原有历史、文化、社会等方面的断裂。历史街区保护与更新，应以保护为主，在保护的基础上进行科学合理的内容与功能的更新。在当前的开发中须划定核心保护区、建设控制带范围，不同划分区采取有区别的措施，不同等级类型建筑采用不同保护方法。汉正街历史街区中的淮盐巷－泉隆巷片、怡庆里片、汉正街西片、汉正街东片、药帮一巷－新安街片、保寿桥片、统一街－花楼街片等片区（见图2）以及孙中山铜人像、栖隐寺、保寿桥、药帮一巷石板路、新安书院、淮盐巷等原有的主要景点地带被纳入核心保护区范围进行整体性保护。对于历史建筑，应严格保护、维护，改善设施；对于传统风貌建筑，应在不改变外观风貌的前提下进行维护、修缮、整治，改善内部设施；对于历史上存在的知名建筑，可根据实际情况，按记载或影像原貌慎重地复建，恢复街区历史风貌，集中展示汉正街的商贸文化、改革开放时期小商品市场文化以及新时代时尚潮流文化。此外，对于现状街巷，应保留名称，延续历史街巷格局和空间形态，拆除现代乱搭乱建的房屋设施；对于外围划定的建设控制带，应严格控制建设，限制建筑高度，整治不协调建筑，建筑色彩、体量、比例等应与核心保护区传统风貌相协调。

---

① 朱文尧主编《汉正街市场志》，武汉出版社，1997，第130~155页。

图 2　汉正街历史街区片区划分

2. 改善周边环境和居住条件

在对历史建筑、文物遗迹进行保护与修复的同时，必须把对周边环境的保护考虑进去。要对沿江沿街的自然环境、景观环境进行修复；更重要的是对风俗习惯、传统精神、非遗等的保护与延续，在此基础上进行合理、必要的更新，汉正街数百年积淀的码头文化、民俗风情、传统工艺以及优秀的商贸习俗、商业价值、商业准则和商业精神品质都是重要的文化财富，是武汉文化底蕴和文化软实力的体现，也是创新发展的源泉。依托两江交汇、三镇鼎立的地理优势和 500 年商业文明的人文优势，秉持高点定位，打造既充满历史文化底蕴和地域特色，又融入现代活力的宜居宜业的商住综合区，成为长江文明之心的重要展示区。

在居住环境方面，以疏解、修复、改善为主，在延续传统的同时，要充分考虑居民改善居住条件和提升生活质量的需求，历史街区保护重要的一点是要留住原来的居民。针对居住杂乱过密的问题，在尊重居民意愿的基础上迁出部分居民，对于现存未经改造修复的或现代修建的在结构、设施方面较差的房屋，应进行拆除，依照传统风貌重建。对于有保护和修复价值的建筑，政府应出资补贴，进行内外部的修复改造，并深化消防、交通、物流等综合环境整治，打造公共活动空间，最终达到改善居住和商业环境、提升街区功能的目的。长堤街及药帮大巷现状见图3、图4。

图3　长堤街现状

资料来源：笔者拍摄。

虽然近年来已搬迁一部分商户至汉口北，建起了现代化的商贸大楼，对少数老街巷的建筑外观进行了包装改造，但一些老旧街巷还未更新修复，严重影响了街区的整体环境，影响了居民及商户的生产生活。为了改善交通和人居环境，提升区域形象，一方面，在对历史街区的房屋建筑进行修复或复建时，应尽量使其与街区原有的文化底蕴、历史风貌保持一致，合理、集约地利用土地资源，高效、合理地进行规划开发，注重可实施性；另一方面，应着力建立并完善街区内的基础设施和公共文化服务空间及设施。

3. 继承与创新街区商业文化

汉正街因商而兴，素来以商业活动和商业文化著称，商业使汉正街享誉

图 4　药帮大巷现状

资料来源：笔者拍摄。

中外，但如今汉正街无论是从街区总体环境看还是从商业形态看都显落后。如何在保护与更新历史街区的基础上改革创新商业文化，使其恢复往日的辉煌，为区域经济文化建设服务，促进地区高质量发展，具有重要的意义。因此，一是要应用传统商业文化元素。在对街区内建筑以及公共设施进行保护与更新的过程中，应对传统商业符号、商业元素加以创意性利用以增强历史文化气息，店铺外观可沿用传统风格，内部空间设计可进行创新，在传承的基础上对商业文化进行创新。二是要扶持振兴老字号发展。汉正街旧时老字号众多，但如今大多已凋敝，因此要振兴、恢复或回迁部分知名老字号，政府应加大扶持力度，老字号企业本身要注重产品研发创新以及服务、管理、销售理念和销售渠道创新，做大做强品牌，走出本地、走向海外。三是要创新商业形态。融合传统与现代，打造一批示范性、标杆性、引领性项目，打造特色街区，发展高端商业、休闲商业、时尚商业，鼓励创意、创造、创新、创业，打造国家级、国际性的商产融合示范区；以建设国家级高品位步行街为契机，促进汉正街传统商业街区环境美化、灯光亮化、产业优化，将

汉正街打造成为国内国际知名的特色步行街；推进"汉正街+武汉城市圈"跨区域合作，完善生产、设计、展示、销售、物流等环节，使之成为省域经济的重要引擎。

4. 打造街区旅游品牌

按照"汉口之根、武汉之心、世界之窗"的总体定位，在恢复历史街区风貌的基础上，拓展旅游空间，发掘旅游资源。结合规划，在汉正街历史街区功能基础上，挖掘、整合原有的传统文化表现形式，大力传承非物质文化遗产，并选择性引入休闲娱乐、文化创意等产业，重塑、激发街区活力。凭借两江交汇的独特区位，再加上新打造的金融中心与主题公园，与周边的汉江、长江、龟山、晴川阁、古琴台、琴台大剧院等特色鲜明的自然和人文旅游景点及艺术场馆，形成集购物、旅游、娱乐、休闲于一体的旅游线路①，发展汉正街文化游、民俗游、商贸游、休闲游、亲水游，打造特色旅游品牌，使旅游业成为汉正街的战略性支柱产业，助力武汉打造中国旅游休闲示范城市和国际滨水旅游名城。

---

① 姚伟钧、李任：《武汉非物质文化遗产》，武汉出版社，2017，第264页。

B.22
工业旅游：助推城市更新与产业转型升级

王国华*

摘　要： 毋庸置疑，"工业旅游"是当下网络上的热词，也是当前中国政府和许多企业家普遍关注的一个全新产业，更是中国经济发展新的增长点。工业旅游是农耕文化时代进入工业化时代的产物，与西方工业革命所带来的产业结构巨变以及大量新产业的衍生息息相关。此外，现代工业旅游拓展了旅游产业的疆域，使得工业旅游成为一种以文化创意为手段、以数字技术为工具、以品牌打造为特征、以虚拟景观为载体的全产业链文化创意产业，并在此基础上探寻工业旅游产业发展的路径，以实现工业旅游让城市更美好的产业目标。

关键词： 工业旅游　城市更新　产业结构　转型升级　数字技术

早在 2001 年国家旅游局就出台了有关工业旅游发展的指导意见。2002 年，国家旅游局又颁布了《全国农业旅游示范点、全国工业旅游示范点检查标准（试行）》。2004 年 7 月 1 日，国家旅游局公布了《关于命名北京韩村河、首钢总公司等 306 个单位为"全国工农业旅游示范点"的决定》。2005 年，国家旅游局正式命名的工业旅游示范点达 108 家。

---

* 王国华，北京工业大学教授，北京工业大学文化创意产业研究所所长，北京工业大学人文学院学术委员会主任。

2016年11月，国家旅游局在青岛举行了第一届全国工业旅游创新大会，并在会议上发布《全国工业旅游发展纲要（2016～2025年）（征求意见稿）》。2017年11月，国家旅游局在湖北黄石召开了第二届全国工业旅游创新大会。2018年，上海市制定并颁布了全国首个地方工业旅游服务标准——《上海市工业旅游景区（点）服务质量要求》……由此可见，工业旅游已经成为国家大力扶持的新兴文化旅游产业。

然而，对于中国广大民众来说，"工业旅游"一词还相对陌生，毕竟它是一个"舶来品"，是西方农耕文明时代进入工业文明时代的产物，与西方工业革命所带来的产业结构巨变以及大量新产业的衍生息息相关。中国的旅游产业起步较晚，广大民众比较熟悉的还是那些山水风景游、文化名胜游、历史古迹游、自然奇观游，对以工业文化为核心、以工业生产基地为旅游空间的现代工业旅游仍然十分陌生。因此，我们今天探讨和研究工业旅游的发展沿革、认知工业旅游的发展价值、总结工业旅游的发展模式，对当下中国众多的资源型城市更新、老工业区转型发展、工业遗产保护利用以及产业结构调整升级等都具有现实意义。尤其是湖北武汉地区，近代以来积累了丰富的工业旅游资源，为今天发展工业旅游打下了良好的基础。19世纪末期，湖广总督张之洞在武汉"兴洋务""练新军""办学堂"，留下了湖北炼铁厂（汉冶萍公司）、湖北枪炮厂（汉阳兵工厂）、汉阳铁厂（湖北铁政局）、湖北织布局、湖北缫丝局、湖北纺纱局、湖北制麻局、江岸机车厂、既济水电公司等诸多规模宏大的近代工业遗产，它们是中国近代化历史进程的缩影，也是今天人们追忆似水年华、回望历史的珍贵文化资源。

一　近代工业文明催生工业旅游新业态

工业旅游是近代工业文明的产物。它将人类工业文明所创造的一切物质与精神成果作为旅游吸引物，让游客在旅游过程中去体验和感受工业文明给人类社会带来的巨大变革，去思索工业文明带来的文化价值，激发游客内心的创造力。

众所周知，发生于 18 世纪中叶的英国工业革命，使得人类社会从农耕文明时代进入了工业文明时代，它不仅极大地提高了人类社会的生产力，而且使得人类的创造力得到了空前迸发。工业革命既给人类社会带来了极其巨大的物质财富，也创造出无比丰富的精神财富。早期的工业文明时代，造就了牛顿、瓦特、亚当·斯密、孟德斯鸠、洛克、穆勒、卢梭、门捷列夫、爱迪生等一大批优秀的思想家、哲学家、科学家和文化艺术家。正是这些文化科技大师们改变了人类社会的价值观、世界观与审美观，颠覆了农耕文明时代的生活方式与生产方式，同时又激励人们不断地创造新的文明、新的社会形态以及新的美好生活方式。

任何新业态的出现都是人类生活方式变化的结果。工业旅游作为一种新业态，其起源与 19 世纪的工业革命息息相关，其标志性的历史事件可以追溯到 19 世纪中期大英帝国创办的世界博览会。

19 世纪的英国，正值工业革命的全盛时期，有"日不落帝国"的"维多利亚辉煌时代"之美称。1851 年，维多利亚女王为了显示其强大的国力，下令创办人类第一个"世界博览会"（International Exhibition or Exposition，旧译"万国赛会""万国博览会""万国工业品大博览会"）。女王委托其夫婿阿尔伯特公爵亲自督办，历时 5 个月，前往参观人数多达 600 万人次。此次史无前例的盛会，不仅留下了一座由 6000 根铁梁、30 万块玻璃建造成的巍峨璀璨的"水晶宫"，体现了当时科技的最高成就，而且标志着人类发明了一种国际大规模文明交流的新形式。[1]

由于大英帝国的强大影响力和"殖民扩张"所获取的全球势力范围，"万国工业品大博览会"几乎吸引了世界各地的观览者，许多英联邦国家以及各国列强纷纷派员参加博览会。博览会会场不仅是各类商品的展销地，而且是一个巨大的"日不落帝国"形象的广告市场，同时也是一个极其巨大的"产品外交平台"与"世界列强合作平台"。"万国工业品大博览会"有

---

[1] 马敏：《拓宽历史的视野：诠释与思考》，华中师范大学出版社，2006，第 63 页。

力地传播了大英帝国工业文明的强大实力,为后来的世界性博览会提供了可资借鉴的良好样板,开启了人类"跨海洋交流"的新征程,衍生出近代博览产业与工业旅游产业,把人类历史上以游山玩水、娱乐心智为主的旅游观光行为演变成商业贸易和科技文化交流的综合性行业,对旅游观光行业具有极其巨大的拓展意义。正所谓"顾各国设会之意,原以昭友谊,广人才,其着重尤在'扩充贸易'四字"。①

"万国工业品大博览会"所获得的综合社会效应,比大英帝国用"坚船利炮"征服殖民地不知要大出多少倍。尤其是博览会所带来的产品销售市场的扩大、产业技术的推广以及生活方式的影响等方面,都超过了历史上的任何产业。

由此可见,工业旅游的兴起,与工业革命带来的产业结构大变化息息相关。工业革命衍生出无数与早期工业紧密相连的新型产业,如博览产业(又称会展产业)、旅游产业、交通业、酒店服务业、广告产业等。旅游业与会展产业可以说是一对孪生兄弟。自西方工业文明诞生之日起,旅游产业与会展产业就随之兴起。博览会的旺盛人气依赖于旅游交通的帮衬,旅游业的兴旺又借助于博览业的巨大吸引力。近代工业文明的进步,以及科学技术的发展,使得旅游业赖以支撑的交通工具以及旅游客体等得到巨大的改善。火车、轮船、汽车等现代运输工具的诞生,使人员大规模流动成为可能。并且,时间与成本的大大节约,为各阶层的人们出行创造了条件。同时,使跨地区、跨国家的远洋旅游成为可能。②许多现代旅游发展史话常常津津乐道于西班牙旅游产业诞生的故事,让人大为惊叹的是,西班牙的旅游业竟然是因当时的贵妇们经常结伴去温泉疗养地泡温泉而触发的。英国旅游界把英国人托马斯·库克作为英国旅游业的创始人,托马斯·库克在1841年7月5日包租了一辆火车,组织570人参加一场禁酒大会,往返车费为每人一先令,这被认为是世界上第一次团体包价旅游,因而也就成为世界上旅游业兴

---

① 马敏:《拓宽历史的视野:诠释与思考》,华中师范大学出版社,2006,第65页。
② 王国华:《从旅游到旅游业》,珠海出版社,2003,第234页。

起的标志。①

可见，旅游从人类的一种行为方式演变成一种产业形态，其萌芽、发展与成熟的最初动因与契机，似乎总是与一件有意义的事情、一个具有吸引力的会议、一个令人向往的目的地、一个有价值的"吸引物"等有着巨大关联。万国工业品大博览会、托马斯·库克组织570人参加一场禁酒大会、西班牙贵妇们泡温泉等，是现代旅游产业发轫的社会动因与产业契机。

二 工业旅游拓宽了旅游产业的疆域

进入20世纪之后，工业旅游不仅是全球现代旅游产业的重要组成部分，而且极大地拓展了现代旅游产业的市场空间与时空范围，工业旅游成为一种内容广泛、领域广阔、空间巨大、产业链长、跨界性强的综合性、平台性产业。②尤其是在一些进入"后工业化时代"的西方发达国家，工业旅游更是国际旅游产业中的热门产品，早已成为这些国家实现城市更新、经济转型、产业升级以及生态修复的重要"平台产业"。美国早在20世纪80年代就将联邦印钞厂、夏威夷军港、肯尼迪航天中心、汽车制造厂、工业园区等工业场所作为旅游地；德国在20世纪后期开始大力推行"工业遗产游"与"铁锈区怀旧景观游"，鲁尔工业区通过大力发展工业旅游产业，城市更新取得了巨大成功；英国、法国、加拿大、爱尔兰等国家纷纷将啤酒厂、咖啡厂、葡萄酒生产地等各具特色的工业产品生产地和工业遗址作为旅游吸引物，以此招徕大量的游客，使得旅游产业品类丰富、效益倍增、发展迅猛；意大利的星巴克烘焙工坊将生产咖啡、奶酪、蛋糕、巧克力以及各种点心的流水生产线和各种生产装置等作为吸引顾客观览与体验的旅游产品，使得星巴克的咖啡店变成了时尚产品消费目的地。

进入21世纪的网络时代之后，世界工业旅游产业已进一步演变为一种

---

① 王国华：《从旅游到旅游业》，珠海出版社，2003，第36页。
② 王国华：《论推进工业旅游产业发展的理念、路径与措施》，《北京联合大学学报》（人文社会科学版）2019年第1期。

体量庞大、产业链长、带动性超强的文化产业。丰富的工业遗产资源的挖掘与应用、工业文明进程中丰富的历史文化经验的传承,以及当代高科技制造技术的展览等,在工业旅游产业中得到了充分的发挥,使得这一时期的工业旅游成为一种以工业遗产价值传播为基础、以文化创意为手段、以数字技术为工具、以品牌打造为特征的全产业链文化创意产业。人们对工业旅游的价值认知与产业特征的探寻更为全面和深入。世界旅游组织已经将工业旅游作为一种新的旅游形态和一种旅游新品类向全世界推广。许多工业发达国家纷纷拓展工业旅游市场,挖掘工业遗产资源,传承工业文明精华,并由此创新出许许多多的工业旅游新模式和新品类。

在中国旅游市场,工业旅游已经成为保护和开发工业遗产、整合工业资源、彰显工业文明魅力、提升企业综合效益的新的经济增长点。尤其是在一些经济较为发达的省份,许多政府领导以及旅游经营者已经认识到工业旅游具有内容广泛、领域广阔、空间巨大、产业链长、跨界性强等产业特征。发展工业旅游能够促进传统工业城市不断更新,推动老工业区环境改善,优化产业结构,促进企业资源多次开发与利用。同时,发展工业旅游能够让游客感受工业文明的辉煌,品味工业遗产的魅力,体验工业文明的甘苦,感悟智慧创造的艰辛,分享工业发展的成就,激发人们创新的情怀。

中国许多传统工业城市开始大力推进工业旅游产业发展,这对促进城市更新、经济转型、产业升级、生态修复,实现第二产业与第三产业跨界融合,以及发掘新的经济增长点等具有重要的现实意义。

尤其是在现代网络时代,工业旅游产业给许许多多的创意天才带来了极其巨大的创意空间,并为他们提供了创意发挥的新平台。一方面,人们像过去千百年那样学习、工作、生活在现实世界之中;另一方面,许许多多的网民却又生活在虚拟的网络世界之中。人们按照传统的价值观、伦理观去判定世界、认知世界,同时人们又用网络虚拟世界来对照现实社会、评判现实社会。尽管网络世界是对现实世界的映现与描述,但是网络世界毕竟是一个虚拟的世界,它加载了人们对现实世界的各种主观判断和无尽的想象,尤其是虚拟了人们对未来的无限的憧憬,因而形成了纷繁复杂的虚拟与现实交融、幻想与现实并存的"多维度新世界"……这为工业旅游添加了极其丰富的"想象空间"和"虚拟景观",使得工业旅游完全可以脱离旧的"工业厂区""生产车间""矿山矿藏""海岸码头""酒庄酒窖""工业园区"等有形空间作为旅游吸引物,更多地衍生出无穷无尽的"网络工业空间""微视频""微电影""微工厂"等虚拟旅游吸引物,从而形成无穷无尽的新兴工业形态,创造出花样翻新的工业旅游吸引物,让旅游者变成新兴工业形态的创造者、体验者和参与者。

可以说,工业旅游不仅是一种以工业遗产价值传播为基础、以旧的工业厂区为旅游空间的怀旧游、感物抒怀游,而且是一种以文化创意为手段、以数字技术为工具、以品牌打造为特征、以虚拟景观为载体的全产业链文化创意产业。同时,工业旅游还是一种资源重复利用的新经济发展模式,它能够将特定区域的历史文化资源转化为现实经济发展的新动力和消费者迫切需求的新产品。

三 工业旅游促进产业转型升级

随着科技的迅猛发展,我国经济面临严峻的产业转型升级的挑战,传统的经济结构必须转型升级。一是要素投入结构必须转型升级,从一般性生产要素,如土地、资源、劳动力等,转向迈克尔·波特所说的高级要素,如技术、人才、信息和知识等。二是产业结构必须转型升级。现代服务业、高新技术产业、绿色低碳产业、品牌产业的比重将提高,高消耗、高污染、高排放的产业以及模仿型产业、传统农业、传统工业的比重将下降。三是区域结构必须转型升级。沿海城市的工业旅游资源相对富集,而中西部地区的工业旅游资源则相对贫瘠,国家必须注意对中西部地区工业旅游产业投入的倾斜,缩小沿海地区与中西部地区人才与资金投入的差距。四是传统运营机制必须向现代管理机制转型升级。这种转型的关键在于制度变革。通过工业旅游平台,改革不适应现代产业发展的旧观念、旧模式,以制度创新驱动经济发展。尤其是在当前我国产业转型升级的关键时期,研究工业旅游发展沿革、探索工业旅游发展价值、总结工业旅游发展模式，对当下我国众多资源型城市和老工业区转型发展、工业遗产保护利用、工业结构调整升级、工业企业提质增效、"老字号"企业品牌价值提升等都具有十分重要的现实意义。

四 工业旅游发展的新路径

当下全球工业旅游已经显示出突出的三大产业特征：越来越强调跨界融合、越来越依赖数字经济、越来越重视感觉感受。但是，我国的工业旅游发展相比国际工业旅游产业现状明显存在许多现实问题。第一，旅游从业者对工业旅游文化内涵的挖掘比较欠缺。没有发掘出工业旅游地所蕴含的丰富人文精神以及最为感动游客的人文故事。如青岛啤酒厂所引入的现代管理制度、所引领的中国酒业领域的工业化流程的价值等，都是现代工业文明与农耕文明的区别所在，也是许多目标客群最为关注的问题。第二，工业旅游行业普遍缺乏完备的产业体系，尤其是缺乏基于智慧旅游技术的旅游综合信息服务平台。许多工业旅游地还停留在对基础性硬件设施的"修修补补"上，根本没有了解到基于智慧旅游技术的旅游综合信息服务平台的各种优势，更不知晓现代工业旅游最需要的是游客与旅游服务者如何即时实现供需双方的互联互通，如何提升旅游地的场景体验感、参与感，如何最大限度地降低营销成本等。[①] 早在20世纪80年代，欧美国家几乎所有旅行社就已经使用了全球分销系统（Global Distribution System，GDS），而我国许多旅游机构到今天也还没有树立全球分销系统的意识。第三，工业旅游的发展理念与运行模式亟待创新。许多工业旅游地的领导和决策者没有意识到发展工业旅游的价值所在，更没有意识到推进工业旅游的核心动力在于新奇的文化创意。他们只重硬件，不重软件，不具备起码的"互联互通、开放共享、跨界融合"

---

① 唐燕、〔德〕克劳斯·昆兹曼等：《文化、创意产业与城市更新》，清华大学出版社，2016，第149页。

的旅游产业发展理念,还是停留在"门票经济"的落后模式上,没有开发"衍生产品"的意识和引进创意人才的举动。第四,没有树立对旅游创意人才培养的理念和意识。旅游行业说到底是一个文化创意行业,依赖于旅游经营者对游客心理需求的准确把握和及时满足。而我国的工业旅游产业缺乏这方面的培训,最为突出的是旅游从业人员对工业旅游地旅游产品的核心价值理解不够,不能从工业产品表象中发掘出深刻感人的文化内涵。我国许多工业旅游项目的策划、规划与建设,大多仍处于初级水平。产品严重欠缺体验性、互动性和参与性,工业旅游纪念品开发低层次、同质化现象较为突出,尚未形成包含工业遗产旅游、工业科普旅游、产业公园旅游、企业文化旅游和工业购物旅游等在内的完整的产品体系。

如何克服工业旅游发展过程中的上述种种问题?我们认为,需要实施以下策略和方法。

第一,要本着"以人为本""以游客为本"的理念。人力资本的投资不仅是必要的,而且越来越成为工业旅游产业成功的关键。要准确把握游客的精神需求,了解游客的审美取向,因人而异地规划设计工业旅游景观,以挖掘旅游地丰富的历史文化资源为核心,让目标客群获得精神满足感。同时,要通过智慧旅游技术以及各种旅游综合信息服务平台不间断地传播工业旅游地的品牌信息,让游客充分感知旅游地的文化资源以及文化产品的独特性和稀缺性,从而积极购买该旅游产品。要通过"吃、住、行、游、购、娱"等衍生产品实现工业旅游价值,而不要期待通过门票去赢利。

第二,工业旅游绝对不能让游客去观览那些破旧不堪的旧工厂遗址,去凭吊那些旧厂矿的工业遗产,去接受所谓的革命传统教育,而应当为游客提供更多具有艺术魅力和人文情怀的工业景观。这些景观必须是让游客"想看、可看、好看、耐看、回头看";让游人"可进入、可停留、可欣赏、可享受、可回味";让旅游者感受到"差异性、互动性、参与性、舒适性、方便性"[①];

---

① 王国华:《论推进工业旅游产业发展的理念、路径与措施》,《北京联合大学学报》(人文社会科学版)2019年第1期。

让工业景观具备强烈的"视觉冲击力、历史穿透力、文化震撼力、快乐激荡力和生活浸润力"。这就需要在策划、规划方面加大投入力度。

第三,工业旅游企业要持续开展内容创新、模式创新、功能创新活动。今天的工业旅游,其产业功能大大提升,产品内容极大丰富,产业模式不断创新。在产业功能方面,工业旅游既要优化企业的资源配置、实现工业资源的二次整合开发,又要促进地方品牌的全球传播、"老字号"企业品牌价值的提升。在产品内容方面,现代工业旅游的产品种类不再只是"老工业基地、老矿区以及老工业城市的老厂房、老设备、老环境、老景观"等一些冠有"工业遗产"之名的"怀旧景观",而是在"大工业"概念下的人类工业革命以来一切与工业相关的资源经过系统的文化创意而再造出的全新旅游吸引物。早期的厂区、工业建筑、工业生产线、机械设备、工业产品都可以经过创意设计变成工业旅游产品。传统工业企业所积累的大量企业文化、管理制度以及生产工艺知识等非物质文化遗产,特别是工业发展历程中的无数优秀工业人物以及种种工业创造的感人故事等,都是当下工业旅游中最具吸引力的旅游内容。在产业模式方面,由于各个区域的工业旅游资源不同,开发条件存在差异,选择不同的发展模式对有效利用工业旅游资源至关重要。[①] 现代工业旅游产业已经创新出了多种多样的发展模式。它既包括广大工业城市、工业基地、工矿企业、科技园区,也涉及诸多"老字号"品牌、珠宝与工艺品制造、美食美酒制造以及现代高科技制造产业。

第四,活动创新是工业旅游产业兴盛的关键。提升人、愉悦人、启迪人永远是文化旅游产业的终极目标。实现上述目标,就要进行更多的活动策划,了解与把握工业旅游的发展趋势,创新发展模式,创新工业旅游的独特景观。当今的工业旅游在本质上是由一系列具有原真性的"创新活动"来支撑的。

---

① 王国华:《论推进工业旅游产业发展的理念、路径与措施》,《北京联合大学学报》(人文社会科学版)2019年第1期。

总而言之，发展工业旅游产业必须打造出一系列既令人回味无穷又变化万千的工业旅游新品牌，创意设计出大批优秀的产品。创新一系列优秀工业旅游产品，就必须有理念创新、机制创新、功能创新和模式创新的具体行动。尤其要在产品形式创新、类型创新、功能创新、结构创新方面下大力气、下苦功夫，这样才能实现工业旅游让城市生活更美好的产业目标。

B.23
智媒时代武汉城市形象建构的路径探讨

刘玉堂 姜雨薇*

摘 要： 在人工智能与大数据主导的智媒时代，武汉城市形象的建构格局自上而下发生转变。移动互联网用户数量的逐年攀升使得建构媒介环境中的城市形象与建设现实空间的城市面貌同等重要。建构丰满的武汉城市形象是城市未来可持续发展的必然要求。顺应时代潮流建构武汉城市形象，不仅要利用智媒体的特点优化路径，而且要始终保持人文关怀，突破网红城市标签，积淀属于武汉特色的城市文化底蕴。

关键词： 智媒体 城市形象 武汉

智媒即媒体智能化，智媒体融合算法、大数据、云储存、云计算等科学技术，依托移动互联网正逐渐改变传统媒体的传播格局和媒介生态。智媒体的特征主要有三个：万物皆媒、人机合一、自我进化。[①] 在日新月异的媒介环境中，武汉应该如何顺应时代变化、构建自我的城市形象并进行有效的城市形象"输出"值得我们反思。

---

* 刘玉堂，华中师范大学国家文化产业研究中心特聘教授、博士生导师，湖北大学文化建设研究院院长，湖北省社会科学院研究员，研究方向为楚文化暨中国传统文化、文化资源与文化产业；姜雨薇，华中师范大学国家文化产业研究中心博士研究生，研究方向为文化资源与文化产业。
① 彭兰：《智媒化：未来媒体浪潮——新媒体发展趋势报告（2016）》，《国际新闻界》2016年第11期。

一 武汉城市形象构建的时代契合性

(一)政策环境

当前"一带一路"倡议与"长江经济带"战略为武汉的发展带来了机遇。《武汉市 2019 年政府工作报告》提出,要以筹办军运会为契机,塑造精致武汉新形象。实施城市形象海外推广工程,强化城市全球营销,提高武汉国际知名度,打造全球旅游目的地城市。① 《武汉市城市建设绿色发展实施方案(2018~2020 年)》提出,要加强城市特色风貌塑造,加强城市历史文化资源挖掘,编制特色风貌街区或历史文化街区保护规划。推广使用城市形象标识,公园形象标识是城市形象标识的重要组成部分,通过网络投票选出武汉 7 个公园及公园联盟的形象标识,这些标识也将成为公园与城市形象传播的美好载体。② 长江主轴建设迎来新进展,沿江左右两岸建设了多处"城市记忆"公园,打造了"滨江都市画廊",塑造了一个充满活力的公共空间。③ 武汉市人民政府发布的《关于进一步加强城市规划建设管理工作的意见》提出,要建设海绵城市,建设独具特色的滨水生态绿城。城市的发展不能再依靠资源的消耗和环境的肆意破坏,打造绿色友好型城市形象也是武汉市政府强调的重点。武汉是中国中部地区的未来中心城市,政策的支持使武汉迎来了城市发展的绝佳机会。

(二)经济环境

当今城市之间竞争的重要手段主要是通过提升整体城市形象,吸纳人才

---

① 《武汉市 2019 年政府工作报告》,武汉市人民政府网站,2019 年 1 月 10 日,http://www.wh.gov.cn/hbgovinfo/zwgk/szfxxgkml/ghjh/zfgzbg/201901/t20190110_ 248667.html。
② 贺方程:《武汉 7 公园统一更换形象标识》,长江网,2018 年 10 月 11 日,http://cjrb.cjn.cn/html/2018-10/11/content_ 98504.htm。
③ 《长江主轴集中开工进入建设高潮》,武汉市人民政府网站,2018 年 6 月 21 日,http://www.wh.gov.cn/hbgovinfo/zwgk/zdlyxxgk_ 1/zdjsxm/xmjzxx/201808/t20180829_ 224501.html。

和资源，从而获得经济发展动力、政治生命力与文化创造力，形成城市特有的文化经济财富。[1] 2018年4月，长江经济带发展座谈会在武汉召开，会议提到推动长江经济带的发展是关系国家全局发展的重大战略。2019年3月，湖北省统计局发布的《湖北省2018年国民经济和社会发展统计公报》显示，2018年湖北省GDP为39366.55亿元，同比增长7.8%。中国社会科学院与经济日报社共同发布的《2018年中国城市竞争力指数及排名》显示，武汉经济竞争力在全国排在第8位。2019年4月，恒大研究院发布的《2019中国城市发展潜力排名》显示，武汉城市发展潜力排在第7位。武汉作为中部崛起的战略支点，将挺起长江经济带的脊梁。经济的快速发展也倒逼武汉城市形象的建构要在新的竞争格局中更新升级，城市"形象经济"所带来的连锁反应也将反哺经济与社会的发展。

（三）文化环境

城市形象的建构彰显了一座城市的文化软实力，更是城市与城市之间竞争的关键因素。从内部来看，武汉城市空间中沉淀了丰富的文化底蕴和历史文化资源；从外部来看，武汉市政府高度重视城市的文化发展与文化繁荣。武汉地理位置优越，历来有"九省通衢"之美誉。武汉地理空间中遗留下来的楚天台、行吟阁、屈原纪念馆等历史文化景观都在诉说武汉这座城市的来路与去路。盘龙城是长江流域发现的夏商时期规模较大的城邑遗址，也是武汉城市之根、武汉城市文明的源头。不论是有形文化资源还是无形文化资源，武汉这座城市都包容共生了多元文化。武汉拥有历史文化资源的良好积累，在社会环境中武汉市政府及其公共文化服务都在努力营造一个城市发展与形象建构的良好文化环境。《武汉市文化发展"十三五"规划（2016~2020年）》《武汉市城市总体规划（2010~2020年）》《武汉市国民经济和社会发展第十三个五年规划纲要》等文件无一例外地强调了文化在城市建设和城市形象建构中的重要性和迫切性。2018年5月，"2018'中国－欧盟

---

[1] 李思屈、李涛编著《文化产业概论》（第三版），浙江大学出版社，2010，第61页。

旅游年'灯桥点亮"活动在武汉黄鹤楼主会场拉开帷幕,黄鹤楼和两江四岸点亮象征着欧盟旗帜和中国国旗的"欧盟蓝"与"中国红",同时通过旅游光影秀,分别展示了武汉文化和旅游特色资源。2019年9月,为庆祝中华人民共和国成立70周年,武汉两江四岸的灯光秀上演,"鄂爱你,中国"几个大字登上长江两畔的楼宇,两江四岸灯光一起闪耀,彰显了武汉城市风情。

二 武汉城市形象建构的嬗变——从传统媒体到智媒体

(一)智媒体塑造下的城市图景

2019年8月,中国互联网络信息中心(CNNIC)发布的第44次《中国互联网络发展状况统计报告》显示,截至2019年6月,我国网民规模达8.54亿人,较2018年底增加2598万人,互联网普及率达61.2%;我国手机网民规模达8.47亿人,较2018年底增加2984万人,网民使用手机上网的比例达99.1%。①

在网络用户爆发式增长的今天,媒介是大众认知世界的窗口,美国传播学者李普曼在《舆论学》一书中指出,"现代社会变得越来越巨大和复杂化,对超出自己经验以外的事物,人们只能通过各种新闻供给机构去了解。如此一来,现代人的行为在很大程度上已经不是对真实客观环境的反应,而是对大众媒介构造的'拟态环境'的反应"。② 拟态环境并非客观环境的镜子式的再现,而是大众传播媒介通过对新闻和信息的选择、加工、报道,重新加以结构化后向人们展示的非真实环境。随着网络用户数量的不断攀升,媒介和移动互联网变成人们"观看"世界的图纸和望远镜,媒介不仅是受众认知现实世界的重要渠道,而且是人们了解城市风貌、建立城市印象、认

---

① 《第44次〈中国互联网络发展状况统计报告〉》,中国互联网络信息中心网站,2019年8月30日,http://www.cnnic.net.cn/hlwfzyj/hlwxzbg/hlwtjbg/201908/t20190830_70800.htm。
② 〔美〕沃尔特·李谱曼:《舆论学》,林珊译,华夏出版社,1989年。

知城市形象的基础，受众对城市信息的认知与习得在很大程度上依赖于媒介传播的讯息。因此，建构媒介环境中的城市形象与建设现实意义上的城市形象同等重要。

新媒体的诞生开始逐渐稀释传统媒体的影响力，其用户群体也不断被新媒体所分割，传统电视对城市形象的建构功能开始式微。在智媒体广泛兴盛的今天，用户也逐渐向移动手机端转移。大众从"线下"到"线上"的迁移，以及智媒体对传统媒体的覆盖和替代，都预示着在当今时代潮流中，对城市形象的建构不仅仅要在现实空间进行城市面貌和城市景观的改造，还要在虚拟的媒介环境中建构良好的媒介城市形象；不仅仅要在电视等传统媒体中营造，还要在移动手机端进行城市宣传和城市信息的投放以及城市形象的建构。

（二）智媒环境中武汉城市形象建构的转变

媒介技术的革新带来了新的媒介形态。技术赋能下的互联网媒体历经从Web 1.0 向 Web 2.0 再向 Web 3.0 的转变，人工智能、大数据、云计算等新兴技术的应用也塑造了全新的媒体形态——智媒体。所谓智媒体，是指立足共享经济，充分发挥个人的认知盈余作用，基于移动互联、大数据、虚拟现实、人机交互等新技术的自强化的生态系统，形成多元化、可持续的商业模式和盈利模式，实现信息与用户需求智能匹配的媒体形态。[1] 麦克卢汉认为媒介是社会发展的基本动力。这种全新的媒体形态，不仅改变了媒体自身的生态模式，而且重构了人们透过媒介认知世界的方式，同时也革新了媒介对城市形象的建构路径。[2]

在传统媒体时代，媒介主导的话语属于精英话语模式，信息被垄断在少数精英手中，官方媒体占据传播过程的主导地位，因此城市形象的建构与传播过程是自上而下的。政府或者大众传播机构对城市形象的定位进行分析讨

---

[1] 郭全中：《智媒体的特点及其构建》，《新闻与写作》2016 年第 3 期。
[2] 郭庆光：《传播学教程》（第二版），中国人民大学出版社，2011，第 148 页。

论，从领导者和精英视角制定媒介产品和发展策略，以精英话语为主导进行城市形象的建构。此时的城市形象是官方化、精英化、高雅化，同时也是缺乏大众化、缺乏"泥土"气息的。

新媒体时代，在开放的语境中大众一改传统传播格局中"单向度的人"的形象，积极参与信息的生产与流通过程。在城市形象的建构方面，从大众传播机构散播出的单一的形象符码也很难再形成对城市形象的整体化表达，人们通过社交媒体分享自己对城市形象和城市印象的感知，在民间舆论场中建构以自我视角为中心的城市形象，并不断反噬官方建构的城市形象话语体系。这种相互抗衡的传播关系不仅预示了传播中心化的瓦解，而且预示着媒介信息的建构过程需要进行重新定向。一味地从高位进行传播可能无法建构契合大众心理的城市形象，因为人人都是信息的生产者和传播者，互联网的即时性使每个人都可以在移动互联网中发表自我对城市的看法和印象，以往官方媒体、地方政府主导的城市形象建设的中心话语权渐渐瓦解。

（三）智媒信息个性化与用户时代的崛起

在"魔弹论"主导的传统媒体时代，传播者认为大众传播机构传播的信息可以犹如子弹般命中目标受众并产生效果。但是随着现代传播理论的不断深化，美国传播学家施拉姆通过研究受众的信息选择性机制有力地反驳了"魔弹论"的强大效果，面对大众传播的信息，受众并非"皮下注射"式的接受，而是有着更为复杂的"选择性注意""选择性理解""选择性记忆"。[①] 受众只会注意、理解、记忆自己感兴趣的信息并屏蔽那些与自身无关的信息。因此，产制出吸引受众的信息才能达到良好的传播效果，对于城市形象的建构来说同样如此。

随着智媒化的持续深入，媒介能够更为精准地把握受众喜好，借助大数据、云计算、云储存、人工智能等技术，智媒体能够更好地追踪用户访问记录、用户习惯、用户偏好，从而定位出不同类型受众的信息需求，进行信息

---

① 邵培仁:《传播学》（第三版），高等教育出版社，2015，第249页。

的"定制化""个性化"投放,从而实现了分众化传播的可能。这在城市形象信息的建构过程中也同样适用,因为一座城市可挖掘的兴趣点很多,单一地从某个方面进行宣传很难全方位地覆盖受众。因此,在建构城市的媒介形象时就应该综合考虑城市的多元文化因子,勾勒一个多维的、立体的城市剪影,然后通过智能媒体技术,充分挖掘受众的兴趣爱好,通过这些兴趣爱好匹配出与受众偏好相符的城市宣传点,为不同类型用户定制不同的城市侧面,建构多样的城市形象。通过"个性化"的城市形象建立"个人城市""我的城市"等概念,使得城市形象从单一性转变成复合性,覆盖更为广泛的用户群体,让每一个个体都可以把"我"与城市联结在一起,避免城市形象"精英化"导致的草根阶层的疏离感。

三 智媒时代武汉城市形象建构的缺憾

(一)文化资源整合欠佳,武汉城市符号系统不明确

武汉作为国家历史文化名城,境内坐拥多种多样的文化资源。物态型的文化资源有盘龙城、黄鹤楼、户部巷、古琴台、昙华林、首义公园、武昌码头等;符号型的文化资源有热干面、汉绣、汉剧、楚剧等;观念型的文化资源有黄鹤文化、荆楚文化、三国文化、首义精神、码头文化、美食文化等;还有由武汉本土作家方方、池莉为代表所书写的武汉市井文化、饱受争议的小市民文化。在纵向维度,这些精彩纷呈的文化资源从古至今跨过悠悠千年时光而屹立不倒;在横向维度,从高雅文化到市井文化无一不在诉说这座城市的过去和未来,它们共同生成了一个完整的、真实的、立体的、多维度的、多平面的武汉。

多元的文化资源在江城汇合,汲取哪一种文化符号作为城市形象宣传的主体和主流是需要深思熟虑的。城市形象的建构需要深挖城市的文化资源,准确定义城市的文化性,然后进行策略性的建构和传播。城市形象建构基于的文化资源可以是多元的,但不能是杂乱的。城市形象建构要基于一定的文

化资源和文化内涵,且这种文化资源的精神内核必须具有独特性、权威性、经典性,否则一座城市就失去了自己独一无二的城市魅力,从而变得"千城一面",让人无法留下深刻的印象。美国学者理查德·佛罗里达认为,选择居住的城市是一个人一生中最重要的决定,其重要性甚至超过了选择大学、选择职业和选择伴侣。选择居住的城市实际上决定了我们生活中的其他方面,并在很大程度上决定了我们幸福指数的高低。① 城市形象的符号凝聚了城市文化与城市精神,一个好的城市符号应该是提炼了城市的文化精神、延续了城市文脉,构成了一个独具特色的城市形象,让客观存在的城市意象作为一种符号,内化为人们心中的主观城市,这样才达到了城市形象传播的最佳状态。

(二)媒介内容过度迎合受众,历史文化资源处于失语状态

以抖音为主的短视频平台对武汉城市形象的建构和传播浮于较为浅显的物质化符号,缺乏精神文明和历史文化的浸润。媒介通过这些易于传播的符号和内容"涵化"大众,大众对这些讯息的不断接受和吸收又反馈给传播者,由此形成一个恶性循环,使得媒介传播的讯息总是倾向于那些缺乏深厚底蕴的物质化符号来传播,诸如舌尖美食和城市的灯红酒绿。要想与受众或者游客形成长期的黏性互动,仅仅依靠美食和灯红酒绿的现代城市钢筋森林是远远不够的。电视媒体、网络媒体等官方媒体的城市形象传播内容主要是以城市的现代化建设、高楼大厦、灯红酒绿、车水马龙的繁华大都市为"卖点",缺乏文化底蕴,切断了城市文脉。城市在现代化进程中已经逐渐断裂了曾经的城市记忆,现代化建设确实让城市变得耳目一新,但是也让城市变得如出一辙。在皆披着现代化外衣的城市空间里,要想建构具有自身特色的城市形象,就必须依托自身独特的历史文化资源,而武汉纷繁的文化资源也亟须进行全面的梳理和分类。城市形象最终体现的是城市品格和品位,彰显的是城市素质和城市文化。城市形象的建构一定要基于长远的、可持续

---

① 李思屈、李涛编著《文化产业概论》(第三版),浙江大学出版社,2010,第66页。

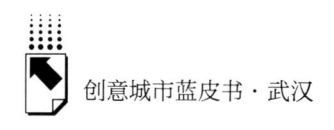

发展的眼光,不能"短视",急功近利的城市形象工程只会逐渐瓦解城市的长期发展。

(三)多元平台塑造的武汉城市形象单薄,城市特色不鲜明

在新媒体快速发展的今天,网络创意短视频作为现象级的产品对城市形象的呈现和传播起到了积极的推动作用。借助以抖音短视频为主的网络平台乘势而起了一批"网红城市",如重庆、西安等。反观武汉的城市形象短视频营销,积极效仿"网红城市"的传播模式,主要集中在武汉的美食和城市景观等方面。特定的内容在媒介中反复出现会造成用户的审美疲劳,美食和城市景观作为有形的文化资源缺乏历史厚重感,再生性和衍生性不足,在消费过程中较难进行重复消费和多次消费而达到升级增值。武汉的这些"话题"不足以在新型的城市竞争中给人留下深刻的印象,武汉城市形象扁平化,缺乏立体度和辨识度。城市特色应该是城市发展之"源",失去城市特色的城市形象就是无源之水、无本之木。网络短视频、微博、微信中的武汉形象建构不应仅仅停留于有形的文化资源,应挖掘无形文化资源的价值和意义,将无形文化资源和有形文化资源相结合。

(四)互联网语境下众声喧嚣,武汉城市形象舆情不易控制

在城市形象的建构和传播过程中,官方媒体已经不再处于信息传播的顶层,用户也有可能改变信息的流动方向,众多自媒体平台在利益和流量的驱使下生产和传播的武汉城市形象可能是粗制滥造的,在信息井喷式的增长中难免会出现对城市内涵、城市精神的误读和恶意曲解。诸如微信、微博以及抖音等短视频平台的自媒体用户难免会发布危害城市形象和社会公共秩序的不良言论。而一些富有争议性的话题和言论常常会在信息洪流中"引爆"受众,对武汉城市形象的不良言论诸如"全国最大县城""脏、乱、差"等标签常常在互联网上持续升温。以微博和抖音为主的移动端用户可以在短时间内迅速形成舆论场,舆论传播方式之快、范围之广常常会让舆情失去控制。由此,对媒体的监督和管理工作就必须提上议程。在媒介未来发展的过

程中，在舆论场中梳理舆论方向、引导用户观念、维护良性的舆论生态、树立积极的武汉城市形象显得尤为关键。

四 智媒背景下武汉城市形象建构的优化策略

（一）培养城市意见领袖，借助城市名人进行二级传播

意见领袖是在群体中传播讯息和影响他人的重要人物，意见领袖常常引领和决定着群体信息的获取和解读。意见领袖是二级传播中的重要一环，掌握了意见领袖也就在特定条件下掌握了讯息的传播。城市意见领袖可以是学者、官员、微博大V、城市精英、城市名人、明星、网红或者草根阶级的平民百姓，武汉城市形象的内容信息不仅仅要在"官博""官微"等官方话语平台发声，还要在民间舆论场中形成广泛的回流。自上而下地培养一批城市代言人可以多层次地满足各个阶层的需求和期待。多媒体平台诸如微博、微信、抖音等自媒体平台都可以塑造和培养一批城市意见领袖，在媒介融合的视角下，打造全程、全员、全息、全效的"四全媒体"平台，延伸受众的视觉、听觉、触觉，多种媒介形式优势互补，共同助力武汉城市形象向下传播。通过对城市意见领袖的培养和引导，借助意见领袖解读城市故事和阐释城市内涵，一方面能够加深市民对城市的文化认同感和家园归属感；另一方面能够提高市民和受众对城市的美誉度，横向扩大武汉城市的影响力。

（二）激活个体的城市主人翁意识，共筑精神文明家园

在顺应时代变化的城市转型过程中，要想建立个体对城市文化的认同感、营造对自我身份的归属感、激活个体对城市精神的契合感，都需要城市内部与外部的共同努力。没有人可以凭借一己之力促成整个城市的变革，政府与个人、机构与个人、人与人之间都应该形成一种良性的互动，人人都是传播者和建构者。在城市这个巨大的隐喻空间里，居住在城市里的每一个个体的行为和思想都是城市形象的表征，它们共同汇成了一幅武汉城市图景。

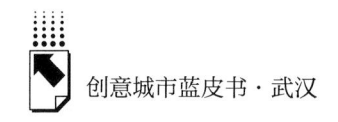

市民不仅是城市地理空间的主宰者，而且是城市文化空间的延续者和创造者，个体在城市形象的建构中承担着自我的社会责任，武汉的城市形象建构需要激活城市居民的主人翁意识，提高市民的文化素养和媒介素养，建立文明、和谐、民主的人际关系。在此基础上全民共建优秀的武汉城市形象，让"诗意地栖居"不再是一句口号。

（三）突破泛娱乐化的"网红城市"标签，沉淀城市文化底蕴

以抖音短视频平台为主的社交媒体助推了一批"网红城市"的崛起，其中西安与重庆独占鳌头。抖音以其低门槛、易操作的特点拥有大量的用户，手指下滑无限制自动加载视频的操作设计也给用户带来了沉浸式的体验，成瘾性高。反思抖音等社交平台塑造的城市形象都笼罩着娱乐化、简单化、单一化、同质化的泛娱乐氛围，与城市历史文化古迹、城市底蕴、城市记忆、城市故事等发人深省的城市名片相比，抖音等平台呈现的"城市景观"大多为昙花一现的网络热点，难以形成持久的吸引力和爆发力。

诚然，短视频平台的出现为城市形象的塑造提供了良好环境，为城市的社会发展带来了巨大的经济效益。我们应该清楚"网红城市"是塑造城市形象的途径，但绝对不是最终目的。武汉城市形象的塑造应借助新媒体平台，但不能止步于新媒体平台。如果一味地追求"网红城市"的标签，只会让城市陷入"千城一面"的庸常空壳，失去赖以维系的精神内核。只有将"网红城市"作为途径，并突破"网红城市"携带的泛娱乐化标签，积淀属于武汉自己的城市文化底蕴，才能打造真正吸引受众、充满魅力的武汉城市形象。

（四）智媒时代人机博弈，更要彰显城市人文关怀

智能媒体引导下的媒介生态借助大数据、算法等技术可以准确地预测个体用户在特定环境和特定条件下的需求，并且精准地对用户进行数据投放和信息服务。"人机合一"作为智能媒体的一个突出特点，通过智能机器与人的对话和交互，机器收集和记录了用户的习惯与阅读偏好，并以此来对用户

进行精准的投送。但是值得思考的是，被"数据化"的人真的在这样一种智能传播环境中获得了正确有益的讯息吗？武汉城市形象的建构也是一样的道理，基于用户习惯的互联网信息投放为每一位用户编织了一个完美的"信息茧房"，每个人看到的都是自己希望看到的，但是个体希望看到的讯息并非就是有益的讯息，每个用户渴望看到的武汉并非就是完整的武汉。基于算法的智媒时代使人与人之间形成了"信息鸿沟"，个体在智媒时代接收到的武汉城市形象讯息可能都是基于自我的视角，那么这种片面性的浮光掠影实则构造了一个单薄的平面化的武汉。无论未来媒体如何进化，我们都应该警惕算法、大数据的滥用和商业谋利。

在武汉城市形象建构的顶层理念中，应该始终保持一种人文关怀和人文观照，不能放纵社交媒体对人的"数据化"，不能为了追逐流量而为用户精心搭建"信息茧房"，不能为了谋利而促成人的"异化"和城市形象的"异化"。智媒时代的武汉城市形象建构应是一个全息、全面的过程，智能时代的机器和科学技术应能够帮助人类更好地了解人、了解物，联结人与物、联结人类与城市。

B.24
新时代城市公共文化空间研究

范建华*

摘 要： 新时代城市公共文化空间的打造是提升城市文化品位、展现城市人文内涵和软实力的关键，也是创造舒适、和谐的精神文化生活的必备要素之一。城市公共文化空间具有真实性、传承性、概括性等基本特征，它可以推动城市经济增长模式的转变，推动城市管理水平的提高，满足群众精神文化需求，提升居民整体文化素质。现阶段也存在缺乏哲学思考、理论研究和实证研究不足、开放性和共享性有待提升、缺少对文化内涵的提炼等明显问题。进一步探究城市公共文化空间的营造具有现实价值，对推动社会经济发展、助力文化资源转化、提高文化产业在国民经济中的比重具有重要意义。

关键词： 城市公共文化空间 城市文化品位 城市人文内涵

当前，人民日益增长的美好生活需要和不平衡不充分的发展之间的矛盾已成为我国社会的主要矛盾，公共文化和公共文化空间也在新时代背景下发挥着越来越重要的作用，成为城市文化和居民生活发展的重要依托。城市公共文化空间的特征和功能，以及建设与管理中存在的问题和解决办法也因此成为当下城市管理中不可忽视的环节之一，这是管理

---

* 范建华，华中师范大学国家文化产业研究中心特聘教授，研究员、博士生导师，云南省社会科学界联合会原主席。

者必须面对的现实，也是提升居民生活满意度、实现均衡发展和共享发展成果的要求。

一 问题的提出：城市公共文化空间是城市文化建设和管理的重要内容

相关研究起始于国外学者对"城市公共空间"的探讨和相关理论的形成。从概念上来讲，城市公共空间是一个综合了政治、社会、地理和城市建设规划等多个学科的复杂理论，其内涵的界定也因学科的不同而出现了较多的版本。从政治学角度来看，其中较有影响力的是汉娜·阿伦特关于公共领域的认知，她深受希腊民主政治的影响，认为公共领域的功能是"提供一个显现的空间来使人类的事务得以被光照亮，在这个空间里，人们可以通过言语和行动来不同程度地展示出他们自己是谁，以及他们能做些什么"。① 早期的国外学者侧重于空间领域的论述，之后又引入"人"的因素，已经形成了相对稳定和全面的理论基础。虽然对空间的主体实践活动尚未展开，一些概念的界定也不到位，但其对城市公共空间的开拓性研究为日后学者的深入挖掘提供了研究模式和方法。

我国对城市公共空间的研究起步较晚，但在相关专家学者的努力下，理论体系和应用研究正处于快速上升阶段。戴一峰认为公共空间就是产权归属公众，向社会各阶层开放的物理空间。② 柳立子则认为城市公共空间是由公共权力创立并保持，供所有市民不受限制地自由出入、自由使用和自由交流的场所和空间。③ 王承旭认为城市公共空间中的文化空间由"人""活动""场所"三个要素构成，其中"人"是主体和媒介，"活动"是节点和维持

---

① 〔美〕汉娜·阿伦特：《黑暗时代的人们》，王凌云译，江苏教育出版社，2006，第2页。
② 戴一峰：《多元视角与多重解读：中国近代城市公共空间——以近代城市公园为中心》，《社会科学》2011年第6期。
③ 柳立子：《城市公共空间建设与城市文化发展——以广州与岭南文化为例》，《学术界》2014年第2期。

延续性的关键,"场所"是感受和记忆的载体。① 李德华认为狭义的城市公共空间是为城市居民提供日常生活和社会生活公共使用的室外空间;广义的城市公共空间可以扩大到公共设施用地空间。② 陈杏将城市公共空间划分为政治性、文化性、商业性、一般公共性和娱乐休闲性五类。③ 周堡垒、陈君侧重于城市公共空间的文化性,认为城市包含物质文化、形象文化、社会文化和解释文化等。④

在城市公共文化空间的建设方面,盖迪斯认为城市公共空间的建设涵盖了人本精神、公众参与和动力驱动等要素,这被认为是一种综合性的规划思想;科拉伦斯·佩里将邻里单元作为城市公共空间的最小单位,从生活、商业和服务等配套方面阐述了城市公共空间的建设,强调要培养好居民的文化认同感和归属感。⑤ 从运行机制上来看,赵欣、范斌认为城市社区公共空间是社区建设中同时关涉物理实体建设与价值情感生成的有机组成部分。人们在社区公共空间中寻找与社区发展、自我生活相关的共性问题,在保有个体差异性的基础上解决社区的共性问题。⑥

从国内外学者的相关研究和探索中不难发现,城市公共空间的开放性和文化性是学界公认的,参与主体及其实践活动的开展模式和效果也是学术研究的主要内容。学者对城市公共空间建设和管理的思想体系已经较为成熟,但尚未具体到城市公共文化空间这一层面。本报告将以城市公共文化空间的功能、特征为出发点,探究城市公共文化空间建设与管理的相关问题并力求找出合适的解决办法,为城市规划和治理提供理论参考。

---

① 王承旭:《城市文化的空间解读》,《规划师》2006年第4期。
② 李德华主编《城市规划原理》,中国建筑工业出版社,2001,第191页。
③ 陈杏:《公共文化服务与公共文化空间的关系探析》,《图书馆杂志》2008年第2期。
④ 周堡垒、陈君:《关于城市社区文化建设的思考》,《合肥工业大学学报》(社会科学版) 2003年第1期。
⑤ 伍学进:《欧美城市公共空间思想的演变与升华》,《理论月刊》2008年第11期。
⑥ 赵欣、范斌:《敦亲睦邻:社区公共空间的分类运行机制与共同体构建》,《晋阳学刊》2014年第6期。

二 独特性与使命：城市公共文化空间的特征和功能分析

从内涵来看，城市公共文化空间是记忆和精神的综合，是城市文化的重要载体和本体之一，承载着市民在不同时期的价值理念、风俗习惯和感情因素，是一座城市价值意蕴和历史传承的符号与象征；从外在形式来看，城市公共文化空间至少包含了电影院、歌剧院之类的商业空间以及图书馆、博物馆、文化广场之类的公益空间，且需要政府、企业和市民等多个主体的参与。从这一点来看，城市公共文化空间有其明显的独特性，也必须具备多方面的功能。

（一）城市公共文化空间的特征

一是真实性。城市公共文化空间的外在形态、格局分布和空间节点等要素真实地反映了人与社会的互动、文化形态的格局和变迁以及物质、精神与文明的融合，代表了城市文化的核心，是城市文化本真性和创造性的有机结合。

从表面来看，城市公共文化空间的外在形态是各种构成要素的排列组合和相互作用，是对城市历史文化、地理环境、民族情感和功能分区的外在诠释，由此形成"事实城市与感觉城市的综合"。[①] 从更广义的范围来看，文化空间的形成和分布是城市肌理的真实反映，是自然属性、人文属性和社会属性的有机统一。一般来讲，城市肌理是指自然环境、人文环境和人工系统互相作用而共同演化出的组织脉络。交通网络覆盖、建筑实体的密度和高度、公共区域的布局和色彩搭配等是对城市肌理最贴切的表达。就我国的城市肌理而言，大体上分为三种类型。一是以北京、西安等城市为代表的传统型，这类城市受特定时期价值观念和等级制度的影响较大，呈现严谨的规制，大多以"中正无邪"为基本出发点，公共文化空间的划分和各自的功

[①] 杨哲：《厦门城市空间与建筑发展历史研究》，同济大学博士学位论文，2005。

能承担也较多地体现出国家核心价值观下的传统和厚重。二是以昆明、拉萨、乌鲁木齐等城市为代表的自然型,这类城市受地理环境的限制较多,山川河流与城市骨架的构建必须依托于自然环境的造就,再加上少数民族聚居,公共文化空间的规划中蕴含人与自然的和谐统一,也是当地居民生活体验的真实总结。三是以上海、深圳、杭州等城市为代表的新兴复合型,这类城市综合了传统型和自然型的相关特点,善于利用自身优势改造环境并善加利用,公共文化空间的设计也较多地考虑包容性和开放性,以国际化的视野打造自己的城市名片。

总的来说,不管城市肌理如何,公共文化空间都是城市性格和文化积累最为真实的表达,是改善城市人文环境、提高居民满意度的重要一环。

二是传承性。城市文化传承的脉络大体遵循传统历史文化向现代文化过渡,再到新文化形成这个链条,公共文化空间作为这种动态文化的静态反映,不仅体现了人类智慧的传承和发展,而且浓缩了城市文化活态化延伸进程中与各种要素相结合而不断丰富和创新的整个过程。

城市的传统历史文化不仅是社会实践的产物,而且是人类精神文化的承载。传统历史文化通常作用于城市形态和价值观等层面,并以建筑群、公共文化设施、城市广场、居民价值取向、行为认知等形式展现,因此具有一定的差异性和不可复制性。当前我国历史文化名城的评定也较多地考虑文物的丰富程度、历史建筑是否集中、传统格局是否完整、重要历史事件及其影响、能否反映本地区建筑的文化特色与民族特色、是否有一定数量的历史文化街区等要素,这就对城市公共文化空间的传承性提出了新的要求。

除了空间上的传承以外,公共文化空间的传承性还体现在城市特有习俗的传承上。城市特有习俗更多地强调约定俗成和模式化,包含但不仅限于服饰、建筑、民族民间工艺等物质习俗,人生礼仪、婚丧嫁娶、节日庆典等社会习俗,以及民间故事、神话传说、宗教信仰和道德礼仪等精神习俗。习俗的集体性和地域性在公共文化空间中能够较好地流传,但也并非一成不变。自古就有"时移俗易"的说法,只有那些具有较高社会价值的优秀习俗才能在传承中发扬、在发扬中变化,但其核心理念不会发生变异,反而会因为新元素的加入而使得这种沉淀和积累焕发出新的生机和活力,成为指导和影响人们生产生活的强有力的心理定式。

影响公共文化空间传承性的主要因素除了自然因素,如气候变化、自然灾害以外,还包括政治、经济和宗教因素,如政府介入、人类迁徙、经济增长方式转变、意识形态改变等。从本质上看,公共文化空间的传承性仍是其基本特征之一,不会因为传承内容和方式的变化而改变。

三是高度概括性。城市公共文化空间作为地方文化的容器和文化秩序的符号,凝结了城市的集体性格、集体记忆、生活理想和情感认知,兼顾了历史文化的沉淀和新文化的风尚,是对城市文化共性和文化个性的高度概括,是对历史和现实文化环境长期思索得来的经验总结。

公共文化空间的概括性还体现在对文化共性和文化个性的融通与凝练上,具体表现在以下几个方面。一是公共文化空间能够实现共性文化与个性文化的统一,将普适性、广泛性较强的文化现象与特定文化个性相结合,且能够让个体接受并认同,在实践活动中产生不间断的互相作用。二是公共文化空间是历史文化与新时代文化相统一的现实空间,为二者的代际传递提供了合理的基础,成为二者相结合的文明内核。三是公共文化空间的高度概括性使得开放、包容、互补的机制能够良好运转,这种机制在弘扬地域文化、吸收外来文化、促进不同文化交流融合方面发挥了强有力的统筹功能,对文化兼容并蓄和特色创新具有积极意义。四是公共文化空间浓缩了城市文化共性和文化个性的核心内容,对塑造城市文化品牌、重构城市视觉识别体系和理念体系、提高城市辨识度,以及在实现城市文化共构的基础上打造差异化品牌名片具有重要影响,是当前提升城市文化品位过程中不可多得的核心竞争力。

(二)城市公共文化空间的功能

城市公共文化空间因其真实性、传承性和高度概括性而成为维护和重构现有文化秩序、提升文化竞争力、表达文化诉求和引导居民进行文化适应的重要场所。新时代背景下，城市公共文化空间被赋予了更多的使命，承担起更多的功能。

1. 推动城市经济增长模式的转变

一是促进经济与文化的一体化，实现经济文化化和文化经济化。城市公共文化空间为不同的经济和文化交流活动提供了生产与消费的理想场所，在这个场所中，经济发展被赋予了文化含义，文化活动的开展也带动了经济的繁荣。二者的互动也可以简单理解为在经济产品的开发和生产过程中不断融入文化理念和文化内涵，努力提升文化含量；文化空间的拓展也依赖于经济化的资源配置和市场化的自我调节，文化产品的商品属性进而被开发出来成为提高经济效益和市场效益的重要手段之一。

二是促进文化产业与其他产业的深度融合，进一步优化产业结构。随着文化产业的不断发展，公共文化空间的渗透效应和带动效应日益凸显，对城市产业结构内部的组织形态、合作方式、运行机制和效用发挥产生了深刻的影响，使文化产业和其他产业的融合发展呈现多元、丰富和聚集的态势。在具体作用方式上，公共文化空间通过对消费需求的影响，进而起到推动产业结构变革的作用：随着新时代市民对精神生活追求的不断提高，对文化产品和服务的需求也日益强烈，公共文化空间恰好能够创造出丰富多彩的、能够满足不同层次与不同需求的文化产品和服务，成为城市消费新热点。再加上公共文化空间本身就是物质产品向精神文化产品过渡的空间组织，因而能较好地利用自身优势，发挥引导消费理念和改善、创造消费需求的功能。

三是以内容创作为主的公共文化空间改变了原有的经济增长方式，实现了从资源、生产要素驱动向知识和信息等要素驱动的转变，成为城市经济增长的新空间。当前文化产业高附加值的特性逐步显现，也受到了大量资本的青睐，再加上公共文化空间作为其稳固的依托，更能发挥出强辐射性的功能，体现出较高的知识、文化、原创含量，进而带动公共文化空间成为城市经济新的增长极。此外，由于公共文化空间更多注重文化与资本、经济的融合，因此有利于创造出以信息技术、内容输出为重点的新时代文化空间，这既能够共享基础设施带来的便利，也能发挥降低成本、提高效能的优势，从而实现文化产品和服务的规模化、标准化、市场化，打造可持续增长的集约型的城市经济发展新模式。

2. 提高城市管理水平

一是实现了城市管理方式的和谐转变。新时代城市公共文化空间的快速发展使城市管理理念发生了根本的改变，主要表现在以往人治、工具性治理的方式逐渐转变为以人为本的人文治理，更多地考虑人的社会性和不同层次人群的价值追求与自我实现需求。通过公共文化空间环境质量的提升和服务功能的改善，着力营造思想文化交流、情感融通互动和民族团结进步的良好氛围，实现从硬性管理到柔性化管理的平稳过渡。

二是推进了文化治理的现代化。城市文化治理是政府各个部门、民间企业、社会组织等通过政策制定、制度规范等方式对城市文化产业及文化事业进行组织、调控、监督和服务的过程。文化治理以网格化为基本结构，以文化资源分配为主要手段，以实现公共利益最大化为根本目标。公共文化空间为城市文化治理提供了必要的基础设施和探索平台，在性质上可以结合商业性和公益性，在功能上可以将市民的文化权利作为考量的核心要素，也因此成为城市文化治理的重要场所和创新阵地。从外在表现来看，公共文化空间以其对市民精神文化需求的真实反映成为政府打造具有地域特色、民族特点和时代内涵的人文环境的理想场所。从市场经济体制来看，市民通过"用脚投票"间接推动了公共文化空间资源配置的优化升级，创造出文化活动自由参加、文化成果全民共享的和谐局面，较好地诠释了文化治理的根本目标。从顶层设计来看，文化事业和文化产业能否充分发展、文化市场活力能否进一步增强，都会首先体现在公共文化空间中，这对提升文化治理的现代化水平具有重要影响。

三是改造旧城空间，提升文化附加值和管理效能。旧城空间是城市文化脉络和城市肌理的延续，通过文化创意包装设计将旧城空间改造成为新的文化空间，可有效提升城市整体文化品位，不仅增强了土地的使用价值，而且是对城市管理和文化治理的有机协调。当前旧城空间的改造大致有三种模式：一是利用旧城空间中的特色文化景观和建筑风格就地更新为文化创意园区或文化展示空间；二是充分挖掘旧城空间的经济价值和由此带来的衍生产业，将其改造成为商业观光休闲区；三是发挥想象力和能动性，将旧城空间改造成为主题公园或文化广场。不管是哪种模式，其基本出发点都是对城市资源的优化配置和最大化利用，促进城市空间功能的发挥，提升城市管理的效能。

3. 满足精神文化需求，提升整体文化素质

一是城市公共文化空间作为市民的精神家园，满足了市民追求知识、休闲娱乐、日常交际和情感归属等精神上的需求，给市民带来了内心的满足和较好的文化认知体验，成为市民与城市保持精神联系、与其他个体保持良好人际关系的空间保障。根据马斯洛的需求层次理论，在生理需求和安全需求得到保证的前提下，社交需求、尊重需求和自我实现需求成为人类追求的更高目标，城市公共文化空间恰好提供了满足较高层次需求的现实场所和融洽的精神氛围。

二是增强文化自觉和文化自信。一般来说，城市公共文化空间具有良好的本土性，即空间中展示出来的自然的或人文的景观、当地著名历史人物、民间风俗、文学、饮食、服饰、建筑等都具有浓厚的地方特点和民族特色，给人以心理上的亲切感和归属感。再加上公共文化空间本身具有开放性和包容性，有助于全面提升市民的群体凝聚力，营造友好互助的群体氛围。作为文化秩序的象征符号，城市公共文化空间还致力于寻求群体心理和群体行为的平衡，以此推动社会秩序的良好运行。市民在此大环境的带动下，对本土文化的认知和热爱越来越深入，由此形成强烈的文化自觉和文化自信，并在个体行为的表达上更倾向于积极主动宣传本地或本民族文化。

三是实现物质与精神、人与社会的协调发展。首先，城市公共文化空间作为市民长期生存和进行实践活动的客观载体与公共资源，是城市建设规划和精神文明发展方向的理性指引。在这个空间中，参与主体和载体的多样性一直存在，且主体的自主性，尤其是市民的自主性能够充分发挥出来，将物质生活和精神文化生活有机结合，并以高附加值和高渗透性的文化产品和服务作为追求的目标，最终实现全面自由发展。其次，城市公共文化空间所表

达的核心理念是市民喜闻乐见的，这种核心理念不仅提供了判断是非善恶的标准，而且具有潜移默化的教育功能。公共文化空间中的优秀文化遗产也是历史上社会成员智慧和实践的结晶，对于具有不同生活方式、思维方式、行为方式和价值理念的市民都有较好的普适性和渗透性，能够给市民带来良好的社会体验，成为人与社会协调发展的基础。

三 不容忽视的严峻现实：城市公共文化空间建设与管理中存在的问题

城市公共空间是除了工作地点和家庭之外的第三空间，公共文化空间作为其中举足轻重的一个部分，是实现社会交际、满足精神需求、提升文化品位和营造文化氛围的重要场所。因此，与公共文化空间有关的课题也日益成为当前政府和学术界研究与探讨的主要内容之一，其根本目的是解决好公共文化空间建设与管理过程中的问题。总的来说，新时代的到来极大地丰富了大众的物质生活，但如何满足大众对精神文化生活的追求，实现均衡发展，一直是城市管理者必须解决的问题。

（一）缺乏哲学思考

一是缺少局部与整体思维。城市公共文化空间作为局部，与城市这个整体的相互作用关系如何、功能机制如何发挥、外在形象如何统一，是当前城市公共文化空间管理中较为薄弱的地方。此外，文化空间本身既有历史的也有当代的，既有本土的也有外来的，如何实现与整体文化脉络相适应、相协调，也是公共文化空间管理要考虑的问题。

二是没有厘清主要矛盾和矛盾的主要方面。新时代我国社会的主要矛盾发生了变化，具体到公共文化空间中，其主要矛盾和矛盾的主要方面不能一概而论。在经济较发达地区，公共文化空间的主要矛盾在于日益增长的精神文化需求和有限的公共文化服务之间的矛盾，矛盾的主要方面在于空间用地和私人用地的矛盾、公共场所和私人场所的矛盾等；在经济欠发达地区，公共文化空间的主要矛盾在于旧文化与新文化之间的矛盾，矛盾的主要方面在于居民适应性跟不上时代快速发展的矛盾、本土文化与外来文化短期内难以共融的矛盾等。认清当代主要矛盾和矛盾的主要方面，有助于准确界定城市公共文化空间的定位，有助于管理者从居民角度出发来进行建设和管理。

（二）理论研究和实证研究不足

当前研究侧重于"空间"这一地理概念，因而建设与管理过程中对基础设施的重视程度远远超过对文化内涵的理解。在新时代背景下，文化产品和服务的市场化已成为必然，物质空间和非物质文化空间只要具有地域文化特色、地区历史见证印记，以及现代文明浸润的场所都是值得传承和发展的文化空间。① 从目前的研究成果和实践来看，大多数认知和研究模式建立在北京、西安、洛阳等文化热点城市，对经济和文化资源都较为一般的西南、西北区域，尤其是少数民族集中区域的实践研究不足，这在当前文化经济化的趋势下难免有局限，不利于地区文化发展的均衡。由于缺少指引和方向，部分地区城市公共文化空间的建设和管理也存在不小的困扰，同质化和程序化现象严重。

（三）开放性和共享性有待提升

作为政府主导的用以提供公共文化服务的场所，公共文化空间在新时代的开放性和共享程度显然不能满足大众日益增长的精神文化需求。以城市图书馆为例，随着数字化的普及和信息技术的广泛应用，其"开放性"和"共享性"或许应当有新的定义，不应再拘泥于朝九晚五的开闭馆时间，而是应通过不同终端能够直接访问馆内开放资源。再如大多数城市的博物馆仍以展示和陈列为主，且仿制品居多，市民在参观时也会受到很多条条框框的约束，其出发点当然是考虑文物安全和维持良好的公共秩序，

---

① 张烈琴、陈长瑶：《国内城市文化空间研究综述及展望》，《资源开发与市场》2019年第8期。

但对市民来说,在这样的空间中有多少参与感和吸引力?又能在多大程度上做到舒适和自由?如果做不到这些,公共文化空间即使开放,也没人会来,其共享性也会大打折扣。究其原因,主要是政府和相关机构在进行空间设计和活动内容安排时没有从市民需求角度出发,考虑更多的是政绩和业绩,牺牲开放和共享来保障安全,最终导致政策保守、行为保守和思维保守。

(四)缺少对文化内涵的提炼,建设和管理目光短视

公共文化空间建设过程中大部分资金和精力用在形式化元素上,但由于缺少对城市文化内涵的提炼和表达,这些外在形式难免落入俗套。城市公共文化空间结合了历史、文化、时代、政治、经济、民族等元素,有其特殊性,这种特殊性要想外在地展现出来就必须经过提炼和升华,以具体或抽象的形式进行表达。当前城市公共文化空间的建设忽略了文化萃取的过程,把注意力放在了空间扩张和消费促进上。其后果是导致城市公共文化空间的外在风格与城市历史文化内涵脱节,更谈不上对核心文化的传承和更新。

城市公共文化空间的建设和管理往往只有近期目标,缺少长远性考虑。随着时代的不断发展变化,新的技术力量逐步兴起,新的文化元素不断涌现,而原有的公共文化空间因兼容性和可扩展性差而难以融入城市新环境中。除了普遍认识上的空间架构以外,公共文化空间还包括精神空间、制度空间和管理服务空间等。要实现城市公共文化空间的可持续发展,就必须从思维上纠正轻长远、重眼前的错误理念,处理好短期目标和长远利益的关系,避免在公共文化空间进行优化调整时难以适应新需求导致的人力、物力资源的浪费。

四 尝试与探索:新时代城市公共文化空间的营造

新时代对公共文化空间的主要影响,主要表现在科学技术手段的巨大变

化、信息获取方式的不同和更为复杂精细的文化需求种类，公共文化空间也要在认清时代特征的前提下进行提升和改善，这既是文化再生产和价值再发挥的过程，又是城市管理者在公共文化空间建设和管理方面面临的严峻考验。理想中的城市公共文化空间应当是美观实用、布局合理、和谐有序、氛围融洽、开放包容，既能够满足市民日常社会文化需求和应对节日庆典期间的高峰需求，又能全面诠释民族记忆和城市记忆，构建城市建筑与人文和谐发展、共同繁荣的生动局面。

（一）可视化元素的营造

可视化元素主要包含建筑、通道、景观以及在此基础上的科技元素和信息技术手段。随着5G网络的应用和逐渐普及，"无延迟体验""非接触式体验""物联网"的实现成为可能，这也对公共文化空间内可视化元素的营造提出了新的要求，同时也是提升开放性和共享性的有效渠道。

整体来看，公共文化空间中的建筑和景观往往是城市中最具地域性和标志性的场所，其内涵价值往往超越了形态意义上的价值，这就要求建筑和景观的打造更多地考虑周边环境的因素。首先，应充分利用城市地形地貌、自然条件和气候、交通网络、基础设施等优势，因地、因时、因势实现建筑和景观与周边环境的融合。其次，公共文化空间可视化元素的营造还要考虑城市整体的文化脉络发展，提炼城市文化的核心要素并使外在表达与文化核心内容相契合。通过对传统文化核心的解读、继承和创新，城市文化的脉络和其中的一些要素能够直接或间接地体现在公共文化空间的可视化元素中，以具体或抽象的方式对文化意象进行延伸和扩展，达到展示、传播、渗透和继承的目的。

从风格上看，功能、形态和空间组合的模式构成了公共文化空间的外在风格，其文化意象的打造要兼顾形似、神似、意似以及群体意识、城市文化特质、群体文化追求的平衡与创新。在总体风格的表达上，首先要看文化空间与生态环境是否和谐，避免对城市肌理造成破坏；其次要考虑使用周期和长远的迁移与改造规划，体现宜居、宜人、方便灵活的特点。公共文化空间中的单个可视化元素，如文化广场、主题公园的风格要在顺应城市文化秩序和文化脉络的前提下寻求与新时代文化特点相共生的切入点。其风格可以是古典优雅，也可以是传统厚重，或者兼而有之，但与城市整体文化风格的共生不能脱节，否则会陷入偏执与对立的尴尬境地，严重的还会导致"文化休克"现象的发生。

从装饰设计上看，公共文化空间除了满足功能性需要以外，要更多地体现创造和更新，做好大众审美和空间精神的协调统一。功能体验的主要表现是市民从以往的接受者变成参与者，其体验模式也从走马观花式的浏览变成沉浸式体验，实现了人与建筑、人与空间的对话。通过优化装饰设计将空间文化情景再现，引发市民对特定内容的共鸣，营造感性、有启发意义的精神氛围，是新时代公共文化空间功能体验的主要目的。在协调统一方面，应以城市传统历史文化脉络为基本元素，通过清晰和有条理的表达，结合内在属性和文化发展规律对外在装饰设计进行调整，形成或对比鲜明，或严肃稳重，或生动活泼，或疏密有序的空间格局。此外，还要注重与空间文化氛围和城市文化气氛的连续性和节奏性，协调艺术化表达和个性化适应的关系，使装饰设计的美感、时代感和亲切感得到充分表达。

（二）人文环境的营造

城市公共文化空间作为市民参与公共文化活动、共享文化发展成果的理想场所，其人文环境的营造要从资源布局优化、空间开放共享、场所和特色活动多样化等方面入手，做到整体与局部相协调。

当前我国公共文化空间的文化资源分配较多地考虑了人口规模和空间距离，结合基础设施、文化景观和社区服务等要素进行统筹规划，实现了文化资源的有效配置。随着城镇化进程的加快和"美丽中国"概念的提出，公共文化空间中的资源布局要更多地考虑与生态文明的契合以及共享性、特色活动和场地的多样性。从公共文化空间在城市的整体布局来看，核心区是功能中心、景观中心、展示中心和传播中心，然后顺应道路、河流等城市肌理来拓展新区域，形成开放地带和空间走廊等特色景观区域，最后在城市的外

围依据地形地貌特征打造不同的功能片区。

此外，公益性文化空间的免费开放对文化资源的分配和人文环境的改善也具有重要作用。当前我国开展的文化共享工程、数字图书馆推广工程都是面向全社会开放的公共文化平台，不仅提高了文化服务的自由流动和总量供给，而且让文化资源和文化服务的共享性更上一个台阶。

文化场所的多样性和特色活动的丰富性是新时代背景下对公共文化空间提出的新要求。形式多样、内容丰富、有较强的地域特点和民族特点，是当前文化场所建设过程中必须考虑的重要影响因素。作为承载城市文化的物质符号，文化场所人文环境的营造离不开丰富多彩的文化活动。文化活动创意的源泉来自市民生产生活习俗的凝练和升华，活力的源泉来自归属感的建立和公众的积极参与，影响力的源泉来自各类特色活动的对外传播和扩散，以及文化品牌的培育和形成。

（三）顶层设计

公共文化空间的顶层设计主要由政府完成，通过民间企业和社会组织对相关政策的落实达到规划合理、执行有力、成效突出的效果，既能突出展示城市文化意志，又能服务于城市文化脉络的传承发展，造福于公众，避免只顾眼前利益、不顾长远发展局面的情况出现。

首先，打造文化型高素养的政府。在进行城市公共文化空间治理过程中，必须坚持"以人为本"的核心理念，从服务、执行、反馈等多个角度设身处地为市民着想，做好公共文化空间的规划、建设和管理。要建立高效能的反馈表达机制，听取群众意见，勤思考，多改善。丰富的人才储备是政府进行文化管理和建设的重要一环，应建立健全文化人才培养和保障机制，用科学的态度和平等的意识进行文化人才的输出和监管。同时，要保证文化人才有自我发挥的空间，才能以专业的知识和灵活的方式创造性地进行文化建设和管理，坚持理论研究和实证研究并重，提升整体社会软实力。

其次，发挥好民间企业和社会组织，尤其是相关文化机构的功能，充分激发其活力，打造包括文化艺术基金会（协会）、文化艺术培训机构等在内的非营利或营利机构,增强市场活力和对公众的吸引力。鼓励民间艺人发挥强项,入驻相关机构成为自由艺术工作者。在这个过程中,要协调把握好几个方面的工作。一是健全法律法规,对该类文化机构的运营、管理和服务等进行规范,鼓励成长性好的机构跨行业、跨地区经营,解决好融资、财政支持、特许经营等方面的困难,以杠杆调控保障文化机构的持续经营。二是改进评价和创新机制,在对民间企业和社会组织进行评价的过程中,除了减少量化刻板的营利性和组织结构全面性评价以外,应适当引入柔性评价机制,如社会贡献、活动反响、行业带动和模式创新等。在重点文化行业和重点文化领域加快推进创新激励机制的形成,探索研学用相结合、以创新带动发展的文化发展新模式,共同服务于公共文化空间的治理。

最后,在相关文化政策的制定上,要以实现城市文化发展目标、多元文化并存、促进文化创新和可持续发展为基本出发点,制定和实施与文化资源保护、文化资源产业化以及文化行业建设管理相关的新文化政策。相关的普查机制、重点文物和非物质文化遗产的保护传承与开发规定、独有人文景观的保护利用机制都要通过政策的制定来推动落实,将抢救性文化保护逐渐向预防性和预警性保护转变。在文化政策的执行上,要构建多层次、高效率、权责分明和评估完善的执法管理体系,这不仅有助于提升城市公共文化空间的统一性和开放性,而且对相关文化资源的准入机制和文化安全相关问题具有重要的保障作用,最终实现城市文化产品和服务的健康有序发展,让全民共享文化发展成果。

B.25
新时代文化遗产保护与文旅融合

——以武汉为中心的研究

许颖 马志亮*

摘　要： 文旅融合为新时代文化遗产保护带来了新的机遇，也为文化遗产的活化利用提供了有效的支持。文旅融合要在立足遗产传承、提升文化认同、关注民生发展、推动行业合作的基础上，结合新技术、新媒体，推动公众参与，形成新的文化遗产保护与利用格局。

关键词： 文化遗产　保护利用　文旅融合　武汉

2019年11月，习近平总书记在上海考察时指出："文化是城市的灵魂。城市历史文化遗存是前人智慧的积淀，是城市内涵、品质、特色的重要标志。要妥善处理好保护和发展的关系，注重延续城市历史文脉，像对待'老人'一样尊重和善待城市中的老建筑，保留城市历史文化记忆，让人们记得住历史、记得住乡愁，坚定文化自信，增强家国情怀。"2018年3月，国务院批准设立中华人民共和国文化和旅游部，文旅融合成为题中应有之义。文旅融合是在发展中保护文化遗产的重要手段，也是推动文化遗产全民共享、提升民族文化自信的重要方式。

---

* 许颖，中信建筑设计研究总院有限公司博士后，研究方向为武汉城市史与文化遗产；马志亮，中信建筑设计研究总院有限公司博士后，研究方向为文化线路与文化遗产。

一　文化遗产保护与文旅融合的基本途径与策略

（一）立足遗产传承，文旅融合实现创造性转化与创新性发展

文化遗产的保护与利用，首先要基于遗产及其价值的传承。构成文化遗产的物质与非物质要素，体现了其历史价值、科学价值、艺术与文化价值。这些价值使得文化遗产区别于普通的"老房子""大花园"，但往往看似显而易见，实际上难以被群众了解，不仅影响了遗产的保护与修缮工作，而且使遗产旅游容易流于形式，无法深入遗产内涵。

文化遗产及其所处的周边环境还具有生态价值与社会价值。国际古迹遗址理事会（ICOMOS）发布的《西安宣言》指出："除了实体和视觉方面的含义之外，周边环境还包括与自然环境之间的相互关系；所有过去和现在的人类社会和精神实践、习俗、传统的认知或活动创造并形成了周边环境空间的其他形式的非物质文化遗产，以及当前活跃发展的文化、社会、经济氛围。"

开展文化遗产旅游能够有效推动遗产价值的传承与创造性转化——将不易被旅游者理解的遗产价值转换为旅游价值。

（二）提升文化认同，文旅融合追寻集体记忆与归属

文化遗产是国家、民族、社会群体共同记忆的载体，其最深层次的价值为情感价值。文化遗产保护、旅游和文化认同的深化之间具有相互促进的作用。一方面，文化遗产的有效保护能够最大限度地彰显其精神内涵，游客通过旅游活动，便能够感知到其意义与价值，产生文化认同；另一方面，文化旅游的开展能够扩大文化遗产的影响范围，形成更广泛群体的文化认同，增强全社会的文化遗产保护意识，同时也能够进一步推动文化遗产保护工作。

开展文化遗产旅游，提升文化认同，构建集体记忆与归属感，需要做好遗产的展示工作，主要包括以下三项内容：旅游主题的提炼、"场所精神"

的营造和旅游副产品的开发。

旅游主题的提炼，要基于文化遗产的核心价值。以武汉为例，汉口历史文化风貌街区的文化遗产数量众多，价值点较为多元，分散阐释难以形成能够引起共鸣的旅游线路。以正在申遗的"万里茶道"为主题，将与贸易、金融、文化交流相关的遗产点串联起来，则汉口"东方茶叶港"的盛名便一探可知，由汉口代表的中国近现代对外贸易与文化交流的历史也容易在游客心中形成文化认同。

"场所精神"的营造，包括空间场所的营造和文化活动的营造。空间场所的营造要做到汲古开新，避免一味仿古，当代建筑与遗产建筑单调重复、界限模糊，这样反而会削弱遗产的神圣感和庄严感。文化活动的营造要结合相关的非物质文化遗产，提升影响力。

旅游副产品的开发，主要包括文献资料的出版，文创产品、影音产品的设计制作以及社交媒体形象的塑造。选择合适的价值点开发相关产品，有利于游客文化认同感与归属感的留存。

（三）关注民生发展，文旅融合促进游客与居民共享经济红利

2019年8月，联合国世界旅游组织（UNWTO）发布了《2019年国际旅游报告》。报告显示，在全球范围内，2018年，来自游客的消费收入增速（4.4%）继续超过GDP增速（3.6%），无论是新兴经济体还是发达经济体都能够从中获益。UNWTO秘书长Zurab Pololikashvili表示："为了所有人的利益，以可持续的方式管理旅游业比以往任何时候都更为重要。我们需要增加更多的价值，而不仅仅是数量。预计数字化、创新、更大的可及性和社会变革将继续塑造我们的行业。旅游目的地和企业都需要适应这一趋势，从而保持自身的竞争力，同时将旅游业作为实现可持续发展目标和为所有人建设更美好未来的手段。"[1]

---

[1] World Tourism Organization, "International Tourism Highlights", 2019 Edition, UNWTO, Madrid, 2019, DOI: https://doi.org/10.18111/9789284421152.

开展文旅融合工作,能够给消除贫困带来巨大的推动。一方面,文化和旅游业提供了大量的工作岗位。截至2018年末,我国纳入统计范围的全国各类文化和旅游单位共31.82万个,从业人员达375.07万人。文化遗产方面,全国共有各类文物机构10160个,从业人员为16.26万人,接待观众数量达122387万人次。[①] 另一方面,旅游活动的开展也助推了旅游地基础设施的完善以及居民生活水平的提高。文化遗产旅游地往往处在老城区、郊区和农村,旅游业的发展对这些地区的经济环境改善效果显而易见。

针对旅游业展开的文化遗产修缮和再利用项目,需要关注文化遗产"原住民"的生活与福祉,不能一味地迁走居民,将遗产博物馆化。只有在遗产修缮、游客设施建设、公共设施改造中考虑到社区和居民可持续的经济、社会与环境需求,才能达到活化利用的效果。

(四)推动行业合作,文旅融合推动全新产业赋能

目前,传统旅游业的景点系统已经无法满足当下旅游者的旅游需求,"十景""八景"被"网红打卡地""小众私家景点"盖过风头。根据UNWTO的报告,旅游业呈现以下几大趋势:为改变而旅行——融入旅行地的生活而获得自身的改变;为"秀"而旅行——在"朋友圈"展示照片和经历;为健康而旅行——徒步、康养与运动;分享型经济——使用而不占有;单人/多代旅行——单身/多代家庭的选择;可持续旅行——关注减塑、气候变化。[②]

开展文旅融合工作,需要关注这些趋势,推动相关的产业合作。在促进旅游者融入旅行地方面,可以整合民宿和文娱产业;在旅行展示方面,可以

---

① 《中华人民共和国文化和旅游部2018年文化和旅游发展统计公报》,中华人民共和国文化和旅游部网站,2019年5月30日,http://zwgk.mct.gov.cn/auto255/201905/t20190530_844003.html。
② World Tourism Organization, "International Tourism Highlights", 2019 Edition, UNWTO, Madrid, 2019, DOI: https://doi.org/10.18111/9789284421152。

整合小视频、直播、社交网络等新媒体；在健康旅行方面，可以整合医疗、体检、养老、医美、赛会赛事等行业；在分享型经济方面，可以整合民宿、租车、共享单车、共享充电宝等以及传统的酒店、交通和租赁行业；在单人/多代旅行方面，需要关注这些特殊群体的独特需求，为其提供相应的设施与服务；在可持续旅行方面，则需要在全行业推广环保理念，尽量使用清洁能源、材料，并减少不必要的浪费。

二 新时代文化遗产保护与文旅融合的新手段

（一）应用新技术，创造更优旅游体验

习近平总书记强调，要"让收藏在博物馆里的文物、陈列在广阔大地上的遗产、书写在古籍里的文字都活起来"。VR、HBIM等新技术、新工具的应用，为文化遗产"活起来"提供了必要的支持。

VR（Virtual Reality）技术，即虚拟现实技术，能够营造多感官的仿真环境，使体验者全方位沉浸在虚拟空间中，通过实时交互，实现对文化遗产的体验。通过VR技术，也能够对文化遗产进行数字化存档，并通过3D打印、全息投影等技术输出。由于文化遗产具有不可再生性，遭到破坏后难以完全修复，应用VR技术开展文化旅游，可以实现旅游者与文化遗产地在时空上的分离——"在线旅游"和"错峰旅游"，也可以结合文化遗产地的承载能力合理控制旅游者的人数，有效地保护文化遗产。

BIM（Building Information Modeling），即建筑信息模型，是建筑学、工程学及土木工程领域的新工具，通过建立三维模型，构建完整的专业信息库，为建筑工程提供动态、集成化、可协同的全周期信息平台。HBIM则是将历史建筑纳入这一体系，如通过三维激光扫描获得历史建筑点云数据，从而建立历史建筑的三维模型。基于这一工具，历史建筑的数字化复原及数字化展示工作能够较为高效地开展，而HBIM与VR技术的结合，则可以实现历史建筑的虚拟可视化展示。

（二）利用新媒体，创造文化遗产旅游新热点

越来越多的旅游者通过手机微信、微博、各类新闻客户端以及抖音等视频客户端获取旅游信息，这些新媒体传播快、成本低、覆盖面广，与大众点评网、各类旅游网站、新闻网站等一起，正在冲击传统媒体在介绍旅游目的地方面的作用。随着5G技术的发展，4K高清直播可以为电视直播、手机直播等带来新的体验，也为新闻热点迅速传播提供了更优质的途径。

合理利用新媒体发声和传播，能够扩大遗产类旅游目的地的感染力、影响力。文化遗产旅游目的地在利用新媒体创造旅游新热点时，需要准确把握新媒体的特性：娱乐化、碎片化、互动性、细分性。以游客常用的软件微信为例，微信聊天和朋友圈都是基于熟人网络，其内部对旅游信息的传播速度快、到达指向明确，游客的"朋友圈打卡"行为和微信群分享行为，都能够为文化旅游引来流量。作为旅游服务的提供方，遗产地管理机构、旅游服务机构都可以通过微信公众号、服务号的推送和互动，主动将活动、优惠等信息点对点推送给关注过的游客，能够在一定程度上提高游客的"回头率"和黏滞性。同时，微信是基于位置服务的软件，游客开启定位后，便于商家精准营销，其"朋友圈打卡"的定位，也能够协助看到信息的朋友"按图索骥"，进行旅游活动。

（三）引入公众参与，推动成果全民共享

文化遗产的公共性、稀缺性、不可再生性以及公众的文化自觉，决定了文化遗产旅游全过程公众参与的必然性、紧迫性和可行性。在文化遗产旅游工作中，本地居民、志愿者、游客是三个主要的公众参与群体。

在文化遗产地，尤其是历史城区中建设旅游设施，势必涉及文化遗产的保护与改造问题。保障当地居民的知情权和参与途径，让居民在搬迁与留守的抉择中拥有更大的自主权，能够更好地保障居民的福祉。广大市民参与文化遗产保护与旅游服务，也能够调动其积极性和创造性。志愿者能够参与旅

游活动的全过程,无论是旅游价值挖掘、旅游路线设置还是讲解服务、媒体宣传,都可以引入志愿者服务,最大限度地聚才引智,丰富游客的旅游体验。游客完成旅游体验后,可以为旅游目的地提供反馈并进行自媒体传播,也有助于旅游服务质量的提升。

三 立足武汉,构建文化遗产保护与文旅融合新格局

(一)武汉的文化遗产与旅游资源

武汉拥有3500年的建城史,历史文化旅游资源丰富。目前,全市共有市级以上文物保护单位275处、优秀历史建筑208处。近年来,武汉积极推进"历史之城"建设,启动武昌古城、汉口历史文化风貌街区、汉阳归元片区生态修复、老城复兴、文脉复归工程,形成了政府主导、社会参与的文化遗产保护新格局,也为文化遗产旅游的开展奠定了坚实的基础。

近年来,武汉逐渐从旅游"中转地"向旅游"目的地"转型,吸引了为数众多的国际国内游客。在武汉重点打造的景区中,3A级的汉口历史文化风貌街区、古琴台景区、武钢博物馆,4A级的中山舰旅游区、武汉革命博物馆、归元禅寺、首义文化区等,都与文化遗产有关。将这些遗产保护好,将这些景区建设好,是武汉开展文化遗产旅游的首要工作。

(二)武汉的相关优秀实践

历史建筑修缮促进旅游发展。位于武昌昙华林的翟雅各健身所是一栋由美国基督教建筑师柏嘉敏(J. Van WieBergamini)设计的兼具中国传统建筑风格和西方建造技术的建筑。从1921年建成起,这栋建筑就一直作为文华大学、华中大学、华中师范大学和湖北中医药大学的体育馆供师生及周边社区居民使用,是武昌老城区、昙华林历史文化街区的地标建筑,它的意义随着历史在建筑之上的凝结,已经远远超越了体育馆建筑本身,成为这一街区的精神象征。翟雅各健身所与周边的校园建筑、历史街区和谐互动,共同展

现了昙华林作为武昌老城在19世纪后期开埠和西方宗教进入中国中部地区的代表性,从建筑的视角展示了中西文化的碰撞和融合。然而由于年久失修,空置了近10年的时间。经过精细修缮,翟雅各健身所更名为翟雅阁博物馆,成为武汉设计之都客厅,不仅能够举办展览、讲座和主题活动,而且成为到汉游客旅游的新热点。

历史街区展示促进旅游发展。2019年,"万里茶道"申遗工作取得突破性进展,被正式列入中国申报世界遗产的预备名单。"万里茶道"在汉的相关遗产点,主要集中在汉口原俄租界区域。为了让游客更加直观地了解这条文化线路,除对相关历史建筑进行修缮之外,汉口兰陵路还设置了铜质的万里茶道线路图,展示了从汉口到圣彼得堡之间的线路走向及主要城市,黎黄陂路、兰陵路等街道的地面还嵌入了铜质的茶砖图案,井盖等公共设施也进行了与"万里茶道"遗产有关的艺术设计。

(三)相关建议

在国际范围内,文化遗产保护与文旅融合都是较热的话题。早在1972年,《保护世界文化和自然遗产公约》就提到了旅游,但较为负面,如第11条第4款指出,"蜕变加剧、大规模公共或私人工程、城市或旅游业迅速发展计划造成的消失威胁"。2013年,UNWTO在其发布的《面向发展的可持续旅游导则》中提到了自然和文化遗产与旅游的融合。2015年以来,联合国教科文组织(UNESCO)与UNWTO先后举办了三届国际旅游与文化大会,并发布了倡导文化与旅游利益相关者更加紧密合作的《暹粒宣言》,以及旨在提高旅游与文化在国家可持续发展战略中贡献度的《马斯喀特宣言》。[①] 这些国际文件的出台,为开展文化遗产旅游提供了指导。

立足武汉,开展文化遗产保护与文旅融合工作,需要重视以下三项内容。

---

① 尚晋:《世遗与旅游,社区与游客——"世界遗产城市"组织最新全球大会报道及资料汇总》,清源文化遗产微信公众号,2019年6月13日,https://mp.weixin.qq.com/s/NmcMmEP2DP6BBocSWrVcSg。

第一,正确定位,做好文化遗产的价值评估及阐释。武汉的文化遗产类型丰富、全面,对不同类型的文化遗产,需要根据其价值,合理制定旅游规划。

第二,技术引领,用好新技术、新媒体,推动文旅融合。结合最新的大数据、VR技术,在5G时代推动文化遗产旅游线上线下互动,增强游客的收获感、认同感。

第三,公众参与,推动文旅经济与社会生活的可持续发展。在文化遗产旅游全过程、全行业调动群众参与的积极性,实现文旅收益的社会共享。

案例分析
Case Study

B.26
国际斗鱼直播节与武汉城市发展

叶林 周丽 徐娜[*]

摘 要：武汉国际斗鱼直播节开端于2016年，是集演艺表演、电竞赛事、游艺活动、影视动漫、多元美食等跨界内容于一体的大型户外泛娱乐潮流盛会。武汉国际斗鱼直播节是随武汉城市发展而起的泛娱乐文化盛宴，它在武汉诞生并发展有其必然的原因。同时，武汉国际斗鱼直播节作为一种文化节庆活动，具有综合性和集聚性的特点，对武汉的经济和社会发展也产生了较大的影响。本报告从产业与城市发展关系的视角研究武汉城市发展给国际斗鱼直播节带来的机遇，同时探寻作为

---

[*] 叶林，华中师范大学国家文化产业研究中心副教授，硕士生导师，研究方向为文化产业管理、文化产业经济学；周丽，华中师范大学国家文化产业研究中心硕士研究生，研究方向为文化资源与文化产业；徐娜，华中师范大学国家文化产业研究中心硕士研究生，研究方向为文化资源与文化产业。

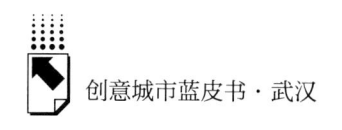

文化节庆活动的国际斗鱼直播节给武汉的经济、文化、社会等多方面发展所带来的积极影响。

关键词： 国际斗鱼直播节　城市发展　武汉

"国际斗鱼直播节"的前身是2016年和2017年的"斗鱼嘉年华"，2018年"斗鱼嘉年华"正式改名为"国际斗鱼直播节"，至2019年已经连续举办了四届。历届国际斗鱼直播节都成为武汉当年最具吸引力的文化盛事之一。

2019年国际斗鱼直播节于6月14～16日在汉口江滩举行，主打"青春不一Young"，设立了四大主题舞台、八大内容板块，率先开启了"5G+VR"高清直播，1500名主播加盟，41万人次现场参与，直播间热度峰值突破2100万，传播总曝光量超25亿次，活动期间全网热度迅速达到峰值，微信指数峰值是日常的25倍，创下历史新高。

截至2019年，武汉斗鱼网络科技有限公司（以下简称斗鱼公司）已经在武汉连续举办三次线下直播节活动，场地规模不断扩大，参与人数日益增加，舞台道具越来越丰富，活动质量逐年提升，热度不断飙升，推动泛娱乐产业的上下游延展，为武汉城市形象增添了青春色彩。

一　武汉城市发展对国际斗鱼直播节的作用

（一）武汉城市发展战略为国际斗鱼直播节发展创造了机遇

1. 武汉建设"国家中心城市"战略为国际斗鱼直播节汇聚力量

2016年国家发改委发布的《促进中部地区崛起"十三五"规划》明确提出支持武汉建设国家中心城市。随后，武汉市政府常务会审议并原则通过了《武汉建设国家中心城市实施方案（送审稿）》。国家中心城市是全国新型城镇体系的一部分，是全国经济、贸易、科技、交流中心和国际性区域中心，肩负着辐射周边、带动区域发展的任务。

武汉建设国家中心城市带动了交通、通信基础设施、人才资源、科学技术和相关产业在武汉集聚。四通八达的交通基础设施为国际斗鱼直播节期间粉丝的到来提供了更为便利的条件，便利的通信基础设施让艺人、斗鱼粉丝和赞助商的网络互动更为通畅，互联网、影视、动漫、游戏、音乐等泛娱乐文化人才在武汉的集聚为直播节提供了更为多元的文化体验，增强了直播节的吸引力和影响力。

2. 武汉"文化五城"建设为国际斗鱼直播节营造了氛围

2011年12月，武汉市第十二次党代会提出"建设'文化五城'，发掘武汉文化资源，丰富文化建设载体，让文化融入城市发展和市民生活，提升城市品位"。2012年2月，武汉市委、市政府出台了《关于打造"文化五城"建设文化强市的意见》，明确提出要将武汉建设成为"读书之城""博物馆之城""艺术之城""设计创意之城""大学之城"。

武汉"文化五城"建设唤醒了市民的文化基因，激发了市民参与文化活动的热情，给国际斗鱼直播节带来了更多的参与者；"文化五城"建设擦亮了武汉的城市名片，树立了武汉城市形象，从而吸引了更多的粉丝和艺人到武汉参与国际斗鱼直播节活动；"文化五城"建设推动了武汉的文化基础设施建设，为国际斗鱼直播节的举办提供了更为优良的物质条件，提升了观众的文化体验和满意度。

3. 武汉现代服务业发展战略为国际斗鱼直播节奠定了基础

2016年，武汉市人民政府印发了《武汉市现代服务业发展"十三五"规划》，提出要重点打造五大特色和新兴产业，其中之一便是文化创意产业，并提出要将武汉打造成为中部地区文化创意之都。

武汉现代服务业发展战略促使文化创意产业在武汉的地位有所上升，为斗鱼公司的发展和国际斗鱼直播节的举办营造了极为有利的发展环境。同时，现代服务业发展还提升了武汉的商务会展服务水平，从而可以为直播节提供更好的服务，增强了直播节的吸引力。另外，现代服务业中旅游业的发

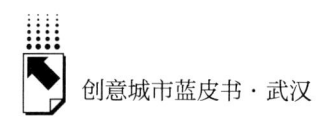

展也在一定程度上增强了国际斗鱼直播节期间对粉丝和艺人的吸引力。

4. 武汉自贸区建设增强了国际斗鱼直播节的活力

2016年8月底,党中央、国务院为贯彻落实"十三五"规划的要求,决定设立湖北自贸试验区,以满足湖北省对外开放战略布局,以及推进"一带一路"、长江经济带建设的需要。2017年3月,国务院印发了《中国(湖北)自由贸易试验区总体方案》,认为自贸区承载着发展与改革的双重使命,同时也肩负着五城承东启西辐射带的重任,是加快湖北沿江地区发展的客观需要。

武汉自贸区建设能够提高武汉的对外开放程度,使斗鱼公司能够更加有效地利用国内外先进的管理理念、技术装备和人才,更加便利地与国外文化科技企业互动和交流,增强了斗鱼公司利用国外资源举办国际斗鱼直播节的能力。

(二)武汉市政府的支持为国际斗鱼直播节的发展提供了条件

国际斗鱼直播节作为一场盛大的娱乐电竞盛会,除了自身强大的实力外,离不开政府部门的大力支持。

首先,武汉市政府将国际斗鱼直播节纳入重要文化建设项目。2018年武汉市政府着力打造的"五个一"文化品牌之一就是国际斗鱼直播节,希望通过大力支持该文化活动,一方面,发挥独角兽企业斗鱼公司在互联网直播行业的领军作用;另一方面,在武汉打造一场全球性泛娱乐文化盛宴,提升武汉整体城市形象和影响力。

其次,武汉市政府给予斗鱼公司和国际斗鱼直播节在财政方面的资助。例如,2019年,斗鱼公司获得了武汉市文化产业专项资金在会展方面的资助。

最后,武汉市政府给予国际斗鱼直播节在用地方面的支持。国际斗鱼直播节自2017年落地武汉后,连续三年都在武汉汉口江滩举行,且每年场地范围有增无减。

（三）武汉文化产业发展为国际斗鱼直播节的举办奠定了基础

国际斗鱼直播节本身作为一项泛娱乐文化活动，其中包含了电竞、动漫、音乐、旅游等板块，而近年来武汉电竞、动漫、音乐和旅游等产业的发展为这场泛文化娱乐盛宴提供了丰富的"素材"和高级别的"厨师"。

1. 电竞产业

武汉电竞产业的发展极富生命力，拥有庞大的电竞用户潜在群体、完整的电竞设备供应链、众多新兴的电竞网吧与电竞馆以及"直播独角兽"斗鱼公司等天然优势，这使得电竞产业成为武汉城市的新名片。2017年底，武汉获1000万元投资设立内容孵化基地；同年，光谷举办了第一届中国青年电子竞技大赛总决赛，且这一赛事将永久落户武汉光谷。2018年，投资1500万元打造的武汉首家全生态电竞会所落地。对于国际斗鱼直播节而言，武汉电竞产业的发展能够丰富直播节活动的内容板块，为直播节在电竞赛事直播和职业选手现场竞技等方面提供新的电竞内容和形式，扩充直播节的赛事活动内容。

2. 动漫产业

武汉动漫产业处于快速增长时期，截至2018年底，武汉从事动漫游戏及相关业务的企业有210余家，从业人员达1.5万余人，拥有国家动画产业基地1家、国家文化产业示范基地4家、国家级重点动漫企业2家、国家认定动漫企业23家、省级文化产业示范基地及园区42家、市级文化和科技融合示范企业及园区近10家，有6家新三板上市企业。对于国际斗鱼直播节而言，武汉动漫产业的发展能够为直播节的活动内容增添新的动漫形象以及二次元的场景和舞台表演效果。同时，本土的动漫元素出现在直播节上也能够彰显直播节的独特性和地域特色，提升粉丝和游客的体验感。

3. 音乐产业

随着一线城市影响力的逐步降低，音乐节的举办中心不断向二、三线城市蔓延，其中在成都、西安、武汉等城市的举办场次增长迅速，增幅均超过100%。武汉每年以大型演唱会、音乐节和LiveHouse等形式的音乐演出产业产值不断攀升。武汉地区高校聚集,而以高校学生为主的年轻群体正是这些演唱会、音乐节等活动的主要参与者。因此,在国际斗鱼直播节期间,借助知名歌手的粉丝效应举办相关演唱会、音乐节,不仅能够以多元的形式丰富活动现场的表演内容,为斗鱼水友提供更多的选择,而且能够在一定程度上吸引潜在的粉丝前来武汉。

4. 旅游业

2018年,武汉旅游业发展如火如荼,旅游总人数和旅游总收入在二线城市或新一线城市都处于头部序列。武汉经济实力在国内处于高位,生态环境优越,文化资源丰富,具有发展旅游业的优良条件。2018年,武汉共接待国内游客2.85亿人次,同比增长10.9%;国内旅游收入为3037.55亿元,同比增长12.6%。旅游业在促进城市经济发展的同时,也在不断提升城市的舒适度,在国际斗鱼直播节期间,丰富的旅游项目和多元的娱乐形式能够为直播节吸引更多的游客。

(四)武汉各类资源集聚为国际斗鱼直播节发展提供了动能

2016年,我国提出"中部崛起"战略,并明确支持把武汉建设成为国家中心城市,在这个大背景下,资金、技术、人才等各类资源开始在武汉集聚。

1. 资金集聚

2015年,国务院印发《武汉城市圈科技金融改革创新专项方案》,明确了武汉城市圈科技金融创新试验区地位,紧接着武汉连续出台一系列政策与措施来探索和开展建设金融中心城市工作,目前取得了较为突出的成果。中国(深圳)综合开发研究院发布的"中国金融中心指数"显示,2014~2018年,在综合竞争力评价中上海、北京、深圳牢牢占据前三的位置,武汉虽在第10名上下波动,但在中部地区区域金融中心排名中处于领先地位。

在武汉金融生态环境不断优化的背景下,斗鱼公司在投融资方面也获得了极大助力。截至2019年7月,斗鱼公司已完成6轮融资,并于2019年以8.59亿美元的融资规模赴美上市,成为湖北首家赴境外上市的互联网公司。作为湖北互联网"四小龙"之首,斗鱼公司融资总额达70亿元,估值250亿元,雄厚的资金实力为国际斗鱼直播节的顺利举办提供了强大的支持。

2. 技术集聚

斗鱼公司所在地——东湖高新技术开发区软件园，在文化与科技融合方面极具优势。武汉东湖高新技术开发区是全国114家高新技术开发区中特批的3个国家级自主创新示范区之一。2015年后，随着"互联网+"和人工智能等新技术的兴起，东湖高新技术开发区积极引进了斗鱼直播、小米、科大讯飞等企业，在互联网、数字化产业方面加快布局。2016年，东湖高新技术开发区光电子信息、生物医药、新能源环保、高端装备制造、高技术服务五大支柱产业年产值均突破千亿元。与此同时，东湖高新技术开发区的知识产权成果显著，2011~2018年，东湖高新技术开发区专利申请量以年均25%左右的速度增长，涌现出了一批包括华星光电、斗鱼科技、烽火通信在内的拥有多项知识产权成果的企业。身处东湖高新技术开发区这样一个科技创新密集的区域，斗鱼公司的科技实力不断增强，2016年斗鱼公司以664件的专利申请总量排在全省第2位，2017年以1096件的专利申请总量跃居全省第1位，2018年继续以1175件的专利申请总量保持领先地位，成为湖北省唯一专利过千件的企业。

3. 人才集聚

在2019年教育部发布的高校名单里，武汉高校数量排全国前三，在校大学生数量超过100万人，两院院士达68人。武汉的人才集聚为斗鱼公司和国际斗鱼直播节提供了极为有利的条件，斗鱼公司董事长陈少杰曾说过，斗鱼公司"更重要的是集聚了人才，建起了创新壁垒"。2018年，斗鱼公司拥有2000多名员工，研发工作人员占35%，其中40%来自一线互联网公司，除此之外，斗鱼公司每年吸收百余名优秀大学生，武汉强劲的人才科研优势助推国际斗鱼直播节的发展。

二 国际斗鱼直播节对武汉城市发展的影响

（一）带动相关产业发展

首先，举办国际斗鱼直播节带动了直播上下游行业的集聚和发展。国际

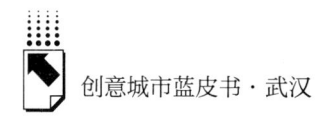

斗鱼直播节作为一场泛娱乐的文化盛宴,在短短几天内集聚了电竞、动漫、音乐、旅游等行业,提升了这些行业相关商家的人气,扩大了影响力。

其次,国际斗鱼直播节的举办也间接带动了武汉旅游产业及相关产业的发展。直播节除了园区的节庆活动外,还策划组织网红主播游武汉,全面呈现江滩、东湖、中山大道、知音琴台、中国光谷等城市名片,着力宣传各大旅游景区,充分展示武汉魅力。

最后,国际斗鱼直播节也促进了与文化节庆有关的广告、餐饮、住宿、交通等行业的发展。直播节期间,大量的外地水友、游客会聚武汉,除参与直播节的游园活动外,在当地的"吃住行游购娱"都会带动武汉餐饮、娱乐等行业收入的增长。

(二)扩大文化贸易招商

国际斗鱼直播节不仅是一场与民同乐的娱乐盛宴,而且给武汉带来了诸多文化领域的合作伙伴。2018～2019年连续两年在武汉召开了国际武汉斗鱼直播节文化产业招商投资洽谈会,吸引了国内外诸多知名文化企业参加,促进了多项文化产业项目在武汉落地。2018年签约金额达80.9亿元,其中包括直播、旅游、影视等19个文化产业项目;2019年的招商投资洽谈会最终也受到了8个文化产业项目的青睐,汉口文创谷、圈外数字创意产业园等7个项目进行现场推介,签约金额超100亿元。

(三)促进经济技术交流

国际斗鱼直播节历来重视科技与文化方面的交流沟通。对于一个城市的经济发展而言,国际斗鱼直播节的价值不仅仅是一次大型活动带来的一次性作用,它更具有促进经济技术长期交流与合作的影响。2018年,国际斗鱼直播节汇聚了微软、索尼、英特尔、卡西欧等大批国际知名互联网公司和硬件厂商参加,设置了展区和体验项目;2019年,众多参展商更是现场搭建新品发布展示平台,发布尖端黑科技、前沿数码、影音游戏等产品。

(四)宣传武汉城市形象

国际斗鱼直播节的举办是以斗鱼公司为代表的武汉本土文化企业品牌与城市形象融合传播的典型案例。2017年,斗鱼嘉年华在武汉城市形象宣传方面首次出击,有力地宣传了武汉。2018年,国际斗鱼直播节作为武汉市政府倾力打造的"五个一"文化品牌之一,更是通过氛围营造、在直播节官方宣传视频中融入城市形象宣传口号、现场滚动播放系列城市形象宣传片等形式宣传武汉城市形象,实现了城市形象表征系统的全覆盖。2019年,国际斗鱼直播节还为军运会在园区核心地段设置特装展区,通过快闪、现场问答、主播引流等方式,向全国推介武汉即将举办的这场全球盛事。

(五)丰富市民文化生活

一个城市的文化活动、文化品质不仅影响城市形象,而且切实关系着市民的文化生活状况。国际斗鱼直播节的举办地在武汉江滩,采取"直播+园区"的活动模式,使武汉市民足不出户就能感受国际性节庆活动带来的欢乐氛围,集中享受音乐、影视、电竞、购物、美食、科技等多重互动体验项目和环节,加之国际斗鱼直播节票价较低,后期更是推出了具有针对性的优惠活动,这对市民来说是物超所值的娱乐体验。

三 助力武汉城市发展的国际斗鱼直播节发展建议

(一)突出武汉城市特色

武汉为国际斗鱼直播节的发展提供了良好的机遇,而国际斗鱼直播节又对武汉的发展产生了深远的影响,因此国际斗鱼直播节与武汉密不可分。为了能更好地助力武汉城市发展,进而促进自身的发展,国际斗鱼直播节要继续突出特色,这一特色不仅是斗鱼公司的特色,而且应该是结合武汉的特色。

首先，国际斗鱼直播节应该更加突出"武汉精神"。生长于武汉的国际斗鱼直播节应深度研究和挖掘武汉"敢为人先、追求卓越"的城市精神，并将这种精神贯穿于直播节的方方面面，从而让"武汉精神"借助直播节这一平台得到更好的传播，这种具有武汉特点的直播节将成为国际斗鱼直播节独特的魅力，吸引更多游人前来参加。

其次，国际斗鱼直播节要继续突出武汉产业特色。近年来武汉不断调整产业结构，发展新兴产业，以高端装备制造、新一代信息技术和生物技术等为代表的优势产业不断崛起。因此，在举办国际斗鱼直播节之前，应该梳理武汉的优势产业和特色产业，并邀请已经成熟的具有一定规模、能够代表武汉的相关优势产业和特色产业入驻直播节的活动现场，在丰富会场活动形式的同时，展示武汉的新兴产业。

（二）对接国际节庆组织

首先，斗鱼公司应加强与国际节庆协会、国际展览局等国际组织的交流与对接，了解和熟悉此类国际组织的相关要求及规范，在各方面以国际性的标准着手，以更加专业的视角和模式去呈现活动内容，突出体现国际斗鱼直播节的国际性和规范性，以期能够入围国际节庆协会年度奖。

其次，斗鱼公司也可以与国际上其他的组织合作举办直播节，吸收和借鉴国际上先进的文化节庆活动组织和策划的经验，在举办节庆活动的同时，吸引和引进高端文化节庆人才，提升直播节的品质和内涵，扩大斗鱼公司的国际影响力。

（三）延长国际斗鱼直播节产业链

首先，应加强国际斗鱼直播节与武汉旅游业的联动。节庆与旅游活动的关系密切且互相渗透，其共同特征在于服务对象的异地流动性，为两项活动在具体运作上的合作提供了基础条件，因此实现国际斗鱼直播节与武汉旅游业的有效对接是当前的共识。举办节庆活动、发展城市旅游需要鲜明独特的城市形象和成熟完善的基础设施，同时需要将旅游业所包含的"吃住行游购娱"项目有机协调起来，还需通过一定的对接策略和相配套的整体营销策略来共同对接联动环节。

其次，要促进国际斗鱼直播节与武汉动漫游戏产业的联动。国际斗鱼直播节是动漫产业为实现从内容生产到内容传播的一个很好的媒介，因此在直播节的内容上可以通过更为新颖多元的方式来呈现武汉本土动漫产业的内容，助力武汉本土动漫产业的发展。

再次，要促进国际斗鱼直播节与武汉音乐产业的联动。国际斗鱼直播节期间的音乐演出可以考虑以武汉的主流音乐类型为主导，结合每一届直播节的主题，使音乐作品的类型和主题更加贴近直播节的活动内容，充分将城市、经济、音乐进行有机的结合，提升直播节内容的质量和知名度。

最后，要促进国际斗鱼直播节与武汉信息产业的联动。武汉东湖高新技术开发区高度发达的信息产业能够为直播节的举办提供技术和内容上的支持，而以直播节为形式载体也能够体现武汉信息产业发展的状态。因此，国际斗鱼直播节要主动寻找与武汉信息产业之间的契合点，凸显武汉光电信息技术优势，并带动光电信息产业在节庆会展业中广泛应用。

（四）创新创造提升品质

首先，加强技术创新，提升参与者体验。新技术的变化和更新日新月异，斗鱼公司应及时进行技术创新，在直播节庆中引入新的产品和技术，采用新的方式为水友、粉丝以及所有人呈现新的内容，提升参与者体验。

其次，加强内容创新，提升直播节品质。国际斗鱼直播节目前是以"互联网＋实体经济"的方式，将直播节分为电竞、音乐演出、游园、游艺、潮流、美食、动漫、影视、汽车、运动等多个部分以贴合粉丝需求。国际斗鱼直播节的形式新颖，但仍需根据技术发展的特点和粉丝及参会企业的需求不断创新内容，提升直播节的吸引力。

最后，加强组织创新，提高办节效率。一是要建立健全政府、行业组织、企业联动办节的机制，以满足不同参会主体的需求。二是要不断学习和吸收国内外大型文化节庆活动经验，创新直播节的活动组织形式。

B.27
传承知音文化，打造音乐盛宴
——琴台音乐节发展研究

魏全庄*

摘　要：琴台音乐节植根于武汉历史悠久的知音文化，本报告通过分析琴台音乐节的发展状况，指出琴台音乐节发展过程中存在运作模式滞后、市场化程度不高、演出内容有待提升等问题，并提出改革运作模式、鼓励社会资本参与、改进演出内容和形式、注重品牌建设和产业化发展等建议，以期为琴台音乐节等艺术表演行业提供借鉴。

关键词：知音文化　琴台音乐节　音乐盛宴

早在2011年，武汉市政府就提出建设"音乐之城""设计之城""博览之城"等文化产业建设措施，目的是要把武汉市打造成为中部地区文化之都，成为中部地区文化建设中的支点，引领我国中部地区的文化发展战略目标。① 在此背景下，琴台音乐节应运而生。琴台音乐节是武汉市委、市政府举办的高规格的音乐节日，目前已连续举办七届。琴台音乐节以"音乐的盛会，人民的节日"为举办宗旨，让更多市民群众能够融入音乐、享受音

---

* 魏全庄，华中师范大学国家文化产业研究中心硕士研究生，研究方向为历史文化与文化产业。
① 《武汉市文化发展"十二五"规划》，武汉市文化和旅游局网站，2014年12月8日，http://wlj.wuhan.gov.cn/html/zwgkghjh/20141208/9794.html。

乐，近距离感受武汉浓厚的艺术氛围；以"高山流水"为主题，突出"高山流水遇知音"的历史文化意蕴；以打造"国际水平、国家影响、武汉特色"的汉派艺术精品为目标，彰显武汉开放、多元、包容的国际化大都市气象。①

文化是城市核心竞争力的重要内容，也是城市可持续发展的重要资源。② 芒福德在其著作《城市文化》中提出："城市是文化的容器，专门用来储存并传承人类文明的成果。"③ 因此，城市的发展离不开文化的繁荣，离不开文化资源的提升带动，而文化的繁荣也离不开城市这一重要载体。两千年前俞伯牙与钟子期相遇在琴台，以一首高山流水之曲而成为知音。子期病故，伯牙悲痛地"破琴绝弦"，自知世上再无知音。知音文化从此成为武汉市特有的文化地理标识和历史文化遗产。知音文化不仅是一种音乐文化，而且是一种情感文化。知音文化的载体是音乐，内核是情感文化，传达人类的友情、理解和信任。"知音善乐"也成为武汉的城市特色，以"琴台"命名的琴台音乐节彰显了武汉知音文化的特色，也展示了武汉的文化自信。

一 琴台音乐节发展特征分析

琴台音乐节的发展过程是一个在政府支持下不断挖掘文化内涵、丰富演出内容和形式、提升传播力的过程。琴台音乐节兼顾国际化和本土化特点，既体现专业性，又突出群众性，唱响"一城三镇、两江四岸"，形成"全民乐动、全城参与"的浓厚氛围。

（一）植根知音文化内涵，深度挖掘音乐价值

武汉历史悠久，文化底蕴深厚，荆楚文化、三国文化等都在这片古老而

---

① 胡怀存、魏林、徐坚、姚丽圆：《世界音乐律动江城 千万市民乐享盛宴——第七届琴台音乐节综述》，《中国文化报》2018年12月5日。
② 凌瑜璐：《文化视野下的城市化——对文化在中国城市化进程中的作用研究》，中国艺术研究院硕士学位论文，2012。
③ 〔美〕刘易斯·芒福德：《城市文化》，宋俊岭等译，中国建筑工业出版社，2009。

又充满活力的土地上生生不息。知音文化所蕴含的理想不仅能够体现中国传统文化的深刻价值，而且能表达人们珍视友谊、相互信任的情感。因此，弘扬知音文化，有利于扩大武汉这座城市的知名度，也有利于提升武汉文化软实力。琴台音乐节深度挖掘知音文化所蕴含的"求真、求精、求信、求新"的精神特质和"知己、知意、知心"的核心内涵①，以高山流水的发祥地琴台命名，将古琴演奏作为音乐节的特色表演，将知音文化完美地阐释在音乐节的表演之中。

自举办首届琴台音乐节起，主办方就紧紧围绕知音文化特色，大力挖掘与古琴相关的历史文化资源。音乐节期间，因"高山流水遇知音"这一千古佳话而闻名的古琴表演也呈现多样的艺术表现形式。例如，2018年举办的第七届琴台音乐节的古琴演奏系列打造了三项活动，分别是"精致武汉·古琴在此"中国古琴名家名曲音乐会、琴台音乐高峰论坛——《研露楼琴谱》打谱暨学术研讨会和"满城尽寻钟子期，琴台共谱知音曲"古琴之夜十场雅集活动。这些活动为古琴爱好者和众多观众演绎出千古绝响，并且将古琴艺术与众多曲目深度融合，如将《渔樵问答》《鸿雁》《乌夜啼》等古琴曲目古今结合，创新演绎形式，甚至与昆曲进行跨界演出，让观众既感受到了文化的传承，也看到了表演形式的创新。

（二）内容定位清晰，演出形式多样

1. 以世界高雅音乐和中国古典音乐演奏为主的定位

历届琴台音乐节都邀请国内外顶尖的乐团和音乐人进行演奏，共同谱写高雅文化的精彩乐章。琴台音乐节演出期间，来自世界各地的众多中外音乐名家云集江城，展示了武汉的盛大包容气象与蓬勃活力。第七届琴台音乐节剧场音乐演出系列，由来自中国、德国、俄罗斯等的国内外名家名团上演了24台剧目，共35场演出，涵盖交响音乐、古典音乐、流行音乐、音乐剧、

---

① 姚伟钧：《武汉历史文化资源向旅游文化产业转化之思考——兼论武汉知音文化的开发利用》，《文化发展论丛》2015年第2期。

电影音乐等多种门类。柏林音乐厅管弦乐团、德国慕尼黑爱乐乐团等世界知名团体,以及俄罗斯著名指挥家捷杰耶夫、中国第一位交响乐女指挥家郑小瑛等众多中外知名艺术家先后亮相。①

汉水之畔、琴台岸边孕育出的知音文化享誉世界,古琴演奏异彩纷呈。琴台音乐节逐渐将保护、传承、推广古典音乐文化作为音乐节的表演核心。例如,第七届琴台音乐节除了为期3天的古琴演奏系列,还有古琴之夜雅集、中国古琴名家名曲音乐会等活动。中国琴会艺术家、古琴表演国家级非遗传承人以及高校教授等知名大家联袂演出。高水平的演出吸引了许多观众、琴友的参与,在武汉市内的11个场馆开展了古琴雅集活动,真正让观众感受到了中国古典音乐的魅力。此外,琴台音乐节主办方还特别注重古琴学术交流,连续三届开展了古琴演奏的学术论坛。第五届至第七届琴台音乐节剧场演出系列及古琴演奏系列部分节目单见表1、表2。

表1 第五届至第七届琴台音乐节剧场演出系列部分节目单

序号	第五届	第六届	第七届
1	开幕式:吉里·贝洛拉维克与捷克爱乐乐团音乐会	开幕式:"我的祖国"大型民族交响音乐会	开幕式:华韵楚风·编钟与大型民族管弦乐专场音乐会
2	游弋黑白——英国著名钢琴家格兰姆·斯科特独奏音乐会	聆响·行歌——琴台楚韵音乐朗诵会	英文原版音乐剧《芝加哥》
3	从巴洛克到探戈——李飚打击乐团音乐会	流淌的月光——钢琴家吴牧野独奏音乐会	我的祖国——中国电影精粹视听交响音乐会
4	我的祖国——乔羽及名家名曲交响音乐会	长江之韵——武汉音乐学院东方交响乐团专场音乐会	柏林音乐厅管弦乐团武汉音乐会
5	希望——大型民族管弦乐专场音乐会	美国之声——钢琴家彼得·奥特独奏音乐会	非遗双绝·大雅清音——昆曲与古琴跨界音乐会
6	黄梅音乐演唱会《唐诗宋词》	世界著名女高音歌唱家孙秀苇独唱音乐会	音乐舞台剧《喜聚——漂洋过海来看你》
7	星空下的告白——美国特斯拉弦乐四重奏音乐会	柏林爱乐乐团音乐会	周杰伦作品音乐剧《不能说的秘密》

① 胡怀存、魏林、徐坚、姚丽圆:《世界音乐律动江城 千万市民乐享盛宴——第七届琴台音乐节综述》,《中国文化报》2018年12月5日。

续表

序号	第五届	第六届	第七届
8	音乐人生——何塞·卡雷拉斯世界告别巡演	世界著名男高音歌唱家莫华伦独唱音乐会	武汉爱乐乐团——"马勒"作品音乐会
9	柴可夫斯基交响全集系列	楚韵汉调觅知音——汉剧名家名段演唱会	放牛班的春天——法国圣马可童声合唱团音乐会
10	单簧管女王萨宾·梅耶与慕尼黑室内乐团音乐会	不朽的经典——中国民族歌剧音乐会	琴台音乐厅版歌剧《塞维利亚的理发师》
11	音乐会版歌剧《高山流水》（英文版）	美国百老汇魅力之星——遥不可及乐队音乐演唱会	武汉爱乐乐团——"长江音画"专场音乐会
12	闭幕式：中国音画乐舞《清明上河图》情景音乐会	闭幕式：艾伦·吉尔伯特&李云迪与德累斯顿国家管弦乐团音乐会	闭幕式：捷杰耶夫&王羽佳与慕尼黑爱乐乐团音乐会

资料来源：武汉市文化和旅游局。

表2　第五届至第七届琴台音乐节古琴演奏系列部分节目单

序号	第五届	第六届	第七届
1	满城尽寻钟子期,琴台共谱知音曲——古琴雅集	满城尽寻钟子期,琴台共谱知音曲——古琴之夜雅集活动	精致武汉·古琴在此——中国古琴名家名曲音乐会
2	中国古琴艺术名家名曲演奏会	白云黄鹤·知音琴台——中国古琴名家音乐会	满城尽寻钟子期,琴台共谱知音曲——古琴之夜雅集活动

资料来源：武汉市文化和旅游局。

2. 演出形式丰富多彩

琴台音乐节除了剧场演出系列和古琴演奏系列以外，还积极探索适应新时代背景的音乐艺术形式，体现了武汉作为文化名城的包容胸襟与历史底蕴。琴台音乐节期间，流行音乐比赛精彩纷呈，这一活动针对包括武汉等长江中游城市在内的流行音乐团体，目的在于培养发掘流行音乐人才，推动长江中游地区流行音乐的发展，促进区域之间音乐的交流。第七届琴台音乐节的流行音乐演出，聚集在武汉长江两岸、东湖风景区等地点，吸引了线上线下共34万余名观众参加与欣赏。武汉高校众多，校园文化丰富，琴台音乐节期间的原创校园歌曲比赛以高校学生为目标人群，为其提供了展示才艺的舞台，大力挖掘高校学生的创作才能和音乐天赋。武汉的市民文化同样丰富，除了市民合唱比赛以外，还包括专家知识讲座、音乐交流等形式。为了将该合唱比赛打造成为全国性的音乐文化品牌，还邀请湖北省内外的众多合唱团参加活动。此外，市民音乐沙龙活动让音乐家们走下舞台，走近市民并与其互动，增进了音乐家和市民的沟通交流，提升了武汉市民的音乐品位和文化修养。

（三）政府大力支持，惠民形式丰富

政府的大力支持是琴台音乐节成功举办的根本保证，琴台音乐节由武汉市人民政府办公厅负责各项活动的总体协调工作，由武汉市财政局拨款，武汉市文化和旅游局负责音乐节整体的策划、组织、实施、宣传、财务管理等工作，其他部门分别负责相应的具体工作。为了建设"现代化、国际化、生态化大武汉"，武汉市政府力求推动琴台音乐节继续发扬知音文化传统，以音乐会聚天下朋友，推动国内外音乐相互交融、相互碰撞，让琴台音乐节真正成为国际知名的音乐盛会。

琴台音乐节通过多种方式使群众受益，通过政府经费补贴、社会力量参与、市场化运作等手段实现文化惠民。琴台音乐节采取优惠亲民的低票价政策，所有户外音乐活动全部免费开放，剧场经典演出系列节目票价平均下浮30%左右，并规定100元以下的演出门票不少于30%。同时，向社区赠送一批、向重点人群发放一批、在微信公众号等平台提供一批免费观摩票，让广大市民感受到政府的惠民关怀。此外，琴台音乐节还与武汉"文惠通"微信公众平台合作，市民购票可在5折优惠的基础上再享受最高7折的"文惠通"补贴。一系列的惠民措施，让市民得到了最大的实惠。

（四）宣传手段多样化

第七届琴台音乐节进行了全方位、多角度的宣传。在主流媒体层面，通过腾讯新闻、大楚网专题报道、"文惠通"微信公众平台等多个渠道进行宣传，相关新闻日均覆盖180万人以上，累计覆盖2094万名以上用户。在自

媒体层面，整个音乐节期间，热智（武汉）文化传媒有限责任公司、武汉十点半文化传播有限公司、湖北上层广告传媒股份有限公司三家自媒体共推送了25条微信信息，阅读量达到了223143人次。在网络视频直播层面，通过湖北之声对武汉爱乐乐团"长江音画"专场音乐会进行了网络直播，在"央视新闻+"、长江云网络上直播了近90分钟，为全国观众揭秘武汉爱乐乐团等乐团的联排现场。在社交媒体层面，琴台音乐节通过@鲜城武汉、@新浪湖北、@武汉达人会等微博账号在新浪微博上进行信息发布及推送，精准覆盖兴趣粉丝，发布音乐节活动信息，提高音乐节活动的关注度。音乐节结束后，对音乐节的节目演出、系列群众展演活动进行了总结归纳，在《中国文化报》发布专版，对第七届琴台音乐节进行综合报道。①

二 琴台音乐节发展面临的问题

（一）运作模式滞后，资金来源单一

琴台音乐节管理运作模式相较于国内外其他知名音乐节较为滞后，运作资金的来源渠道比较单一。琴台音乐节的筹集、策划、宣传工作完全是由武汉市政府各个部门来进行相应的支持，如市文化局进行策划等主要工作、市委宣传部负责宣传工作。虽然音乐节在管理运作上行政力度大有利于整体协调和效率提升，但艺术不是脱离市场、脱离观众而存在的，音乐节最终是要面向观众、接受市场考验的，因此有效的社会参与更能提升音乐节的品质和影响力。以北京国际音乐节为例，该音乐节是原文化部和北京市政府创办的国际性大型音乐节，由北京国际音乐节艺术基金会负责相关的管理运作和资金筹措工作。该基金会不仅承办公益音乐教育项目，而且以北京国际音乐节为契机举办众多文化公益活动，如音乐讲座、大师班活动、艺术进校园等。此外，还利用北京国际音乐节的演出平台，与国内外众多的优秀音乐家合

---

① 资料来源于"第七届琴台音乐节"总结册。

作，创作全新音乐作品进行首演。相较于北京国际音乐节，琴台音乐节的管理和运作就显得滞后和缺乏活力。

如果音乐节的成长大量依靠政府的财政补贴，那么该音乐节的发展就会逐渐脱离市场，脱离受众的视线，甚至脱离艺术本体的发展需求。北京国际音乐节通过不同渠道筹集资金，如政府拨款、社会赞助、票房收入等作为资金来源。而琴台音乐节的活动经费全部由政府财政拨款，增加了财政负担。欧洲等发达国家和地区的音乐节发展已经非常成熟，其依赖政府支持的程度很低，大多数音乐节对城市和地区的经济带动作用很大，这一点也值得琴台音乐节学习。

（二）音乐会内容与受众需求的契合度有待提升

音乐节必须遵循音乐产品的生命周期规律，不断满足消费者的需求。琴台音乐节主要由剧场高雅音乐演出、古琴艺术演奏、群众合唱比赛等表演形式组成。虽然这一系列的演出形式非常多样，但真正能让观众喜爱和满足其需求的并不多。例如，琴台音乐节的剧场演出系列虽然汇聚了中外的音乐名家和乐队，但是以古典音乐和世界高雅音乐演奏为主的定位也使得很多观众欣赏不了其中的文化内涵和艺术价值。阳春白雪的高雅音乐固然是艺术珍宝，但是也让大多数艺术修养水平有限的观众望而却步。此外，群众合唱比赛等形式虽然有着良好的出发点，但参与合唱比赛的大多是湖北省内外的专业合唱院团，真正做到群众自发性的大合唱还有很大差距，观众参与度十分有限。

（三）音乐节后持续发展的动力和延伸性不强

琴台音乐节运用新媒体的宣传优势，让人们知道音乐节、了解音乐节、感受音乐节，扩大了音乐节的影响力。但是许多人认为琴台音乐节筹备三四个月、热闹一个月，音乐节过后，一些参演剧目和其他活动相继停止，后期的相关公益活动、讲座以及品牌建设等工作也销声匿迹。相比之下，萨尔斯堡音乐节主办方莫扎特基金会除了举办音乐节以外，还负责莫扎特博物馆和故居的日常管理工作，举办纪念莫扎特的活动以及对莫扎特作品进行学术研讨。莫扎特基金会在一年内都有持续不断的演出，目的就是实现萨尔斯堡音乐节的连续性发展和观众之间的艺术交流。反观琴台音乐节，除了音乐节期间的各项活动和宣传之外，在音乐节后很难看到相关的信息。

（四）对当地文化经济的推动作用有限，影响力有待提升

琴台音乐节虽然已经举办了七届，但是一直没有形成具有规模的音乐产业发展链，并且对城市文化、经济的推动作用还有待提升。国内国际一些知名音乐节已经形成完整的产业链，促进了区域文化、经济、社会的发展。如萨尔斯堡音乐节、爱丁堡国际艺术节、柏林艺术节、戛纳电影节等均已成为具有世界影响力的艺术节日，也成为当地发展的强劲动力和城市名片。以2011年的萨尔斯堡音乐节为例，萨尔斯堡音乐节举办期间就带动了6000多个就业机会，音乐节当年总收入达到2.76亿欧元。70%以上的游客也是因为萨尔斯堡音乐节的名气而来到萨尔斯堡旅游。[1] 可以说，萨尔斯堡音乐节的成功举办极大地推动了萨尔斯堡的就业和经济发展，加快了城市发展进程，扩大了知名度。

三 琴台音乐节发展对策

琴台音乐节对推动武汉文化产业高质量发展、提升武汉城市品牌具有重要作用。在当前我国文化体制改革不断深入的背景下，琴台音乐节的办节模式、演出内容有着极大的改进和优化空间。

（一）改革运作模式，引进社会资本

应当建立专门的管理组织作为琴台音乐节持续的责任主体，负责音乐

---

[1] 杨鹤：《北京国际音乐节与萨尔茨堡音乐节组织机构管理比较研究》，天津音乐学院硕士学位论文，2017。

的全部事务。而政府的责任应放在对市场的宏观把控上，让社会力量更加充分地参与进来，以提升琴台音乐节运作的市场化水平。改善管理方法不仅符合国际惯例，而且可以激发企业、社会公益组织以及个人的参与热情。更为重要的是，琴台音乐节的举办主体应多渠道筹措资金，转变全部依靠政府拨款这种单一的方式。只有改革运作模式，确定责任主体，引入市场化运作机制，吸引更多社会力量参与，真正做到政府补贴、社会参与、市场运作，才能使音乐节更加充满活力、生命力更加长久。

（二）优化内容形式，契合观众需求

优秀的音乐表演可以直击观众的内心，在艺术与观众之间引起共鸣。演出内容是艺术节的"血液"，而观众需求则是检验艺术节成功与否的标尺。琴台音乐节应更好地满足不同观众的需求，优化内容形式，只有不断契合观众需求，才能持续扩大影响力。相较于国际知名音乐节的演出内容，琴台音乐节的内容则显得多而不精，看似内容多样，却没有一项能够真正深入人心、直击观众心灵。古琴演奏等中国古典音乐在国内有着稳固的受众基础，是能够代表中国传统文化的音乐，因此建议琴台音乐节继续深度挖掘知音文化的内涵，大力拓展和创新古琴演奏等中国古典音乐的内容和形式。

（三）增强音乐节的持续性，不断提升影响力

国际知名音乐节已经成为展示城市形象和文化价值的重要载体，同时又能够对城市及区域经济的发展起到反哺作用。只有具有持续性、延伸性的音乐节，才能做到传播形象和文化，助推经济发展。首先，应拓展与音乐节相关的文艺活动。同时，要不断扩大琴台音乐节的影响力，不要音乐节结束了就没有了任何消息。这就要求琴台音乐节的责任主体不断加强与更高层次、更有影响力的媒体的合作，加大宣传力度。如著名的上海国际艺术节不仅通过自身的网站每日即时更新版面，而且与上海广播电视台、新华网、解放日报社、东方网等媒体进行持续性的报道，并与上海大剧院、上海东方艺术中

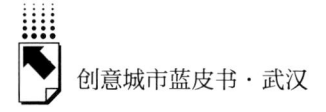

心加强合作。其次,应通过与各大赞助商的合作,以及市场化手段提升琴台音乐节的影响力。

(四)打造知名品牌,推动产业化发展

艺术节已经成为展示城市形象、推动当地文化和经济发展的重要契机。许多知名的艺术节已经发展成为所在城市的名片,展示了所在城市的魅力。正是借助文化艺术节会这一平台,城市原有的文化景点和文化产品才获得了整体包装、推广和营销的机会,进而提升城市空间的表现形式和形象特征。[①] 琴台音乐节应大力塑造品牌形象,打响知音文化这一品牌,真正将寄托知音文化的音乐节推向世界。主办方应聘请专业的营销策划公司,利用众多传播平台持续有效地进行品牌宣传活动,建立琴台音乐节与观众之间的密切联系,从而获得一个独具特色的品牌形象。此外,琴台音乐节的发展价值不应仅仅局限于音乐层面,还应积极拓展到社会、经济等更为广泛的层面,实现音乐节与其他方面的联动。因此,应加快旅游、商业、文化贸易、文化创意等领域的产业化发展,通过琴台音乐节提升武汉这座"音乐之城"的魅力和国际影响力。

---

① 傅才武:《中国艺术节20年追踪研究:成绩、问题与出路》,《文化软实力研究》2018年第5期。

B.28
创意设计阐释文明之美 数字技术助力文化传承

——武汉数文科技有限公司创业经验启示

徐金龙 姜博雅 林铭豪*

摘 要： 大数据时代背景下，文化与科技融合已经成为诸多行业的创新性发展方向和转型升级切入点。武汉数文科技有限公司作为公共数字文化服务整体解决方案提供商和数据运营商，自成立至今仅4年多时间，凭借严谨的科学研究和具有创造力的创意设计，以文化遗产为核心，持续打造出一系列行业创新产品和服务，成为国内领先的公共数字文化服务企业，并积极向文化消费领域拓展，对推动我国文物文化事业的技术进步、文化产业的发展和中华优秀传统文化的传承发展发挥了重要作用。该公司的发展历程也为新兴的文化科技融合创业企业提供了宝贵的经验。

关键词： 文化遗产 数字技术 数文科技

随着我国在数字技术上的飞跃式发展，大数据在各行业的应用逐渐成为

---

* 徐金龙，华中师范大学国家文化产业研究中心副教授，博士，硕士生导师，研究方向为民俗学、非物质文化遗产保护利用、民间文化与动漫产业、文化创意策划；姜博雅，华中师范大学国家文化产业研究中心硕士研究生，研究方向为民间文学与文化；林铭豪，华中师范大学国家文化产业研究中心硕士研究生，研究方向为民间文学与文化。

一种趋势，但创新性的数字技术往往会先行服务于市场需求较大和以高新科技为主导的行业，相比之下，以政府为主导的公共文化服务领域的数字化转型和创新发展则相对滞后。同时，公共文化服务领域市场对内容、创意、审美的要求同步于对技术的需求，需要整合的学科资源更为广泛，这对本领域的创业企业提出了巨大的挑战。瞄准这一需求，武汉数文科技有限公司（以下简称数文科技）自成立之初便把主要服务对象聚焦于公共数字文化服务领域，通过与高校等科研组织的合作，打造文化科技融合纵深"护城河"，持续构建数字人文理论和应用高地，不断为行业市场提供富有吸引力、竞争力、创新性的产品和服务。

数文科技成立于2015年，现已拥有较为成熟的数字资源、智慧系统和数字空间三大产品和服务体系，获得国家高新技术企业称号。自2016年起，连续三年被评为武汉东湖新技术产业开发区瞪羚企业，相继主持、参与承担科技部国家科技支撑计划、文化部国家文化创新工程、国家文物局"互联网＋中华文明"示范项目及其他省（自治区、直辖市）重点科研课题10余项，被认定为湖北省文化产业示范基地，其应用成果广受业内好评。

数文科技的发展伴随着大数据应用和公共文化服务大发展日渐兴盛的过程。从2017年8月国家出台的《文化部"十三五"时期公共数字文化建设规划》，到2019年4月文化和旅游部办公厅印发的《公共数字文化工程融合创新发展实施方案》，国家的政策逐渐引导文化企业投入与公共文化服务的合作中。数文科技的迅猛发展正是把握住了国家大方向的定位，以及坚持研发创新、文化科技融合的结果。

一 内外兼修——构筑行业平台

任何成功都不是偶然的，数文科技的迅速崛起正是体现了内外兼修的两个方面：外部因素为武汉市人民政府、武汉东湖新技术开发区对文化科技融合产业、高新技术企业的政策支持；内部因素则是数文科技作为一家科研导向及服务的公司，其投注在技术革新上的巨大精力和成本。

（一）政策推动，政府助力

文化产业的发展关系到社会的方方面面，其发展离不开政府层面的牵头和推动，尤其是关乎公共文化服务的产业，大多为公益类且由政府机构统筹、建设、主管，服务的对象则是全社会人民群众，因此政府的主管部门在推动相关现代科技服务产业发展的过程中发挥着引导性作用。

2016年，武汉市人民政府发布了《武汉市文化产业发展"十三五"规划》，对武汉的文化创意产业发展概况进行了系统性的梳理，特别强调了"融合跨界，转型升级"的原则，提出应实施"互联网+""文化+"发展战略，推动文化与经济社会各领域融合发展。与此同时，在对城市文化产业发展提出具体要求和展望后，政府也及时提供了相应的辅助资源和保障措施。数文科技总部设于中南民族大学支持打造的国家级智慧文博新融合产业基地。在这个科技孵化基地，公司办公租赁费用相比邻近的商业办公区处于较低水平，显著降低了公司的运营成本。武汉东湖新技术开发区政府还设立了文创融合专项资金等，为数文科技这样的行业企业提供了年均逾百万元的专项补贴，这对于以高精尖人才为核心团队、人力成本居高不下的创业企业而言是一笔相当可观的财政支持资金。同时，中南民族大学科技企业孵化器立足学校科技资源优势，充分运用地处中国光谷的区位优势、创业政策和创业环境，积极争取国家民委、湖北省、武汉市、武汉东湖新技术开发区以及社会各界的支持。诸如此类的惠商措施是实实在在的，也是地方政府吸引文化产业企业入驻并能够安心投资、全力发展的重要环节。归根结底，要促进文化产业发展，尤其是推动公共文化服务相关的产业发展，政府、相关事业单位、产业园区和科技孵化机构的引导、扶持是至关重要的。

（二）创新驱动，铸就核心竞争力

数文科技之所以能在公共文化数字化服务领域获得快速发展，是因为公司锐意创新的定位使其在数字化、信息化、智能化的潮流中始终维持自身独特的技术优势,构建了可持续的研发创新"护城河"。为了提升企业的科研硬实力,铸就在市场竞争中的核心优势,数文科技在资金和人才两个方面颇下功夫。

一是倾注巨大的研发投入。数文科技研发投入连年保持在总营收20%的较高水准,初步构建了数字资源、智慧系统和数字空间三大产品和服务体系。与高份额的研发投入相比,公司在营销推广方面的投入则比较保守,目前在数文科技300余人(员工数量统计口径包括全资、控股子公司等核心成员企业)的团队中,营销团队仅10余人,财务和行政、人事团队加总也不超过10人,团队人员非常精干,大部分员工则分布在研发、设计和服务环节。管理层始终认为,有好的产品和服务,再加上好的口碑,市场推广只是时间问题;而如果在创业初期就过于注重"市场优先",则很有可能失去重心,大而不强,一推即倒。这种经营理念是数文科技有别于一般市场化企业的地方,也是可供参考的启示点。

二是打造高素质人才团队。文化产业的发展需要资金的投入,要实现企业的可持续发展还必须有稳固的高素质人才团队。公司引进人才、培养人才不唯学历、不唯专业,一切服务于市场与客户,倡导"做老实人,做老实事,不怕吃苦,奋斗者优先"的极简、纯粹的工作文化。在数文科技逾300人的团队中,学科专业横跨历史、档案、图书情报、计算机、美术、艺术设计、教育等多个领域,有相当一部分是硕士、博士等高学历人才,同时数文科技还拥有由10多位历史文博、图书情报、档案、艺术设计、数字媒体、计算机等学科领域的专家、教授组成的首席科学家团队。维持庞大的高素质专业团队运营,公司每年数千万元的人力支出对于一个创业企业而言自然是不小的挑战,但公司管理层一直视人力支出为"人力资本"投入而非纯粹的消耗,坚信企业唯一的资源就是人才,企业唯一的价值依托于人才,企业的未来全系于人才。这些人才理念和人力资本意识,是数文科技作为一家科技主导型企业保持活力和创造力的根源所在。

二 专业专注——创业经验思考

数字文化产业是一个交叉性较强的产业,从产业整体发展来看,是以创意设计、数字技术的手段去推动传统文化资源的开发和推广,固有的各种商业化运营手段只是工具,其核心涉及历史文化、数字技术、艺术设计、产学研结合等诸多方面。这需要企业有宽阔的视野、较高的复合学科资源整合能力和强大的个性化需求适应能力,灵活顺应政府和社会对文化科技产品及文化科技服务的各种期待和需求。从企业策略的角度考察数文科技在承接各类公共数字文化服务相关项目、拓展各类公共数字文化服务产品上的经验可以为同类企业的运营提供参考。

(一)技术创新,文化科技融合

1. 持续技术创新

与产品和服务体系相对应,数文科技现有的核心技术和能力可概括为三个维度,分别是数字资源、智慧系统以及数字空间。其中,数字资源技术簇群主要服务于文化资源数字采集和加工,包括高精度平面扫描技术、高保真三维建模技术、环拍及全景制作技术、数字拓印技术等;智慧系统技术簇群主要服务于智慧保护、管理、服务及知识服务系统支撑平台搭建,包括以"移动化、平台化、云端化"为核心的适用于各级各类公共文化服务机构的全新一代智慧文化应用开发平台、文化大数据和文化领域知识图谱生产服务平台等;数字空间技术簇群主要服务于虚拟文化空间和实体文化空间的策划与营建,包括文化主题数字展项和虚拟展示互动技术研发,其核心是打造多学科融合、数字展览策展人引领的创意、设计和实施能力。

经过4年多的研发布局,数文科技深度研究基础原理和技术路线,在每一个细分领域都沉淀了丰富的原创工具、平台、产品和服务。以市场容量最大的平面、三维文物数字复原为例,借用管理层挂在嘴边的一句话来说,"数字文物保护在技术层面永远追求两个方向:一个是高精度;另一个是低成本"。具体以高精度平面扫描技术为例,数文科技在广泛调研、论证的基础上,自主研发了一套轻型、可移动、高精度、大幅面扫描系统,综合利用先进的摄影测量和图像处理技术,可以快速制取古籍、档案、书画、服饰等平面类物品影像。该系统不仅可以满足数文科技自身工程应用的需求,而且正在加速迭代形成可独立上市的新一代装备产品,能够以不到国外同类产品1/5的价格供应市场,有望极大地减轻国内机构用户的采购负担,提高高精度平面扫描技术的应用普及程度。

2. 深化文化科技融合

作为一家以服务公共数字文化服务体系建设为主要方向的企业,数文科技各项产品和服务追求以现代化的技术手段实现有效的文化保护,并让大众更直观且深入地了解、认识各种物质和非物质文化遗产。在这一基本点上,以数文科技为代表的整个文化科技融合产业企业实际上在一定程度上与政府、事业单位共同承担起了传统文化保育职能。数文科技成立至今,相继参与实施各类公共数字文化服务项目数百项,业务几乎覆盖全国每一个省(自治区、直辖市),应用场景几乎覆盖图书馆、博物馆、档案馆、文化馆、美术馆、规划馆、科技馆、会展中心、高校等所有类型的教育科研和公共文化机构。

文化保护传承的核心是内容。数文科技深刻认识到数字文化资源是公共数字文化服务领域保护传承的重中之重,除了进行一系列数字文化资源采集、开发加工设备、工艺、工具和方法外,还一直着力在数字内容、数字版权、数字出版、数字文创等领域构建纵深产品和服务体系。以文化领域知识图谱生产服务平台为例,面对整个行业缺乏专用知识图谱的困扰,数文科技专门成立了武汉数文慧图科技有限公司,整合国内顶尖的知识图谱专家团队和研发人才,专注于研发和推广文化领域知识图谱与应用服务平台,历经两年的基础研发,成功推出了功能应用较为成熟的成套产品体系,现已广泛应用于国内多家公共文化机构。

(二)创意设计,聚焦美育

如今,文化产业的发展形式趋向于数字化、信息化、智能化,但纯粹的技术革新并不能充分挖掘、阐释、传播文化价值，究其原因主要在于文化产业的核心是"文化"，要做好文化产业，除了关注技术层面的应用，还应该聚焦于对创意的融合和对文化艺术价值特别是审美价值的发掘。如果说创新的技术和人文的内涵是数文科技得以快速发展的"骨架"，那么在创意和审美上的用心和投入则为数文科技的文化科技融合产品与服务添上了"血肉"。

一是组建专门的创意设计团队。数文科技向来以"专业的人负责专业的事"为理念，团队组织机构和职能安排随形就势，不断调整、分合、重组，从不固守传统。在一些重大项目上，数文科技还会专门聘请相关领域的顶尖专家进行课题、项目合作，打造开放式平台，共同为客户提供专业、权威的解决方案。譬如，在数字展览展示领域，公司相继与复旦大学、西北大学、武汉大学、南方科技大学、华中师范大学有关机构和专家进行深度有效的合作，成果显著。二是以数字创意彰显审美价值。数文科技在其自行研发的数字技术和应用平台基础上提供数字空间创意、设计、开发和营造服务，完全自主的强大数据生产和软件研发能力使得公司在空间营造服务上拥有更大的内容开发、交互体验设计主动性，能够依照用户需求和文化特征来挖掘文化内涵，突出审美价值，提升参观体验。例如，公司自主研发的炫真三维智能交互大屏可实现观众与高精度文物三维成果的零距离互动，让观众直观感受文物的精致美感；基于同一项产品，同样支持平面类艺术作品如美术作品的活化展示与观众互动，将艺术文化之美从传统的单一平面上解放出来。此外，公司开发的数字拓印体验系统更是让这一社会大众耳熟能详但又很难亲自体验到的传统工艺通过小小一块触摸屏展示出来，观众可以体验洗碑、上纸、风干、着色、揭取等完整工艺流程，感受精彩的传统拓印工艺和源远流长的传统文化。

（三）精进专业，匠心营建

数文科技自成立以来，始终秉持"宁可做少，样样做好"的服务理念，保证每一件产品、每一个项目都按照严格的标准交付。在绝大部分产品和项目交付上，公司员工普遍认为数文科技的内部审核标准高于客户验收标准。管理团队深知，短暂的喧嚣终将归于平静，要想在文化产业有长足发展，必然要依靠产品和服务质量，只有用核心技术说话，用创意设计能力说话，着力提高产品的附加值和吸引力，才能逐渐积累行业口碑和品牌声誉。至于产品和服务定价以及财务目标，公司管理层一再表示，公司一贯拒绝以绝对低价去谋求所谓的短期"市场优势"，坚持合理价格、合理利润和高质量标准；研发提升市场竞争力，市场反哺研发，从而实现研发投入和市场推广的平衡。公司发展实践证明，短视的恶性市场竞争、粗制滥造只会失去市场信任，坚守高品质定位、坚持研发驱动、坚持需求导向是一条可以走通的正确道路。

在公司财务战略方面，数文科技将绝大部分自由资金投入科技研发，保证了研发强度和研发产出效率，而公司在市场营销、品牌传播方面投入甚少。毫不讳言，数文科技当前总体处于一个"弱商务"的发展状态，即更侧重于通过技术创新、内生能力成长来提升产品质量，通过服务水平来推动销售稳步增长。坚持这一选择，短期内可能对经营规模扩大的爆发力有所抑制，但从长远来看，对于一个新兴的边缘、细分、融合产业领域而言，无疑是扎稳根基的明智之选。过快的规模扩张或许会带来更好的短期财务回报，但一个企业研发能力的提升是一个长期过程，当内生能力弱于市场规模增长态势的时候必然带来质量、服务等各类问题，保持稳健增长，稳扎稳打，有利于品牌可持续发展。事实上，经过短短4年多的发展，公司年新增订单从1000多万元增加到有望突破1亿元，数文科技已经用令人欣喜的成绩验证了这一逻辑。公司管理层表示，随着基础平台的逐步夯实和市场的稳步增长，未来两年公司将逐步增加品牌媒介和基础营销方面的投入。

至于为何选择以文化遗产为核心的公共数字文化作为主要的产品和服务领域，数文科技表示，行业兴趣是最本质的原因。数文科技的人事招聘严苛但不存在教条性的能力评估清单，而只有一个问题是应聘者必须回答的："你对公司所处的文化领域是否有兴趣？"公司希望每一个加入团队的新同事都能够慎重思考自己的职业选择，而不仅仅当作一个过渡性工作。数文科技首先是一个文化公司,其次才是一家科技公司。文化是科技应用的对象,是产业的灵魂,而科技是文化在当前时代发展大趋势下所采取的一种方法和手段。"数文"两个字已经彰显了一种行业承诺,即对文化领域的兴趣和热爱,这更多地已经成为一种责任感和使命感,既是对行业的责任和使命,也是对团队自身的责任和使命。

三 整翅待飞——未来发展展望

数文科技的长远战略定位非常清晰,就是积极打造公共数字文化领域整体解决方案优质品牌,并以此为阵地向数字文化消费市场拓展。4年多的创业历程积累了宝贵的经验和市场信誉,逐步构建和完善"一体两翼"的商业模式是未来数文科技的核心战略选择。"一体"是指以公共文化领域数字资源构建、管理和运营为主线;"两翼"分别指搭建面向政府客户的公共数字文化服务平台及面向文化消费的文化大数据运营平台。

对于公共数字文化领域而言,最为宝贵的资产是个人与团队的行业经验。这导致该行业的无形壁垒较高,需要较长时间的积累和沉淀才能进行有效研发、有效设计。基于专业人才团队的研发成果、项目案例、市场口碑、渠道拓展都给先期龙头企业带来了一定的先发优势和有利的竞争态势。同时,与文化区域特色相对应,只要涉及内容创意、设计的产品都是高度异质化的,很少有企业拥有足够的能力可以同时应对整个行业的市场需求。基于这一行业特质,创意、设计、技术能力构成了产品评价的主要因素,这对于立志树立行业品牌的企业来说是一个非常积极有利的市场环境。与此相应,拥有同类产品定位的公司虽然不断进出市场,但能长期坚持的品牌厂商非常有限,数文科技无疑是其中的佼佼者。

B.29
显示赋能未来　芯光点亮世界
——武汉恩倍思科技有限公司发展研究

尹晴云*

摘　要： 随着经济和科技的发展，中国LED照明产业强势崛起，加之"夜游经济"的兴起，城市和景区夜间照明产业迎来大发展。武汉恩倍思科技有限公司结合市场的变化不断调整自身发展策略，逐步利用市场规模效应形成龙头企业。本报告以照明产业发展为背景，通过一系列典型的案例介绍了武汉恩倍思科技有限公司的产品与服务，同时也指出公司目前还存在资金不足、人才短缺、知名品牌较少等问题，并通过完善政策引导、加强资金管理和强化人才引进等措施来提升公司在行业发展中的竞争力。

关键词： 照明产业　LED应用产品　恩倍思

20世纪80年代后期，世界照明产业的核心技术从美国、日本、韩国转移到中国，同时受益于成本优势和旺盛的下游产品市场需求，目前中国已成为世界重要的LED生产基地，并初步形成包括LED外延片生产、LED芯片制备、LED芯片封装以及LED产品应用在内的较为完整的产业链，而且极具成本优势。

---

* 尹晴云，武汉恩倍思科技有限公司副总经理。

我国经济多年来保持较快增长，经济实力的提升带来了更高层次的需求，如改善生活品质、展现城市风貌等。城市化率水平不断提升，使人们对广场、绿地、公园、道路、建筑物等景观亮化的潜在需求不断增长，并且从大城市逐渐扩展至中小城市。此外，"夜游经济"的兴起为城市和景区等旅游目的地带来了新的发展契机，我国照明产业进入黄金发展期。

一 公司介绍

武汉恩倍思科技有限公司（以下简称恩倍思）创立于2009年，是政府在美国硅谷考察期间邀请落户到光谷开发区的一家民营企业，由3位清华校友共同创立，公司创始人周伟先生是清华大学硕士，荣获湖北省有突出贡献中青年专家、湖北省"百人计划"特聘专家、"3551光谷人才计划"专家等称号，目前办公研发地点在未来科技城海外人才大楼和左岭新城智能制造园，整体面积约为8000平方米。公司成立之初，以液晶、触摸一体机、DLP显示为主营业务，于2014年生产研发制造小间距LED显示屏，2016年初进入专业照明领域，目前发展为大屏幕显示和户外照明产品供应商以及大型综合景观照明系统解决方案服务商。

恩倍思目前通过ISO90012015质量管理体系认证、ISO140012015环境管理体系认证、OHSAS180012007职业健康安全管理体系认证，获得高新技术企业证书、城市及道路施工照明资质叁级资质、安全生产许可证，并荣获武汉市文化和科技融合示范企业、湖北省知识产权示范企业、武汉设计之都促进中心理事单位等称号。其中，拥有专利发明25项，产品检测各项资质465项。

二 公司产品及服务

恩倍思作为领先的LED应用产品与解决方案提供商，其市场份额及销售业绩位居行业前列，公司以LED应用产品为主营业务，做强细分领域，

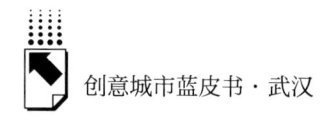

已形成了大屏幕显示产品、户外景观照明产品、专业大型综合定制化景观照明系统解决方案三大业务板块。

（一）大屏幕显示产品

恩倍思在发展过程中不断摸索创新，持续不断地跟踪和研究行业竞争格局与发展趋势，坚持以市场为先导，大力开发契合市场需求的产品，随着小间距上下游供应链技术的突破，恩倍思于2014年进入小间距LED市场，2015年开始推出小间距LED产品P2.5、P1.2、P0.9间距高清系列，具有4K、节能、高刷新、高灰阶、无残影、低功耗等特点，开始替代DLP和液晶产品，广泛应用于政府、水利、交通、体育场馆等行业的信息中心、银行数据中心以及公安和交通领域的控制中心，便于用户集中管理和监察各种业务数据与信息，及时做出业务决策，处置应急事件。

随着市场销售额增速从2015年的23%上升到2019年的29%，产品和技术迭代成本下降，LED应用领域将会更广。恩倍思积极布局MINI LED和COB封装小间距技术，在确保公司资金稳定的同时不断创新变革，占领更大的市场份额。

LED显示包括硬件产品和解决方案两类，其中硬件产品即LED显示屏，具体可分为以下类别：应用于安防、水利、轨道交通、公安、体育等领域的专业显示；应用于商业零售、展览中心等领域的商业显示；应用于各种大型赛事的体育显示以及应用于商业综合体楼宇外墙的创意显示。解决方案方面，公司通过自主研发和共同研发推出控制管理软件系统、可视化指挥调度软件和高清可视化解决方案，已在不同行业的指挥中心投入使用。

（二）户外景观照明产品

恩倍思积极布局、开发新型照明控制以及灯具产品（见图1）。恩倍思对各类前端大屏和城市媒体显示技术拥有深厚的技术积累和超强的理解能力，成功将应用于控制室的大屏幕技术融汇到照明产品的开发中，将LED高清、高刷新、高灰阶等显示特征的技术成熟地应用于照明行业，潜心研

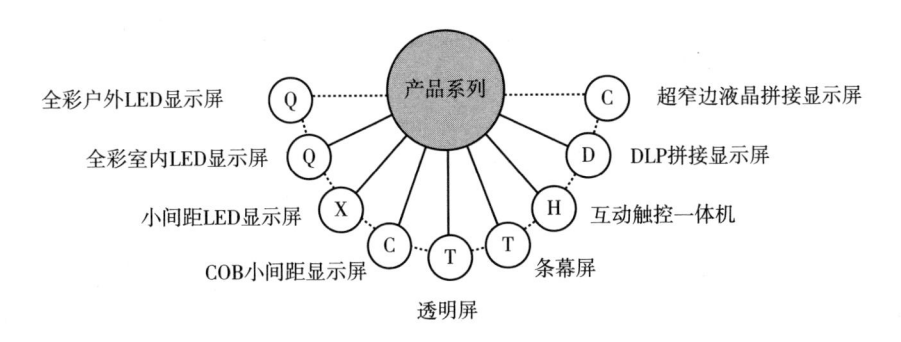

图1　武汉恩倍思科技有限公司产品系列

发出极具特色的城市夜景照明解决方案，如新建筑立面大屏解决方案——室内LED透明屏、室外LED条幕屏，全新一代高清高刷建筑灯条屏解决方案——二代光源线条灯、品字形点光源灯条屏、洗墙灯、投光灯、基于显示技术云平台的智能控制系统。

1. 一代、二代线条灯产品及洗墙灯、点光源等

目前城市楼宇等存在安全性低、融合性差、电源数量多、施工一致性差、维护管理成本高昂、材料损耗多、设计成本高等问题，恩倍思创新开发了"宽压总线模块"的二代线条灯，采用TTL控制协议，二代线条灯可以实现楼体图案与显示屏同一图案，连成一体，效果震撼，可以实现100米的长距离传输，大量节约施工成本，与显示屏完美互动，宽压大电流总线设计，长距负载100米；布线少，能够降低工程成本，同时具有更强的安全性、便捷性、节能性和融合性。

2. LED透明屏产品

LED透明屏采用LED显示屏显示原理，结合百叶窗结构原理，通过灯条平列形成空隙从而产生透明效果，采取镂空设计的结构，由镶嵌灯珠的灯条组成，极大地减少了结构部件对视线的阻挡，通透率可达85%以上，是目前清晰度最高、透视效果最好的LED透明屏设备。LED透明屏具备新颖独特的显示效果，既不影响安装位置采光及美观度，又能保证动态画面的色彩丰富程度和显示细节，特别适用于大型商场、文化广场、商业建筑、酒

店、体育场馆、市政工程、酒店、4S店以及各种奢侈品橱窗等。

3.城市夜景照明控制系统

城市管理者对城市照明控制的需求主要体现在以下三个方面：第一，网络信息安全；第二，运行稳定；第三，智能化控制与精细化管理。[①] 因此，恩倍思研究开发了城市智能夜景照明控制系统，以云平台管理中心为核心，纵向延展以网络为主要互联手段，通过智能控制终端，对各种照明灯具、大屏幕显示灯进行交互管理，实现城市的灯光联动控制。

（三）专业大型综合定制化景观照明系统解决方案

恩倍思始终致力于为每一位客户提供优质的定制化照明服务，积极与各方资源通力合作，向用户传递卓越的光环境。恩倍思根据业主需求，提供包括前期设计规划方案、中期产品供应及施工安装、后期运营维护等在内的服务。恩倍思作为设计之都理事单位，具备详细深化设计的能力，从而提高了企业整体解决方案的核心竞争力。恩倍思秉承城市景观照明设计为龙头、产品为落地、施工为基石的理念，必将在LED照明市场获得良好发展机会。

恩倍思通过光影来展示一个城市的魅力，勾勒城市的夜间曲线，承载了一个城市对文化内容的思考，进而将文化内容通过视觉的方式进行一种震撼的表达。光影秀是一种创新、轻盈的高科技表现手法，通过灯光秀等方式，多层次地展示城市文化的深厚内涵，向人们更好地解读城市文化。以大型的自然景观以及建筑群为依托，安装各种灯光设备，演绎视频动画，全方位、多角度地打造全新城市夜景，采用科技创新艺术的表现形式，展现了文化与科技的融合创新。

恩倍思创新理念，倾力打造符合城市整体规划需求、凸显地方独特魅力的城市光影照明环境，以优质的产品和服务来满足客户专业化、差异化的个性定制需求。

[①] 穆建江：《城市智能照明控制系统发展及实施方案》，《中国战略新兴产业》2018年第32期。

三　主要案例分享

（一）大屏幕显示产品应用案例

公司凭借自身在研发、设计、技术、产品、服务等方面积累的优势，主要在一些大型项目中实现了良好的示范应用。

1. 军运会执委会综合运行管理中心显控系统

恩倍思为第七届军运会执委会综合运行管理中心的指挥大厅设计了一套124.42平方米的P2.5全彩LED显示屏折角屏，在会议决策区建设了一套24.5平方米的P1.875 LED显示屏，能够全方位、立体化地展现可视化数据信息，构建高效便捷的大数据可视化指挥控制系统，参赛人员、实时赛程赛事动态、场馆GIS地图及入座率等各类数据统一汇聚上屏以供总览分析，各区域座席与可视化大屏之间实时互动，具备图像信息的无缝推送抓取、资源共享、一体化操作等功能，保证了各种指令准确快速，各类临时、突发事件在第一时间得到快速处理，决策分析高效执行。

2. 国家网络安全人才与创新基地

恩倍思凭借轻盈的产品设计、优异的产品性能和完美的解决方案，从众多竞争者中脱颖而出，获得了武汉临空港经济技术开发区国家网络安全人才与创新基地LED玲珑屏的设计建设许可，设计了P3、P5间距的中庭和电梯屏幕，面积约为67平方米、59平方米，打破了传统中庭布局风格，让科技和建筑结合。恩倍思结合现场环境设计施工，使产品在不动的建筑中用不断演变的透明内容为中庭空间带来新的生机，让整个网络安全基地培训中心熠熠生辉。

3. 天河机场交通中心

恩倍思以信息化为手段，采用COB封装小间距LED显示屏，为天河机场交通中心设计了交通调度指挥屏，使各级部门及时、准确、全面地掌握安全监视、设备监控、生产运行信息，辅助指挥决策工作的开展，既科学高效，又大大提高了工作效率。

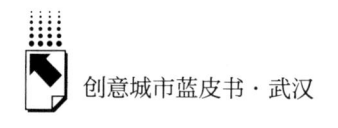

（二）户外景观照明产品应用案例

恩倍思凭借自身在新设计、新技术、新产品、高品质服务及中部地理位置等方面的优势，在武汉军运会大型项目中实现了良好的示范应用。例如，军运会光谷亮化项目以"一横两纵"高新大道、光谷大道、关山大道为主光轴，以光谷广场、生物城、中心城、未来科技为四节点特色区，以当代中心、烽火大厦所在区为极致工段进行设计。恩倍思为军运会光谷亮化项目建立了科学、严谨的质量管理体系，保质保量按时供应35000套灯具产品，保障项目按照军运会进度点亮，为光谷呈现了一场流光溢彩的视觉盛宴。

（三）专业大型综合定制化景观照明系统解决方案应用案例

经济增长和城市化进程是LED夜景照明行业发展的长期动力，城市照明不仅仅是一个亮化工程，还是一种文化产品，是结合当地文化背景，打造城市夜景新常态、发展文旅产业、带动城市经济效益提升的必要手段。恩倍思目前形成了集照明工程设计，照明产品研发、生产、销售，照明工程施工于一体的照明项目产业链，各项业务优势互补、协调发展，提升了综合竞争力。

1. 遵义高铁新城整体灯光及户外显示项目

遵义高铁新城整体灯光项目主要涵盖高铁站及客运站广场区、生态文化绿带景观区、风情商业景观区、办公商业综合体景观区、居住景观区五大分区，设计总面积约为502864平方米，以标志性建筑为中心，利用七楼联动，将高铁新城打造成一个商业显示和城市灯光互相融合、立体多层次、各片区联动的大型主题灯光秀。项目总金额为1.77亿元，涵盖高铁新城片区户外灯光系统1.3亿元和约5000万元的户外多媒体大屏显示系统。该项目属于一个边设计边施工的高难度项目。恩倍思历经3次深化方案设计、N次施工过程中配合业主需求变化进行的优化设计，围绕遵义的相关红色文化背景，黔北重镇的地理资源、旅游胜地、多样文化，以及高铁经济时代的新城创新

（含旅游、办公、娱乐、住宿、餐饮等多元娱乐活力的文化体验活力区）来设计整体灯光和显示系统解决方案。

恩倍思迎合建筑总体规划设计的方向——一心迎客、三轴景观、五星服务，在整体灯光及显示系统解决方案的设计上坚持"文化＋创新＋可持续"的理念，将高铁新城打造为有遵义特色、有国际标准、有文化、有内涵、有时代活力的"城市博物馆""国际会客厅"。通过主题灯光秀、建筑立面声光电动态展示节假日的"城市博物馆"，平时以光为媒，运用光之纽带营造各业态特色现代繁荣景观，同时考虑夜景灯光和大屏显示远、中、近的不同视觉效果以及色彩变化、动静变化等多维度的"综合照明＋显示"的解决方案。该项目的大屏显示系统设计通过对新媒体文化创意产业的介入，创造了持续增长的经济价值。一方面，立足于建成后自盈利模式的打造，激发可持续发展的经济活力；另一方面，通过新城光景工程四大亮点的打造，不断吸引人气，提高新城和遵义的经济价值，使高铁新城成为遵义新的经济引擎。高铁新城设计了多种形式的高科技互动式光媒体系统，可以针对不同需求，在不同媒体上发布公益、管理或者收费类广告。视觉兼顾远、中、近，规模结合大、中、小，广告视觉与人流的导引相结合，广告屏与建筑主题、实际应用相结合，产品选型与建筑结构相结合，成本与效益相结合，技术含量高、效果绚丽、实用性强，实现了可持续运营。大屏显示系统设计方案以高铁新城标志性建筑等为核心，打造以A区酒店LED显示为代表，具有高科技与现代感的远、中、近全方位的城市宣传名片。在产品设计上不影响建筑物原有的整体设计风格及外观结构，在保持原有造型的基础上设计出具有差异化、个性化的定制产品。结合楼宇亮化、景观照明等联动控制，完美融合，统一管理。在产品选择上注重重量轻、结构牢固、安全性高、安装及维护方便、绿色节能、使用寿命长、可靠耐用等特性。恩倍思在遵义高铁新城设立了项目部和售后维护办公点，为业主提供从设计、产品、施工到售后全方位的城市景观照明系统和大屏幕显示系统综合解决方案。遵义高铁新城夜间照明系统效果图见图2。

图 2　遵义高铁新城夜间照明系统效果图

2. 湖北阳新图书馆、文化馆亮化项目

湖北阳新图书馆、文化馆建设是推进全国公共文化服务体系示范区创建的重点项目，也是加快全市文化事业同步均衡发展的重大举措。文化馆新馆与图书馆两馆设计相结合，以图书馆为"日"，以文化馆为"月"，形成"日月同辉"的整体布局，既体现了阳新丰富的文化和精神交相辉映，又象征着阳新的建设发展蒸蒸日上。为庆祝中华人民共和国成立70周年，恩倍思承接阳新图书馆、文化馆亮化项目，在满足功能照明需求的前提下，打造差异化的体验，运用前沿灯光技术，着力营造一馆一景、两馆互动的独特夜间景观，增强了城市的地城符号特色和可识别性。整个项目工期紧、任务重，是恩倍思人在专业领域的又一次全新的突破，在日月星辰的照耀下，建筑夜间璀璨的光彩，助推富饶而美丽的阳新经济腾飞。湖北阳新图书馆、文化馆夜间照明系统实景图见表3。

（四）新冠肺炎疫情下紧急响应大屏显示解决方案应用案例

2020年2月4日，湖北省武汉市东湖高新区在光谷科技会展中心建设"方舱医院"，启用A1、A2、A3场馆建设。场馆总面积约为9100平方米，

图 3　湖北阳新图书馆、文化馆夜间照明系统实景图

能够容纳 1000 张床位，用于收治新冠肺炎轻症患者。2 月 5 日上午 9 点 40 分，恩倍思接到光谷科技会展中心"方舱医院"的紧急电话，光谷科技会展中心大屏幕显示系统前期由恩倍思建设，希望公司安排技术人员紧急增援，打通 LED 大屏控制电脑与监控视频的网络，让控制大屏电脑能够顺利访问监控信号，并投射到 LED 大屏上，实现实时指挥调度。疫情就是命令，行动就是责任。恩倍思得到消息后，立即调派相关技术人员赶往光谷科技会展中心。总经理周伟提出三点要求：一要确保安全，做好个人防护，佩戴好口罩；二要突出专业技术优势，高效完成任务；三要听从指挥，快速响应，服从调配。下午 3 点，恩倍思根据光谷科技会展中心要求，现场实施软件重新编程，保证信号调试通畅，监控信号上屏，为抗击疫情贡献自己的一分力量。

四　公司面临的困难与发展对策

恩倍思发展势头迅猛，夯实了产品基础，为公司进一步拓展城市夜景项目打下了坚实的基础，但是在发展过程中，也遇到了一些难题，迫切需要采取一定措施来提升公司实力。

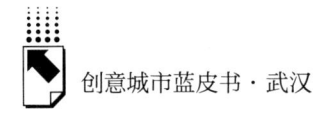

（一）面临的困难

首先是行业规范性问题。2019年12月，中央"不忘初心、牢记使命"主题教育领导小组印发《关于整治"景观亮化工程"过度化等"政绩工程"、"面子工程"问题的通知》，指出近年来脱离实际、盲目兴建景观亮化设施，搞劳民伤财的"政绩工程""面子工程"，造成资源浪费，要求把整治"景观亮化工程"过度化等"政绩工程""面子工程"问题纳入主题教育专项整治内容。其次是资金问题。大中型照明项目的承接是企业综合实力的体现，对企业的资金实力、项目管理能力、技术水平、设计能力、人员储备能力、协调配合能力等均有较高的要求，并且该行业具有前期投入资金规模较大、回收时间较长等特点。湖北属于内陆地区，相较于北京、上海、深圳，资本市场不够活跃，企业融资较为困难。再次是人才问题。人才是企业的最大资本和竞争的优势，拥有高素质的人才是企业持续发展的关键因素。景观照明是科技和艺术的结合，设计师应是综合性的设计人才，掌握跨学科知识并具备资源整合能力，注重设计手段的多样性、艺术性、创意性，将文化底蕴与科技创新融会贯通，才能设计出符合业主需求的绚丽灯光秀。最后是品牌的塑造和推广问题。酒香也怕巷子深，产品再好也要让市场知道，并得到市场的认可，品牌的力量将大大提高产品附加值和促进销售。目前公司还没有推出世界级的产业品牌，在产品推广方面速度较慢，产品的市场竞争力有待进一步提升。

（二）发展对策

首先，在政策的指导下，景观照明行业未来将朝精细化、规范化方向发展。恩倍思将积极修炼内功，通过优质的照明产品、创新性的灯光设计、规范化的工程品质赢得照明项目。其次，要通过银行贷款等方式积极解决资金问题，同时通过筛选优质项目和客户，积极收款，进行项目回款的管理，积极与上市公司强强联手，实现合作共赢，确保现金流稳定，以支撑企业的长久发展。再次，要加强人才引进工作。目前恩倍思在上海、郑州、贵州等地建立了办事处，逐步面向全国引进人才，以武汉总部为核心，通过事业留人、文化凝人、机制励人的方式，吸引与培养重点城市会聚的人才，不使其受到地理限制。最后，要加强品牌建设和产品推广。恩倍思通过打造标杆项目，以中国照明人网站、湖北省照明电器协会、中国照明学会、中国照明电器协会等行业型的媒体或协会为纽带推广品牌，树立起了良好的品牌声誉，形成了行业示范效应，将推动公司的进一步发展，但是更多的还是要靠市场占有率和资金实力说话，未来还需不断努力。

B.30
保护、传承与发展非物质文化遗产的创新模式研究
——以武汉非遗文化传播有限公司为例

王秋爽*

摘　要： 非物质文化遗产（以下简称非遗）是千百年来中华民族智慧的结晶，见证了国家历史文化的发展。武汉非遗文化传播有限公司（以下简称"武汉非遗公司"）是一家专业的从事非物质文化遗产市场转化运营和市场转化设计的国有企业，致力于长江流域非遗资源的保护与开发，探索促进非遗发展的创新模式，与政府、非遗传承人共同合作促进中国传统文化的发展。

关键词： 非物质文化遗产　长江流域　保护与传承

一　我国非物质文化遗产保护与传承的创新模式

随着科学技术的发展、管理思想的进步以及文化需求的增长，非遗的保护模式亦在进步与改变。在主体上，由当地政府单一主导逐渐向当地政府、非政府组织与个体多元化主体发展；在技术手段上，紧跟科学技术发展的潮流，采取数字化保护方式；在传播模式上，抓住互联网发展的新机遇，充分

---

* 王秋爽，华中师范大学国家文化产业研究中心硕士研究生，研究方向为文化产业管理。

利用以云端大数据资料为基础的新型传播媒介;在产业开发上,开发非遗文化创意产品,主动进入主流市场。

(一)保护主体创新,非政府组织对非遗的保护

非政府组织是指以某种社会福利目标为宗旨,从事非营利性活动的社会团体。① 非遗非政府组织大部分由民间非遗爱好者、非遗传承人和艺术家等构成,与政府组织相比,具有更高的灵活性与应用性,不仅能够监督非遗政策的执行过程,及时反馈讯息,而且可以为非遗的保护工作提供专业性意见。非遗非政府组织为每个想参与非遗保护工作的个体或组织提供了平台,协助政府分担一部分公共行政事务。譬如,由湖北襄阳热爱民间文化的各界人士组成的"拾穗者"民间文化工作群,以"回到田野,守望故乡"为核心理念,做好民间文化遗产的维护与传承工作。"拾穗者"民间文化工作群作为致力于文化遗产保护的志愿者团队,有组织、有规划地对濒危的历史文化遗产展开保护与继承。同类型的非遗非政府组织逐渐获得社会各界的支持,越来越多的文化爱好者通过非政府组织主动参与到非遗的保护工作中。

(二)技术手段创新,非遗的数字化保护模式

随着互联网的普及与应用,越来越多的数字化信息技术开始应用于非遗的保护与宣传工作。利用先进的数字化信息技术有助于非遗的整体维护,为非遗的有效传承提供支撑,有助于非遗网络共享平台的建设与完善。现阶段,一些发达国家及联合国教科文组织在非遗的数字化保护方面已经进行了诸多探索与实践。数字化信息技术为非遗的保护提供了许多全新的采集记录手段,包括图文扫描、立体扫描、全息拍摄、数字摄影、运动捕捉等。② 利用数字化信息技术对非遗进行信息采集与处理,能更加安全且长久地保存这些智慧的结晶。

---

① 刘海藩等主编《现代领导百科全书》(经济卷、管理卷),中共中央党校出版社,2008,第269~270页。
② 黄永林、谈国新:《中国非物质文化遗产数字化保护与开发研究》,《华中师范大学学报》(人文社会科学版)2012年第2期。

（三）传播方式创新，构建非遗传播的创新媒介

网络信息技术的不断成熟让以云端大数据为基础的新型媒介逐步成为促进新时代文化发展的主要动力。"互联网+""云计算"等新概念的出现，让智能手机成为最广泛的媒介终端。在现代化信息技术手段的支撑下，形成了新的大众传播形态——自媒体。非遗传承与保护的传播也在向创新媒介靠拢，利用微信、微博、抖音等具有大流量特点的平台作为推广传播渠道，可以扩大非遗资源的传播力与影响力。一方面，这种"互联网+自媒体"的新型传播媒介可以打破时间和空间的限制，显示出文化沟通、传递与共享的强大功能；另一方面，新型自媒体拥有庞大的受众群体，可以更广泛地传播非遗。

（四）产业开发模式创新，开发非遗创意产品

文化创意产品是将文化资源以创意的形式展现出来的现代社会的产品，也是将精神层面的概念进行物化之后形成的产品，其自身具有高附加值。[①]非遗创意产品则是指以非遗资源为设计理念而创作的文化创意产品。非遗创意产品是对传统非遗的新发展，符合新潮流、新审美的非遗创意产品更有吸引力，容易进入消费市场。非遗创意产品不仅有助于弘扬传统文化，而且有助于保护非遗传承人，吸引更多的非遗爱好者加入非遗传承人的行列。例如，故宫博物院文创利用传统非遗的艺术性与历史文化的趣味性重点开发可以日常使用与把玩的生活用品，更加贴近生活，让传统文化更亲民。

二 武汉非遗公司对长江流域非遗的保护与传承

（一）武汉非遗公司简介

武汉非遗公司成立于2011年9月，是武汉旅游发展投资集团有限公司旗

---

① 杨慧子：《非物质文化遗产与文化创意产品设计》，中国艺术研究院博士学位论文，2017。

下国有全资子公司。公司主营业务包括非物质文化遗产、物质文化遗产产业化投资与经营管理，重点开发汉绣、剪纸、高洪太铜锣、楚式漆器、木雕船模、手指画、石刻线画等长江流域非遗产品和特色民间工艺品，签约长江流域国家级、省级、市级等非遗项目301项。作为武汉旅游发展投资集团文化产业战略板块的重要增长极，在集团资本、平台、资源的助推下，武汉非遗公司紧抓国家文化复兴大机遇，依托武汉国家中心城市的重要辐射力优势，厚积薄发，使非遗产品化、非遗产品产业化、非遗产业规模化，不断输出非遗旅游商品、非遗展览、非遗电商等"非遗+"创新产品，创造了许多非遗保护案例。

武汉非遗公司为提升核心竞争力，加快整合长江流域非遗资源，签约长江流域非遗传承人，成立长江流域非遗联盟。武汉非遗公司已签约的长江流域非遗传承人有300人、非遗项目301个，其中国家级非遗项目占半数以上（见表1）。

表1　武汉非遗公司已签约的长江流域非遗传承人与非遗项目情况

单位：人，个

地区	非遗传承人数量	非遗项目数量						
		总计	国家级	省级	市级	县级	区级	其他
福建	5	6	5	1	0	0	0	0
广东	18	20	17	3	0	0	0	0
江西	39	39	13	16	10	0	0	0
安徽	26	31	18	9	4	0	0	0
浙江	8	11	10	0	1	0	0	0
江苏	26	18	14	3	1	0	0	0
上海	3	10	8	0	2	0	0	0
云南	30	24	17	6	1	0	0	0
贵州	18	15	13	2	0	0	0	0
青海	5	11	7	1	0	0	0	3
四川	10	10	6	2	2	0	0	0
重庆	24	21	11	0	9	0	1	0
湖南	15	18	8	8	1	0	0	1
湖北	68	63	14	16	9	0	1	23
西藏	5	4	4	0	0	0	0	0
合计	300	301	165	67	40	0	2	27

资料来源：武汉非遗文化传播有限公司。

（二）武汉非遗公司对长江流域非遗资源的保护与宣传

1. 打造非遗博物馆

非遗博物馆的建设能够解决非遗产品与市场对接、与现代生活融合的问题，并实现公益功能，是市民和游客了解非遗的窗口。打造非遗博物馆，对武汉非遗公司探索非遗保护创新机制具有重要的战略意义：一是搭建非遗展示平台，将长江流域重要的国家级及省级非遗项目、非遗作品汇聚于此，听非遗、看非遗、赏非遗，让中国非遗走入寻常百姓家；二是不断尝试非遗旅游化，探索湖北本土以及长江流域非遗与旅游经济有机结合，为不同需求的社会团体提供专业的文化休闲场地；三是打造非遗学术研究的场所，围绕非遗的工艺、技艺、传承进行系统化的综合性研究，开展包括历史渊源、技艺演变、传承与发展、开拓创新等在内的研究和应用，提升非遗的保护和科研水平。

为了进一步将非遗融入市民的日常生活中，让"非遗扎根"，武汉非遗公司于2014年打造了"武汉非遗艺术博物馆"，这是全国第一家专业性非遗博物馆，汇集整合长江流域非遗精品，在对非遗艺术品进行传承与保护的同时，通过市场予以宣扬推广。武汉非遗艺术博物馆陈列着汉绣、剪纸、木雕船模、高洪太铜锣、楚式漆器、麦秆画、黄梅挑花等上百个非遗项目、上千件非遗产品。2015年，随着第十届中国（武汉）国际园林博览会的举行，武汉非遗公司在园博园内开设了第二家非遗博物馆——长江非遗博物馆。长江非遗博物馆的整体设计以非遗元素为主导，并把现代科技与非遗相结合，创造出与众不同的视觉效果。博物馆内汇聚了长江流域200多个非遗项目、2000多件非遗作品，并运用动态高科技和静态陈现等不同方式将其展现在观众面前。

2. 举办非遗主题展览

为深入落实国家长江经济带发展战略，展示长江流域非遗保护成果，2012年以来武汉非遗公司在武汉连续举办四届以"非遗"为主题的大型艺术节和展览会，向广大市民传播非遗。2012年，武汉非遗公司举办了首届非遗艺术节。2013年，结合第22届金鸡百花电影节，举办了第二届非遗艺术节。2014年，举办了第三届非遗艺术节暨长江流域非遗展。2015年11月，以文化部非遗司为支持单位，由中国非物质文化遗产保护中心、湖北省文化厅和武汉市人民政府共同主办，武汉市文化局、武汉旅游发展投资集团有限公司、湖北省非物质文化遗产保护中心承办的"长江非物质文化遗产大展"在湖北武汉成功举行，本次展会的主题为"长江文明　非遗风采"。2017年10月，第二届"长江非物质文化遗产大展"在武汉国际会展中心举办，总陈展面积近2万平方米，来自长江流域15个省（自治区、直辖市）的1000余位非遗传承人参展，500余个非遗项目、2万余件非遗展品在展会上展出，此次展会有近百名非遗保护工作者、专家学者会聚江城，是迄今为止湖北举办的最大规模的非遗文化大展，将长江流域的非遗传播提升到了一个新的高度。

除"长江非物质文化遗产大展"外，武汉非遗公司为提升自身品牌的知名度，每年举办非遗艺术节，还组织实施了"非遗进社区""非遗进校园"等公益活动，逐渐打响了品牌并形成了风格。从众多展览活动中总结出一套整体方案，将非遗产品、非遗传承人、非遗故事融入活动中，获得了传承人与观众的高度认可，为公司开展非遗商业活动奠定了基础。商业性文化活动策划执行可塑性强，不仅能有效地传播非遗，而且可以进一步提升公司的知名度和影响力。近年来，武汉非遗公司成功操办了"大美东湖"国际名校赛艇挑战赛非遗体验活动、汉江湾非遗艺术嘉年华等活动，也陆续承办了武汉礼物旅游商品大赛之汉阳系列商品评选活动及洪山系列商品评选活动，并中标第十二届武汉国际杂技艺术节和第五届武汉琴台音乐节合唱艺术周、新世界地产非遗展等。这些活动的举办，让参与活动的人们更直观、近距离地体会到了非遗的魅力，不仅提升了武汉非遗公司的企业形象，而且让中国传统的非遗更加深入人心。

（三）武汉非遗公司对长江流域非物质文化遗产的产业化经营

1. 打造三方主体共同合作的经营模式

武汉非遗公司力图在独创的"武汉模式"下寻找一条非遗发展之路，

并通过实践取得了一定的成绩。武汉非遗公司以尊重和发展非遗精神及经济价值为核心理念,以政府、企业、传承人三方为主体,以主体权利为内容构成利益共同体,三大基本要素交互重叠,互助互济形成发展机制,共同推动非遗产业可持续发展,实现了对非遗资源的有效传承和保护,并形成了企业和传承人利益互赢的局面,打造了武汉知名的非遗系列旅游商品品牌——"武汉礼物"。2013年,武汉非遗公司经过武汉市旅游局授权开始运营"武汉礼物"品牌,这是武汉非遗公司在"武汉模式"中探索非遗保护与市场经济接轨的试金石。除此之外,公司全力打造"长江非遗"品牌,通过整合长江非遗资源,将非遗传承人的作品及相关衍生品融入武汉地方文化元素,形成以"武汉礼物"为品牌的产品体系,以丰富的产品陈列接近市民、吸引游客,让更多的人认识非遗、了解非遗。公司已经在东湖磨山、武汉高铁站、黄鹤楼、汉街、古琴台等地开设了9家"武汉礼物"专营店。

2. 制定品牌化经营战略

非遗品牌化就是要确立完整且鲜明的品牌形象,通过市场化手段以及其他渠道加以传播,从而推动民族文化的宣传与推广,带来经济、社会和文化等方面的多种效益。非遗的品牌化经营,可以让不同文化遗产的市场定位更加清晰、社会效益更加明显,推动政府及企业对非遗进行更全面的保护、开发与利用。武汉非遗公司主张在保护非遗的同时让非遗与时代发展相结合,并融入市场,贴近现代人的生活,因此将代表荆楚文化的汉绣文化与知音文化进行品牌化经营,重点打造了"汉绣精工坊"与"知音道场"两个项目。"汉绣精工坊"以原创汉绣精品为核心,荟萃汉绣传承人经典作品,将传统和时尚相结合,打造出最权威、最真实、最时尚的汉绣商品,全方位展示汉绣行业最新的创新成果,努力让传统的汉绣成为融入潮流的新时尚。"知音道场"是以古琴台为依托,集演艺、培训、教学和论坛于一体,不定期举办古琴名家讲座、雅集欣赏、古琴艺术交流等活动,通过开发一系列以"知音文化"为主题的商品,全方位推广和传播知音文化,使之成为全国古琴大家和古琴爱好者必来之地,以及对古琴感兴趣的人们了解学习古琴文化与知音文化的权威之地。

3. 实施线上线下相结合的营销策略

非遗产品的营销不能采取千篇一律的模式,而是要根据不同非遗的特点策划与之相匹配的营销模式。2015年,由武汉非遗公司打造的全国首家以非遗传承、非遗认证、非遗藏品销售、创意定制等内容为主导,集中全国优秀的传承人、创意人和专家学者,致力于建设健康的非遗生态系统的专业网络平台——长江非遗网正式上线。2016年,为拓展海外市场,武汉非遗公司在亚马逊、速卖通和LAZADA等国际电商平台开店传播非遗、展示长江非遗产品,主要面向北美、俄罗斯、澳大利亚和东南亚市场,国外客户对具有浓郁中国风且经济实用的非遗产品十分喜爱,扎染团扇、叶脉书签、天然染丝巾等产品广受海外市场消费者欢迎。

除线上销售模式外,武汉非遗公司深入分析不同非遗产品的特点,提供场景营销、个性化定制与高端定制三种线下营销服务。首先,场景营销就是针对众多非遗产品的特点、市场定位以及消费者需求、销售渠道等进行深入提炼与分析,实现场景与消费者诉求一致的场景化营销。其次,个性化定制是指根据不同的客户需求及不同的场景,在非遗产品中添加特有的元素,既保留非遗产品的特有属性,又有不同文化活动的专有特征。武汉非遗公司发挥定制化服务优势完成了武汉马拉松、武汉坐标·城市定向户外挑战赛、首届国际航联世界飞行者大会等一系列活动的非遗纪念品定制服务,还为2019年在武汉举办的第七届世界军人运动会提供文化产品定制服务,将军人运动会的比赛项目、吉祥物以及代表武汉形象的长江大桥、黄鹤楼等融入汉绣、剪纸、皮影等非遗中。最后,高端定制是指武汉非遗公司与国家级非遗大师合作定制非遗精品,赋予非遗产品更高的艺术价值,打造非遗精品化产品。高端定制产品具有较高的收藏价值,因此主要通过拍卖的方式进入市场,不仅能带来经济效益,而且能提升非遗产品的社会影响力。

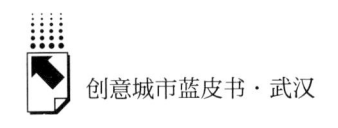

三 武汉非遗公司发展面临的问题

武汉非遗公司自成立以来稳步发展，在非遗的保护、传承与发展方面做出了突出贡献，但未来发展仍面临一些问题，主要表现在文化创意人才短缺、长江流域非遗资源库有待完善、非遗产品创意不足、非遗产业化程度不够等方面。

（一）文化创意人才短缺

文化创意人才是非遗产业发展的灵魂，武汉虽然拥有得天独厚的教育资源和人才资源，但文化创意人才短缺问题依然严峻。非遗领域突出的人才短缺问题主要包括文化创意人才的结构性短缺与人才培养和引进机制不成熟两个方面。首先，文化创意人才的结构性短缺主要是指缺少熟知非遗知识且精通产业经济、经营管理的高端职业经理人。在非遗领域表现较为突出的是非遗传承人受教育程度不高、对市场了解不深入等，导致非遗产品创新程度较低，不符合市场需求，难以形成产业优势，出现许多非遗无人传承的现象。其次，高校在专业人才培养过程中对地方特色文化资源的教育与宣传力度不足，大学生对非遗的理解不够深入，没有认同感，难以成为真正为非遗特色文化产业所用的专业人才。

（二）长江流域非遗资源库有待完善

非遗是几千年来人类文明与智慧的结晶，是民族个性、民族审美文化的显现，不同民族的非遗资源在不同地域和空间上的分布与聚集展现了区域文化发生、演变的全过程以及保护与开发的重要意义。长江流域非遗资源丰富，且具有鲜明的地域性特征，但长江流域范围宽广，非遗资源不均衡，尚未建立完善的资源库。武汉非遗公司在长江流域各省（自治区、直辖市）已签约的非遗项目有301个，合作的非遗传承人有300人，与整合数以万计的长江流域非遗资源相比，这只是刚刚起步。

（三）非遗产品创意不足

产业化的发展趋势推动非遗资源开辟产业化道路，研发适合推广销售的非遗产品。目前市场上文化产品数量多，但形式千篇一律，导致消费者产生审美疲劳，真正受欢迎的精品数量较少。传统的非遗产品缺少创意，普遍面临不契合现代审美的问题。非遗传承人精心制作的一些艺术品与日常生活距离遥远。非遗历经千年传承至今，在被精心保护的同时，容易忽略融入符合现代审美的文化创意，不利于非遗的生产性发展。

（四）非遗产业化程度不够

武汉非遗公司致力于将优质非遗资源产业化，目前处于探索学习与积累经验阶段，需要构建更加完善的经营体系。一方面，面对长江流域丰富多样的非遗资源，难以将每一种非遗项目都做到精品化，仍然用传统固定的模式制作产品并推广营销，不能突出不同非遗的历史特点与工艺水平。另一方面，同类型的非遗项目尚未整合。不同地区的许多非遗产品类型相同、制作工艺相似，非专业人员很难快速区分，将同类型的非物质文化资源进行整合并区分，既能体现出文化的差异，又能让人们感受到相同文化在不同地区的别样风采，还有助于对同类型非遗的推广宣传。

四 武汉非遗公司发展前景展望

面对文化产业发展繁荣的契机，武汉非遗公司要深入学习贯彻习近平新时代中国特色社会主义思想，紧紧抓住"长江经济带"等国家战略机遇，发挥长江流域丰富多样的非遗资源优势，探索非遗资源保护、传承与发展的创新模式。

（一）吸引专业人才与培养新兴力量相结合

面对人才短缺问题，武汉非遗公司为加强自身人才队伍建设，采取了吸引专业人才与培养新兴力量相结合的方式。一方面，针对非遗产业缺乏高端人才的现状，武汉非遗公司积极吸纳在非遗保护与传承方面做出突出贡献的传承人及其团队。长江流域非遗资源数量庞大，为更好地推动其整合与发展，武汉非遗公司积极主动与长江流域非遗传承人合作，并鼓励其他仍未建立合作关系的传承人及其团队主动加入长江流域非遗阵营中。另一方面，武汉非遗公司利用武汉高校和大学生数量较多的优势，吸引高学历人才留汉，并利用公司平台培养符合公司发展战略的复合型人才，组建优秀的人才队伍。

（二）以创意产品为依托，推进非遗产业化进程

非遗是时间及文化的积淀，是动态的积累，应当得到动态的保护。在继承非遗手工艺的同时，还要紧跟时代的变化，重视文化创意产品的研发，促使非遗向更好的方向发展。非遗进入文化创意产业的运作过程，不仅能让非遗产品拥有文化底蕴，而且能让非遗产品符合现代人的审美，贴近日常生活，打开非遗产品消费市场，推进非遗产业化进程。非遗产业化能帮助非遗传承人将熟练的技艺转化为生存技能，并吸引更多对非遗感兴趣的人主动走进非遗，主动学习非遗技艺，让非遗长久地传承下去。另外，非遗衍生的文化创意产品和文化艺术展览在弘扬传统文化的同时，能带来可观的经济效益，拉动区域文化收入与旅游收入增加，为当地人创造更多就业机会。

（三）政企联合引入非遗发展资本

武汉非遗公司在产品研发、品牌宣传和渠道建设等方面资金投入大，面临资金短缺的问题。一方面，需要政府给予政策上的扶持；另一方面，需要引进资本，推动非遗的产业化发展。武汉非遗公司主要负责将长江流域许多宝贵的非遗资源整合起来，与非遗传承人合作形成完整的产业链。任何产业的发展都离不开资金的支持，面对目前非遗保护与发展的普遍问题——资金短缺，武汉非遗公司需要吸引更多的投资并借鉴市场

上成熟的"产业投资基金"的运作模式,为启动或完善更多的非遗项目提供资金支持。

(四)完善长江流域非遗资源库

建立"长江流域非遗资源库"可以有效覆盖长江流域优秀的非遗资源,不仅有助于非遗资源的保护与开发,而且能让人们更加直观地感受长江流域千百年来历史文化的变迁与发展,将优秀的文化传承下去。武汉非遗公司目前拥有的长江流域非遗资源尚不完善,需要政府与企业共同努力,促成与长江流域非遗相关企业的联合,共同建立"长江流域非遗资源库",在保护与宣传长江文化的同时,带动长江流域经济的发展。

大 事 记

Chronicle of Events

B.31
2018年武汉文化改革发展大事记

1月

9日

武汉市委常委、宣传部部长李述永在武汉会议中心会见康佳集团董事局主席助理林洪藩、副总裁郭守进一行，就文化产业投资事宜进行洽谈交流。

18日

武汉市委常委、宣传部部长李述永在汉阳区政府7楼会议室会见远洋集团执行董事、副总裁温海成，副总裁谌祖元，以及太古地产（中国）行政总裁Tim Blackburn一行，就归元寺片区文化产业项目事宜进行洽谈交流。

19日

"2018首届国际武汉斗鱼直播节"筹备工作会议在市委宣传部会议室召开，东湖新技术开发区、武汉广电、武汉斗鱼网络科技有限公司等单位负人与会，研究直播节活动总体方案及相关筹备工作。

23日

武汉市委常委、宣传部部长李述永会见广州弥德科技有限公司创始人周建英教授一行，就投资合作事宜进行洽谈交流。

2月

7日

武汉市文化产业招商引资工作座谈会在市委宣传部召开。

27~28日

武汉文化产业空间规划专题调研座谈会分别在江岸区、洪山区召开。

3月

19日

武汉市委常委、宣传部部长李述永在武汉会议中心主持召开"2018首届国际武汉斗鱼直播节"筹备工作领导小组第一次会议，东湖新技术开发区、市公安局、市环保局、市城管委、市交委、市水务局、市商务局、市文化局、市卫计委、市食药监局、市安监局、市旅游委、长报集团、武汉广电、江岸区人民政府、武汉地铁集团、武汉公交集团、武汉旅发投集团、武汉供电公司、中国电信武汉分公司、中国移动武汉分公司、中国联通武汉分公司等相关单位负责人参加会议。

20日

2018年武汉市文化产业统计工作培训会召开，重点部署第四次全国经济普查期间文化产业单位核查、统计入库等相关工作。

22~26日

武汉文化产业园区和企业参加"2018温州国际时尚文化创意产业博览会"，武汉设立城市文创馆。

4月

10日

"2018中国游戏节"新闻发布会暨活动启动仪式在武汉东湖新技术开发区北辰·光谷里举行。

13~16日

武汉文化产业园区和企业参加"2018第三届中国（宁波）特色文化产业博览会"，武汉设立城市文创馆。

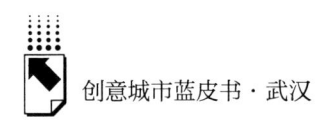

16日

"2018首届国际武汉斗鱼直播节"领导小组办公室会议在武汉市汉口江滩管理办公室会议室召开。东湖新技术开发区、市网信办、市公安局、市城管委、江岸区人民政府、武汉斗鱼网络科技有限公司等单位与会，协调各单位职责落实情况，深入推进直播节筹备工作。

20日

"2018武汉文化产业投资论坛暨C50武汉论坛"在武汉万科君澜大酒店举行，武汉众海中鸿文化产业基金、众海加速器等文化项目在会上签约。

23~24日

中宣部文改办会同国家统计局社科文司在河北廊坊举办文化产业统计工作培训班，武汉市委宣传部作为副省级城市宣传部唯一代表在会上交流发言。

24日

武汉市委常委、宣传部部长李述永在武汉会议中心主持召开"2018首届国际武汉斗鱼直播节"筹备工作领导小组第二次会议，东湖新技术开发区、市公安局、江岸区人民政府、市网信办等单位有关负责同志参加会议。

26日

武汉市委常委、宣传部部长李述永前往汉口江滩调研"2018首届国际武汉斗鱼直播节"现场筹备工作，查看舞台及展区搭建情况，对安全保障等重点工作进行检查督办。

28日

"2018首届国际武汉斗鱼直播节文化产业招商洽谈会"举行,武汉市委常委、宣传部部长李述永出席并致辞,有关市领导和市直部门负责人参加洽谈会,与会各界嘉宾超过230人。北辰·光谷里等5个本地文化招商项目进行推介;索尼公司添田武人等4位知名文化企业嘉宾到会演讲;斗鱼超级联赛等19个项目现场签约,总金额达80.91亿元。

29日至5月1日

"2018首届国际武汉斗鱼直播节"在汉口江滩举行,三天时间共吸引游客52.18万人次,较2017年的35万人次增长49.1%;全网线上观看累计2.3亿人次,较2017年的1.7亿人次增长35.3%。

5月

3日

湖北省委宣传部副部长邓务贵一行调研武汉市文化企业发展情况,考察走访斗鱼直播、卷皮网、江通动画、传神语联网、华星光电等企业。

10日

沈阳市调研组来汉考察武汉申报联合国教科文组织创意城市网络"设计之都"工作,市委宣传部、市申都工作领导小组办公室(市城建委)相关负责同志参加座谈交流。

10～14日

第十四届中国(深圳)国际文化产业博览交易会期间,武汉中心书城进行项目推介,湖北不工影业影视制作有限公司与容德美大(北京)广告有限公司影视投资合作项目等签约,考察深圳非遗生活文化产业有限公司、T8旅游创意(保税)园、A8新媒体集团、深圳皆一堂文化有限公司等园区和企业。

16日

武汉市委常委、宣传部部长李述永在武汉会议中心会见凤凰卫视执行董

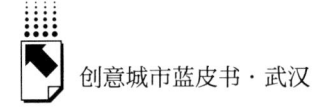

事、常务副行政总裁崔强，北京凤凰文投置业有限公司董事、总裁陈长缨一行，就凤凰中心项目等事宜进行洽谈交流。

18 日

武汉市委常委、宣传部部长李述永在武汉会议中心会见全国政协常委、广东省原副省长宋海，国际时尚设计大师周仰杰，深圳西湖股份有限公司董事局主席张秉辰，亚太卫视董事长白卿寅等，就在汉投资新能源汽车文化主题公园项目进行洽谈交流。

21 日

武汉市委常委、宣传部部长李述永在武汉会议中心组织召开宣传文化体制改革专项小组2018年第一次全体会议。市委办公厅、市委组织部、市编办、市发改委等32个成员单位负责人与会。会议审议并原则通过《宣传文化体制改革专项小组工作规则》《宣传文化体制改革专项小组2018年工作要点》《武汉市文联深化改革实施方案》。

22 日

湖北省委宣传部副部长邓务贵一行调研武汉市文化产业发展情况，实地走访华星光电、光谷梦工场、直播优选等企业。

24 日

乌鲁木齐市委宣传部常务副部长王军和市属新闻单位有关同志来汉考察媒体融合改革发展有关工作，实地考察长江日报报业集团、武汉广电媒体融合有关工作。

24～27 日

深圳大鹏新区考察团来汉参加首届"中国游戏节"，并考察东湖新技术开发区花山软件新城、汉阳造文化创意产业园、琴台大剧院等，就扩大文化消费试点、全域旅游、大型赛事举办和体育场馆运营工作开展座谈交流。

25～27 日

"中国数字创意科技展暨2019CGF中国游戏节"在武汉国际会展中心召开，会展区总面积为22000平方米，144家国内外知名游戏企业和硬件厂商参展，200余名行业专家和从业人员参与论坛，3.7万人次观众现场参与。

28 日

武汉市委常委、宣传部部长李述永在武汉会议中心会见游族网络股份有限公司游族体育总裁李勇、游族网络股份有限公司执行董事许垚一行，就在汉投资文化项目进行洽谈交流。

31 日

荆门市文化产业考察团来汉考察文化产业发展和文化产业统计工作，走访台北院子、青岛路创意文化街区、界立方等文化产业园区。

6月

12 日

武汉文化产业重点项目库（媒体融合类）入库项目评审会召开。

26 日

武汉市委常委、宣传部部长李述永到东湖新技术开发区调研，实地考察武汉宁美互联科技股份有限公司、湖北盛天网络技术股份有限公司、西山居科技（武汉）有限公司、九派（武汉）全媒体股份有限公司、杭州海康威视数字技术股份有限公司武汉分公司、武汉讯飞兴智科技有限公司、行吟信息科技（武汉）有限公司等文化企业，主持召开座谈会研究部署文化产业发展及文化统计工作。

7月

5 日

内蒙古自治区党委宣传部考察团来汉考察东方马城建设运营情况，市体育局、武汉广播电视台、东西湖区委宣传部等单位参加调研及座谈。

28 日

"2018中国纺织服装流通大会暨2018中国·汉正街服装服饰博览会"在武汉国际博览中心举行。

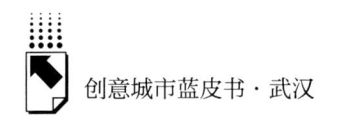

8月

2日

武汉市委常委、宣传部部长李述永调研武汉出版集团，现场查看中心书城建设情况，并在出版集团召开座谈会，听取出版集团关于改革和发展情况汇报。

3日

市属文化企业改革发展半年工作会在市委宣传部召开。

7日

"华夏银行杯2018北京文化创意大赛武汉赛区暨2018武汉文化创意产业'光谷·青桐汇'"活动在湖北武汉光谷资本大厦二楼活动中心举行。本赛事由中共武汉市委宣传部、武汉东湖新技术开发区管委会主办，光谷创业咖啡承办。

14日

武汉市委常委、组织部部长胡立山，武汉市委常委、宣传部部长李述永在市委宣传部会议室组织召开市属新闻单位深化改革工作专题会议。

武汉市委宣传部调研江汉区保护利用老旧厂房建设文化产业园区工作，实地走访查看武汉中英实业有限公司、武汉鸣笛实业集团有限公司老旧厂房改造项目。

18~19日

"2018全国老旧厂房保护利用与城市文化发展论坛"在北京朝阳规划艺术馆举行，武汉市委宣传部作为全国老旧厂房保护利用与城市文化发展联盟的倡议单位参加揭牌仪式。

24日

武汉市委常委、宣传部部长李述永会见北京君舍文化传媒有限公司董事长兼CEO钟丽芳一行，就在汉投资影视动漫项目进行洽谈交流。

28 日

武汉市委常委、宣传部部长李述永召开专题会议研究市文化产业统计相关工作。

31 日

武汉文化创意产业协会第一届理事会第三次全体会议在武汉创意天地召开。

武汉市委常委、宣传部部长李述永在武汉会议中心会见朝云贸易有限公司总经理郑朝云一行，就跨境电商投资有关事宜进行洽谈交流。

9月

4 日

湖北省统计局党组书记、局长朱慧来汉专题调研武汉文化产业发展及文化统计工作。

10 日

武汉市委常委、宣传部部长李述永在市委宣传部会议室主持召开宣传文化体制改革专项小组2018年第二次会议，专题研究市属新闻单位深化改革工作。

29 日

全市文化产业统计工作培训会召开，推进第四次全国经济普查期间文化产业统计工作，湖北省委宣传部、省统计局相关处室负责人与会指导。

10月

12 日

武汉市委常委、宣传部部长李述永调研武汉诸相网络科技有限公司、武汉微派网络科技有限公司。

17 日

以"武汉数字创意产业发展新格局：创新与融合"为主题的"2018 首届

武汉数字创意产业创新发展论坛"在江汉经济开发区举行。会上，江汉区与武汉大学、华中科技大学、华中师范大学等10余所武汉高校签订"数字创意产业武汉高校联盟"战略合作协议，与亦复数字、久其数字、国双科技、蔚蓝集团、麟动数字等10家国内知名数字创意领军企业签订项目合作协议。

20~21日

武汉文化发展集团有限公司与上海奇我文化发展有限公司在蔡甸区花博汇联合主办"简单生活节"武汉站活动，汇集音乐演出、市集策展等文创内容。

24日

"2018文化科技创新与文化产业发展高峰论坛暨文化产业研究基地工作会"在华中师范大学举行。本次活动由武汉市委宣传部、华中师范大学主办，华中师范大学国家文化产业研究中心、武汉文化科技创新研究院承办。

11月

2~4日

科技部高新司、中宣部文改办在南京举办第四届国家文化和科技融合示范基地负责人高级研修班。

15~18日

武汉文化企业参加"2018第三届三亚国际文化产业博览交易会"。

22日

2018年各区文化产业发展工作座谈会在市委宣传部会议室召开。

26日

市属文化企业产业发展工作座谈会在市委宣传部会议室召开。

12月

11~12日

西安市委宣传部副部长廉宏伟率调研组来汉考察武汉文化产业发展、文化体制改革、文化产业统计等工作,并实地走访汉阳造文化创意产业园、红T时尚创意街区等文化产业园区。

28 日

武汉市委常委、宣传部部长张世华研究审定《关于2018年武汉市文化产业发展情况的报告》和《宣传文化体制改革专项小组2018年改革工作总结》。

B.32
2019年武汉文化改革发展大事记

1月

4日

武汉市委宣传部召开专题会议谋划2019年文化产业发展工作,武汉旅游发展投资集团有限公司、武汉文化发展集团有限公司、湖北盛天网络技术股份有限公司、武汉文网亿联科技有限公司等文化企业代表参加会议。

24日

武汉市委宣传部调研江岸区文化产业发展工作情况,走访调研创立方产业园、台北院子、武汉文创谷·飞马旅创业基地、多牛世界时尚创意产业园等。

30日

武汉文化金融服务中心建设协调会召开。

2月

18日

中共中央政治局委员、中央书记处书记、中宣部部长黄坤明在湖北调研时实地考察武汉创意天地等文化产业园区,对园区建设发展成效给予肯定。湖北省委常委、宣传部部长王艳玲,武汉市委常委、宣传部部长张世华参加调研。

25日

由太崆动漫(武汉)有限公司打造的动漫短片《冲破天际》入围第91届奥斯卡金像奖最佳动画短片提名名单。

3月

6日

武汉市委常委、宣传部部长张世华接见中文在线集团常务副总裁谢广才一行,中文在线集团及武汉出版集团相关负责人就数字出版和全民阅读工作进行汇报。

12日

中宣部文改办巡视员、副主任高书生来汉调研国家文化和科技融合示范基地建设发展工作,调研语联网(武汉)信息技术有限公司、武汉理工数字传播工程有限公司。

20日

"2019国际武汉斗鱼直播节暨斗鱼嘉年华"领导小组召开筹备工作会议。武汉市委常委、宣传部部长张世华,市委常委、东湖新技术开发区党工委书记汪祥旺出席会议并讲话。

29日

武汉市委常委、宣传部部长张世华调研东湖新技术开发区武汉斗鱼网络科技有限公司、湖北盛天网络技术股份有限公司、西山居科技(武汉)有限公司等文化企业。

4月

3日

武汉市委宣传部、武汉市统计局联合召开全市文化产业统计工作培训会,就经济普查期间相关报表填报工作开展专业培训。

10~11日

中宣部在宁波举办文化经济政策培训班。

11 日

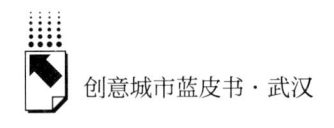

湖北省文化产业发展工作会议在东湖宾馆召开。湖北省委书记蒋超良出席会议并讲话，强调要深刻把握习近平总书记关于文化建设的重要论述，坚持文化产业发展的正确方向，以创新提质增效，以融合做大做强，以改革增强动力，以开放激发活力，推动湖北文化产业高质量发展。武汉市委副书记、市长周先旺出席会议，武汉市委常委、宣传部部长张世华代表武汉做交流发言。

12~15 日

"第四届中国（宁波）特色文化产业博览会"在宁波国际会展中心举办，武汉城市文创馆以"传统非遗文化的生活馆"为主题，共设江城印象、设计之都、军运盛会、文创未来 4 个板块参展。

23 日

武汉市委宣传部召开"创意城市蓝皮书"《武汉文化创意产业发展报告（2019~2020）》编撰工作部署会。

26 日

2019 年武汉市媒体融合发展重点项目库申报项目评审工作会召开。

5月

2~5 日

"中国国际数码互动娱乐展览会"（ChinaJoy）在上海举办，武汉市委宣传部组团参观展会，并走访拳头中国、盛趣等知名游戏企业。

6 日

武汉市委常委、宣传部部长张世华调研武汉出版集团有限公司体制机制改革和文化产业发展工作，实地考察惠济路书店、武汉中心书城、华中图书交易中心、武汉出版社精品图书陈列室并召开座谈会。

7 日

武汉市委常委、宣传部部长张世华调研武汉文化发展集团有限公司体制机制改革和文化产业发展工作，实地考察华中智谷产业园区以及中文在线、中影时代等企业并召开座谈会。

9日

武汉市委宣传部召开专题会议征求部分文化产业领域专家学者对《关于加快全市文化产业高质量发展的实施意见（征求意见稿）》的意见。

10日

湖北省委常委、宣传部部长王艳玲调研武汉文化产业，走访湖北今日头条科技有限公司以及武汉创意天地部分文创企业和园区。

16~20日

"第十五届中国（深圳）国际文化产业博览交易会"在深圳会展中心举办，华中国家数字出版基地17家重点企业在数字出版展区联合亮相。

18日

"2019湖北文化产业招商会暨签约仪式"在深圳举行，武汉文化与金融合作示范区项目进行推介展示。

24日

湖北省委宣传部副部长陈树林实地调研华中国家数字出版基地建设进展情况。

6月

13日

"2019武汉文化产业招商投资洽谈会"举行，汉口文创谷、圈外数字创意产业园、中建科技产业园、昙华林核心区、武汉文化与金融合作示范区、长江严选文创项目、广电道观河7个园区与项目进行路演推介。武汉市委常委、宣传部部长张世华出席会议并致辞。

14~16日

"2019国际武汉斗鱼直播节暨斗鱼嘉年华"在汉口江滩隆重举行。直播节吸引全国各地超1500名知名主播来汉，累计入园人数达36.01万人次，

活动平稳有序、精彩纷呈。

19日

武汉市文化体制改革与文化产业发展领导小组第一次会议召开。武汉市委副书记、市长周先旺，市委常委、宣传部部长张世华，副市长陈邂馨等领导出席会议。会议审议了《关于加快武汉市文化产业高质量发展的实施意见》《武汉市文化产业招商引资扶持政策（试行）》《武汉市创建国家"文化和金融合作示范区"工作实施方案》等文件。

20日

武汉市委宣传部、武汉市文化和旅游局、武汉市地方金融工作局联合印发《武汉市创建"国家文化和金融合作示范区"工作实施方案》（武文旅发〔2019〕23号）。

7月

15日

武汉市委宣传部会同武汉市文化和旅游局、武汉市地方金融工作局、武汉文化发展集团有限公司、洪山区人民政府及湖北华中文化产权交易所等单位相关负责人研究"国家文化和金融合作示范区"建设推进工作。

17日

成立仅4年多的斗鱼在纳斯达克上市成功，IPO发行价为11.5美元，募集资金7.75亿美元。

24日

武汉文化金融服务中心有限公司组建工作推进会召开。

28日

武汉市人民政府印发《武汉市文化产业招商引资扶持若干规定》（武政规〔2019〕19号）。

8月

1日

武汉市委副书记、市长周先旺到东湖新技术开发区开展"不忘初心、牢记使命"主题教育调研，走访调研太崆动漫、两点十分、艺画开天等动漫企业并召开座谈会。武汉市领导张世华、汪祥旺、陈邂馨，东湖新技术开发区管委会主任陈平参加调研。

1日

武汉市委常委会研究武汉市文化产业发展相关工作，听取市委宣传部关于全省文化产业发展工作会议精神的汇报，并部署有关工作。

10日

湖北省委常委、宣传部部长王艳玲做出批示："武汉市推动文化产业发展工作务实、有力，值得全省学习借鉴。"

11日

武汉市委宣传部、武汉市统计局联合调研武昌区文化产业发展情况，走访楚天181文化创意产业园以及园区内企业武汉英拓景观装饰设计工程有限公司、深圳海外装饰工程有限公司并召开座谈会。

12日

武汉市委宣传部组织召开武汉市动漫游戏产业发展座谈会，武汉地区动漫领域专家学者、行业组织负责人、部分重点动漫游戏企业负责同志参会。

13~15日

武汉市委宣传部组织江汉区、硚口区、市发改委、市经信局、市自然资源和规划局、市城建局、市市场监管局、市住房保障和房屋管理局等单位相关同志赴北京学习调研老旧厂房兴建园区工作。

16日

湖北省委宣传部在武汉召开文化和旅游融合发展调研座谈会。

28 日

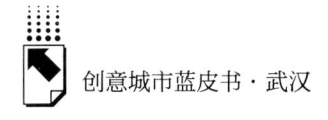

武汉市委宣传部、武汉市统计局在硚口区开展文化产业统计入库调研并召开座谈会，联创新锐设计顾问（武汉）有限公司等企业与会。

9月

10 日

科技部、中宣部在西安举办全国文化和科技融合工作研讨班，武汉市相关领导做交流发言。武汉理工数字传播工程有限公司、语联网（武汉）信息技术有限公司入选国家文化和科技融合示范基地（单体类）。

10 日

"C50长江峰会·2019文化与金融融合发展高峰论坛"在洪山区举办。

20 日

"2019武汉国际创客艺术节"在洪山区开幕，武汉市委常委、宣传部部长张世华出席开幕式。

10月

15 日

"盛世藏宝——首届武汉市非国有博物馆馆藏艺术精品展"在中南民族大学美术学院美术馆开幕。

29 日

武汉市委常委、宣传部部长张世华调研江岸区文化产业相关工作，走访台北院子、创立方产业园，调研银江孵化器股份有限公司、中航长江（武汉）创意产业园运营管理公司、武汉正华建筑设计有限公司等文化企业和园区。

11月

1日

"2019武汉设计日暨第五届武汉设计双年展"开幕式在青岛路平和打包厂举行。武汉市委副书记、市长周先旺出席开幕式并致辞,市领导张世华、张文彤等参加活动。

6日

武汉市文化产业发展引导基金理事会第七次会议召开。

11日

"2019文化科技创新与文化产业发展高峰论坛"在华中师范大学逸夫国际会议中心举办。

22日

"中国数字创意科技展暨2019CGF中国游戏节"在中国光谷科技会展中心举行。

23~24日

武汉市委常委、宣传部部长张世华一行赴厦门考察影视文化产业工作。

25~29日

"第十四届华语青年电影周"成功举办。本次活动共举办60余场线下影展及创作团队见面会,开展3场聚集专业大咖的深度论坛。

28~29日

湖北文化产业网和文化产业项目库建设培训班在武汉举办。

12月

13日

武汉市委常委、宣传部部长张世华赴武汉文化金融服务中心有限公司开展专题调研,协调推进示范区建设。

14 日

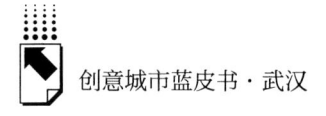

"2019 王者荣耀职业联赛 KPL 秋季赛总决赛"在武汉光谷国际网球中心举行。

17 日

武汉市委宣传部召开文化企业和园区代表座谈会，武汉创意天地、红 T 时尚创意街区、二更文化传媒、金运激光、楚上文化、恩倍思、斗鱼等有关企业负责同志参会。

19 日

武汉市委常委、宣传部部长张世华带队调研硚口区、江汉区文化产业工作，调研走访武汉金东方智能景观股份有限公司、武汉青桔音乐文化传媒有限公司、红 T 时尚创意街区。

中国皮书网

（网址：www.pishu.cn）

发布皮书研创资讯，传播皮书精彩内容
引领皮书出版潮流，打造皮书服务平台

栏目设置

◆ **关于皮书**
何谓皮书、皮书分类、皮书大事记、
皮书荣誉、皮书出版第一人、皮书编辑部

◆ **最新资讯**
通知公告、新闻动态、媒体聚焦、
网站专题、视频直播、下载专区

◆ **皮书研创**
皮书规范、皮书选题、皮书出版、
皮书研究、研创团队

◆ **皮书评奖评价**
指标体系、皮书评价、皮书评奖

◆ **皮书研究院理事会**
理事会章程、理事单位、个人理事、高级
研究员、理事会秘书处、入会指南

◆ **互动专区**
皮书说、社科数托邦、皮书微博、留言板

所获荣誉

◆ 2008年、2011年、2014年，中国皮书
网均在全国新闻出版业网站荣誉评选中
获得"最具商业价值网站"称号；

◆ 2012年，获得"出版业网站百强"称号。

网库合一

2014年，中国皮书网与皮书数据库端口
合一，实现资源共享。

中国皮书网

权威报告·一手数据·特色资源

皮书数据库
ANNUAL REPORT(YEARBOOK) DATABASE

分析解读当下中国发展变迁的高端智库平台

所获荣誉

- 2019年，入围国家新闻出版署数字出版精品遴选推荐计划项目
- 2016年，入选"'十三五'国家重点电子出版物出版规划骨干工程"
- 2015年，荣获"搜索中国正能量 点赞2015""创新中国科技创新奖"
- 2013年，荣获"中国出版政府奖·网络出版物奖"提名奖
- 连续多年荣获中国数字出版博览会"数字出版·优秀品牌"奖

成为会员

通过网址www.pishu.com.cn访问皮书数据库网站或下载皮书数据库APP，进行手机号码验证或邮箱验证即可成为皮书数据库会员。

会员福利

- 已注册用户购书后可免费获赠100元皮书数据库充值卡。刮开充值卡涂层获取充值密码，登录并进入"会员中心"—"在线充值"—"充值卡充值"，充值成功即可购买和查看数据库内容。
- 会员福利最终解释权归社会科学文献出版社所有。

卡号：334273989128
密码：

数据库服务热线：400-008-6695
数据库服务QQ：2475522410
数据库服务邮箱：database@ssap.cn
图书销售热线：010-59367070/7028
图书服务QQ：1265056568
图书服务邮箱：duzhe@ssap.cn

S 基本子库
SUB DATABASE

中国社会发展数据库（下设12个子库）

整合国内外中国社会发展研究成果，汇聚独家统计数据、深度分析报告，涉及社会、人口、政治、教育、法律等12个领域，为了解中国社会发展动态、跟踪社会核心热点、分析社会发展趋势提供一站式资源搜索和数据服务。

中国经济发展数据库（下设12个子库）

围绕国内外中国经济发展主题研究报告、学术资讯、基础数据等资料构建，内容涵盖宏观经济、农业经济、工业经济、产业经济等12个重点经济领域，为实时掌控经济运行态势、把握经济发展规律、洞察经济形势、进行经济决策提供参考和依据。

中国行业发展数据库（下设17个子库）

以中国国民经济行业分类为依据，覆盖金融业、旅游、医疗卫生、交通运输、能源矿产等100多个行业，跟踪分析国民经济相关行业市场运行状况和政策导向，汇集行业发展前沿资讯，为投资、从业及各种经济决策提供理论基础和实践指导。

中国区域发展数据库（下设6个子库）

对中国特定区域内的经济、社会、文化等领域现状与发展情况进行深度分析和预测，研究层级至县及县以下行政区，涉及省份、区域经济体、城市、农村等不同维度，为地方经济社会宏观态势研究、发展经验研究、案例分析提供数据服务。

中国文化传媒数据库（下设18个子库）

汇聚文化传媒领域专家观点、热点资讯，梳理国内外中国文化发展相关学术研究成果、一手统计数据，涵盖文化产业、新闻传播、电影娱乐、文学艺术、群众文化等18个重点研究领域。为文化传媒研究提供相关数据、研究报告和综合分析服务。

世界经济与国际关系数据库（下设6个子库）

立足"皮书系列"世界经济、国际关系相关学术资源，整合世界经济、国际政治、世界文化与科技、全球性问题、国际组织与国际法、区域研究6大领域研究成果，为世界经济与国际关系研究提供全方位数据分析，为决策和形势研判提供参考。

法律声明

"皮书系列"(含蓝皮书、绿皮书、黄皮书)之品牌由社会科学文献出版社最早使用并持续至今,现已被中国图书市场所熟知。"皮书系列"的相关商标已在中华人民共和国国家工商行政管理总局商标局注册,如LOGO( )、皮书、Pishu、经济蓝皮书、社会蓝皮书等。"皮书系列"图书的注册商标专用权及封面设计、版式设计的著作权均为社会科学文献出版社所有。未经社会科学文献出版社书面授权许可,任何使用与"皮书系列"图书注册商标、封面设计、版式设计相同或者近似的文字、图形或其组合的行为均系侵权行为。

经作者授权,本书的专有出版权及信息网络传播权等为社会科学文献出版社享有。未经社会科学文献出版社书面授权许可,任何就本书内容的复制、发行或以数字形式进行网络传播的行为均系侵权行为。

社会科学文献出版社将通过法律途径追究上述侵权行为的法律责任,维护自身合法权益。

欢迎社会各界人士对侵犯社会科学文献出版社上述权利的侵权行为进行举报。电话:010-59367121,电子邮箱:fawubu@ssap.cn。

社会科学文献出版社